Michael Freemans Schwarzweißfotografie

Michael Freeman
www.michaelfreemanphoto.com

Lektorat: Rudolf Krahm
Lektoratsassistenz: Anja Ehrlich
Übersetzung: Michael Schmithäuser
Copy-Editing: Friederike Daenecke, Zülpich
Satz: Ruhland Text&Design
Herstellung: Stefanie Weidner
Umschlaggestaltung: Eva Hepper, Silke Braun (unter Verwendung von Fotos des Autors)
Printed and bound in China

Bibliografische Information der Deutschen Nationalbibliothek
Die Deutsche Nationalbibliothek verzeichnet diese Publikation in der Deutschen Nationalbibliografie; detaillierte bibliografische Daten sind im Internet über *http://dnb.d-nb.de* abrufbar.

ISBN: 978-3-86490-988-7

1. Auflage 2024

Wieblinger Weg 17
69123 Heidelberg

First published in Great Britain in 2023 under the title »Michael Freeman on ... Black & White« by Ilex, a division of Octopus Publishing Group Ltd,
Carmelite House, 50 Victoria Embankment London, EC4Y 0DZ

Schreiben Sie uns:
Falls Sie Anregungen, Wünsche und Kommentare haben, lassen Sie es uns wissen: *hallo@dpunkt.de.*

5 4 3 2 1 0

MIX
Papier | Fördert gute Waldnutzung
FSC® C008047

Michael Freeman

Michael Freemans Schwarzweißfotografie

Eine Masterclass für die Gestaltung und Ausarbeitung klassischer Schwarzweißbilder

Übersetzung aus dem Englischen von Michael Schmithäuser

dpunkt.verlag

INHALT

52 KAPITEL 3: DAS TONWERT-SPEKTRUM

90 KAPITEL 4: DRUCK

154 KAPITEL 7: STILE

EINLEITUNG

V*ideo killed the Radio Star?* Keineswegs, und genauso wenig hat die Einführung des Farbfilms die Schwarzweißfotografie in die Annalen der Geschichte eingehen lassen. Gleiches gilt für den Fortbestand des Analogfilms trotz des Siegeszugs der Digitalfotografie – das sind nur zwei von vielen historischen Aspekten, auf die ich in diesem Buch näher eingehen werde.

Schwarzweiß- und Analogfilm wurden zwar durch die Umbrüche stark in Mitleidenschaft gezogen, doch von einem Todesstoß kann nicht die Rede sein. Mit dem Einzug der Farbe in die Fotografie war man allgemein der Meinung, dass sich nach Jahrzehnten der »verfälschten« Darstellung die korrekte Abbildungsweise durchgesetzt habe: Endlich konnte man Bilder in den natürlichen Farben der Originalszenen aufnehmen und betrachten. In den 1960er-Jahren rezipierten die meisten Menschen Fotos in Illustrierten, während die Fortschritte in der Film- und Kameratechnologie die Farbfotografie über den professionellen Einsatz hinaus erstmals auch für normale Verbraucher zugänglich machten. Schwarzweißbilder wurden in jener Zeit weitgehend als »unnatürlich« wahrgenommen.

Berufsfotografen hatten sich in der Zwischenzeit aber längst mit den farblosen Bildern arrangiert und schätzten die kreative Freiheit, die sich aus der Arbeit in einem von der Realität losgelösten Medium ergab. Die Bilder sahen nicht wie ein Abbild der Realität aus, sondern so, wie es sich die Fotografen und Fotografinnen wünschten. Als sich die Farbe in der Fotografie immer mehr durchsetzte, nahmen auch die Ressentiments einiger namhafter Profis zu. Henri Cartier-Bresson, einer der einflussreichsten Fotografen des zwanzigsten Jahrhunderts, schrieb: »Im Gegensatz zu Schwarz, das die komplexeste Palette aufweist, bietet Farbe nur eine fragmentierte Palette.«

Für diese Haltung gab es eine Reihe von Gründen, und diese Gründe sind die Grundlage dieses Buches: ein Plädoyer für Schwarzweiß in einer Welt der nahezu unendlichen fotografischen Möglichkeiten. So ist Schwarzweiß in vielen Fällen mehr als ausreichend. In vielen Porträts ist der eingefangene Ausdruck das Wichtigste, und dafür braucht es keine Farbe. In Schwarzweiß können wir mit den Tönen spielen, ohne die Glaubwürdigkeit zu strapazieren, wobei es uns freisteht, zu übertreiben oder abzumildern. Ein dritter Grund ist die sinnliche Freude an subtilen Nuancen von Licht und Schatten. Es gibt noch viele weitere Gründe, und das aktuelle Wiederaufleben der Schwarzweißfotografie belegt eindrucksvoll, dass es sich nicht um eine bloße Modeerscheinung, sondern um einen bleibenden Wert handelt.

KAPITEL

1

EINE ANDERE WELT

In der Fotografie wird Farbe als Standard empfunden – egal, ob das Bild mit einer Handykamera oder einer professionellen Digitalkamera entsteht. Beim Fotografieren und Betrachten erwarten die meisten eine originalgetreue Wiedergabe dessen, was sich vor dem Objektiv abgespielt hat. Im Gegensatz dazu geht es bei der immer beliebter werdenden Schwarzweißfotografie nicht um eine 1:1-Abbildung der Realität, sondern um die bewusste Interpretation einer Szene. In diesem Kapitel möchte ich untersuchen, was die Schwarzweißfotografie von der Farbfotografie unterscheidet und sie zu einer eigenständigen Bildwelt macht.

In meiner Betrachtungsweise setzt Farbe auf bereits vorhandenen Bausteinen eines Bilds auf. Die Basis bildet ein monochromes Tonwertbild, in das die zusätzliche Dimension der Farbe eingebettet wird. Genau so fangen auch Kamerasensoren ein farbiges Bild ein: Während der Sensor selbst lediglich die monochromen Tonwerte registriert, sorgt eine zusätzliche Farbfiltermatrix – im Normalfall ein Bayer-Filter – für die Interpolation der fehlenden Grundfarben. Wenn Sie die Fantasie dafür aufbringen, könnten Sie ein Farbfoto als eine Art dreidimensionales Relief aus mehreren Schichten betrachten. In der Praxis handelt es sich jedoch lediglich um eine weitere Ebene, die es zu berücksichtigen gilt. Diese Ebene hat, so nehme ich an, in der entscheidenden Phase des Umbruchs von Schwarzweiß auf Farbe in den 1960er- und 1970er-Jahren bei einer Reihe von Fotografen, Galeristen und Kuratoren für gewisses Unbehagen gesorgt.

Farbe sollte als wunderbarer Bonus betrachtet werden, der in seiner ganzen Komplexität erforscht werden sollte. Schwarzweiß hingegen kann als eine konzentriertere, visuell klarere Art des Sehens und Fotografierens betrachtet werden. Dabei ist es durchaus möglich, beide Sicht- und Arbeitsweisen zu genießen. Obwohl Farbe und Schwarzweiß krasse Gegensätze darstellen, können sie für uns Fotografen und Fotografinnen jederzeit nebeneinander bestehen. Um ehrlich zu sein, entscheidet sich die Mehrheit von uns für das eine oder das andere, doch die Arbeit in beiden Metiers kann sich lohnen. Der Wechsel zwischen Farbe und Schwarzweiß bietet mir persönlich eine willkommene Abwechslung – ich hoffe, Sie sehen das ähnlich.

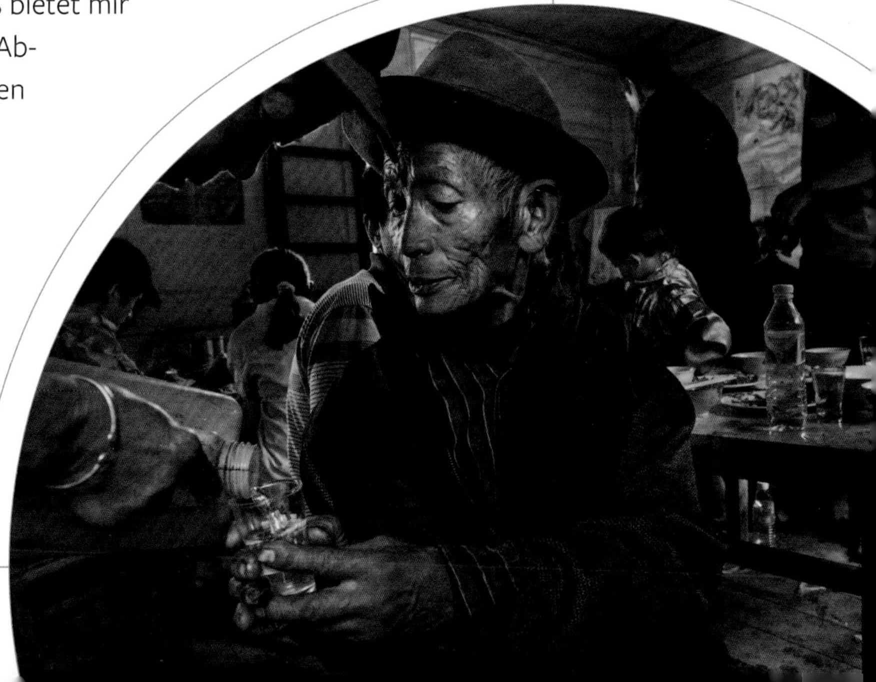

FAST SCHON EIN EIGENES MEDIUM

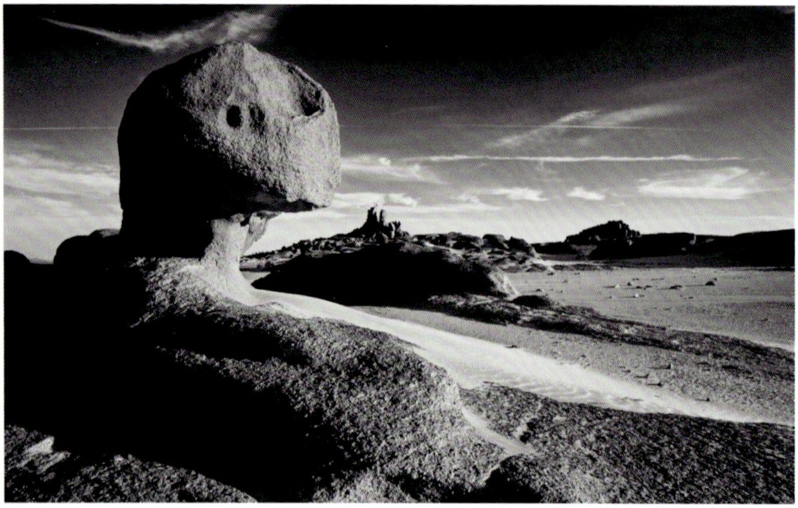

(←) Ansel Adams hat durch den Einsatz von Filtern eine dramatische Tonalität in die Schwarzweißlandschaftsfotografie eingeführt. Die digitale Konvertierung von Originalfarben ermöglicht es uns, bestimmte Farben gezielt umzuwandeln, wie in dieser Landschaft der Red Sea Hills im Sudan. Das unten stehende Diagramm zeigt, welche Farben in welche Richtung konvertiert wurden.

Schwarzweißbilder definieren sich über Tonwerte – das kann sowohl einschränkend als auch befreiend wirken. Das Zusammenspiel dieser beiden Gegensätze mag wie ein Widerspruch erscheinen, doch in der Praxis ergänzen sie sich.

(→) Heutzutage ist es immer leicht zu beurteilen, ob ein Bild in Farbe oder in Schwarzweiß besser wirkt. Diese beiden Analogaufnahmen von der Seite der goldenen Staatskutsche des britischen Monarchen können gleichermaßen gut funktionieren, vermitteln aber unterschiedliche Informationen und Eindrücke.

Nehmen Sie einem Motiv die Farbe, geht ein Teil des visuellen Erlebnisses verloren – vor allem dann, wenn Sie Farbe schätzen und als tragendes Element in Ihren Fotos betrachten. Das Fotografieren in Schwarzweiß geht jedoch in eine ganz andere Richtung, sodass die Abwesenheit von Farbe nicht mehr ins Gewicht fällt. John Szarkowski, der einflussreiche Direktor für Fotografie am New Yorker *Museum of Modern Art* von 1962 bis 1991, schrieb in »Mirrors and Windows«, dass »das Problem nicht darin besteht, ein schönes Bild zu machen, sondern einen Weg zu finden,

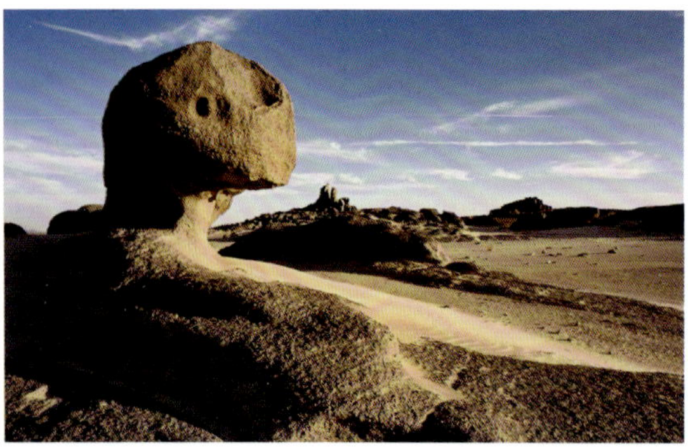

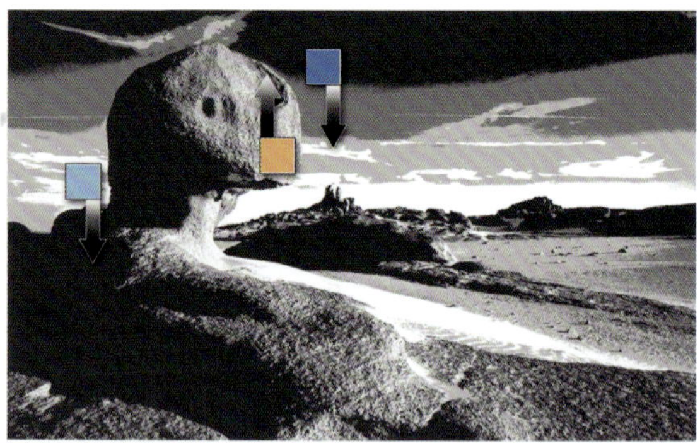

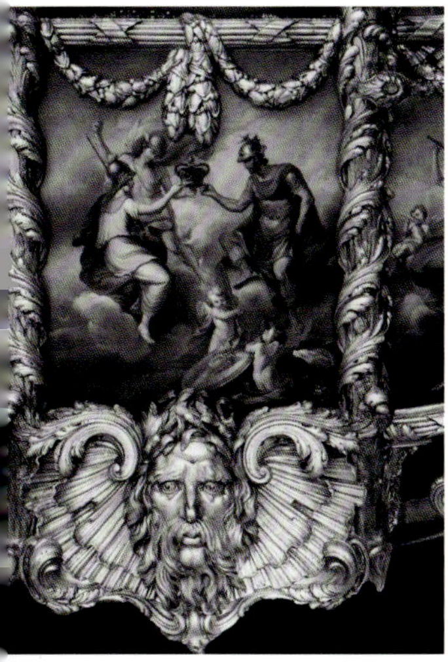

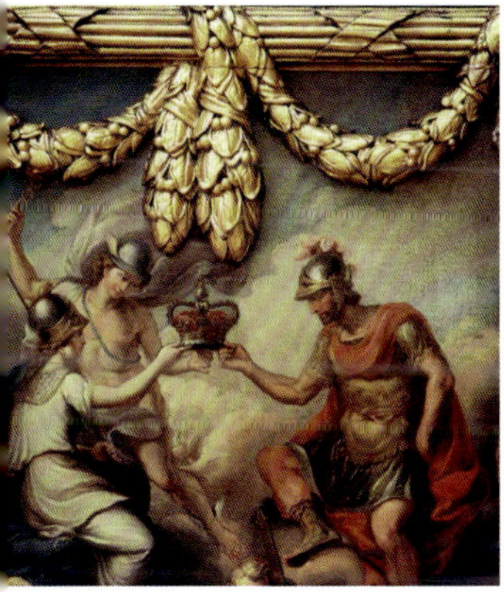

wie die reale Welt in etwas ganz anderes übertragen werden kann – eine klare Fotografie.« Fehlt die Farbinformation, können wir uns ganz auf die Feinheiten und die Komplexität von Licht und Tonwerten fokussieren. Das ist es, was ich mit »befreiend« meinte. Probleme mit und Ablenkung durch Farben spielen keine Rolle mehr, sodass wir frei sind, die Freuden von Schatten, Glanzlichtern, Texturen und mehr zu erkunden – alles, was aus dem Spiel des reinen Lichts auf Oberflächen entsteht.

Im Grunde genommen ist alles, was Sie über ein Schwarzweißbild wissen müssen, in nur drei simplen Kategorien zusammengefasst: Belichtung, Tonwertumfang und Kontrast. Die *Belichtung* ist ein Maß für die Gesamthelligkeit, die ich in Adobe Lightroom und Camera Raw anstelle des Helligkeitsreglers verwende. Es handelt sich um die grundlegendste aller Kameraeinstellungen, auf die Sie jederzeit zurückgreifen können, wenn Sie digital im *Camera Raw*-Format fotografieren. Moderne Sensoren erfassen eine größere Bandbreite an Tonwerten, als von üblichen Wiedergabemedien wie Abzügen oder Monitoren dargestellt werden können. Das wird sich ändern, wenn die Bildschirme dem heiligen Gral der Ingenieure, dem *High Dynamic Range Imaging* (HDR) näher kommen, doch das ist noch Zukunftsmusik. Das bedeutet im Umkehrschluss, dass bei vielen ordentlich belichteten Motiven noch genügend Spielraum vorhanden ist, um die Belichtung später bei der Verarbeitung nachzujustieren.

Der zweite entscheidende Wert ist der *Tonwertumfang*. Eine hell beleuchtete Szene mit vielen Lichtern und Schatten hat wahrscheinlich einen maximalen Tonwertumfang, der von einem schwarzen Punkt irgendwo im Bild bis zu einem rein weißen Punkt reicht. Es gibt andere Szenen oder Teile von Szenen, die sich nicht ganz bis zu Schwarz und Weiß erstrecken. Dabei bietet der dunkle untere Bereich viel mehr Flexibilität bei der Einstellung, während es in der entgegengesetzten Richtung einige Szenen mit einem so hohen Dynamikbereich gibt, dass der Sensor ihn nicht vollständig erfassen kann.

Der dritte Baustein einer Schwarzweißaufnahme ist der *Kontrast*, der Ihnen bei der Verarbeitung und dem Druck die weitreichendsten Kontrollmöglichkeiten gibt, wie ich in Kapitel 6 zeigen werde. Der Kontrast ist der Bereich, in dem Schwarzweiß die meisten Möglichkeiten für den persönlichen Ausdruck bietet.

Die Beschränkung auf Belichtung, Tonwertumfang und Kontrast mag zwar simpel erscheinen, doch in der Praxis stellt sie uns vor große Herausforderungen. Der Schlüssel zu einer erfolgreichen digitalen Bearbeitung ist die lokale Anpassung einzelner Bildbereiche, egal ob groß oder klein. Mehr dazu erfahren Sie ab Seite 148.

Dichter Nebel über der Landschaft von Wulingyuan in Hunan, China. Die Essenz dieses Bildes sind subtile Tonwertübergänge – eine Paradedisziplin der Schwarzweißfotografie.

SEHGEWOHNHEITEN AUSHEBELN

Die ungewöhnliche Beziehung zwischen Schwarzweiß und der realen Welt manifestiert sich oftmals in der Entkopplung des Dargestellten von unseren natürlichen Sehgewohnheiten.

Für die meisten Menschen ist Farbe die Norm und bietet damit eine einfache Verbindung zu der Welt, die wir sehen. Vor allem, seit das Fotografieren mit Handykameras ein fester Bestandteil des täglichen Lebens geworden ist, ist es einfach geworden, aufzuzeichnen, was sich vor unseren Augen befindet, oder uns selbst zu porträtieren.

Schwarzweiß verlagert diesen Vorgang auf eine ganz andere Ebene. Die Motive sind zwar erkennbar, doch wir wissen, dass es sich nicht um eine naturgetreue Abbildung des Gesehenen handelt. Stattdessen repräsentiert das Bild eine Version – oder noch besser: eine persönliche Interpretation – einer Szene. Wenn Sie ein gewöhnliches Farbfoto ohne besondere, ungewöhnliche oder merkwürdige Elemente aufnehmen, ist es eine völlig normale Reaktion, sich das Bild anzusehen – umso mehr, wenn es auf einem hellen Bildschirm wie dem eines Smartphones oder Tablets angezeigt wird, wobei das visuelle Erlebnis durch die Möglichkeit des Zoomens noch intensiviert wird. All dies fördert einfach die Glaubwürdigkeit, dass es sich um eine Abbildung der Realität handelt.

Schwarzweiß ist dagegen eine bewusste Abweichung vom fotografischen Standard, der den Betrachtern und Betrachterinnen das Gefühl gibt, selbst vor Ort zu sein. In der Regel produzieren Digitalkameras Farbbilder, auch wenn der Sensor selbst nur Tonwerte aufzeichnet. Um ein Schwarzweißbild zu machen, müssen Sie mit der Analyse der Farbe beginnen und sie dann bereits gedanklich in reine Tonwerte konvertieren. Die Rezipienten müssen ihre Erwartungshaltung, in die tatsächliche Szene versetzt zu werden, beiseite schieben. Stattdessen schauen wir uns an, was die Fotografin oder der Fotograf sich während der Aufnahme gedacht haben könnte und was sie oder er uns erzählen möchte. Ich will nicht zu philosophisch werden, aber man könnte sagen, dass wir Farbfotografien genauer betrachten *können*, aber Schwarzweißfotografien stets genauer betrachten *werden*.

→ Durch die Verwendung eines Rotfilters vom Typ *Wratten 25* über dem Objektiv und den Abzug auf einem Fotopapier mit harter Gradation erhält dieses 4×5-Zoll-Bild von Balmoral Castle durch den schwarzen Himmel und die dichten Schatten einen überaus dramatischen Look, der in der Realität nicht zu sehen war.

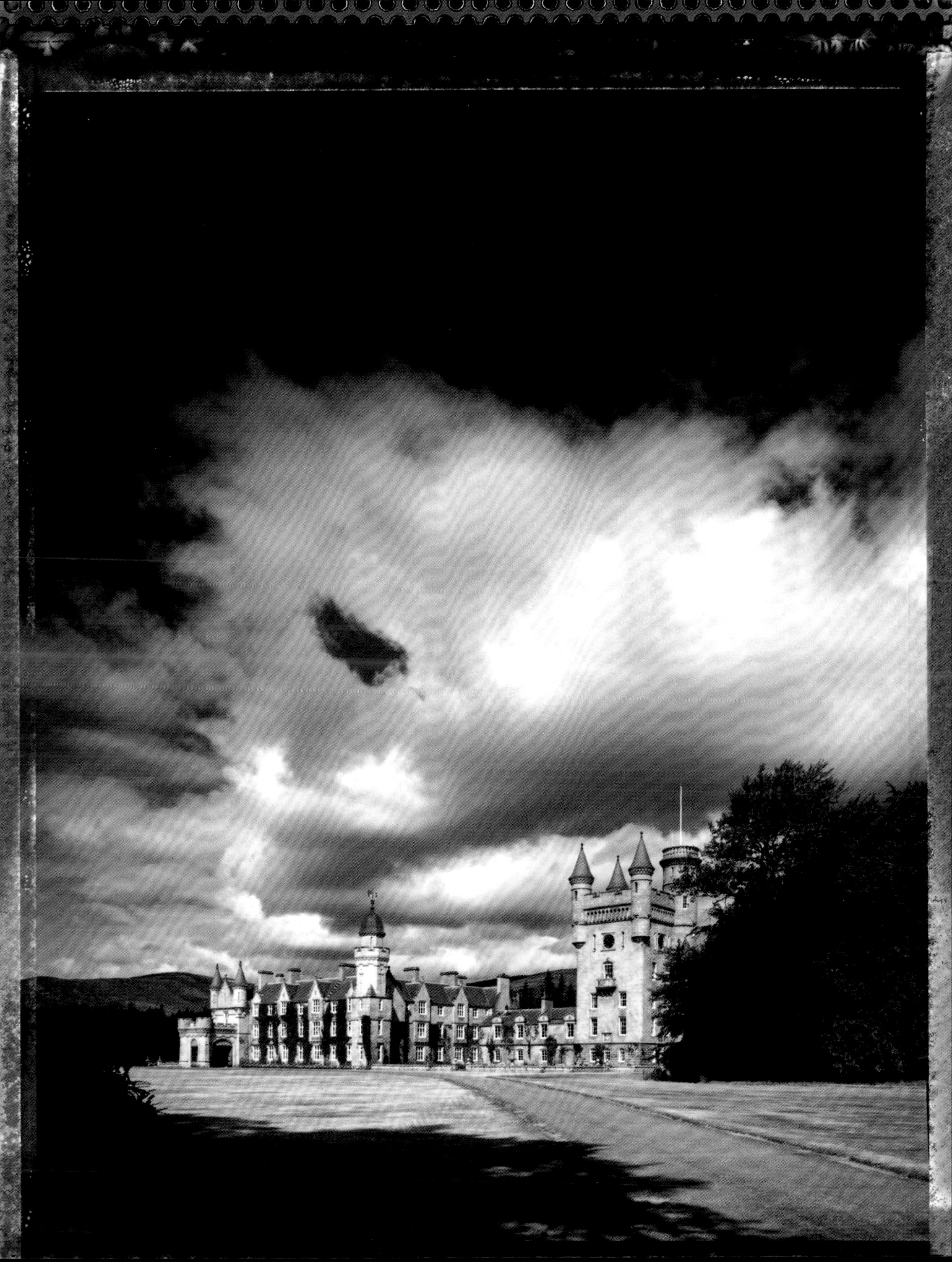

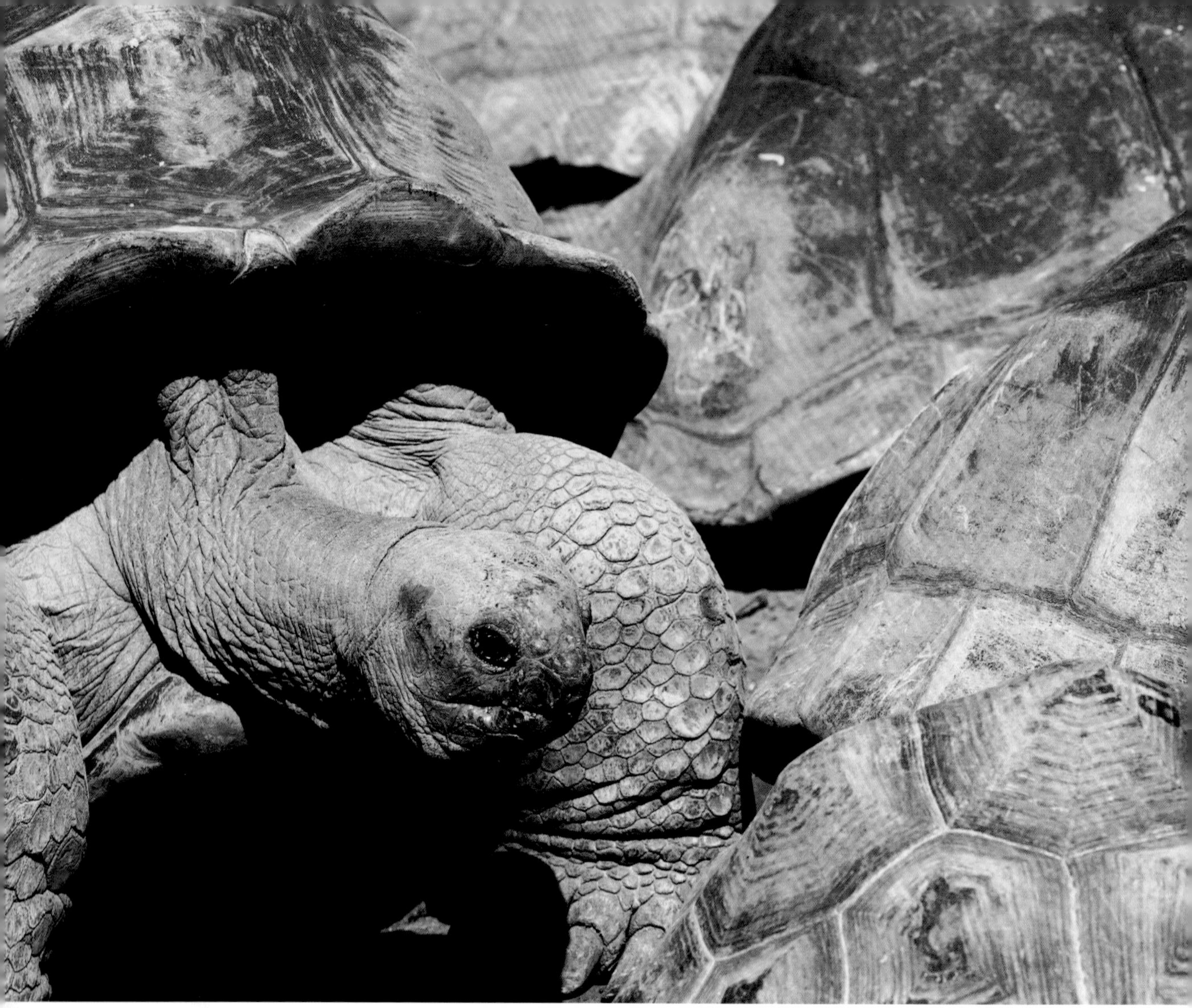

Das mag nicht immer so gewesen sein. In der historischen Abfolge der Kameras, Platten, verschiedenen Emulsionen, Filme und Sensoren steht Schwarzweiß am Anfang. Man hielt es für bemerkenswert, wenn es darum ging, einen Moment des Lebens einzufangen, aber das war auch alles. Das Fehlen von Farbe wurde gemeinhin akzeptiert. Als naturgetreue Farbe auch für die Allgemeinheit zugänglich wurde, war das zunächst aufregend, wurde aber allmählich alltäglich. Die Idee von Schwarzweiß als bewusste und mitunter künstlerische Entscheidung eines Fotografen bzw. einer Fotografin ist ziemlich modern. Niemand kehrt zu dem zurück, was Schwarzweiß einmal war. Stattdessen entdecken wir, was Schwarzweiß in einer Welt bedeuten könnte, die von naturgetreu wiedergegebenen Farben beherrscht wird.

↑ Die Schwarzweißfotografie fördert die Abstraktion, indem sie die grafischen Qualitäten einer Szene hervorhebt – in diesem Fall die Formen der Schatten und die unterschiedlichen Texturen von Aldabra-Riesenschildkröten auf der Insel Mauritius.

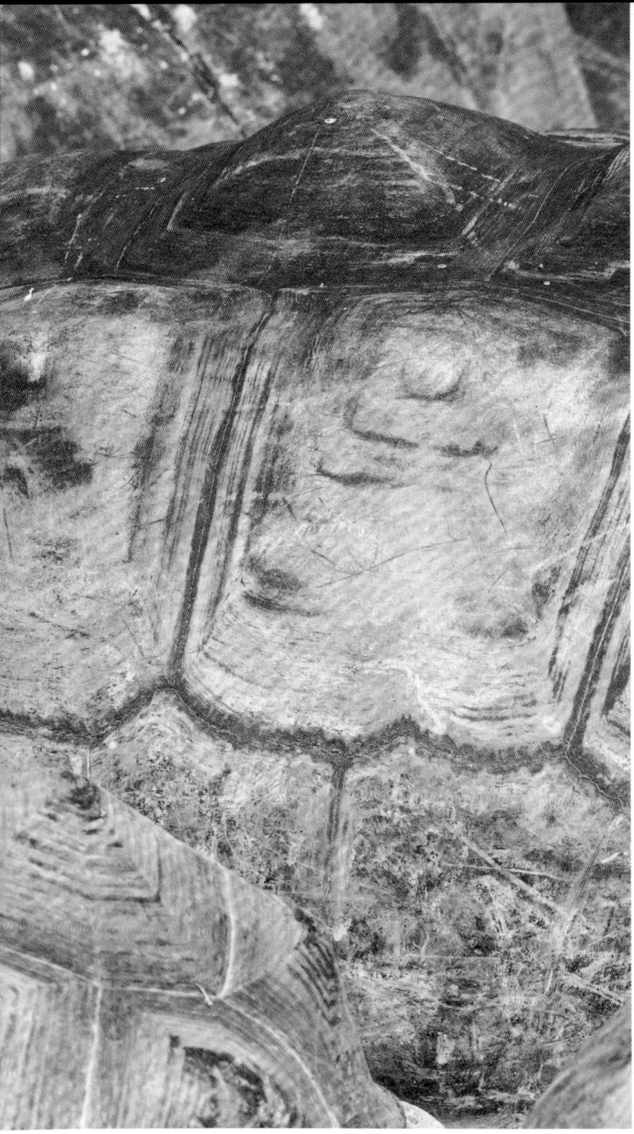

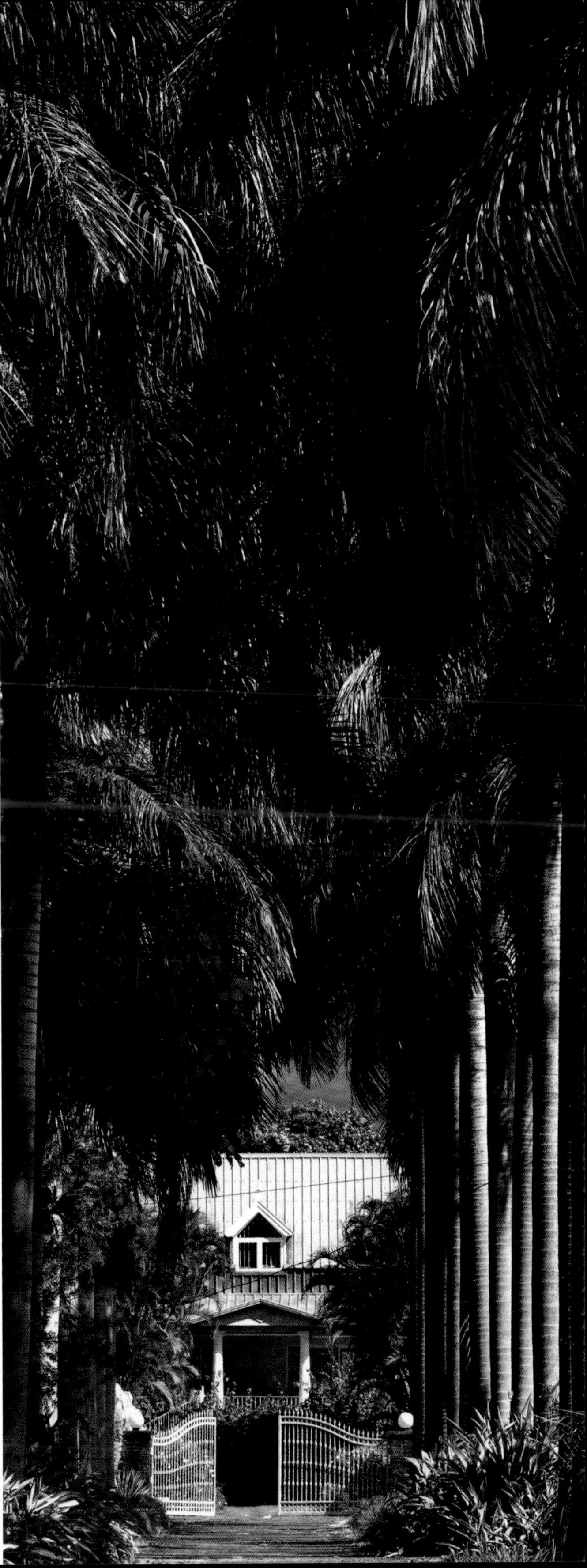

Diese Palmenreihen, die eine Zufahrt zu einem alten Plantagenhaus auf Mauritius säumen, erscheinen in Schwarzweiß imposanter und solider als in Farbe, wo sie einfach nur malerisch wirkten.

HISTORISCHE GRABENKÄMPFE

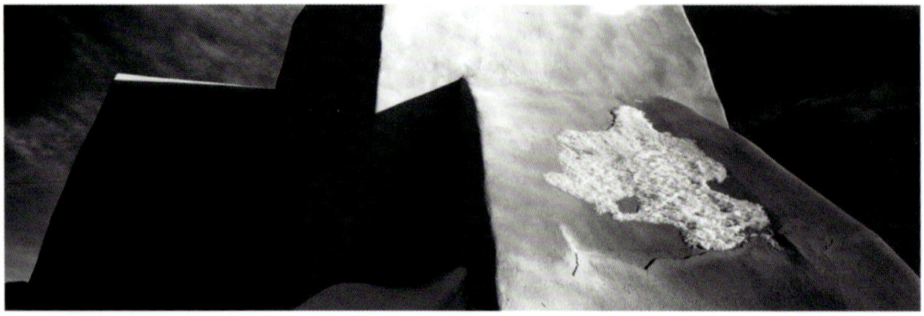

Diese Lehmziegelkirche in Taos Pueblo, New Mexico, hat ihren Platz in der Geschichte der amerikanischen Fotografie und wurde vor allem durch Ansel Adams berühmt. Beide Versionen – die eine für den Einband eines Buches über Architektur, die andere als Druck für die Wand – abstrahieren die Formen, aber das Schwarzweißpanorama holt das Beste aus der kraftvollen Strenge und den geometrischen Formen des Gebäudes heraus.

Jede große technologische Veränderung in der Fotografie führt zu Kontroversen und zur Bildung von Lagern, die sich aus Befürwortern bzw. Gegnern rekrutieren.

Normalerweise setzen sich solche Kontroversen bis zu jenem Zeitpunkt fort, zu dem die Technologie allgemein akzeptiert und adaptiert wird – und das kann mitunter sehr lange dauern. Ein aktuelles Beispiel ist die Entwicklung und Akzeptanz in Sachen Fotohandys, die von Traditionalisten und Käufern »echter« Kameras als Spielzeuge abgetan werden, während sie von Befürwortern als probate Werkzeuge zur Erweiterung der fotografischen Betätigungsfelder angesehen werden.

Farbe versus Schwarzweiß war einer der großen Wendepunkte in der Geschichte der Fotografie. Von Anfang an gab es große Widerstände, und zwar nicht nur von jenen, die ihre monochrome Komfortzone nicht verlassen wollten, sondern auch von ernsthaften Fotografen, die gravierende ästhetische Einwände vorbrachten. Am lautesten artikulierten sich dabei die Gegner der Farbfotografie. Die Kontroversen zogen sich jahrzehntelang hin und haben währenddessen einen interessanten Effekt hervorgerufen: die Entdeckung von Schwarzweiß als völlig neues, frisches Medium durch Fotografinnen und Fotografen, die Schwarzweiß in seiner ursprünglichen Form nie kennengelernt hatten.

Walker Evans griff einen berühmten Satz des englischen Historikers und Moralisten Lord Acton aus dem 19. Jahrhundert auf: »Farbe neigt dazu, die Fotografie zu korrumpieren und absolute Farbe korrumpiert sie absolut.« Und weiter: »Betrachten Sie die Art und Weise, wie Farbfilme normalerweise blauen Himmel, grünes Laub, roten Lippenstift und die Farben der Kleider von Kindern wiedergeben. Das führt zu drei einfachen Worten, die geflüstert werden müssen: Farbfotografie ist vulgär.« Robert Frank drückte sich pauschaler aus: »Schwarzweiß ist die Farbe der Fotografie.«

Henri Cartier-Bresson lehnte die Farbfotografie mit folgenden Worten ab: »Im Gegensatz zu Schwarz, das die komplexeste Bandbreite hat, bietet Farbe nur eine fragmentarische Bandbreite.« Er räumte aber auch folgende Gefahr ein: »Ich persönlich hege die leise Befürchtung, dass dieses komplexe neue Element dazu neigen könnte, das Leben und die Dynamik zu beeinträchtigen, die von der Schwarzweißfotografie so wirkungsvoll eingefangen wird.« Abbas, ein anderer Magnum-Fotograf,

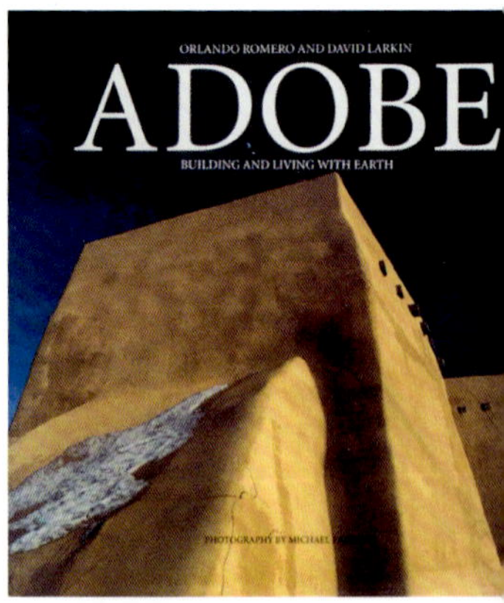

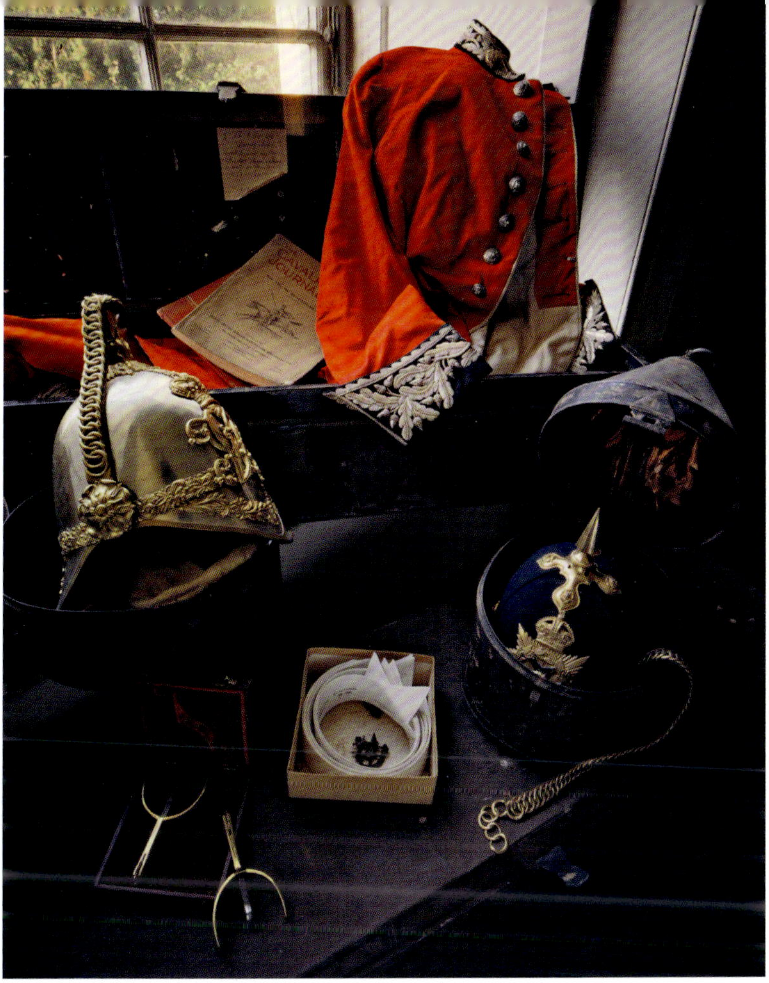

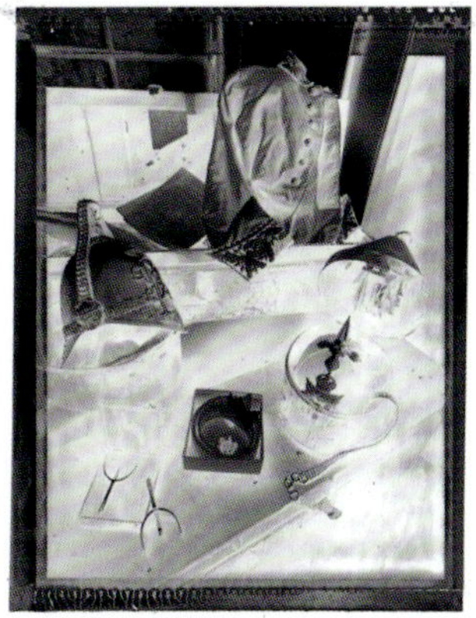

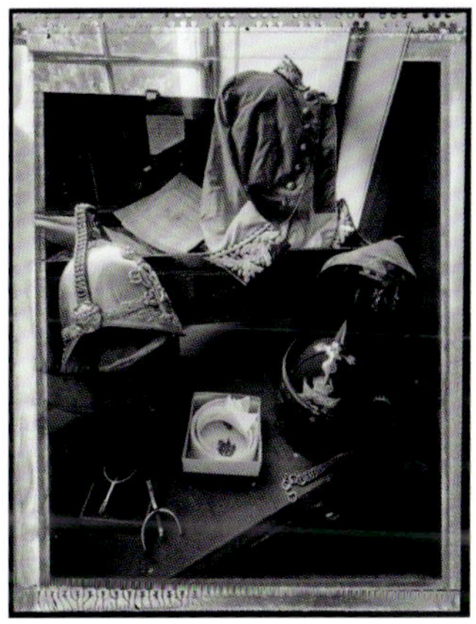

argumentierte ähnlich hintergründig: »Die Welt mag farbig sein, aber Schwarzweiß geht über sie hinaus.«

Viele solcher Kommentare, vielleicht sogar die meisten, scheinen bewusst zitierfähig angelegt zu sein. Robert Franks vielsagende Aussage wurde von David Bailey aufgegriffen, der 2020 in einem Interview wortgetreu das Zitat »Schwarzweiß ist die Farbe der Fotografie« wiederholte. Ich persönlich fühle mich zu den eher positiven Kommentaren hingezogen, wie z.B. jenem des Filmemachers Jean-Luc Godard: »Die Fotografie hätte auch in Farbe erfunden werden können. Farben existierten.« Und der japanische Fotograf Daidō Moriyama brachte es für sich selbst so auf den Punkt: »Es gibt keinen großen Unterschied zwischen dem Fotografieren in Farbe und Schwarzweiß.« Trotzdem fotografiert er in Schwarzweiß. Der Amerikaner Paul Outerbridge, der in den 1940er- und 1950er-Jahren eine erfolgreiche Karriere in der Werbung und als Privatfotograf machte, schaffte beides ohne Schwierigkeiten, obwohl er als früher Farbfotograf (im komplizierten Tricolor-Carbon-Verfahren) mehr Ruhm ernten konnte. Er vertrat die Ansicht: »Ein sehr wichtiger Unterschied zwischen Farb- und monochromer Fotografie ist folgender: In Schwarzweiß deutet man an, in Farbe gibt man ein Statement ab. Vieles kann durch Andeutung vermittelt werden, aber ein Statement erfordert Gewissheit … absolute Gewissheit.«[1]

↑ Dieses Stillleben von Uniformen auf einem englischen Landsitz funktioniert aus unterschiedlichen Gründen sowohl in Farbe als auch in Schwarzweiß. In Schwarzweiß kontrastieren die Intensität und Tiefe der Schatten mit dem polierten Metall des Helms und der Sporen, während in Farbe die Beziehung zwischen dem Messing und dem roten Stoff das Bild dominiert.

1 Julia Scully, »Seeing pictures«, *Modern Photography*, Seite 8, Oktober 1976

SCHWARZWEISS SEHEN

Wenn Sie keine Überraschungen erleben möchten, sollten Sie zunächst Ihr Vorstellungsvermögen für die Wahrnehmung einer farbigen Szene in Schwarzweiß trainieren. Leider gibt es keinen zu 100% akkuraten Weg zum »Sehen« in Schwarzweiß, doch viel Übung und einige Hilfsmittel erleichtern Ihnen diese Aufgabe.

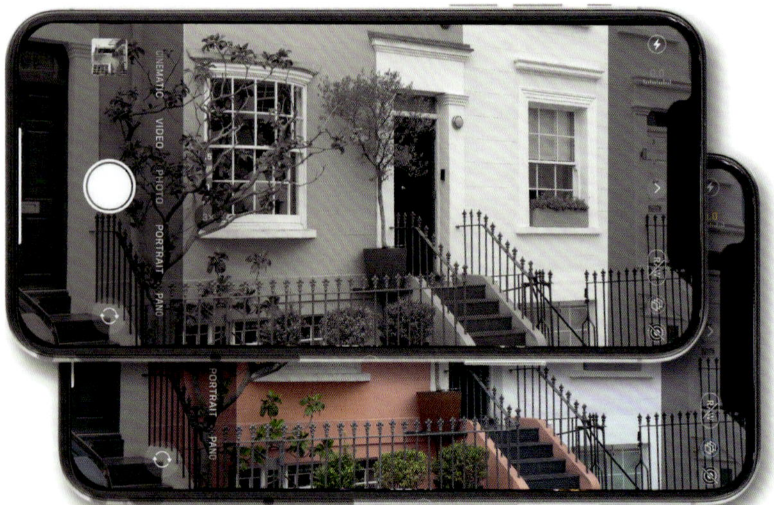

Smartphones verfügen wie echte Kameras über einen Schwarzweißbetrachtungsmodus und können so als Betrachtungszubehör verwendet werden – allerdings erst, nachdem die Entscheidung für das Motiv bereits gefallen ist.

Erstens gibt es Displays und Geräte, die zeigen, wie eine Szene in Schwarzweiß aussehen wird. Diese haben jedoch mit einem erheblichen Nachteil zu kämpfen: Sie zeigen Ihnen das Schwarzweißbild erst nach der Entscheidung für ein bestimmtes Motiv. Die meisten Kameras verfügen über einen Betrachtungsmodus, der auf Schwarzweiß umgeschaltet werden kann, doch ich kenne niemanden, der während der Motivsuche mit der Kamera am Auge herumläuft. In der Praxis erkennen Sie die Möglichkeit für ein Bild und heben dann die Kamera vors Auge (bei Reportagen und Straßenaufnahmen sehr schnell). Ein lohnendes Motiv zu erkennen, ist eine Fähigkeit, die im Gehirn stattfindet, nicht im Sucher. Sie können auch Ihr Smartphone auf den Schwarzweißmodus einstellen und die Kamera-App verwenden, aber auch diese Betrachtungsweise findet erst nach der Entscheidung für eine Aufnahme statt. Schwarzweiß-Displays sind wirklich nur dazu gedacht, Dinge zu überprüfen, von denen Sie bereits eine grundlegende Vorstellung haben – ausreichend Zeit vorausgesetzt. Ein wenig nützlicher ist ein monochromer Betrachtungsfilter, der mit seiner dunkel getönten Linse dazu in der Lage ist, das Auge für einen Moment zu täuschen. Ich habe das Original, einen Glasfilter vom Typ *Kodak Wratten #90*, der vom Hersteller als »dunkel, gräulich bernsteinfarben« beschrieben wird, also ein leicht getönter Neutraldichtefilter. Er wirkt nur für ein paar Sekunden, bevor sich das Auge an ihn gewöhnt. Solch ein Filter und ähnliche Modelle sind vor allem nützlich, um den Kontrast zwischen verschiedenen Tonwerten zu prüfen, die nebeneinander liegen.

Die prächtige Decke der *Henry VII Chapel* in der Westminster Abbey ist ein idealer Kandidat für Schwarzweiß, denn die aus Stein gehauene Decke selbst ist im Wesentlichen farblos, während die bunten Fahnen nur ablenken.

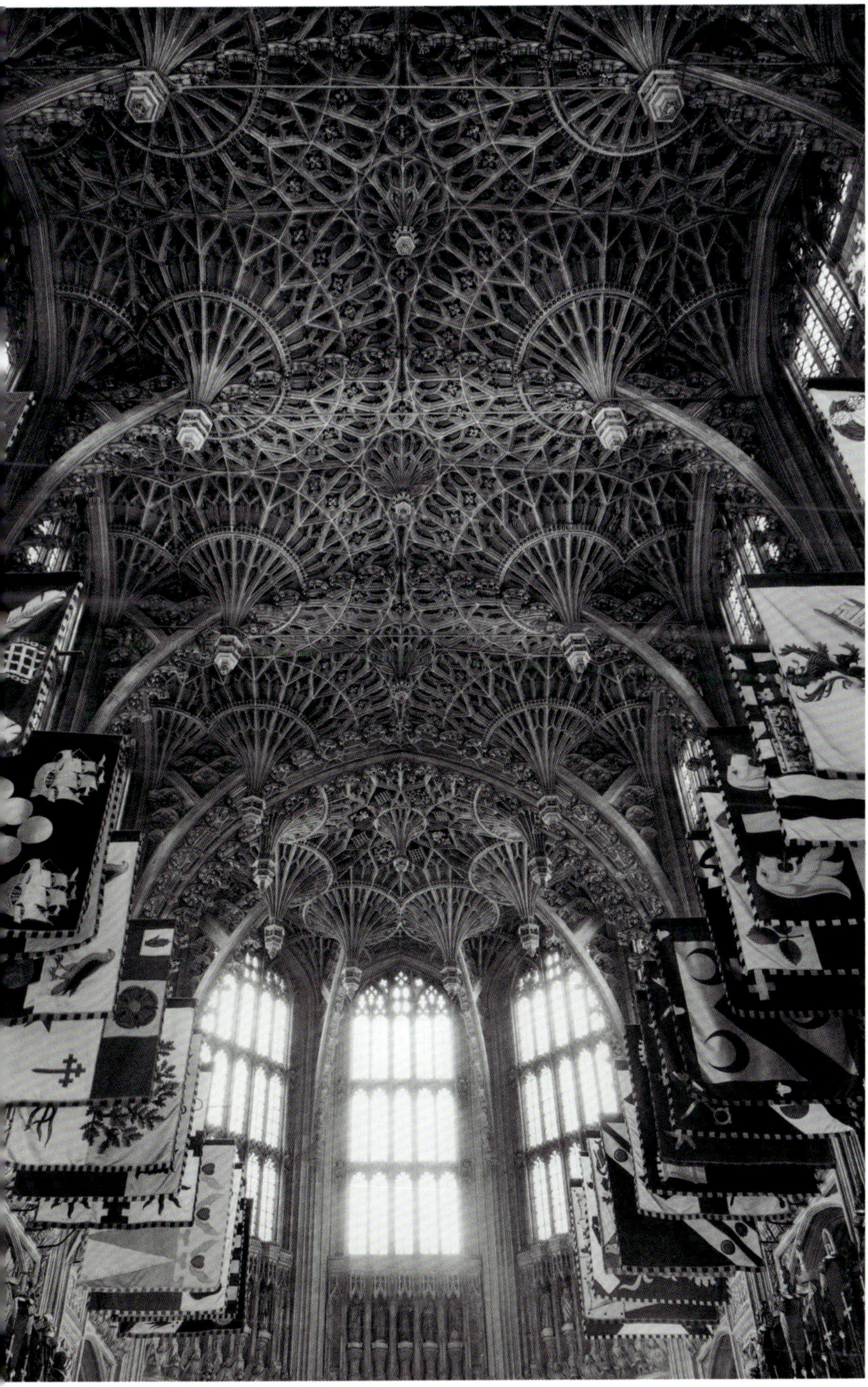

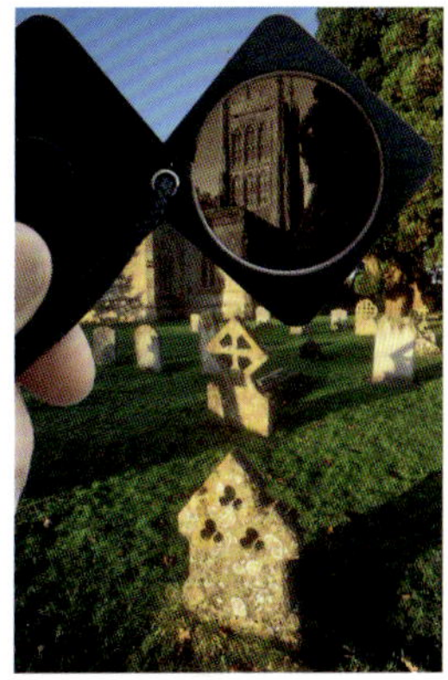

Ein monochromer Sichtfilter wie dieser von Kodak hilft Ihnen zu erkennen, ob die Farben bei der Konvertierung in Schwarzweiß ineinander übergehen oder kontrastieren. Der blaue Himmel sieht jedoch immer heller aus (wie mit einem 85er-Standard-Warmfilter fotografiert). Die Farbe ist ein dunkles, entsättigtes Orange.

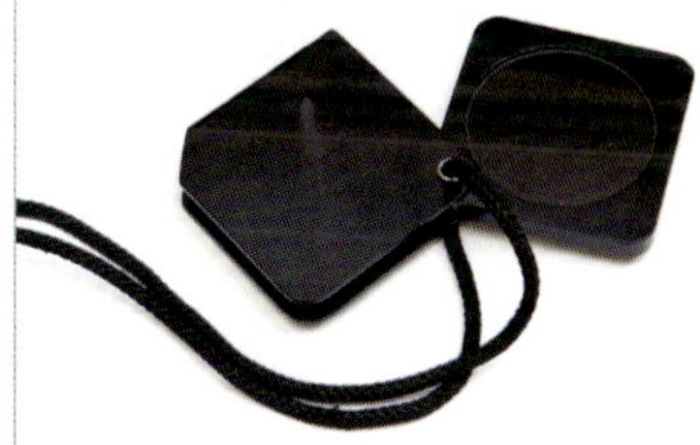

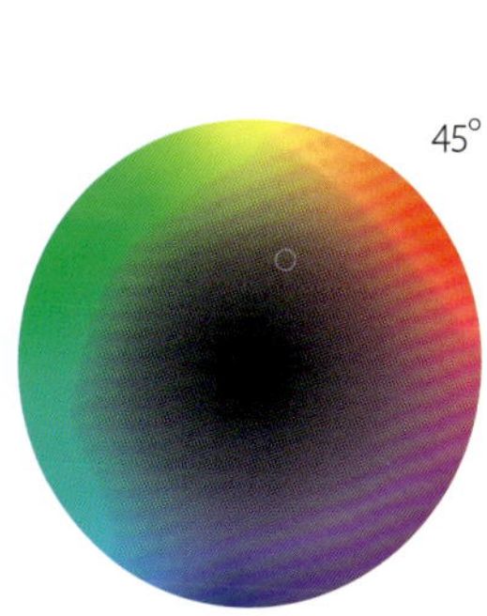

Die eigentliche Kunst des Schwarzweiß-»Sehens« ist eng mit den Gründen verwandt, warum man überhaupt in Schwarzweiß statt in Farbe fotografiert, und erfordert eine Art Gehirnakrobatik in zwei Schritten. Die Aufgabe besteht darin, Farben im Bild zu identifizieren, die den Blick der künftigen Betrachter vom Hauptmotiv ablenken, und diese Farben im zweiten Schritt abzumildern, indem die betreffenden Farben beispielsweise durch ein neutrales Grau ersetzt werden. Mit etwas Übung gelingt Ihnen das schnell und intuitiv. Diese Vorgehensweise wird im Beispielbild auf dieser Seite illustriert. In Yunnan, China, kam ich an einem kleinen Café vorbei, in dem gerade eine Feier stattfand. Was mir sofort ins Auge fiel, war das prägnante Gesicht des alten Mannes am Eingang – vor allem, als ich erkannte, dass die Frau ihm ein Getränk einschenken wollte. Ich fotografierte aus nächster Nähe mit einem 24-mm-Weitwinkel, um den Kontext des belebten Raums zu erfassen. Ich hatte nur Zeit für zwei Aufnahmen, während die Frau nachschenkte, und genau dann kam der

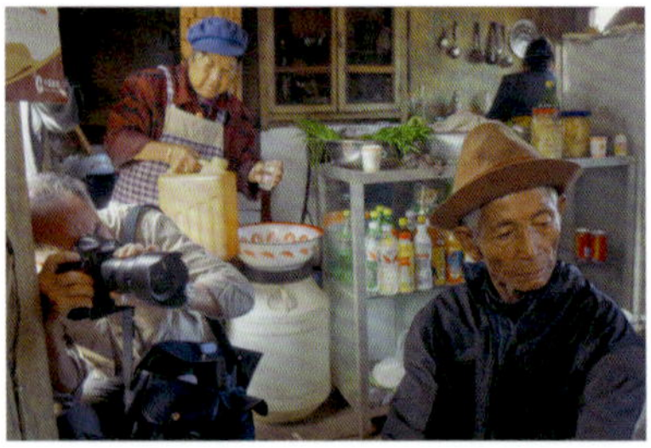

Mann im roten T-Shirt ins Bild. Das ist eines der Probleme bei Weitwinkelaufnahmen: Man hat kaum Kontrolle über den Hintergrund. In der Farbaufnahme können Sie gut erkennen, wie das Rot des T-Shirts den Blick vom Gesicht im Vordergrund ablenkt, also habe ich es im Geiste durch Grau ersetzt. So etwas kann dazu führen, dass Sie den Bildaus-

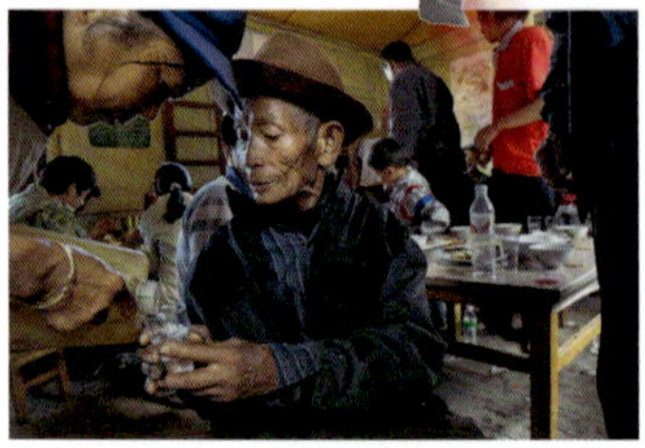

Durch den Sucher betrachtet, war das rote T-Shirt eine Ablenkung, aber wenn ich es vor meinem geistigen Auge gegen Grau austauschte, konnte ich es ignorieren. Bei der endgültigen Schwarzweißkonvertierung hatte ich mehr zu tun, um die helleren Teile des Hintergrunds tonal zu dämpfen; das Rot selbst erforderte keine besondere Behandlung.

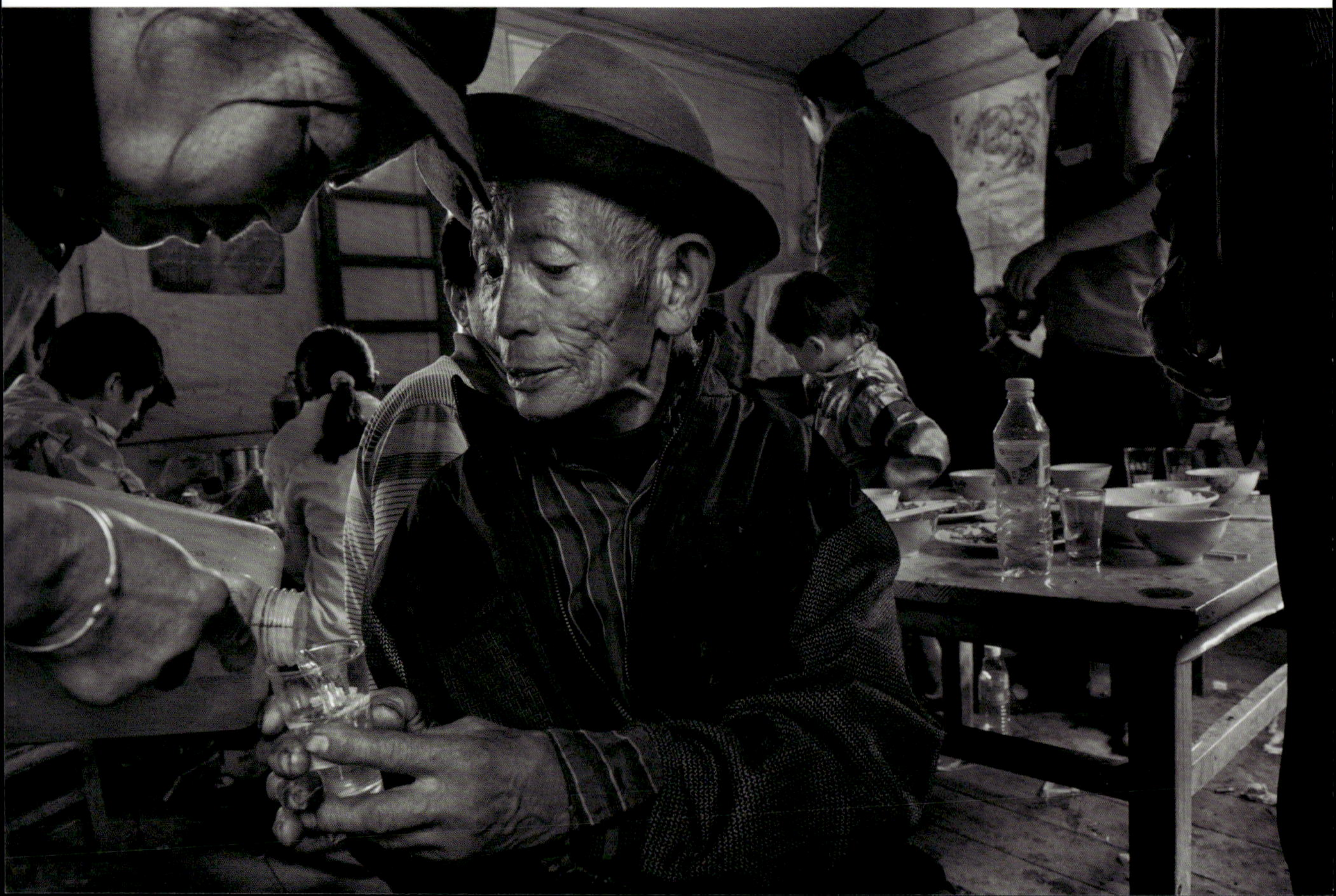

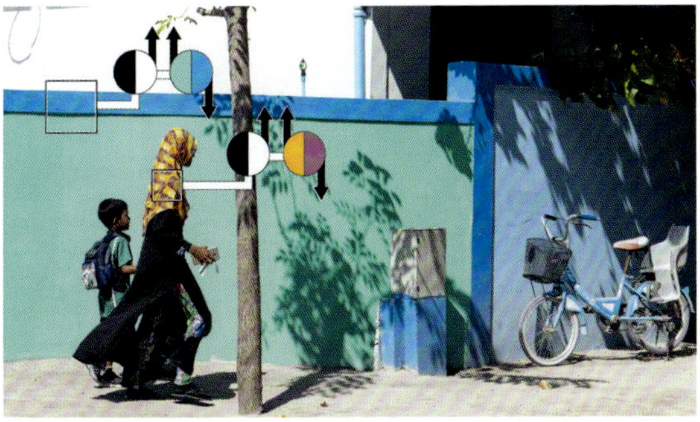

schnitt ändern müssen, um die zusätzliche Aufmerksamkeit durch die Farbe auszugleichen, aber in Schwarzweiß ist das einfach kein Thema.

Diese Vorgehensweise wurde von Ansel Adams als »Visualisierung« und von Edward Weston als »Vorvisualisierung« bezeichnet. Beide wussten nicht nur, wie ein Schwarzweißabzug der Szene aussehen sollte, sondern auch, wie das gesamte Foto wirken würde. Diese Mischung aus Technik und Kreativität beschrieb Adams als »einen bewussten Prozess, bei dem man sich das endgültige fotografische Bild im Kopf vorstellt, bevor man die ersten Schritte unternimmt, um das Motiv tatsächlich zu fotografieren«. Er gab praktische Ratschläge in Form von drei Schritten: Finden Sie zunächst den schwärzesten Teil des Motivs, dann den weißesten und schließlich den Mittelpunkt oder zumindest die ungefähre Mitte des Tonwertspektrums. Entscheiden Sie dann, welchen Grauton Sie für die wichtigen Teile der Szene wünschen.

Tatsächlich erfordert digitales Schwarzweiß eine besondere Fähigkeit des Visualisierens, die stärker ausgeprägt sein muss als früher – nämlich zu erahnen, wie eine bestimmte Farbe aussehen könnte, wenn Sie diese bei der Verarbeitung auf eine bestimmte Weise filtern. Mehr dazu erfahren Sie in Kapitel 6. Zum Zeitpunkt der Aufnahme haben Sie jedoch die zusätzliche Möglichkeit, sich einen stärkeren oder schwächeren Kontrast zwischen Farben vorzustellen, die direkt nebeneinander liegen. Dies funktioniert natürlich besser bei großen, gesättigten Farbflächen im Bild, wie im Beispiel auf dieser Seite. Dabei geht es nicht um Präzision, sondern um das Wissen, dass Sie eine wichtige Farbe auf der Tonwertskala nach oben oder unten verschieben können. Das nebenstehende Bild ist typisch für Situationen, in denen eine kräftige Farbe – das rote T-Shirt des Mannes – eine unerwünschte Ablenkung darstellt. Das ist jedoch nicht immer der Fall. Es gibt Situationen, in denen Sie eine bestimmte Farbe in Schwarzweiß genauso auffällig halten möchten wie in Farbe. Das bedeutet oft, dass Sie den Kontrast zu den benachbarten Farben verstärken müssen, wie es bei dem Bild einer farbenfrohen Szene auf den Malediven der Fall ist.

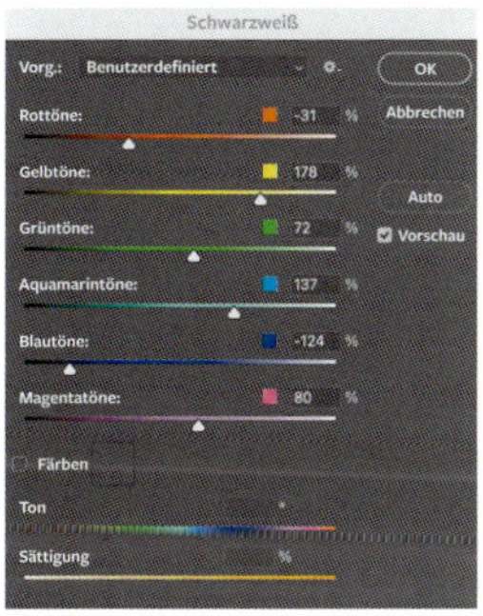

Ein Schultag auf einer maledivischen Insel. Den Farbkontrast durch einen Tonwertkontrast zu ersetzen hätte ein Problem darstellen können (Cyan und Orange sind fast Gegensätze, müssen aber beide hell sein). Ich habe dieses potenzielle Problem aber durch die Verstärkung des Kontrasts zwischen nahe beieinander liegenden Farbpaaren (Schwarzweißkontrastsymbol) gelöst. Cyan und Gelb wurden aufgehellt, während Blau und Kastanienbraun abgedunkelt wurden. Das Kopftuch hebt sich in beiden Versionen gut von der Wand ab.

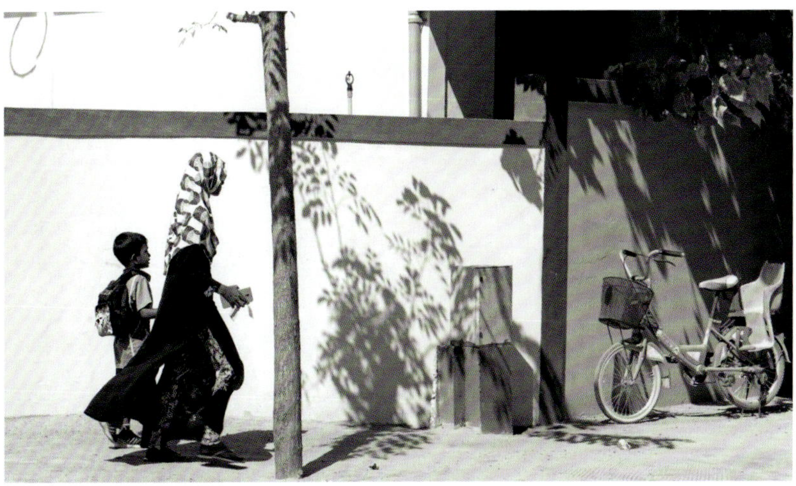

ALTERNATIVE EINDRÜCKE

Einsteiger in die Welt der Schwarzweißfotografie werden mit hoher Wahrscheinlichkeit irgendwann auf das Problem der starken, eindringlichen Farben stoßen. Damit meine ich besonders auffällige Farben, die regelrecht ins Auge springen und quasi darum betteln, sich mit ihnen zu beschäftigen.

→ Das schwarzweiße Äquivalent zu einem starken Farbkontrast, wie bei der bemalten Wellblechwand auf den Malediven unten, ist ein extremer Tonwertkontrast durch die Beleuchtung, wie in der großen Aufnahme der Londoner Straße. Beide Aufnahmen ziehen ihren Reiz eher aus visuellen Eindrücken als aus einem konkreten Inhalt.

Dominante Farben zu ignorieren erfordert einige Erfahrung in der Schwarzweißfotografie und ist auch nicht die allumfassende Antwort auf dieses Problem. Auf Seite 136 finden Sie ein Beispiel dafür, wie Sie die Kraft eines kräftigen Rot-Tons ignorieren und quasi »hindurch« fotografieren, um einen visuellen Status zu erreichen, der nichts mehr mit der ursprünglichen Farbe zu tun hat. Dabei müssen wir uns oft die Frage stellen, was bei der Aufnahme eines Motivs an die Stelle einer starken Farberfahrung treten kann. Was ist der Ersatz für die Farbe, das schwarzweiße Äquivalent, wenn es denn eines gibt?

Unten sehen Sie ein Beispiel, bei dem ich in Schwarzweiß fotografierte (mit einer Leica Monochrom, ein Farbfoto war daher ausgeschlossen), obwohl das Motiv ein Paradebeispiel für eine farbige Szene darstellt. Es handelt sich um die glitzernde goldene Staatskutsche des Oberbürgermeisters von London, die alljährlich bei der Lord Mayor's Show durch die Straßen des Finanzdistrikts rollt. Die Aufnahme entstand bei

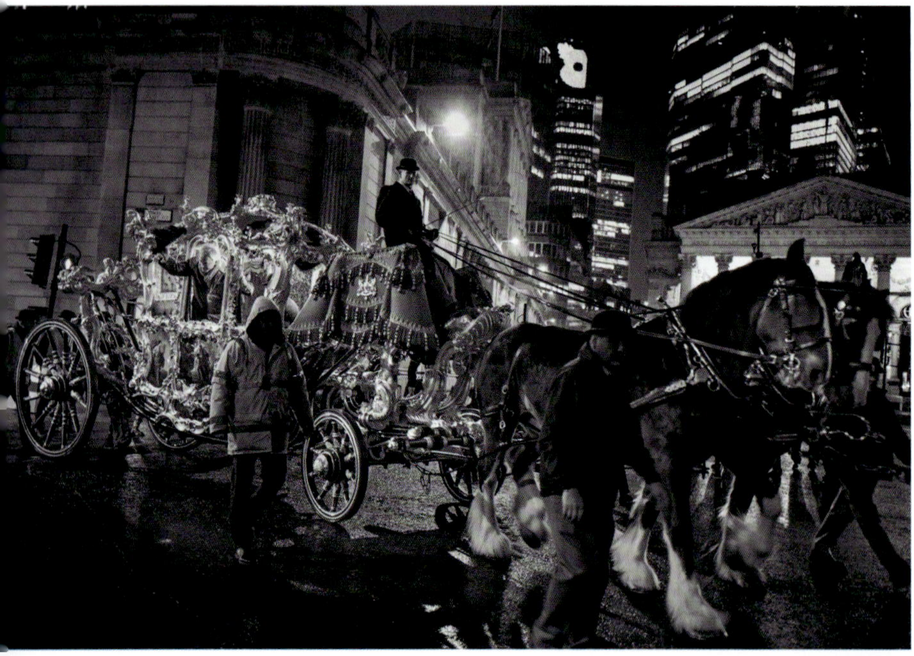

← Die Staatskutsche des Lord Mayor of London, fotografiert in verschiedenen Jahren. Die Schwarzweißversion, aufgenommen mit der *Leica M10 Monochrom*, konzentriert sich auf die glitzernden Tonwerte.

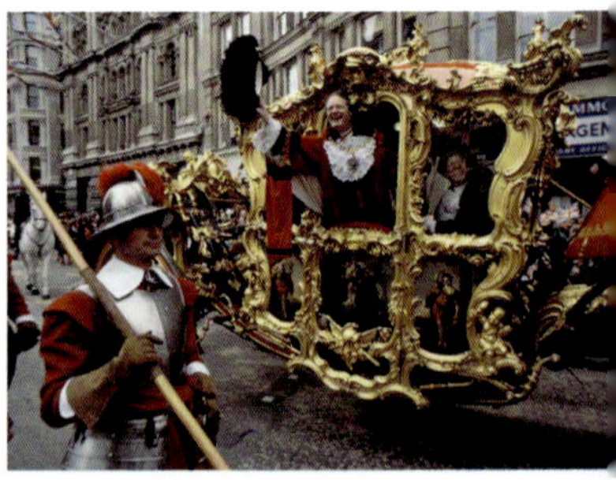

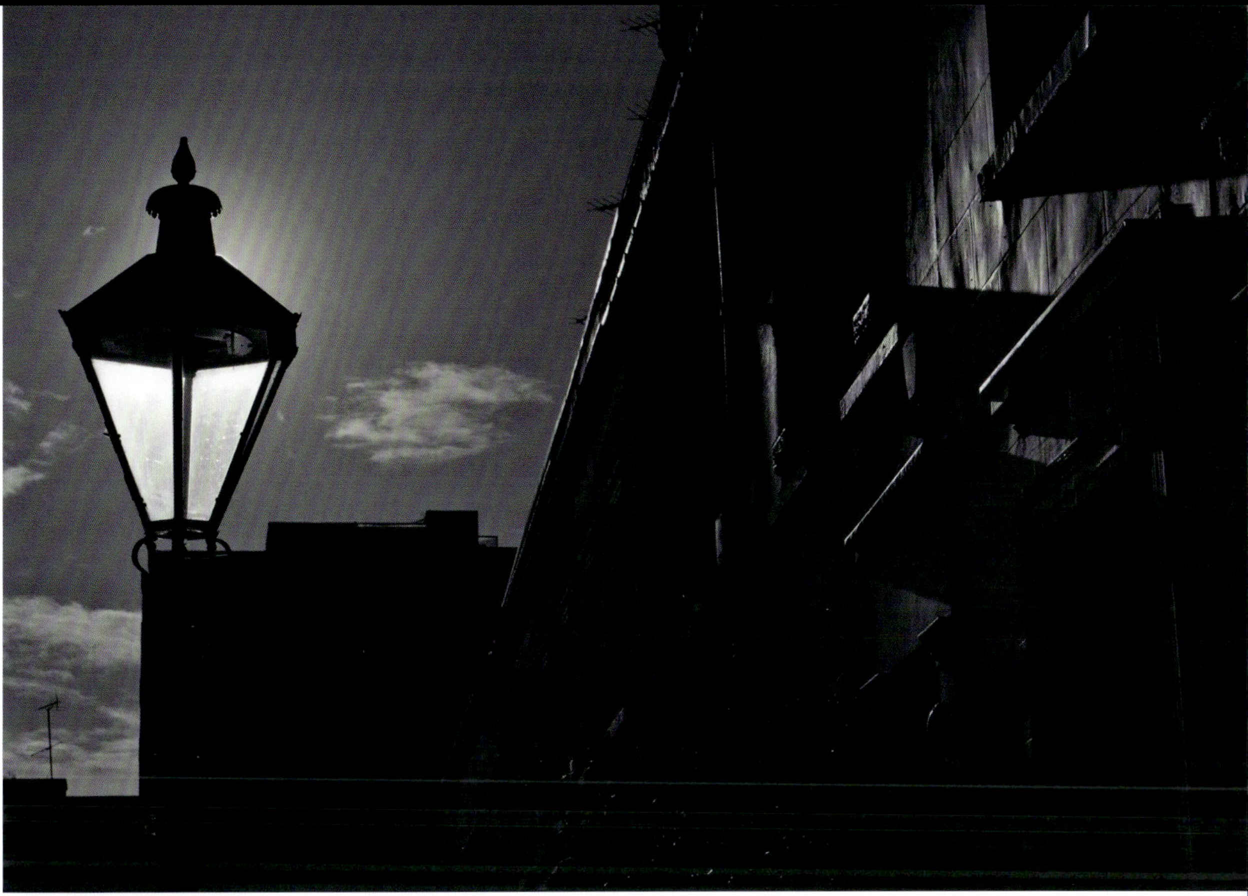

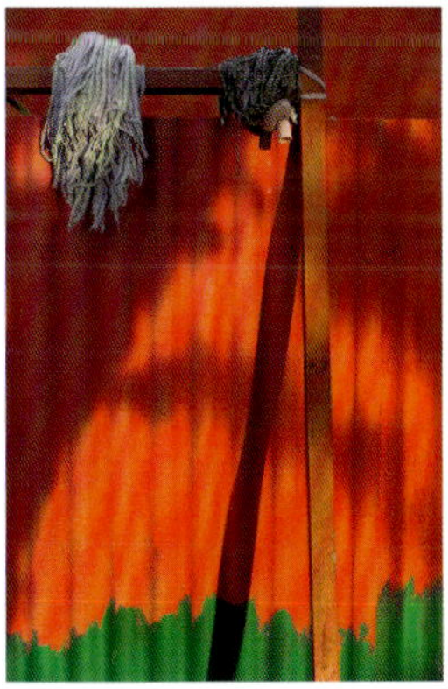

einer Probe in den frühen Morgenstunden ein paar Tage vor dem Ereignis. Angesichts der Motivstruktur – Gold auf Goldornamenten – mag es fast schon frevelhaft erscheinen, keinen Farbfilm zu verwenden, doch eben diese Situation illustriert perfekt den Kern der Problematik »Schwarzweiß versus Farbe«. Das Motiv bietet neben der Farbe noch andere Qualitäten, die hauptsächlich in den Kontrasten und Tonwerten zu finden sind. Das Hauptargument für Schwarzweiß liegt im fulminanten Glitzern der Oberflächen, das im Regen und bei künstlicher Beleuchtung deutlich hervortritt. Die Feuchtigkeit hat dabei geholfen, die Glanzlichter noch prägnanter wirken zu lassen. Die sorgfältige Bearbeitung hat eine wichtige Rolle gespielt, aber das Ergebnis zeigt meiner Meinung nach, dass es für jede Farbe eine Entsprechung in der Tonalität gibt.

Rein auf die Farbfotografie beschränkt ist die Darstellung der Beziehung zwischen gegensätzlichen Farben, die unabhängig vom Motiv eine Rechtfertigung für die Aufnahme sein kann – die rot-grün gestrichene Wellblechwand links ist ein typisches Beispiel dafür. Da dies natürlich nicht in Schwarzweiß funktioniert, müssen Sie nach einem Äquivalent zwischen Tönen oder Tonwertgruppen suchen. Das Bild der Straßenlaterne oben ist eine solche Alternative, bei der zwei extreme Töne einander gegenübergestellt werden: nicht nur Hell gegen Dunkel, sondern auch strahlende Lichter mit sichtbaren Strukturen gegen tiefe Schatten mit gerade noch erkennbaren Details.

AUS ALT WIRD NEU

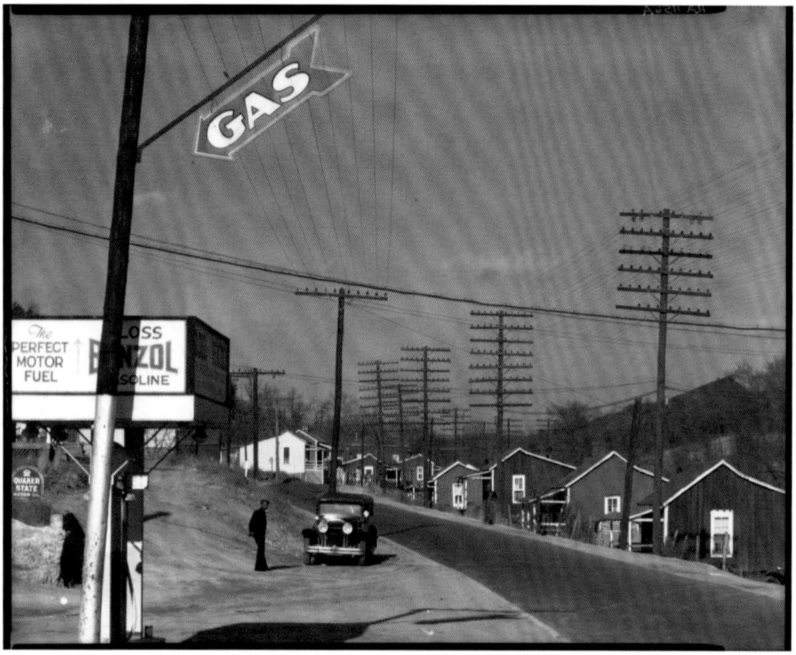

(←) Eine Tankstelle am Straßenrand in Alabama, fotografiert von Walker Evans auf 8×10-Zoll-Film im Jahre 1935 im Auftrag der Farm Security Administration. Mit seinen klaren, schnörkellosen Aufnahmen des Alltags am Straßenrand begründete Evans fast im Alleingang die Tradition der Schwarzweißdokumentation.

Die Schwarzweißfotografie erlebt einen regelrechten Boom – ganz gleich, ob die Bilder in gedruckter Form oder in sozialen Medien veröffentlicht werden.

Genauer gesagt handelt es sich um ein Revival, wobei die Zeitachse wie folgt verläuft: Schwarzweiß war mehr als ein Jahrhundert lang die etablierte Norm, wurde in den 1960er- und 1970er-Jahren aufgrund sinkender Kosten für Farbfilme und Produktionsverfahren schnell von der Farbe verdrängt und verschwand im Zuge der digitalen Technologie (Kameras, Bildschirme und das Internet) nahezu völlig von der Bildfläche. In der jüngsten Vergangenheit erlebten Schwarzweißbilder eine Renaissance, da sie aus dem Meer der Farbfotografien herausstachen. Das ist nicht weiter verwunderlich, denn in nahezu jedem kreativen Bereich – von der Musik über die Mode bis hin zur bildenden Kunst – erfolgt früher oder später eine Rückbesinnung auf alte Traditionen, wobei die Fotografie keine Ausnahme darstellt.

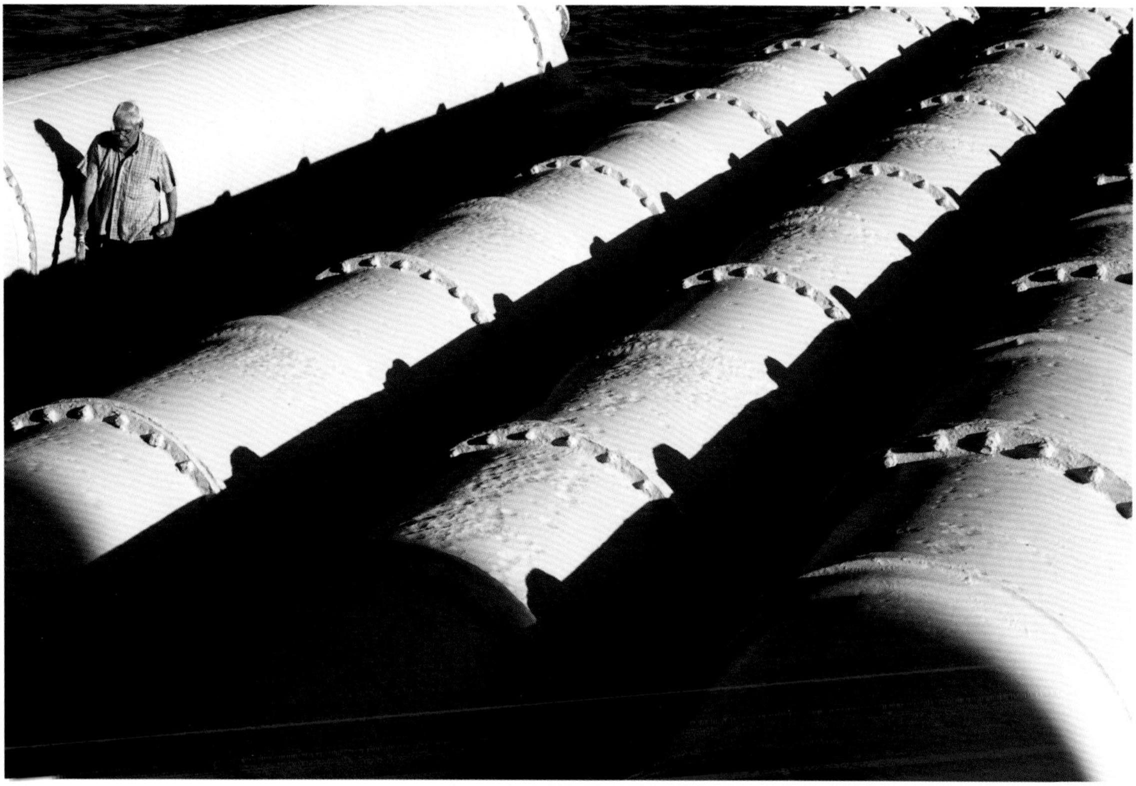

In der zeitgenössischen Schwarzweißfotografie spielen starke Kontraste und die Betonung von Formen und Schatten eine größere Rolle als je zuvor. Dafür verantwortlich ist unter anderem die digitale Verarbeitung mit der einfachen Manipulation von Kanälen.

Streng genommen ist die Bezeichnung »Revival« ein wenig hoch gegriffen, denn nur wenige noch lebende Menschen waren in der alten Welt der Monochromfotografie zu Hause, in der es schlicht keine Alternative zu Schwarzweiß gab. Das Fotografieren in Farbe war hoch spezialisiert, und wo hätte man die Bilder überhaupt präsentieren sollen? Der Siegeszug der Farbfotografie ging mit den Möglichkeiten zur kostengünstigen Reproduktion im Druck einher. Heute ist die Ausgangslage dagegen eine komplett andere. Farbe ist der allgemein akzeptierte Kontext und bringt uns beim Betrachten sozusagen direkt an den Ort der Aufnahme. Selbst die wenigen verbleibenden Problembereiche in der Fotografie werden durch die Computertechnologie beseitigt, wie z.B. die Nachtfotografie mithilfe von Multishot-Aufnahmen.

Mit anderen Worten gibt es in der Fotografie, wenn überhaupt, nur noch wenige technische Zwänge, so dass Schwarzweiß eine reine Wahlmöglichkeit darstellt. Schwarzweiß hat sich aufgrund seiner ästhetischen und emotionalen Anziehungskraft einen eigenen Platz in der Welt der Fotografie erobert. Ja, es gibt viele starke Verbindungen zur Vergangenheit und sogar ein beruhigendes Gefühl, in die Fußstapfen früherer Meister zu treten. Aber die Aufnahmen sind immer aktuell, und das verleiht der Schwarzweißfotografie von heute eine gewisse Frische.

TONALE FREIHEIT

Eine der herausragenden Eigenschaften der Schwarzweißfotografie ist die große Freiheit, die Sie bei der Bearbeitung genießen. In Kapitel 6 werden Sie mehr darüber erfahren, wenn wir uns mit der Konvertierung eines digitalen Farbbildes in Schwarzweiß beschäftigen, aber diese Form der Freiheit basiert nicht auf technischen Aspekten.

Alle Steuerelemente in Lightroom oder Ihrer bevorzugten Software lassen sich sowohl auf Farb- als auch auf Schwarzweißaufnahmen anwenden. Da es stets darum geht, was visuell akzeptabel erscheint, kommen Sie in den Genuss der Freiheit, die Töne im Schwarzweißmodus viel stärker zu verändern als in Farbe. Das hat seine Ursache in der engen Bindung der Farbfotografie an die Realität: Die Farbtöne können dort nur bis zu einem bestimmten Grad angepasst werden, um eine unrealistisch

→ Gut die Hälfte dieser Ansicht einer Landschaft in New Mexico liegt im Schatten. Die wichtigste Entscheidung war, die Details des Felsens links im Bild zu erhalten – weder vollständig verborgen noch vollständig geöffnet.

↓ Diese unvollendeten Buddha-Statuen in einer Marmorwerkstatt in Mandalay, Myanmar, legten eine kontrastreiche Bearbeitung nahe, die unsere Aufmerksamkeit auf die Oberflächen und Schatten lenkt.

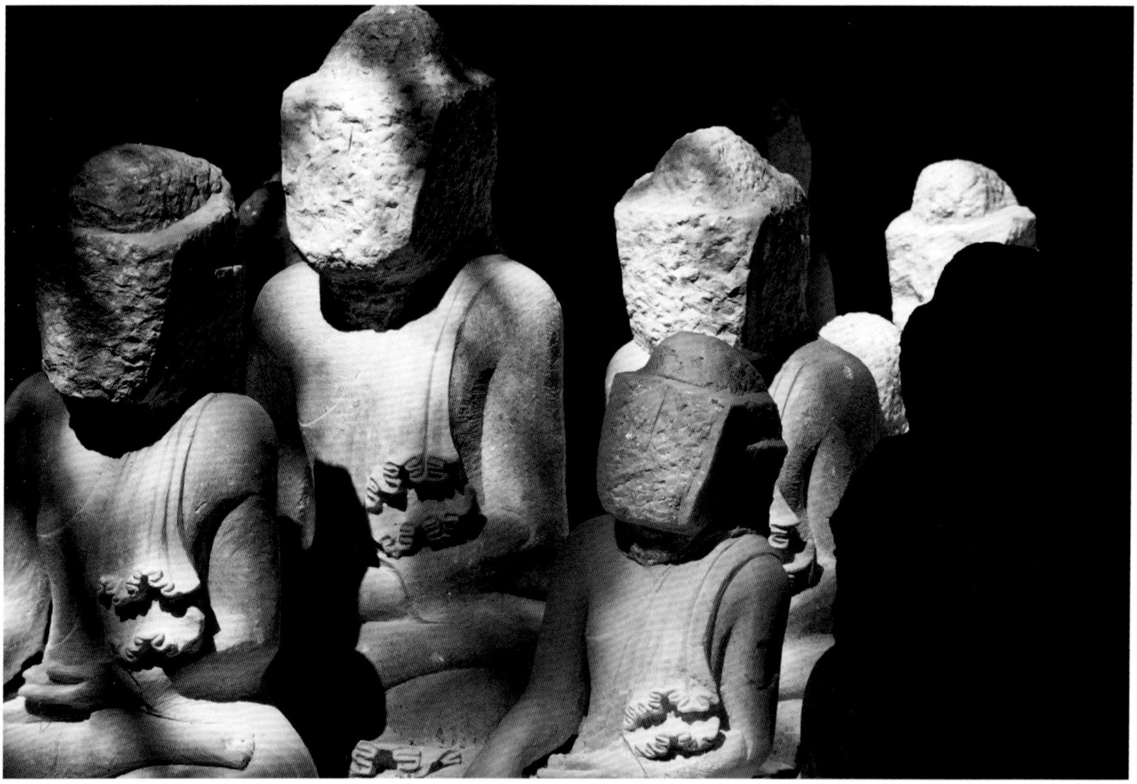

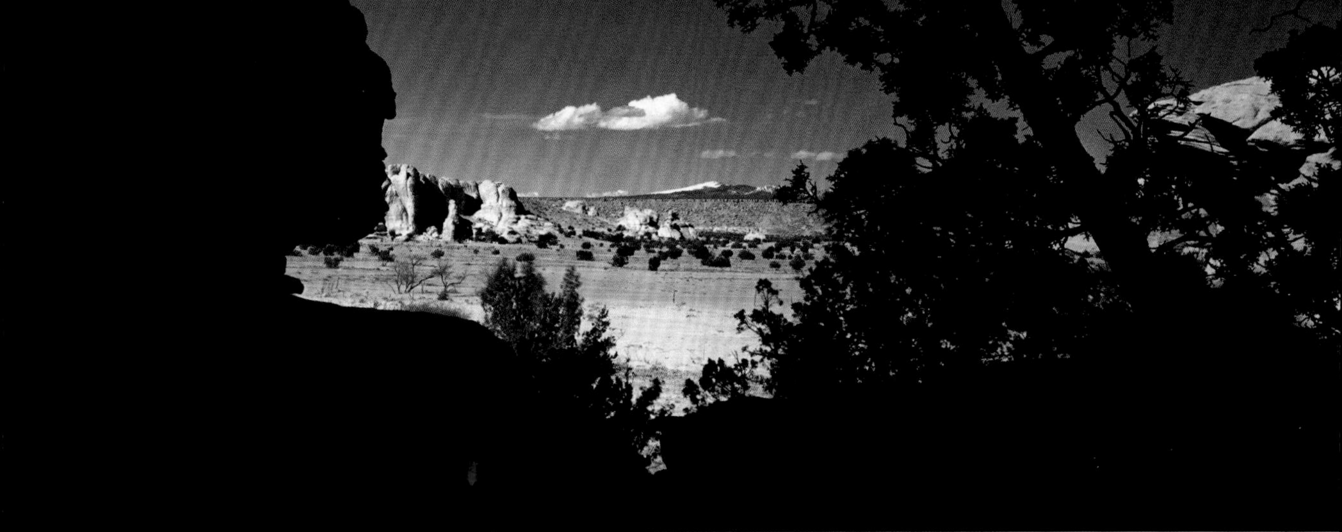

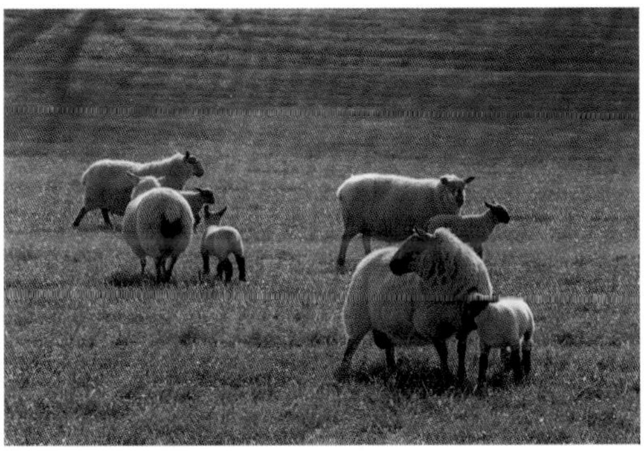

wirkende Farbgebung zu vermeiden. Zu den üblichen Änderungen gehören Helligkeit, Tonwertumfang und Kontrast, aber auch Verschiebungen im Farbton und die Variation der Sättigung.

Da wir sehr emotional auf Farbe reagieren, verbinden wir gewisse Erwartungen mit einem Bild. Diese werden selten klar formuliert, denn wir reagieren viel stärker auf Farbänderungen als auf die tonalen Qualitäten von Helligkeit, Tonumfang und Kontrast. Die ideale Farbwiedergabe zielt auf eine möglichst akkurate Abbildung der Realität ab. Alle Kamerahersteller arbeiten mit Nachdruck daran, ein solches Bild direkt aus der Kamera heraus zu liefern, sodass die überwiegende Mehrheit der Farbfotos nicht bearbeitet werden muss.

Das Gegenlicht an einem dunstigen Sonnentag in der englischen Landschaft kann entweder als dramatische Kantenbeleuchtung der Schafe eingesetzt werden oder, wie hier, zu einer weichen und offenen Darstellung führen.

Im Gegensatz dazu bedürfen die meisten Schwarzweißfotos einer Bearbeitung. Da heutzutage die Digitaltechnik dominiert, bedeutet dies zumindest eine Konvertierung in der Software. Sowohl in Sachen Helligkeit als auch beim Kontrast genießen Sie eine hohe Flexibilität. Der Kontrast birgt, wie Sie in Kapitel 3 sehen werden, das größte Potenzial zur Anpassung der visuellen Ausdruckskraft, egal ob Sie ein digitales Bild oder einen analogen Print anfertigen. Dabei gibt es einen allgemeinen Trend hin zu höheren Werten, ob nun zum Guten oder Schlechten. Da Schwarzweiß heute eher eine Wahl statt eine technische Notwendigkeit darstellt, wächst in der Welt der Fotografie die Erwartungshaltung, dass Schwarzweißbilder etwas Besonderes sein sollten. Das bedeutet oft, dass man den Kontrast erhöht und die Schatten sowohl in ihrer Form als auch in ihrer Intensität hervorhebt.

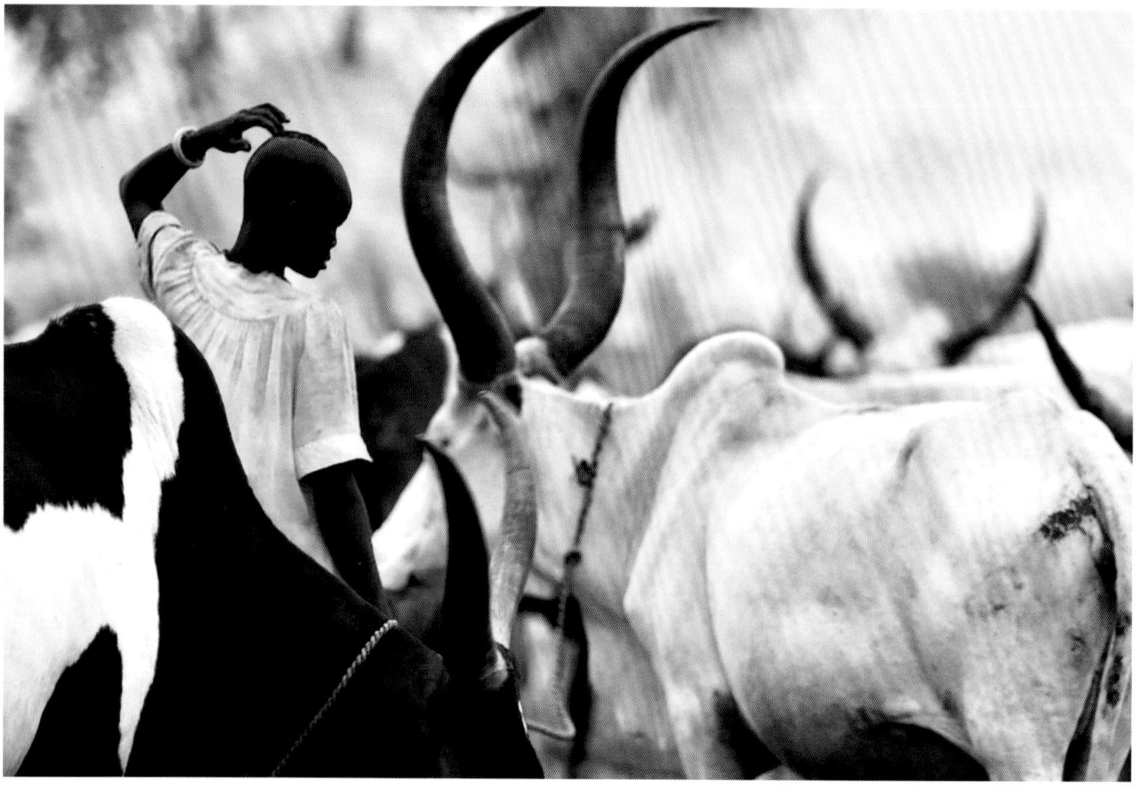

GEOMETRIE

Schwarzweiß neigt dazu, Kompositionstechniken in eine bestimmte Richtung zu lenken. Um es mit den Worten von Henri Cartier-Bresson zu illustrieren: »Wenn Sie den Auslöser im entscheidenden Moment betätigt haben, werden Sie feststellen, dass Sie instinktiv ein geometrisches Muster festgelegt haben, ohne das das Foto sowohl formals auch leblos gewesen wäre.«

↑ Diese Szene in einem Viehlager im Südsudan, die digital in Schwarzweiß konvertiert wurde, hätte in Farbe gar nicht so zum optischen Vexierspiel werden können.

Die Idee von Formen, Mustern und Linien als Grundlage für ein Foto ist eine potenziell mächtige Methode für die Komposition. Am stärksten kommt sie in Schwarzweiß zur Geltung, da sie nicht durch Farbkomposition und Farbbeziehungen beeinträchtigt wird. Wenn die Farbe in einem Bild absichtlich in den Vordergrund gerückt wird, übernimmt sie beim Betrachten eines Fotos zwangsläufig die Hauptrolle. Blenden Sie die Farbe aus, kann die Bildgeometrie in den Vordergrund treten.

Die Bilder auf diesen Seiten illustrieren die geometrische Natur von Schwarzweißbildern. Auch wenn nicht alle Fotografinnen und Fotografen diesen Effekt

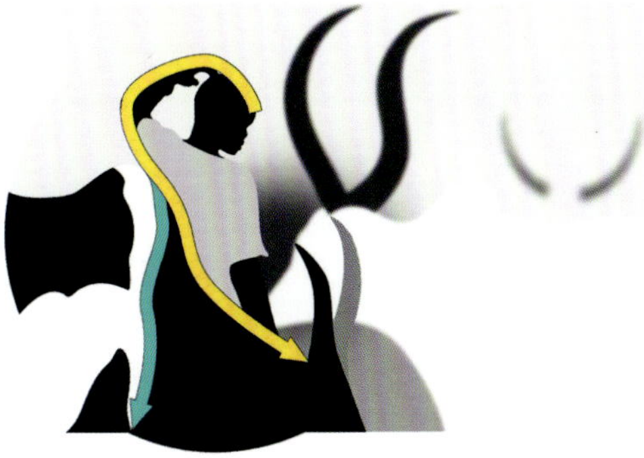

bei jedem Bild in Szene setzen, wirkt er auf viele von uns ganz natürlich. Wir erkennen das Potenzial, Dinge aneinanderzureihen oder in ein einfaches geometrisches Muster einzufügen. In der klassischen Malerei wurde die Geometrie oft dazu verwendet, die Anordnung von Figuren, Gebäuden und natürlichen Elementen wie Bäumen zu planen. Fotografien funktionieren nicht auf diese Weise, abgesehen vielleicht von einigen Studioaufnahmen, aber das Prinzip ist etwa dasselbe. Eine einfache Struktur hilft, ein Bild zu ordnen und im besten Fall eine Art zweite Ebene hinzufügen, die eine Aufnahme interessanter gestaltet.

Die drei Beispielbilder nutzen geometrische Effekte auf unterschiedliche Weise. Die Winterszene unten basiert auf einer sehr formalen, rechteckigen Geometrie, die man in einem Park nicht unbedingt erwarten würde. Zufälligerweise rahmen – von diesem Standpunkt aus gesehen und mit einer langen Brennweite fotografiert – zwei Bäume mit ihren Stämmen und Ästen eine Bank sauber ein. Im Bild daneben umschließt das runde, offene Dach einer Rotunde die Detailansicht der Bank of England. Bei einer anderen Beleuchtung hätten die Säulen und viele weitere schattige Details besser zur Geltung kommen können. Doch beim vorherrschenden Licht und in Schwarzweiß dreht sich die Aufnahme fast ausschließlich um kreisförmige Geometrie. Schließlich spielt das große Bild eines Dinka-Jungen in einem Viehlager im Südsudan mit S-förmigen Kurven. Die Hörner der Rinder geben das Thema vor, aber genau in diesem Moment und in dieser Position (was Cartier-Bresson seinen berühmten »entscheidenden Moment« nannte) überschneiden sich die Kurve des Rückens der Kuh im Vordergrund und ihr Muster mit der Haltung des Jungen, wodurch eine grafische Zweideutigkeit – eine Art Illusion – entsteht.

Das Bild eines Jungen und eines Rindes spielt mit der Gegenüberstellung von S-förmigen Kurven.

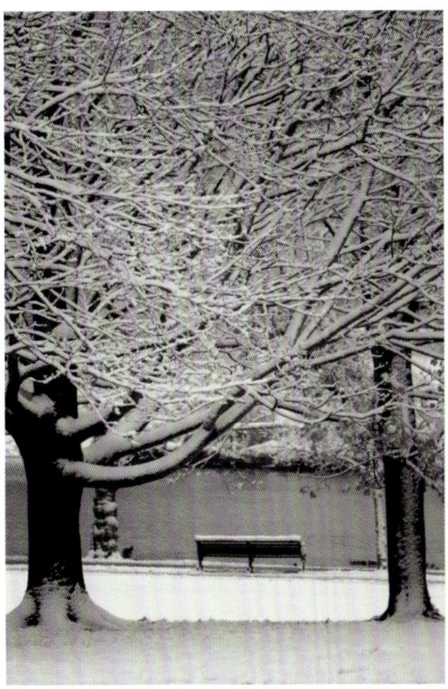

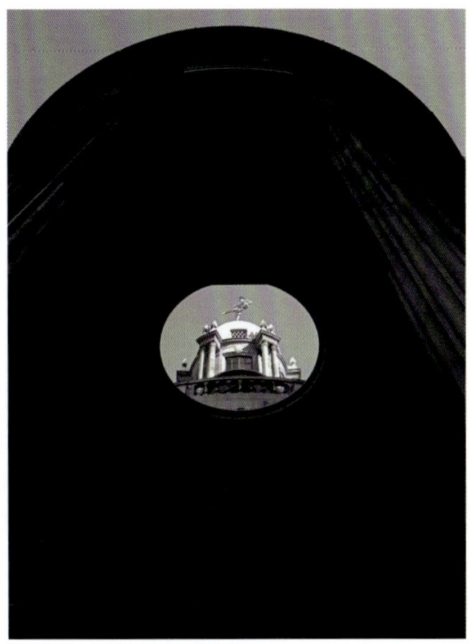

Eine winterliche Morgenszene im Londoner *Hyde Park*. Der verstärkte Kontrast zwischen Schnee und Bäumen unterstützt die formal rechteckige Komposition.

Eine Ecke der Bank of England in London wird zu einer Anordnung von Kreisen, indem man die Schatten so geschlossen hält, dass alle Details außer der angedeuteten Riffelung der Säulen verborgen bleiben.

KAPITEL

2

TRADITION

Abgesehen von den einigen wenigen Experimenten – darunter Autochrom und Sergey Prokudin-Gorskiis Dreifarbmethode – war die Fotografie mehr als hundert Jahre lang ausschließlich monochrom. In dieser Zeit wurde mit vielen Ideen, Genres und Stilen experimentiert und gearbeitet. Der Fotograf als Künstler, der Fotograf als Reporter, die Expressivität, die Romantik, die Moderne, die Dokumentation – all das wurde vor der Mitte des 20. Jahrhunderts in Schwarzweiß auf den Weg gebracht.

Eine vom Dach aus angefertigte Aufnahme von Nicéphore Niépce aus dem Jahr 1826 gilt allgemein als das erste gelungene Naturfoto, doch richtig in Schwung kam die Fotografie erst in den 1850er-Jahren mit der Erfindung des Nassplatten-Verfahrens. Das Ende der Schwarzweißfotografie wurde von mehreren Ereignissen eingeläutet. Farbfilme in 35-mm-Rollen wurden fast gleichzeitig von Kodak und Agfa auf den Markt gebracht (*Kodachrome* im Jahr 1935, *Agfachrome* ein Jahr später). Es dauerte jedoch einige Jahre, bis sich der Farbfilm in der Praxis auf breiter Front durchsetzen konnte. Zu einer Zeit, als illustrierte Zeitschriften das Hauptmedium für die Präsentation von Fotos waren, hatten journalistische Aufnahmen großen Einfluss auf die Farbfotografie. Das LIFE-Magazin bildete ab den späten 1940er-Jahren Farbfotos auf dem Titelblatt ab, während das National-Geographic-Magazin 1959 sein erstes Farbcover herausbrachte.

Im Großen und Ganzen wurde der Übergang von Schwarzweiß zu Farbe in den 1960er-Jahren abgeschlossen, getrieben hauptsächlich vom publizistischen Segment.

Was bleibt, ist eine Tradition aus einem Jahrhundert, in dem es viel weniger Fotografen und Fotografinnen gab als heute, deren Werke aber weitaus bekannter und wohl auch qualitativ besser sind als die der heutigen Milliarden von Fotofans, die Billionen von Bildern in Umlauf bringen. Wie viel Einfluss hat diese Tradition auf die heutige Fotografie? Unterm Strich würde ich sagen, dass die aktuelle Aufmerksamkeit für die monochrome Fotografie hauptsächlich aus der Freiwilligkeit resultiert und weil sie gegen den allgemeinen Trend zur realistischen Darstellung arbeitet.

Die meisten Menschen, die in Schwarzweiß fotografieren, haben ein besonderes Interesse an der Vergangenheit, und viele ziehen Befriedigung aus dem Sehen und Aufnehmen abseits des farbigen Mainstreams. Auf den folgenden Seiten erfahren Sie, was Schwarzweiß in der Vergangenheit so effektiv gemacht hat. Es gibt viele Fotografen, von denen Sie lernen können – vor allem von jenen, die ihre eigenen Abzüge angefertigt haben. Und obwohl das Hantieren mit Silberhalogenid in einer Dunkelkammer heutzutage höchstens ein Nischenthema ist, haben die damit verbundenen Traditionen und Werte nichts von ihrer Bedeutung verloren.

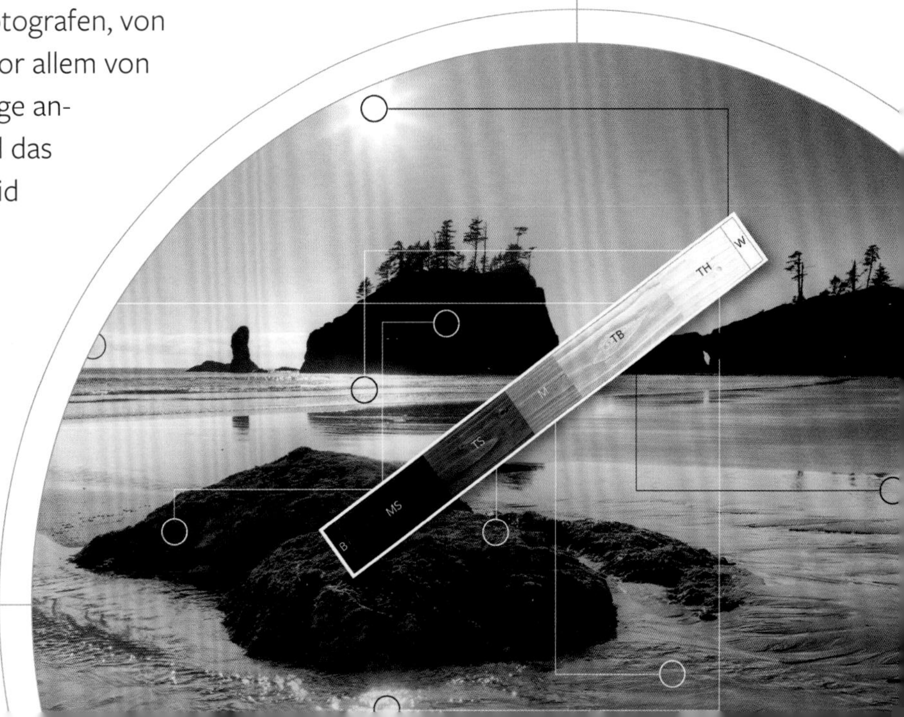

KONTINUITÄT

Schwarzweiß hilft dabei, Bilder visuell miteinander zu verknüpfen, wie alle in den Bildredaktionen von Zeitschriften wissen. Das traditionelle Standbein von illustrierten Magazinen wie LIFE, National Geographic, GEO und dem Smithsonian war stets die Bildgeschichte oder der Fotoessay. Unabhängig vom Thema vereinen solche Arbeiten in der Regel mehr als ein Dutzend einzelne Bilder.

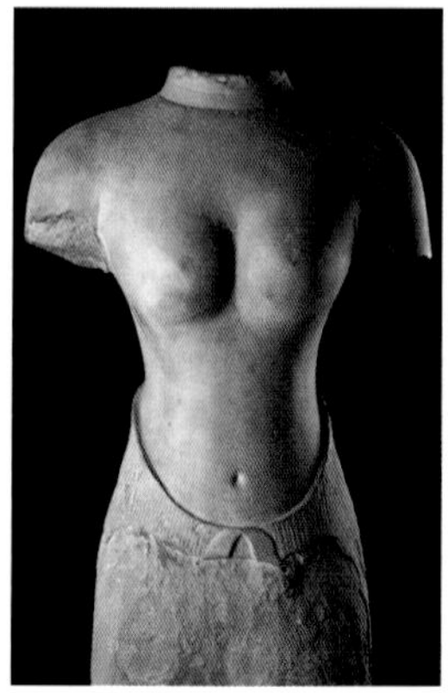

Eine Khmer-Statue im Nationalmuseum von Kambodscha, Phnom Penh, fotografiert unter Studiobeleuchtung

Ein freier Blick auf die Statuen im Wald nahe des Tempels von Banteay Chhmar in Kambodscha, eingefangen in der späten Nachmittagssonne

Ich verwende die Vergangenheitsform nur ungern und vielleicht ist diese Aussage ein wenig unfair, doch die Blütezeit der Bildergeschichte ist vorbei. Dennoch ist die Anziehungskraft einer Abfolge von Bildern ungebrochen, egal ob sie eine Geschichte erzählen oder als Serie präsentiert werden. Die Absicht dieser Präsentationsform ist die Vermittlung eines stärkeren und tieferen Erlebnisses für die Betrachtenden, wobei die Aufmerksamkeit des Publikums länger aufrechterhalten wird als durch ein einzelnes Bild. Das impliziert ein hohes Maß an Komplexität, denn die vielen Bilder müssen zueinander passen. Layout und Reihenfolge sind von enormer Bedeutung, und die Bilder müssen so kohärent sein, dass sich eine klare Kontinuität ergibt. Die Bilder müssen wie aus demselben kreativen Raum wirken. In der Farbfotografie eröffnen sich dabei wunderbare Möglichkeiten wie eine übergreifende Farbpalette oder das visuelle Verweben von Farbtönen. Dabei besteht allerdings das Risiko, dass

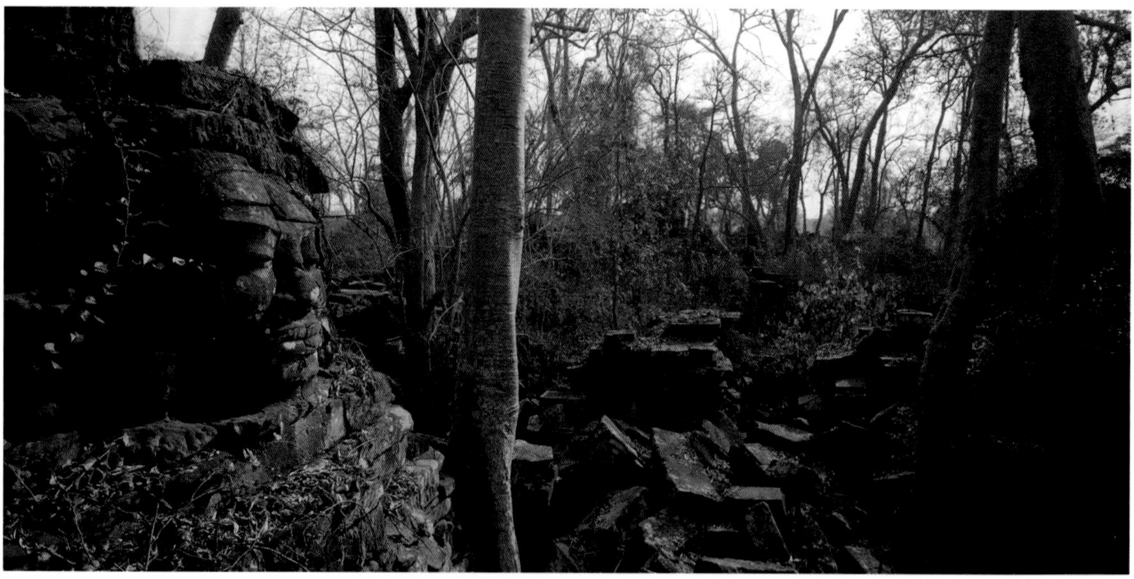

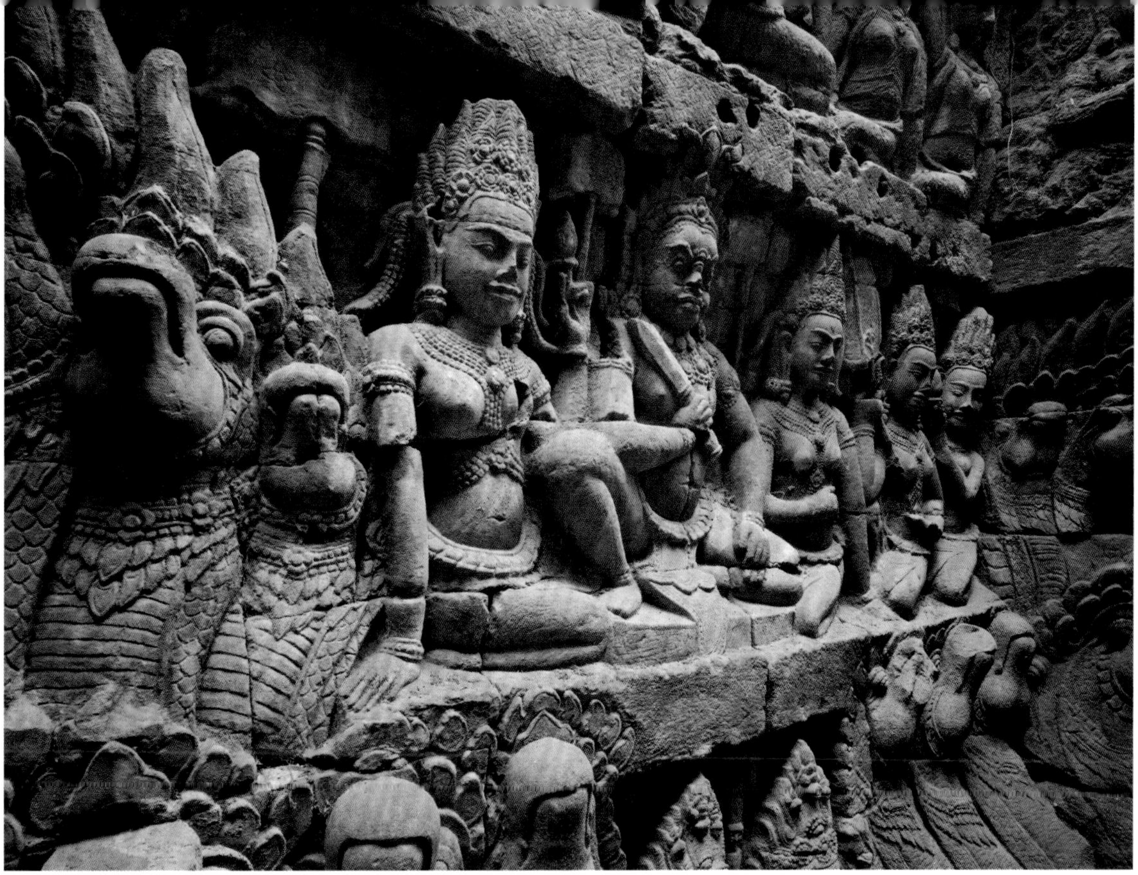

Die Tiefreliefs in einem Graben in Angkor Thom werden bei Tageslicht sanft von oben beleuchtet.

Diffuses Seitenlicht auf einer Flachreliefwand des Bayon, eines Khmer-Tempels aus dem frühen 13. Jahrhundert in Angkor Thom

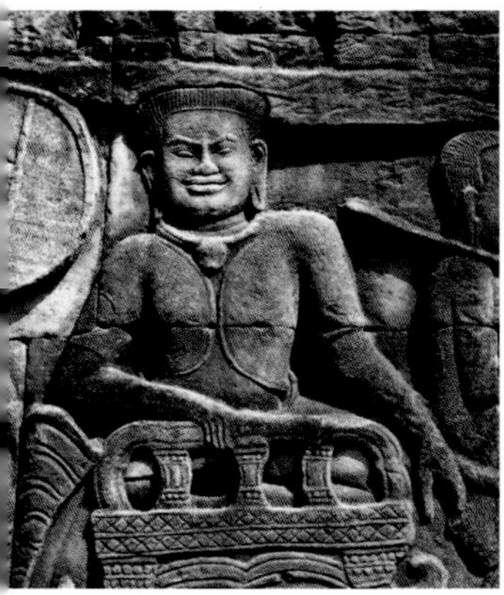

die Farbbilder aufgrund diverser Einflüsse wie Beleuchtung und Farbbalance nicht so gut zusammenpassen wie gewünscht.

Schwarzweiß erleichtert diesen Prozess durch eine Art Nivellierungseffekt und funktioniert besonders gut, wenn die Bilder über markante Inhalte verfügen. Denn ohne die Ablenkungen durch Farbkombinationen kann sich die Aufmerksamkeit der Rezipierenden voll und ganz auf das Thema konzentrieren, was vielleicht eines der stärksten Argumente für Reportage-Aufnahmen in Schwarzweiß ist. Die lange Tradition solcher Aufnahmen reicht bis zu den großen Magazinen wie LIFE zurück, und deshalb ist es nicht weiter verwunderlich, dass die Hälfte der Magnum-Fotografen (die auf eine ausgeprägte Reportagetradition zurückblicken) entweder ausschließlich oder hauptsächlich in Schwarzweiß fotografieren.

Geschichten jeglicher Art, nicht nur fotojournalistische, lassen sich in Schwarzweiß gut zusammenhalten, und ich illustriere das hier mit einigen Bildern aus einer größeren Auswahl von Aufnahmen aus Angkor in Kambodscha, die sich auf die noch erhaltenen Skulpturen und Flachreliefs konzentrieren. Die Lichtverhältnisse waren sehr unterschiedlich, von starkem Sonnenlicht bis hin zu tiefem Schatten und einer Vielzahl von Farben aus den umliegenden Wäldern, aber in Schwarzweiß lassen sich die einzelnen Bilder leicht vereinheitlichen und zusammenführen.

Die Eigenschaft von Schwarzweiß, eine Gruppe von Bildern zu vereinheitlichen, wurde erst in den 1960er-Jahren zu einem wichtigen Aspekt der Zeitschriftenproduktion. Der Farbdruck wurde bereits in den 1950er-Jahren auch in großen Auflagen rentabel (die Auflage des LIFE-Magazins betrug in der Spitze 8 Millionen Hefte pro Woche), obwohl die Fotografen und Fotografinnen mit der geringen Empfindlichkeit und Geschwindigkeit der zeitgenössischen Farbfilme zu kämpfen hatten (der Kodachrome kam auf gerade mal 25 ASA). In den 1960er-Jahren löste sich dieses Problem durch den High Speed Ektachrome in Wohlgefallen auf.

Nachdem sich der Hype um die »All Color«-Filme gelegt hatte, begannen Redakteure und Fotografen, sich bewusst für Farbe oder Schwarzweiß zu entscheiden. Ein perfektes Beispiel dafür war die Arbeit von Larry Burrows, der zu den berühmtesten Dokumentatoren des Vietnamkriegs gehörte. Mein Freund Russell Burrows, der das Buch »Larry Burrows: Vietnam« von 2002 herausgegeben und geschrieben hat, ist Larrys Sohn. Er bemerkte, dass Larry immer im Voraus plante, ob er in Farbe oder in Schwarzweiß fotografieren wollte, aber nie beides zusammen: »Zunächst einmal fand mein Vater es schwierig, Filme zu mischen, besonders in einer Kriegssituation. Eine Ausnahme bildete der *Ektachrome* in der Normal- und Hochgeschwindigkeits-Version. Jede Kamera und ihr Film mussten instinktiv erreichbar sein. In der Regel trug er vier Kameras bei sich (oft zwei Leicas und zwei Nikons); das ermöglichte ihm eine Auswahl an Objektiven, und die waren in einer seit Langem festen Reihenfolge angeordnet.«

Eine von Burrows berühmtesten Fotostorys erschien unter dem Titel »One Ride with Yankee Papa 13« im Jahre 1965. »Die Idee hinter YP13 war«, erzählte mir Russell, »den Crew Chief einer Hubschrauber-Mannschaft bei seiner Arbeit zu begleiten. Es war ein paar Jahre nach ›War in Color‹ [seine Titelgeschichte von 1963], aber technisch gesehen noch vor dem eigentlichen Krieg. Die US-Marines waren im März 1965 in einer defensiven Rolle gelandet. Die Hubschrauber waren bereits allgegenwärtig. Mein Vater wählte einen Hubschrauber mit der Nummer 13 wegen seiner Symbolik, und der Crew Chief, der ihm zugeteilt war – ein 21-jähriger amerikanischer ›Junge von nebenan‹ –, machte es einfacher (der Crew Chief ist fest dem jeweiligen Flugzeug zugeteilt, während Piloten und andere Mannschaftsmitglieder variabel zugewiesen werden). Er sollte der Anker der Geschichte sein und das wachsende Engagement der USA repräsentieren. Der Essay sollte einen Monat lang fotografiert werden – in Schwarzweiß«.

Und weiter: »Für meinen Vater war dies eine ästhetische Entscheidung, denn er war der Meinung, dass das Durcheinander der verschiedenen Schauplätze die Kontinuität von Schwarzweiß erforderte. Und es gab noch einen praktischen Grund: Die schlechten Lichtverhältnisse im Inneren des Hubschraubers würden schnellere Schwarzweißfilme erforderlich machen (*Tri-X* war für 400 ASA ausgelegt, konnte aber auch schneller belichtet werden). In Larrys Kopf hätte eine Mischung aus Schwarzweiß und Farbe bereits während der Konzeption des Essays ungleichmäßig gewirkt. Die Redakteure stimmten ihm zu, und so fiel die Wahl auf Schwarzweiß.«

→ Das Titelbild der Ausgabe des LIFE-Magazins vom 16. April 1965, die Larry Burrows' berühmte Bildgeschichte »One Ride with Yankee Papa 13« enthielt

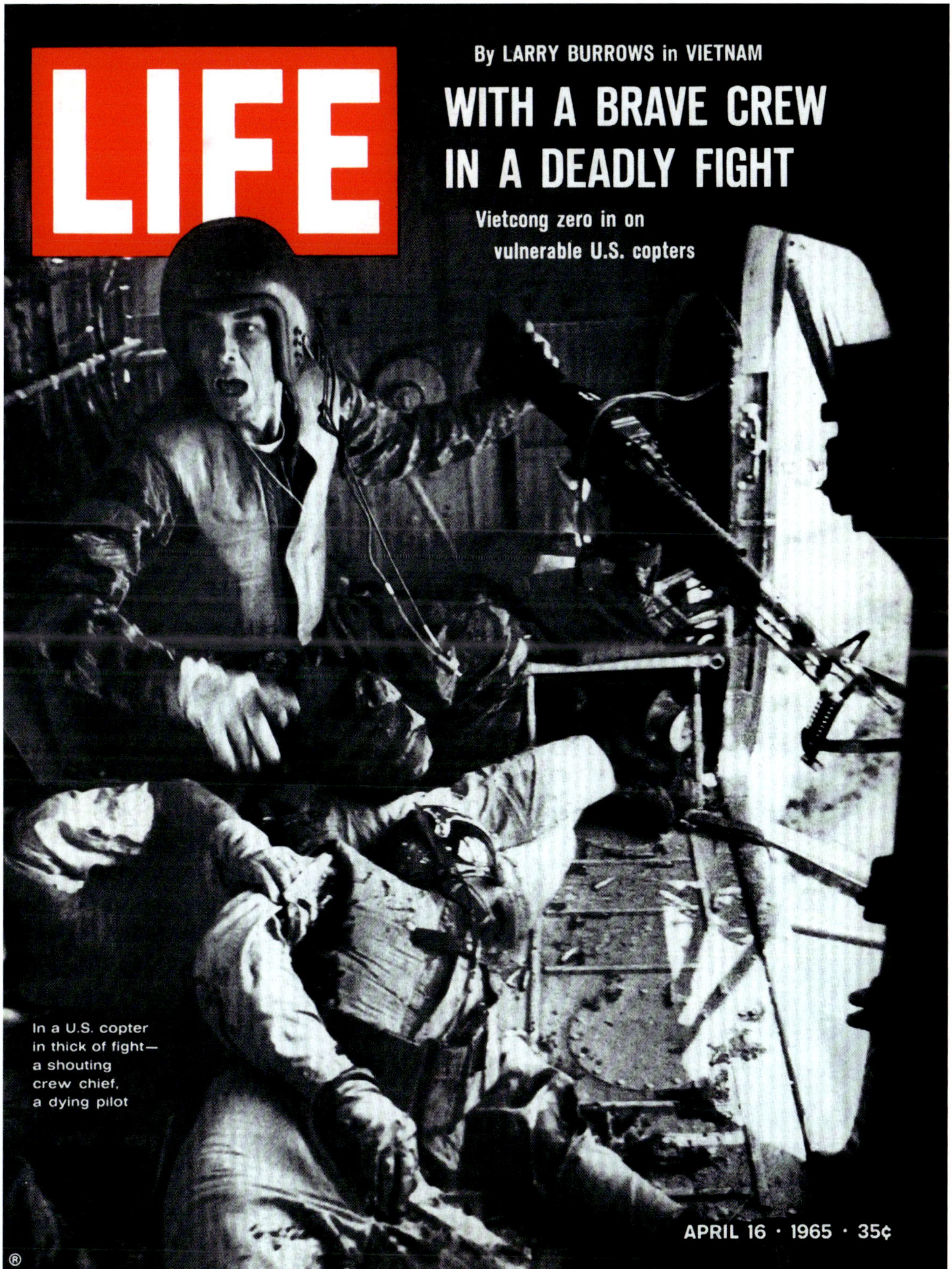
LIFE
By LARRY BURROWS in VIETNAM
WITH A BRAVE CREW
IN A DEADLY FIGHT
Vietcong zero in on
vulnerable U.S. copters
In a U.S. copter
in thick of fight—
a shouting
crew chief,
a dying pilot
APRIL 16 · 1965 · 35¢
®

TONALE OBSESSION

Nirgendwo sonst in der Welt der Fotografie werden Sie auf eine vergleichbare Hingabe stoßen wie auf jene, die Schwarzweißfotografen und -fotografinnen den Feinheiten und Details der Tonwerte auf einem Papierabzug oder für die Darstellung auf einem Display widmen.

Eine stürmische Landschaft auf der Isle of Skye mit Hinweisen für den Abzug (kleines Bild), um das Maximum an Atmosphäre und Dichte aus einem 4×5-Zoll-Negativ herauszuholen

Das reicht von einer allgemeinen Sensibilität dafür, wie das gesamte Bild visuell wirken soll, bis hin zu Details in winzigen Bereichen, die außer der Fotografin oder dem Fotografen wahrscheinlich niemandem auffallen würden. Ein gutes Beispiel für diese Obsession liefert Ralph Gibson in seiner Beschreibung eines einzelnen weichen Lichtflecks, der auf den Oberkörper eines porträtierten Menschen fällt: »Ich wollte eine Art Puls in der Figur andeuten, ihren Herzschlag. Ich bemerkte, dass ein Schlaglicht auf der linken und ein Schatten auf der rechten Seite einen gewissen Stroboskopeffekt erzeugen würde, der das Auge hin- und herwandern ließ. Ich hatte das Gefühl, dass die dunklen Bereiche eine durchscheinende Qualität haben und deshalb aus den Schatten heraus eine Art Energie von der Figur ausgeht.«

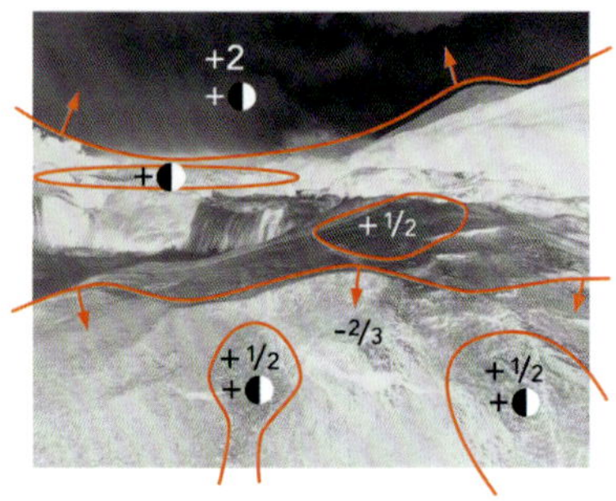

Diese Herangehensweise unterscheidet sich deutlich von jener der meisten anderen Menschen. W. Eugene Smith, ein weiterer bekannter Fotograf, der es vorzog, seine eigenen Abzüge zu machen, schrieb über die wahrhaft epische Sitzung für das große Bild rechts: »Ich musste jedes kleine Detail in diesem Foto abdunkeln, um

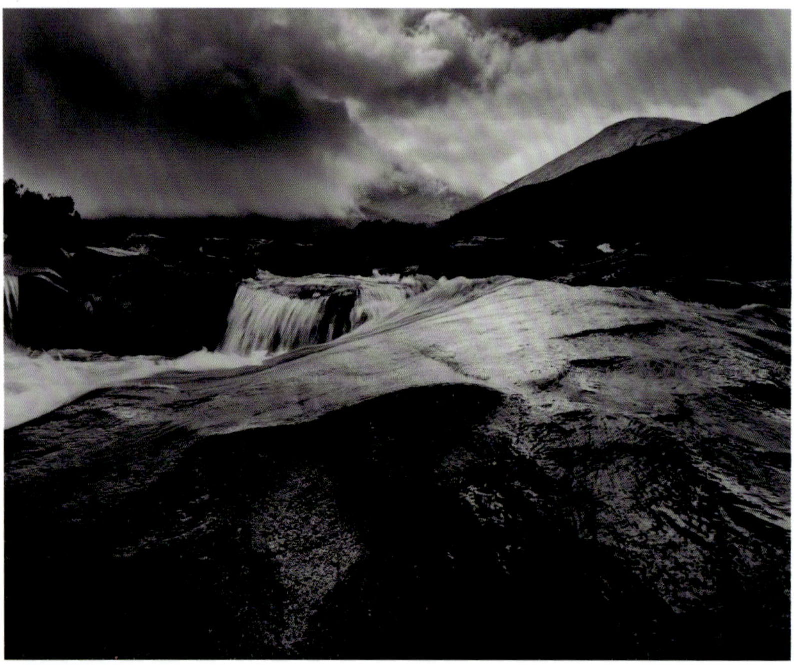

W. Eugene Smiths Foto von Albert Schweitzer im westafrikanischen Gabun wurde nach einer berüchtigt langen Sitzung in der Dunkelkammer (die durch das Hinzufügen eines Sägegriffs und einer Hand in der rechten unteren Ecke von einem zweiten Negativ zusätzlich verlängert wurde) als Aufmacher für eine Geschichte im LIFE-Magazin verwendet.

Schatten unter dem Hut, Details im Gesicht und so weiter und so fort zu erhalten. Nachdem es dann viel zu dunkel war, musste ich alles wieder aufhellen – Detail für Detail, Blatt für Blatt, Arm für Arm. Allein für einen Bereich brauchte ich fünf Stunden, und dann, fünf Stunden und eine Sekunde später, hatte ich einen Fehler zu viel gemacht, und zack: Ich musste wieder von vorne anfangen!« Für diesen Abzug, der zum Aufmacher seines LIFE-Essays über Albert Schweitzer wurde, benötigte Smith laut eigener Angabe »fünf Tage und fünf Nächte«. Das ist natürlich ein Extremfall, doch sowohl Smith als auch Gibson sind gute Beispiele für das völlige Eintauchen in den Kosmos der Tonwerte und die erhöhte Sensibilität, die für Menschen typisch ist, die sich kompromisslos der Tonqualität von Schwarzweißbildern verschreiben.

Die Leidenschaft für den Tonwert ist einer der Kernaspekte der Schwarzweißfotografie, und sie ist auf eine Art und Weise besonders, die für die Farbfotografie nicht oder zumindest stark eingeschränkt zu gelten scheint. Ob in der Dunkelkammer oder am Bildschirm: Viele Menschen, die in Schwarzweiß fotografieren, sind regelrecht besessen davon, Tonwertangaben zu machen und Feinheiten zu perfektionieren – bei der Verarbeitung, der Nachbearbeitung, dem Druck und sogar während der Präsentation.

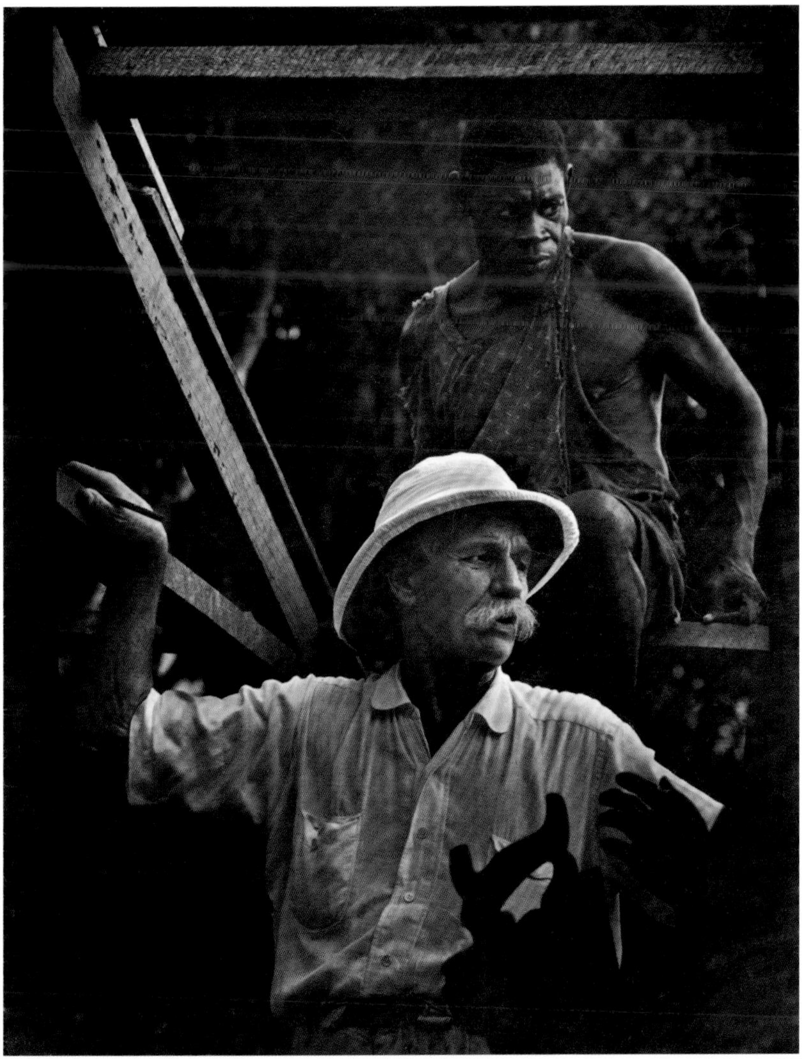

Dafür gibt es zwei Gründe. Erstens, wenn die Farbe aus der Gleichung gestrichen wird, konzentriert sich fast alles auf die Tonwerte. In ihren Publikationen berichten Schwarzweißexperten von der Intensivierung der visuellen Erfahrung und damit der Aufmerksamkeit, wenn die Tonwerte perfekt ausbalanciert sind. Zweitens kämpfen die Fotografierenden seit mehr als einem Jahrhundert mit der Herausforderung, alle gewünschten Töne aus dem Film zu extrahieren und sie akkurat auf Papier zu bringen. Und fast ebenso lange stand am Ende der Produktionskette stets der unvermeidliche Schritt, ein Negativ in einen positiven Abzug zu verwandeln. In diesem Stadium gab es viele Korrekturmöglichkeiten, von denen die meisten Menschen rege Gebrauch machten.

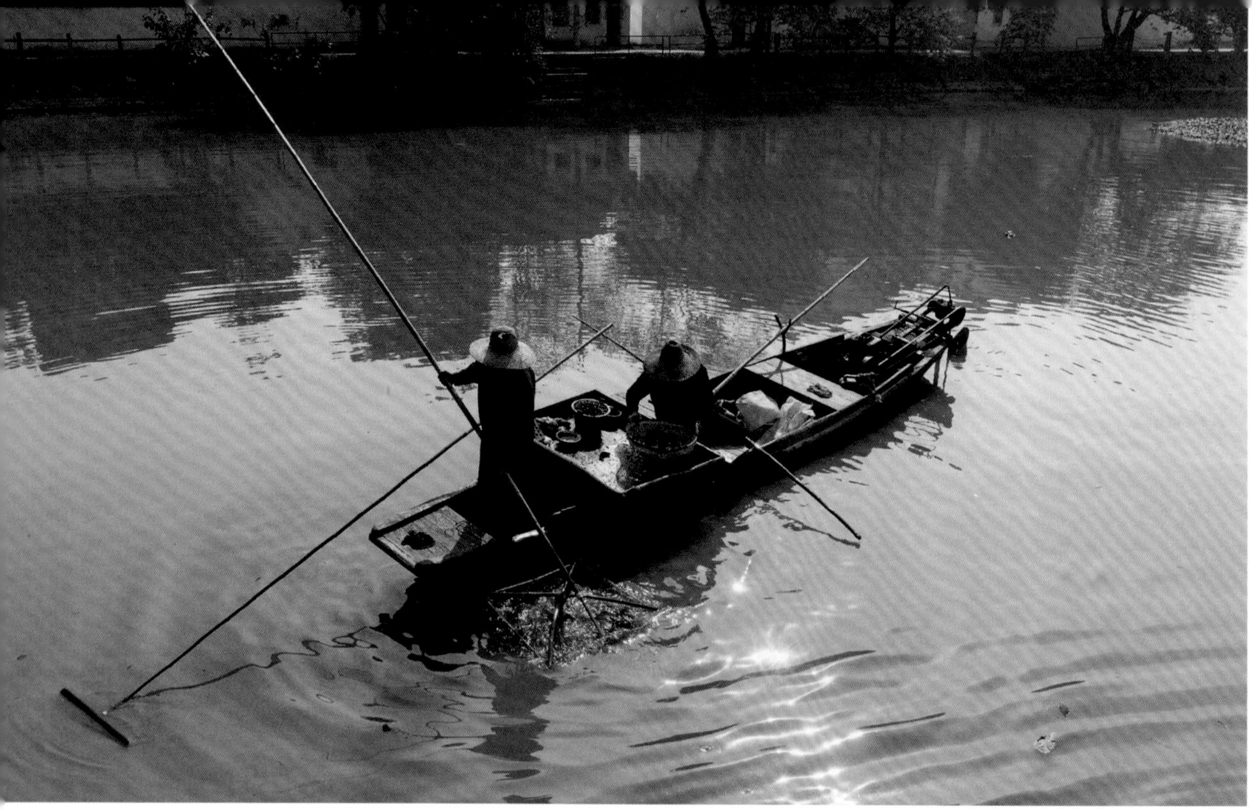

REALISMUS

Fischen nach essbaren Schnecken in der Provinz Jiangsu, China. Obwohl im Jahr 2017 fotografiert, wirkt diese Szene wie ein Blick in ein anderes Jahrhundert, wobei die traditionellen Assoziationen von Schwarzweiß diesen Eindruck zusätzlich unterstützen.

Auch wenn Schwarzweiß rein argumentativ ein oder zwei Schritte von einer realistischen Abbildung des Motivs entfernt ist, wird es dennoch von vielen Menschen als präziser und damit auch als realistischer als ein Farbfoto empfunden. Das gilt besonders für bestimmte Genres wie die Straßen- und Porträtfotografie sowie für die Krisen- und Kriegsberichterstattung.

Historische Zusammenhänge und eine gewisse Nostalgie spielen dabei eine entscheidende Rolle, denn viele denkwürdige Bilder aus diesen drei Genres sind in der Tat Schwarzweißaufnahmen. Ein wichtiger Aspekt ist auch das gesunde Misstrauen gegenüber farbigen Darstellungen – nicht wegen der im Grunde realistischeren Abbildung einer Szene, sondern aufgrund der Möglichkeiten zur Manipulation der Emotionen des Publikums. So können bestimmte Farbkombinationen die Aufmerksamkeit von den eigentlich entscheidenden Handlungen oder Details in einer Szene ablenken.

John Szarkowski, der ehemalige Direktor für Fotografie am New Yorker *Museum of Modern Art*, schrieb über Fotografen und Fotografinnen, die »sich selbst beigebracht haben, Farbe zu ignorieren und durch sie hindurch auf eine dahinter

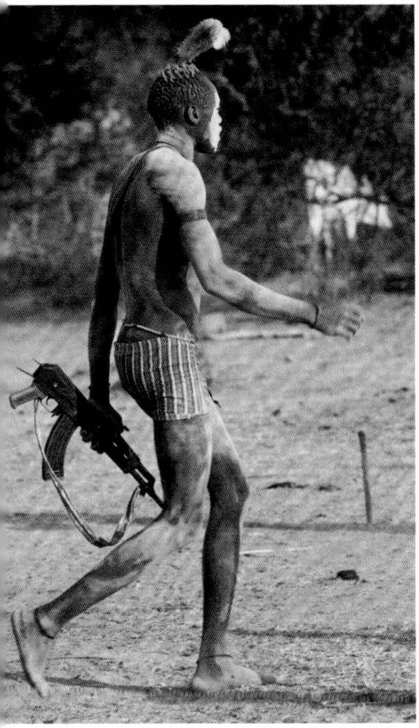

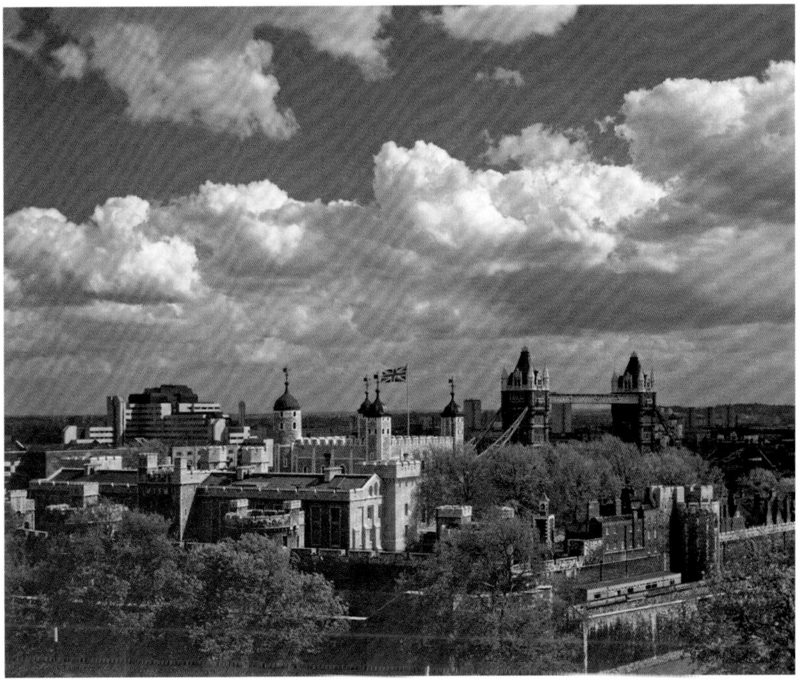

Reportagen in ihren verschiedenen Formen profitieren in der Regel von der Eigenschaft der Schwarzweißfotografie, farbliche Ablenkungen zu durchbrechen und den eigentlichen Inhalt in den Fokus zu stellen – hier ein bewaffneter Mandari-Krieger im Südsudan.

Historische Architektur – hier der Tower of London und die Tower Bridge – ist selten farbenfroh, sodass Schwarzweiß ihre Zeitlosigkeit verstärkt.

liegende, ultimative monochrome Realität zu blicken«. Das gilt quasi für alle, die sich das auf den Seiten 18 bis 19 beschriebene »Sehen« in Schwarzweiß angeeignet haben. Beim Fotografieren geht es uns im Grunde genommen darum, Bilder zu schaffen, die uns etwas bedeuten. Deshalb sollten Sie sich stets folgende Fragen stellen: Was ist die Essenz des Bildes? Liegt diese im Gesichtsausdruck einer Person, einer bestimmten Bewegung, einer Gegenüberstellung? Hat die Farbe eine Auswirkung darauf? Ist die Farbe hilfreich, störend oder neutral in ihrer Wirkung?

Farbkompositorisch veranlagte Fotografen wie Harry Gruyaert interessieren sich dafür, wie Farbeinheiten miteinander interagieren, während die eigentlichen Objekte oder Personen, die diese Farben ins Bild bringen, eher nebensächlich zu sein scheinen. Dies ist das genaue Gegenteil der Schwarzweißfotografie, aber es unterstreicht auch die leicht zu übersehende Tatsache, dass nur ein oder zwei Dinge auf einem Foto für die Bildwirkung entscheidend sein können. Wenn es sich dabei um etwas anderes als Farbe handelt, ist das oft ein guter Grund, in Schwarzweiß zu fotografieren.

Es gibt auch ein technisches Argument für den Realitätsgrad von Schwarzweiß. Die Fotoelemente in den Sensoren messen die Gesamtlichtmenge unabhängig von der Wellenlänge (die uns farbiges Sehen ermöglicht). Es handelt sich um eine pure Aufzeichnung des einfallenden Lichts. Alles, was nach dieser Aufzeichnung hinzugefügt wird, um Farbe zu erfassen – z.B. ein Bayer-Filter – entfernt oder manipuliert Informationen, was zu einer Reduzierung der Bildqualität führt. Das ist ein gutes Argument für die wenigen monochromen Digitalkameras: Diese liefern mehr Details und genauere Tonwerte, wie Sie ab Seite 136 selbst sehen werden.

DER GEIST DER DUNKELKAMMER

Eine der großen Traditionen der Schwarzweißfotografie ist die Dunkelkammer und alles, was mit ihr zusammenhängt. Heutzutage ist die Dunkelkammer für die chemische Silberhalogenid-Entwicklung eine winzige Nische, die sogar weit hinter der Analogfotografie rangiert. Doch obwohl diese wahrscheinlich letzte Bastion des individuellen Handwerks nahezu ausgestorben war, beginnt sich das Interesse an ihr zu erholen.

In der Zeit vor der Digitalisierung und vor Kodachrome war die Dunkelkammer so sehr mit der Schwarzweißfotografie verbunden, dass sich selbst diejenigen, die kein Interesse am Entwickeln hatten, mit der Thematik auseinandersetzen mussten. Es gab viele Labore, die diese Aufgabe übernahmen, und an der Spitze, wie bei Magnum und dem LIFE-Magazin, gab es professionelle Filmentwickler, die als Meisterinnen und Meister ihres Fachs anerkannt waren. Einige Fotografierende entwickelten enge Arbeitsbeziehungen zu einzelnen Entwicklern, die oft intuitiv wussten, was bei der Umsetzung des Negativs in einen Abzug erwünscht war.

Besonders ambitionierte und auch berühmte Fotografinnen und Fotografen schätzten jedoch die volle Kontrolle über den gesamten Prozess – von der Inspiration über die Aufnahme bis hin zur Entwicklung, dem Druck und der endgültigen Präsentation. Einige liebten die Zeit, die sie in diesem dunklen, chemischen Raum verbrachten, während andere eine ausgeprägte Hassliebe zu ihm pflegten. W. Eugene Smith (siehe Seite 36) brachte es auf den Punkt: »Es gibt nichts, was ich mehr hasse als die erforderliche Disziplin in der Dunkelkammer … und doch habe ich all diese Jahre mit dem Entwickeln verbracht. Der Grund dafür ist einfach: Ich will, dass die verdammten Bilder das sagen, was ich will.«[1] Auf die Frage nach ihrer Liebe zur Dunkelkammer antwortete Imogen Cunningham: »Versuchen Sie es einfach 60 Jahre lang selbst.« Für andere war die Dunkelkammer ein eigenständiger kreativer Raum. Eikoh Hosoe, der große japanische Fotograf, schrieb: »Die Dunkelkammer ist ein Ort zum Nachdenken, eine Art Werkstatt. Sie ist ein Ort zum Ausruhen … Ich denke über meine Fotografien nach, wenn ich in der Dunkelheit bin.«

Die Dunkelkammer öffnete auch ein Fenster zu den ansonsten intimen Gedanken vieler namhafter Fotografen. Im Großen und Ganzen sind ernsthafte Fotografen eher zurückhaltend, was ihre Arbeitspraxis angeht. Echte Offenbarungen abseits profaner Einsichten zur Ausrüstung, den Einstellungen und den Techniken der Fotografie geben viele Profis nur selten preis. Aus gutem Grund, denn Philosophie und Emotionen klingen nur allzu leicht prätentiös und vage. Die Dunkelkammer ist jedoch eine fast magische Mischung aus Technik und Inspiration, die Fotografinnen und Fotografen gesprächig macht und dazu verleitet, fast alles über ihre Arbeit an einem bestimmten Negativ preiszugeben.

1 W. Eugene Smith in *Darkroom*, Rochester, NY: Lustrum Press, 1977

→ Ein in einer Stahlgießerei entstandenes Bild aus W. Eugene Smiths Projekt über Pittsburgh, das er selbst entwickelt hat, wobei er auf den Reichtum und die tonalen Feinheiten der Schattenbereiche achtete. Dazu schrieb er: »Die Leute denken, ich mache dunkle Abzüge, aber ein guter Smith-Abzug ist nicht dunkel. Sie haben das Gefühl, dass er dunkel ist, aber Sie werden sehen, dass alle wichtigen Details sehr gut erkennbar sind. Es gibt keine Möglichkeit, diese Arbeit einer anderen Person zu überlassen.«[1]

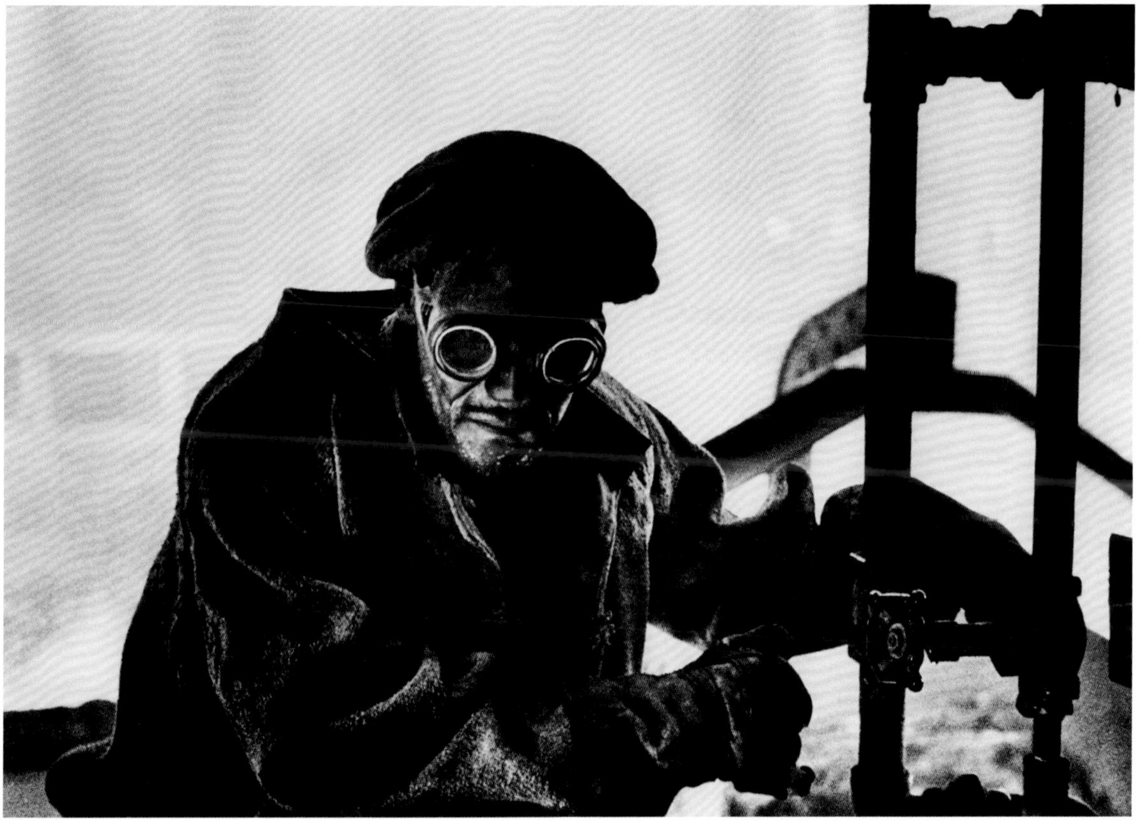

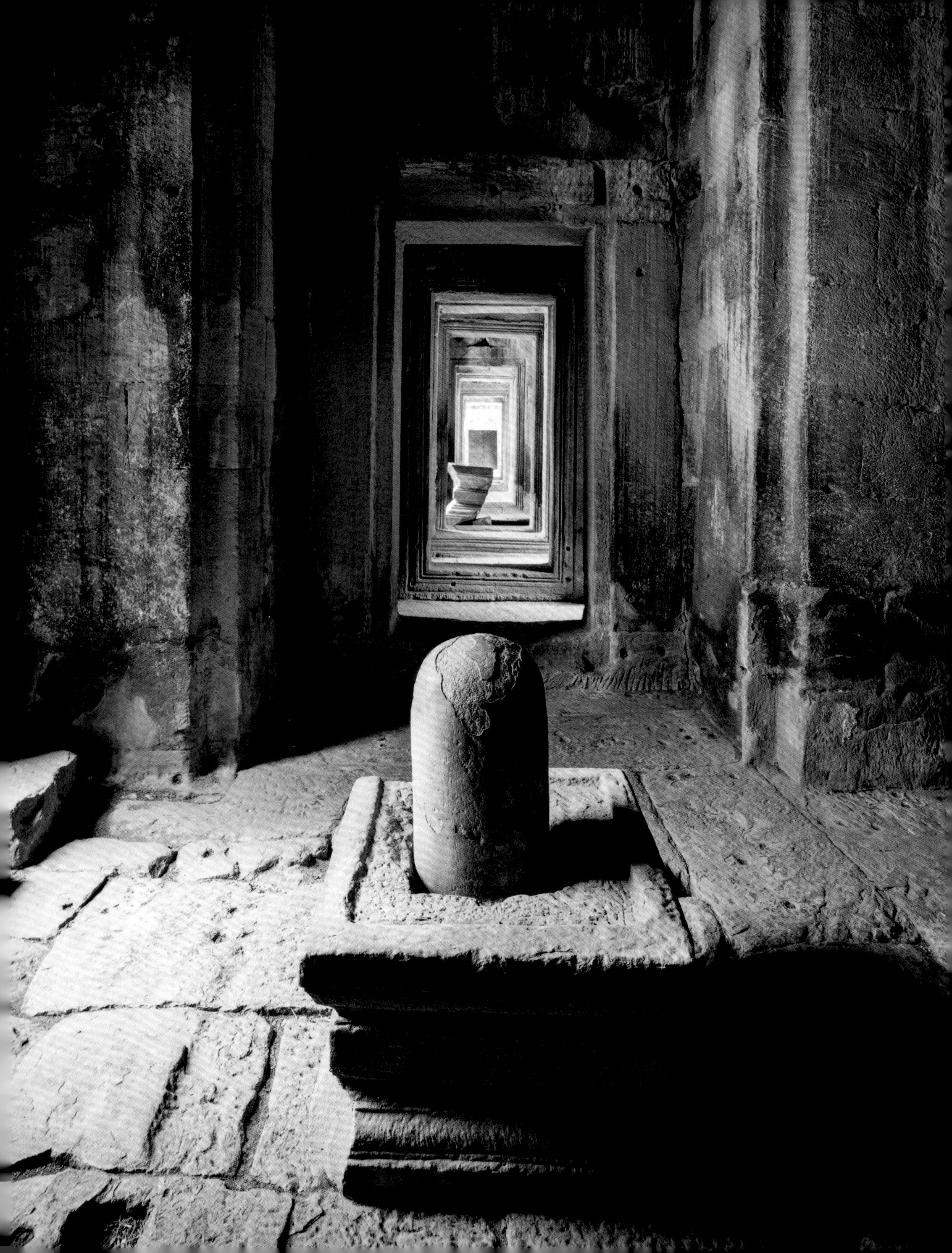

Schwarzweißfilm-Fotografierende, die von ihren Erfahrungen in der Dunkelkammer berichten, betonen immer wieder, dass dies sowohl ein Ort als auch eine Zeit für kreative Aspekte sei. Noch einmal Eikoh Hosoe: »Ich denke an das Bild zurück, das ich fotografiert habe, und ich arbeite daran, etwas aus diesem erinnerten Bild zu schaffen … manchmal entsteht dabei etwas Neues. Ich mache Entdeckungen in der Dunkelkammer. Beim Entwickeln und Anfertigen von Abzügen stoße ich vielleicht auf einen unerwarteten Effekt. Wenn er mir richtig erscheint, mache ich ihn zu meinem.« In ähnlicher Weise schrieb Ralph Gibson: »Es ist einfacher, Fotos zu machen, als sie zu entwickeln und zu verstehen … manchmal ist es schwierig, meine Wahrnehmung auf jenen Bruchteil einer Sekunde zu fokussieren, in dem ein Bild entstand. Die Arbeit in der Dunkelkammer zwingt mich, dies zu tun. Auf diese Weise lerne ich viel über die Art und Weise, wie ich sehe.«

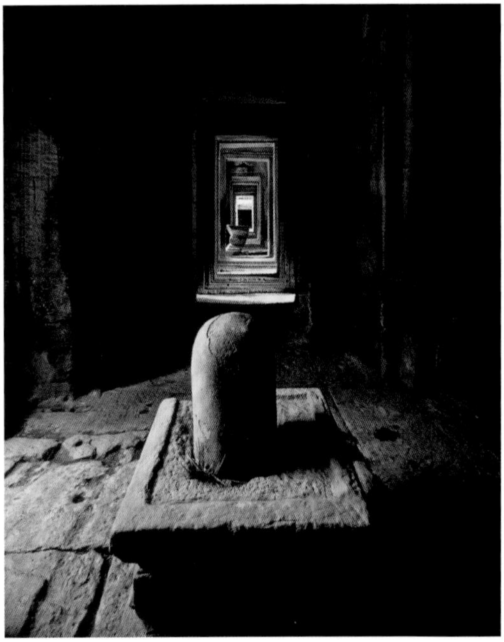

Heutzutage arbeiten nur noch wenige Menschen mit Film, und eine Dunkelkammer ist die absolute Ausnahme. Der Geist der Dunkelkammer kann jedoch vor dem Computerbildschirm wiederbelebt werden. Anstatt lediglich die technischen Qualitäten eines Bilds zu begutachten, kann man während der Nachbearbeitung unter Umständen etwas völlig Neues erschaffen. Ganz gleich, ob es sich um eine digitale Raw-Datei von der Kamera oder um ein gescanntes Filmnegativ handelt: Sie haben die Freiheit, die Farbtöne fast beliebig zu verändern, ohne dass das Ergebnis »falsch« erscheint. Farbbilder sind dabei in ihren Möglichkeiten stark eingeschränkt, weil sie viele visuelle Erwartungen erfüllen müssen. Farbe in der Fotografie entspricht der Realität – oder zumindest dem, was wir als real in Erinnerung haben. Schwarzweiß kann bis zum Äußersten verändert werden und bleibt dennoch glaubwürdig, weil es sich bereits auf einer anderen visuellen Ebene befindet. Massive Anpassungen können oft lediglich wie unterschiedliche Lichtverhältnisse aussehen, die für einen Betrachter ohnehin nicht ohne Weiteres erkennbar sind.

Ein steinerner Lingam im Bayon, dem Khmer-Tempel im Herzen von Angkor Thom, Kambodscha, fotografiert im Abstand von vier Jahren von der gleichen Position aus mit der gleichen 4×5-Zoll-Kamera und dem gleichen Objektiv. Beim Entwickeln und Abziehen habe ich mich von den Gefühlen leiten lassen, die ich damals suchte. Die frühere Version oben betont die Dunkelheit und die Idee von Details, die in schattigen Ecken verborgen sind. Als ich die spätere Version links aufnahm, war ich mehr an der Textur des Steins und einer weniger dramatischen Bildwirkung interessiert.

Ich habe mir vor langer Zeit, als es noch keine Digitaltechnik gab, eine eigene Dunkelkammer für die Schwarzweißentwicklung zu Hause eingerichtet. Sie war klein, enthielt aber alles, was nötig war: fließendes Wasser, maßgeschneiderte dunkle Jalousien, rotes und weißes Licht, einen *De Vere 405*-Vergrößerer mit einem *Varicon*-Kopf und so weiter. Als ich schließlich auf die digitale Fotografie umstieg, mottete ich die Geräte ein, leitete die Rohre um und machte aus der vormaligen Dunkelkammer meinen Computerraum. Der Vergrößerer wurde zu einem 30-Zoll-Bildschirm, und ich machte so weiter wie bisher – nur bequemer, mit weniger unangenehmen Gerüchen in der Nase und Flecken auf der Kleidung, und vor allem mit wesentlich mehr Selbstsicherheit. Was ich beibehalten habe, ist das Nachdenken, Lernen und Reflektieren, wie Hosoe und Gibson es ausdrücken. Die Fertigkeiten in der Dunkelkammer waren im Allgemeinen schwer zu erlernen, weil die Zeit nie auf der Seite des Fotografen war – der Entwicklungstimer ließ die Sekunden gnadenlos verstreichen. Heute können Sie sich vom Bildschirm entfernen, und der ganze Prozess wird einfach angehalten. Das ermöglicht leider endlosen trivialen Content auf YouTube und in den sozialen Medien, doch wenn Sie sich davon nicht beeinflussen lassen, ist die digitale Dunkelkammer ein guter Ort, um das Vergnügen und den Erfindungsreichtum der Bearbeitung zu kombinieren, zumindest in Schwarzweiß.

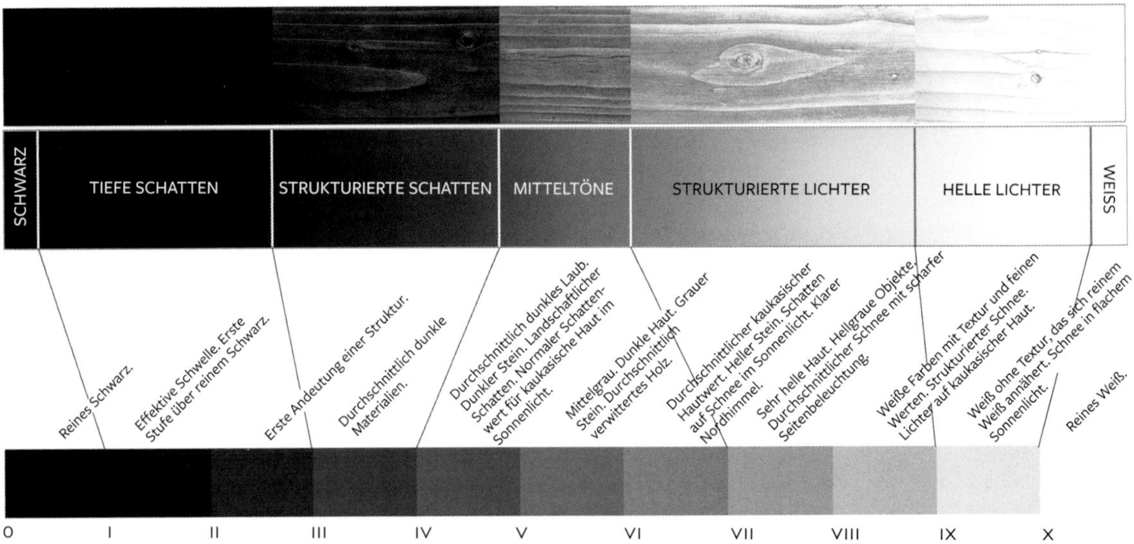

PERSÖNLICHES ZONENSYSTEM

Mein eigenes Zonensystem im Vergleich zum Original. Unten sehen Sie das Original mit zehn Zonen. In der Mitte erkennen Sie meine geänderte Skala mit weniger Zonen, die ich in den für mich nützlichen Bereichen (zwei Arten von Schatten, hellen Bereichen und Lichtern) erweitert, in den anderen Bereichen (reines Schwarz/Weiß und Mitteltöne) jedoch verdichtet habe. Das Ganze wirkt weniger theoretisch, wenn die Zonen eine tatsächliche Struktur repräsentieren, wie hier die Holzbretter im oberen Bereich. Die Motivbeschreibungen, von denen einige veraltet sind, stammen von Ansel Adams aus den 1940er-Jahren.

Das Zonensystem hat einen festen Platz in der Schwarzweißfotografie. Es wurde erfunden, um die Belichtung, die Verarbeitung und den Druck so zu steuern, dass der Abzug genau die Tonwerte aufweist, die bei der Planung der Aufnahme angepeilt wurden.

Vor vielen Jahrzehnten war langsames Fotografieren mit einer großformatigen Fachkamera die Regel, was eine sorgfältige Planung, Auswertung und Visualisierung erforderte. Fehler konnten nicht korrigiert werden, weil man sie erst lange nach der Aufnahme entdeckte. Die Kontrolle über den dynamischen Bereich erforderte die Anpassung des Kontrasts während der Entwicklung. Wenn Sie zu den wenigen gehören, die Planfilme belichten, ist eine solche Vorgehensweise nach wie vor erforderlich, doch in Zeiten der digitalen Verarbeitung wirkt das Zonensystem wie ein bedeutungsloser Anachronismus.

So dachte ich auch, als ich vom Analogfilm auf die Digitaltechnik umstieg. Doch mit der Zeit realisierte ich, dass die Definition von Tönen in Zonen tatsächlich eine Möglichkeit ist, die Tonalität eines Bildes besser zu beurteilen. Das System regte mich dazu an, insbesondere die Schatten und Lichter genauer zu analysieren und über die verschiedenen Arten von Schatten und Lichtern nachzudenken. Demnach funktioniert ein Zonensystem auch hervorragend mit digitalem Schwarzweiß. Der Schlüssel dazu liegt meiner Meinung nach darin, das System an unsere individuellen Aufnahmemethoden und Vorlieben anzupassen und es damit zu personalisieren.

Ich interessiere mich zum Beispiel mehr für die tiefen Schatten und die hellen Bereiche als für die Mitteltöne, aber dazu kommen wir gleich noch. Die Idee von der Individualisierung des Zonensystems ist übrigens nicht neu. Minor White und seine Mitautoren des »New Zone System Manual«, das lange nach dem Original geschrieben wurde, betonten: »Die Idee der Zone ist flexibel. Da die Werte nicht festgelegt sind, eignen sie sich gut für die Praxis der Visualisierung.« Das Thema Visualisierung taucht häufig auf, denn das ganze System hängt davon ab, dass man sich vor der Aufnahme vorstellt, wie das endgültige Bild aussehen soll.

Auf jeden Fall gab es verschiedene Neun-, Zehn- und Elf-Zonen-Versionen – »je nach den Vorstellungen des Fotografen«, wie es im Handbuch heißt. Des Weiteren faszinierte mich, was der japanische Fotograf Eikoh Hosoe bei der Beschreibung seiner Praxis in der Dunkelkammer sagte: »Meine Negative sind vergleichsweise hell, aber sie enthalten in den Schattenbereichen noch Details. Eine sorgfältige Belichtung führt zu einem schönen Schattenbereich. Meine Methode ist eine Art

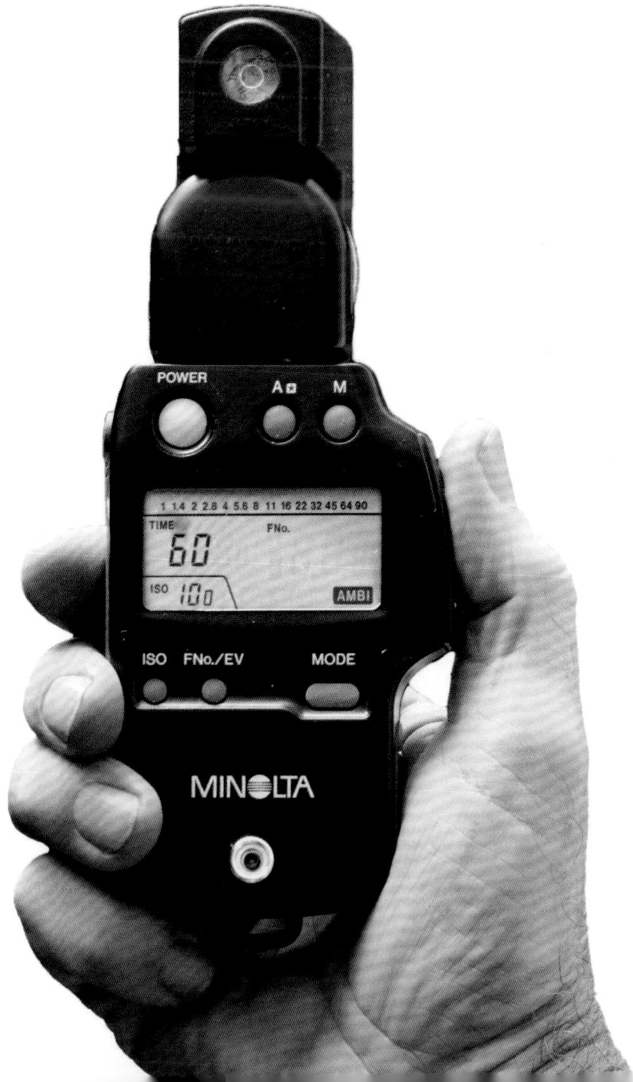

Bei langsamen Aufnahmen, wie z.B. Landschaften mit einer großen Kamera, kann es für die Genauigkeit hilfreich sein, einen Belichtungsmesser zu verwenden, der einen engen Blickwinkel erfasst.

Zonensystem. Die wissenschaftliche Definition eines Zonensystems ist mir fremd, aber ich denke, jeder Fotograf hat seine eigene Form des Zonensystems, ohne sich dessen bewusst zu sein.«

Das ist ein interessanter Gedanke. Im Wesentlichen geht es darum, darüber nachzudenken, was die wichtigen Zonen für jeden von uns sind. All dies wird in Schwarzweiß noch verstärkt, weil die mitunter verwirrende Ebene der Farbe entfällt. Alles, worauf wir uns konzentrieren müssen, ist der reine Tonwert. Praktisch gesehen hat jedes Zonensystem reines (oder leeres, wenn Sie so wollen) Schwarz und Weiß an beiden Enden und einen Mittelton im Zentrum. Wie viele Zonen es für Sie dazwi-

Mein persönliches Zonensystem über einer Aufnahme vom Second Beach, Olympic National Park, Washington. Die Sonnenscheibe ist bei reinem Weiß außer Reichweite, aber es gibt keine nennenswerten Flächen mit reinem Schwarz. Stattdessen finden sich Bereiche mit tiefen Schatten im Bild, die ich selbst gerne als »mysteriöse Schatten« bezeichne.

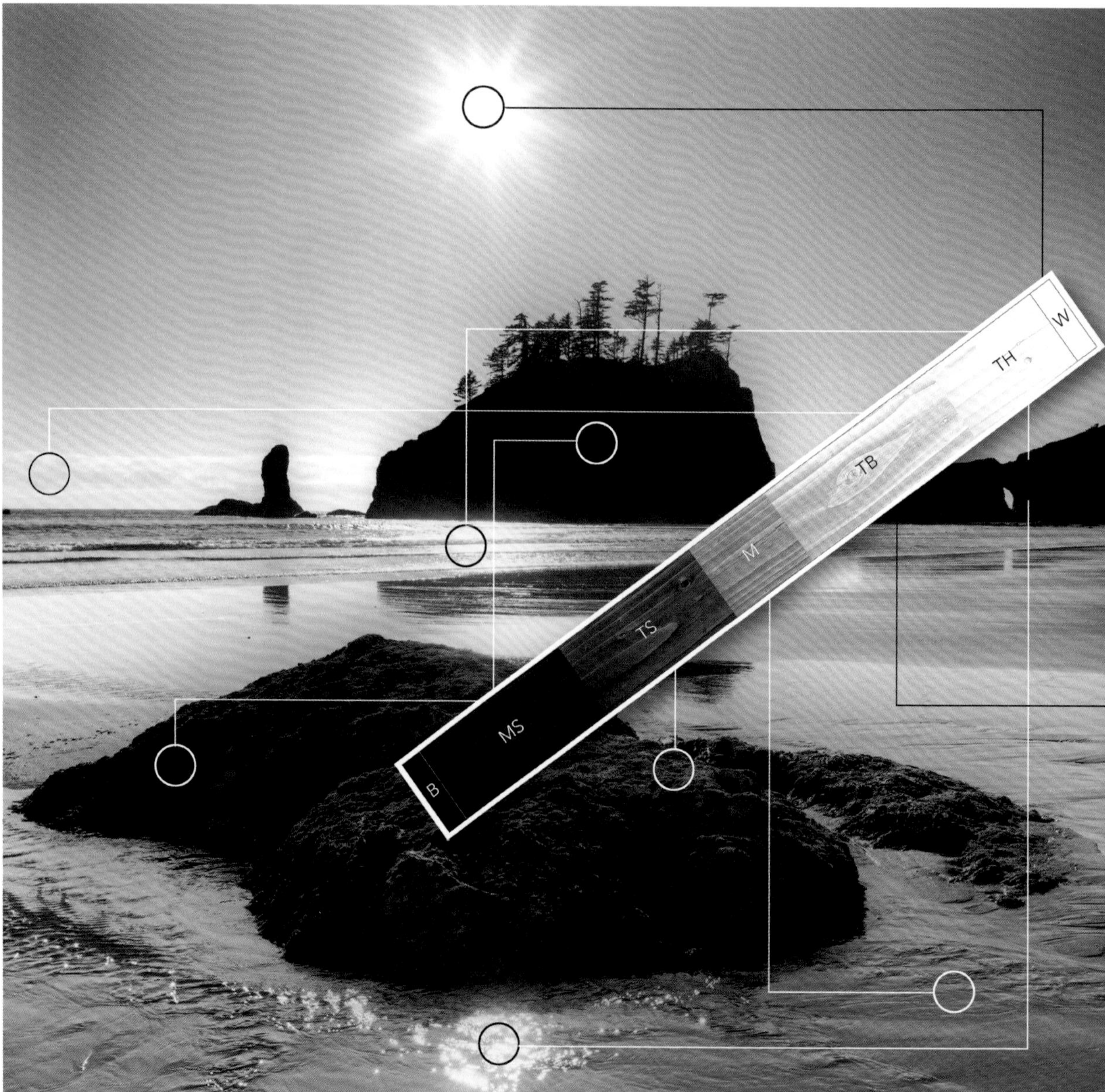

schen gibt, hängt von Ihrer Beschreibung ab und von der Bedeutung, die Sie ihnen beimessen. Meine persönliche Version sehen Sie auf Seite 44. Ich interessiere mich mehr für die Vielfalt der Schatten als für andere Töne in einem Bild, gefolgt von der gerade noch unterscheidbaren Textur der sehr hellen Töne. Mein ursprüngliches 11-Zonensystem, das ich auch im Buch zum Thema Licht und Schatten präsentiert habe, war fein säuberlich in gleiche Zonen unterteilt, die jeweils eine Blende voneinander entfernt waren, also halbiert oder verdoppelt wurden. Das ist bei der digitalen Bearbeitung irrelevant, da wir unendlich viele Anpassungen vornehmen können. Ich habe Ansel Adams' ursprüngliche »Motivwerte« hinzugefügt, die die Zeit (die 1940er-Jahre) und den Ort (Kalifornien) ihrer Entstehung widerspiegeln, aber nicht unbedingt für das Heute und andere Orte gelten. Die Beschreibungen der Haut sind fragwürdig, und Sie sehen, dass die Texte für Fotografinnen und Fotografen gedacht sind, die an helles Sonnenlicht, Landschaften, Schnee und natürliche Strukturen gewöhnt sind. Und genau das ist der springende Punkt: Fotografen und Fotografinnen arbeiten an ihren eigenen Orten mit einer individuellen Lichterfahrung, und genau deshalb haben sie persönliche Prioritäten.

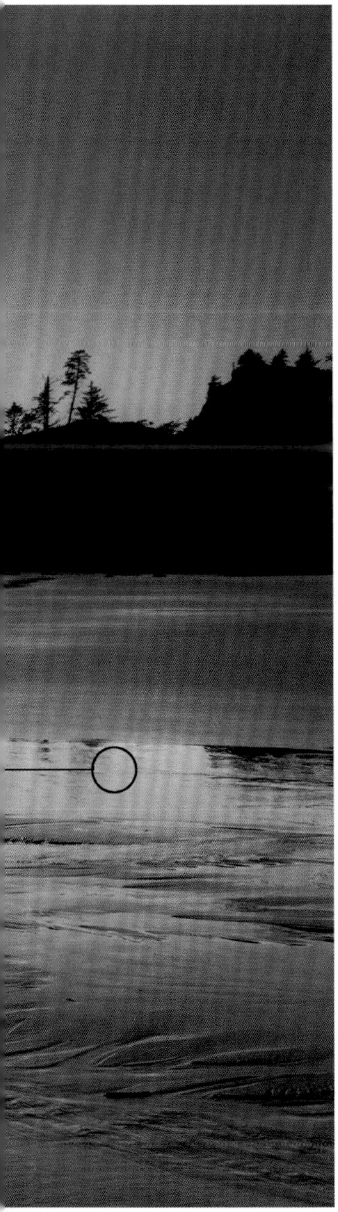

KONTROLLE DES KONTRASTS IN EINEM NEGATIV

Die individuelle Entwicklung eines Schwarzweißnegativs ermöglicht es Ihnen, den Kontrast zu erhöhen oder zu verringern. »Pushen« bedeutet, dass Sie die Entwicklungszeit, die Temperatur oder die Konzentration der Lösung erhöhen und damit den Kontrast steigern. Wenn Sie dies mit einer geringeren Belichtung bei der Aufnahme kombinieren, bleiben die Mitteltöne gleich. Die Halbierung der Belichtung und die Verdoppelung der Entwicklungszeit wird normalerweise als N-1, D+1 bezeichnet. Noch extremer wäre N-2, D+2. »Pullen« beschreibt das Gegenteil, also eine Verringerung des Kontrasts (z.B. N+1, D-1). Dabei wird nicht nur der Kontrast gesteuert, sondern auch die Trennung zwischen Tönen/Zonen verändert – weniger Trennung bei einem kontrastarmen Negativ, mehr bei einem kontrastreichen Negativ.

STEUERUNG DES KONTRASTS IM ABZUG

Die Steuerung des Kontrasts kann beim Druck fortgesetzt werden, manchmal sogar noch effektiver, worauf ich in Kapitel 5 näher eingehen werde. Zunächst können Sie die Papiersorte wählen, von weich bis hart, oder Sie verwenden Multigrade-Papier mit dem entsprechenden Filter im Vergrößerungsgerät. Dann können Sie, genau wie bei der Entwicklung des Negativs, die Zeit im Entwickler variieren sowie die Temperatur und die Stärke des Entwicklers beeinflussen.

MEIN EIGENES ZONENSYSTEM

Mein eigenes System enthält jene Zonen, auf die ich achte, und es sind weniger als im Original, weil ich einige davon zusammenfasse. Ich verwende sehr wenig reines Schwarz oder Weiß, sodass die Zonen klein bleiben. Tiefe Schatten sind für mich von größtem Interesse, ebenso wie strukturierte helle Bereiche, die daher am größten ausfallen. Daher ist die Skala von Schwarz zu Weiß nicht linear, sondern verdichtet sich in den Mitteltönen und erweitert sich in den dunkleren Schatten und in den hellen Tönen. Mit anderen Worten: Meine Zonen sind entweder schmaler oder breiter – je nachdem, wie nützlich sie für mich sind.

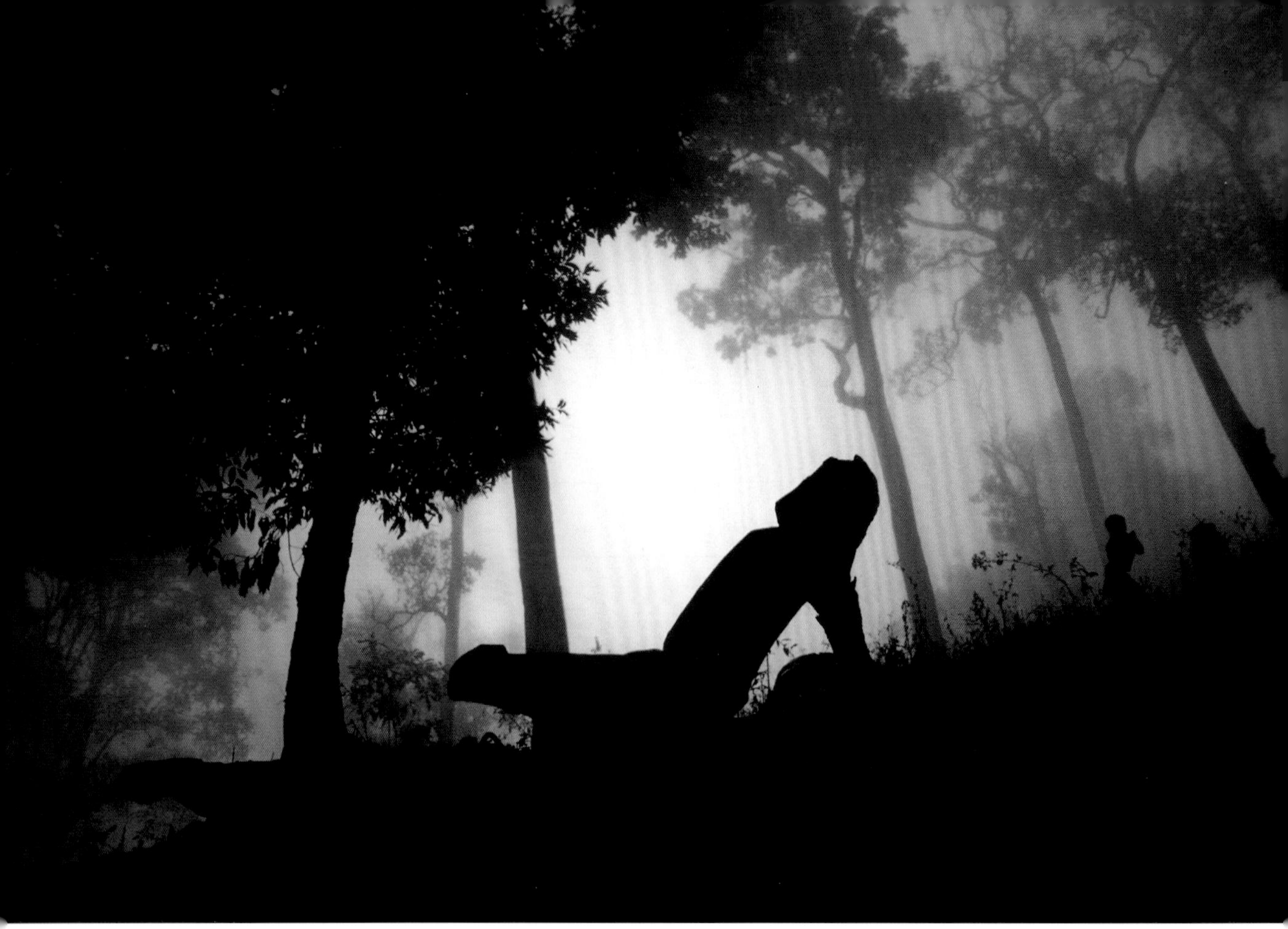

ENTSÄTTIGTE FARBEN

Ein Farbbild mit sorgfältig gewähltem Ausschnitt, hohem Kontrast, aber so weit entsättigten Farben, dass sie nur angedeutet erscheinen, übt eine subtile Anziehungskraft auf seine Betrachterinnen und Betrachter aus.

Flach beleuchtete Szenen mit begrenzter Farbigkeit, wie sie etwa unter einem stark bewölkten Himmel entstehen, können schnell fahl und unspektakulär statt einfach nur zurückhaltend wirken. Ich werde darauf in Kapitel 6 zurückkommen, wo wir uns mit der digitalen Konvertierung von Farbdateien in Schwarzweiß beschäftigen. Die reichhaltigeren Varianten, wie die beiden hier gezeigten Bilder, entfalten schlichtweg eine stärkere visuelle Energie.

↑ Nebel umhüllt den Berghang über einem Akha-Dorf im Norden Thailands. Zwei große hölzerne Phallus-Skulpturen bewachen das obere »Geistertor« zum Dorf. Das Foto wurde auf Kodachrome aufgenommen. Der dezente zweifarbige Farbstich kommt vom blauen Himmel über dem Dorf und dem zarten Gelb der aufgehenden Sonne.

Flachrelief der Hindu-Gottheit Brahma im Papaya-Tempel aus dem 12. Jahrhundert in Pagan, Myanmar, aufgenommen auf 4×5-Zoll Ektachrome

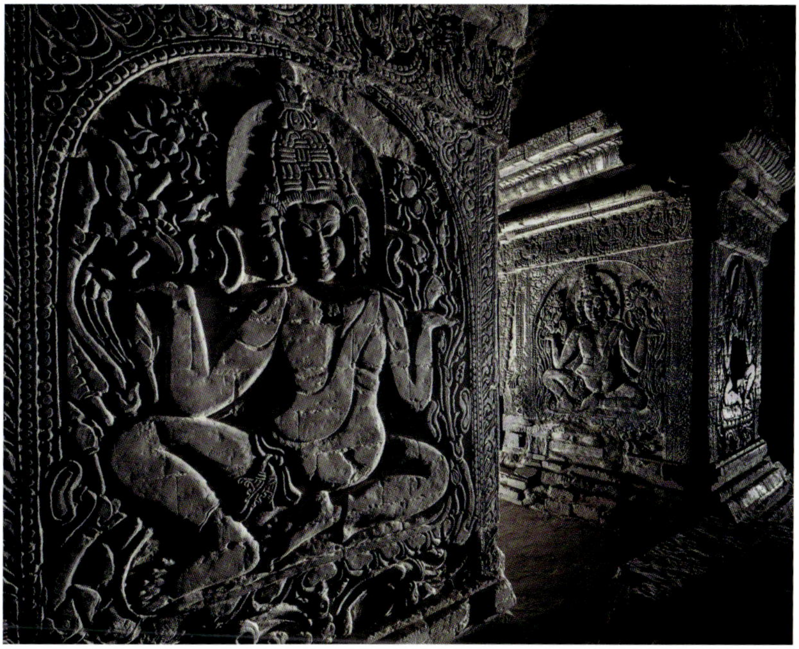

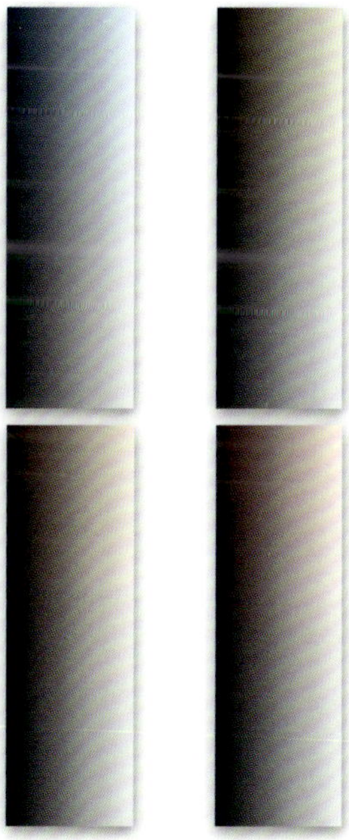

Farbskalen mit verschiedenen Farbtönen von neutral bis zu einer erkennbaren Farbe. Bilder wie die Beispiele auf diesen Seiten, die entweder in Farbe oder in Schwarzweiß wahrgenommen werden können, liegen innerhalb solcher Bereiche.

Die Reaktionen auf solche Bilder sind von Mensch zu Mensch verschieden. Manche sehen sie als das, was sie sind: Farbfotografien von Szenen, die seltsamerweise kaum einen Farbton enthalten. Dies ist in unserer visuellen Erfahrung relativ selten und kann für jeden attraktiv sein, der eher an Subtilität als an Lebendigkeit interessiert ist. In jedem Fall bewegen sich solche Bilder an der Grenze zwischen Farbe und Schwarzweiß, mit einem Hauch von Unbestimmtheit. Angesichts der grundlegend unterschiedlichen Rezeption von Schwarzweiß- und Farbfotos ist dies eine Ambiguität, die nie ganz aufgelöst wird.

Bei der Bearbeitung mag es verlockend erscheinen, einfach nur die Sättigung zu verringern und dabei den Kontrast beizubehalten oder sogar zu erhöhen, doch dem Ergebnis würde es in den meisten Fällen an Glaubwürdigkeit mangeln. Das Auge reagiert empfindlicher auf die korrekte Farbwiedergabe in einem Foto, als viele vermuten würden. So kann ganz schnell der Eindruck eines offensichtlich nachbearbeiteten Bildes entstehen. Bei keinem der Beispiele auf diesen Seiten wurde eine Farbkorrektur vorgenommen. Aufgrund der Tatsache, dass in der Digitalfotografie fast immer irgendeine Art von Bearbeitung vorgenommen werden muss, habe ich mich bewusst dafür entschieden, diese Szenen analog auf Film aufzunehmen (Kodachrome und Ektachrome), damit die Scans exakt auf die Originale abgestimmt werden konnten.

ABSTRAKTION

Durch die visuelle Loslösung von der Realität eignet sich Schwarzweiß hervorragend zur Abstraktion von Motiven. Die Gründe hierfür wurden im ersten Kapitel erläutert. Viele Fotografinnen und Fotografen sind sich dieser Tatsache bewusst, insbesondere diejenigen, die sowohl in Farbe als auch in Schwarzweiß arbeiten.

Joel Sternfeld, bekannt für seine hauptsächlich farbigen, mit einer Großformat-Kamera aufgenommenen Straßenszenen aus Nordamerika, sagte einmal: »Schwarzweiß ist abstrakt, Farbe ist es nicht. Wenn Sie ein Schwarzweißfoto betrachten, blicken Sie bereits in eine fremde Welt.« Die Fotojournalistin Mary Ellen Mark, ebenfalls bewandert sowohl in der Farb- als auch in der Schwarzweißfotografie, meinte dazu: »Meiner Meinung nach sind die Bilder, mit denen ich rückblickend am meisten verbinde, in Schwarzweiß. Ich sehe mehr in Schwarzweiß, und ich mag die Abstraktion darin.«

Es gibt viele Arten von abstrakter Fotografie, darunter auch Bilder, die ohne Kamera entstanden sind, wie die surrealistischen Rayographien von Man Ray aus den 1920er-Jahren. Hier möchte ich allerdings auf die Art von Abstraktion eingehen, die mit weiterhin erkennbaren Objekten und Szenen verbunden ist. Dabei geht es um die logische Fortführung und Hervorhebung der visuellen Ebene, die Formen, Muster und Linien einem Bild hinzufügen, wie auf Seite 28 im Abschnitt zur Geo-

→ Riesenschildkröten auf Mauritius. Ein knapper Ausschnitt, die Wiederholung von Formen und das Fehlen von Farbhinweisen ergeben ein Bild, das auf den ersten Blick rätselhaft erscheint.

Ein Naxi-Mann in Yunnan, China, trägt ein Brett die engen Straßen eines Bergdorfes hinauf. Wenn Sie die beiden Schattenbereiche tief genug halten, werden sie zu einfachen Formen, die einen Kontrast zu dem langgezogenen weißen Rautenmuster bilden.

↓ Die karge Schlichtheit von White Sands in New Mexico, insbesondere bei schwachem Sonnenlicht, eignet sich für eine reduzierte Interpretation, bei der Tonwertkontraste im Vordergrund stehen.

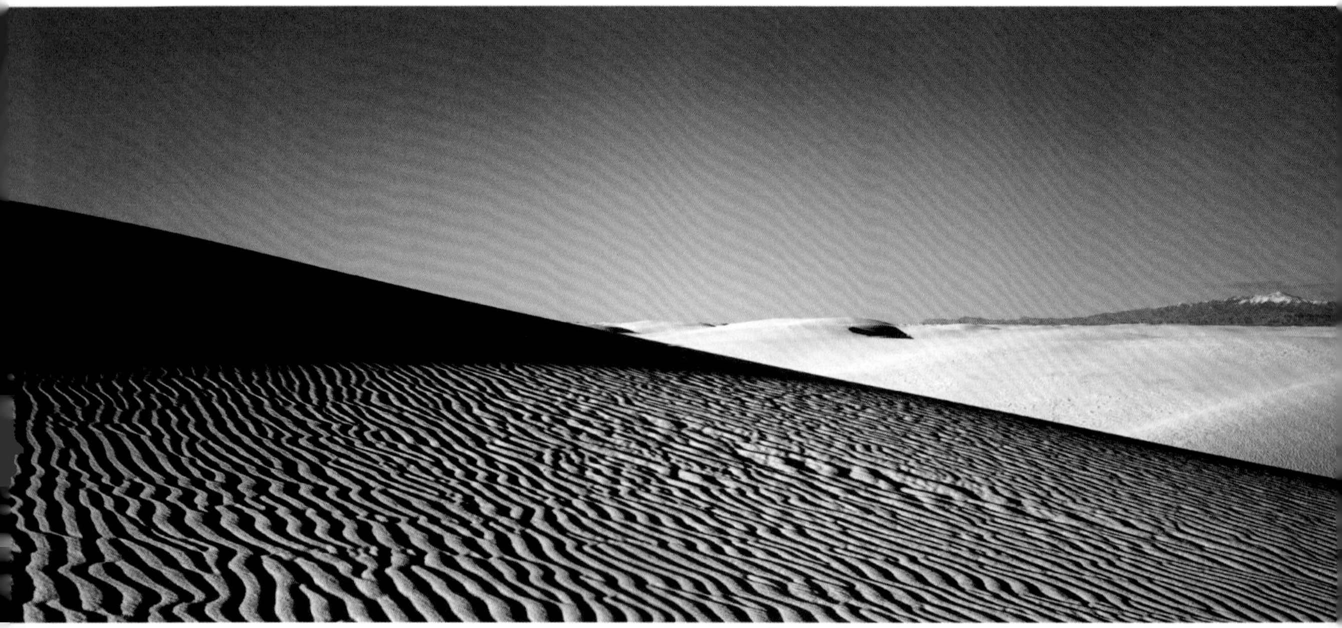

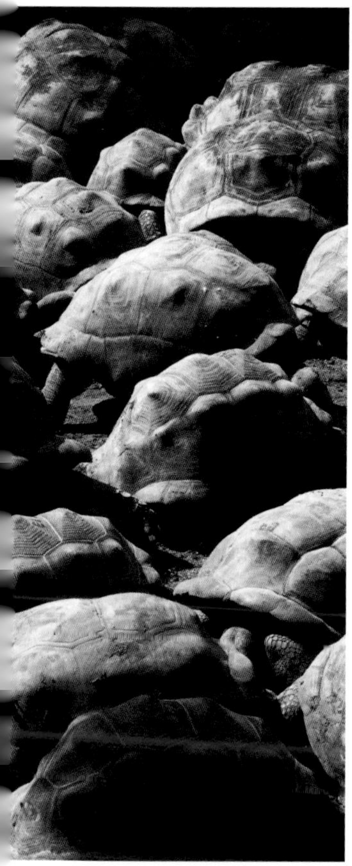

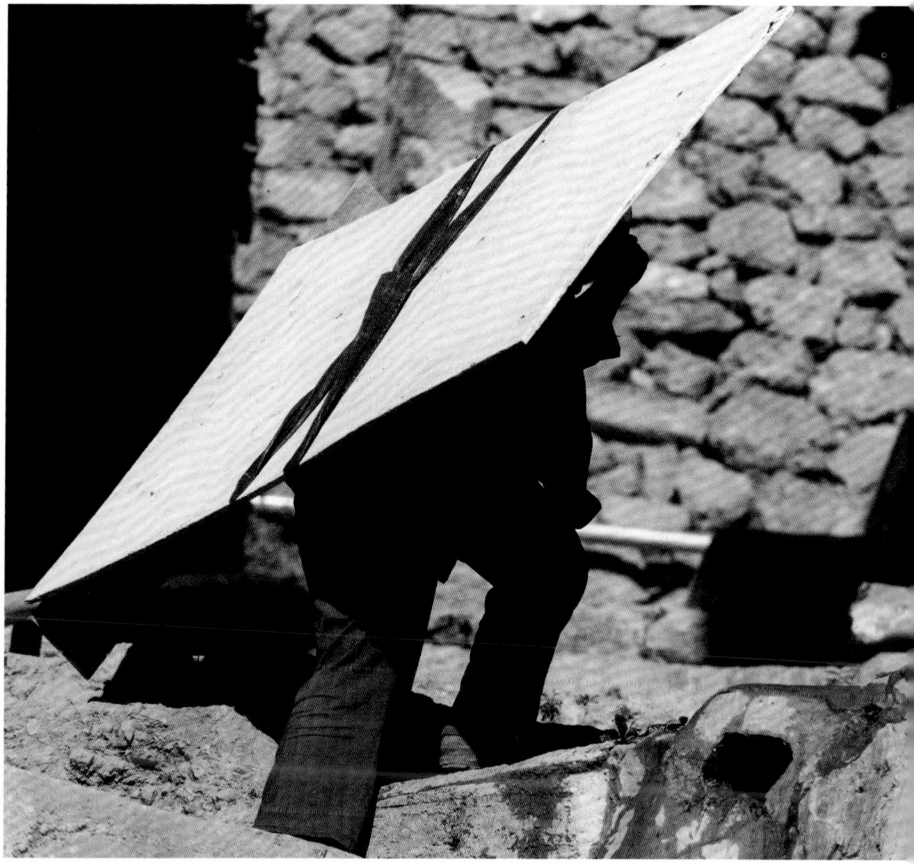

metrie gezeigt wurde. Es geht hier nicht um Rätselbilder nach dem Motto »Was ist das?«, sondern vielmehr darum, eine dreidimensionale Szene in ein ganz besonderes visuelles Arrangement zu verwandeln.

Das beginnt damit, dass man die geometrischen Möglichkeiten einer Szene erkennt und sich dann durch die Wahl des Standpunkts, des Bildausschnitts und der Brennweite ganz auf diese konzentriert. Die Aufnahme ist jedoch nur ein Schritt in der Schwarzweißabstraktion, denn die Verarbeitung (oder die Entwicklung bei Analogfilm) ist entscheidend. Bei der Bearbeitung ist eine gewisse Vereinfachung unvermeidlich, sowohl in der Komposition als auch in der Tonalität. Abstrakte Bilder neigen zu hohen Kontrasten, denn große und ausgeprägte Schattenbereiche lassen sich gut in erkennbare Formen verwandeln. Die drei Beispielbilder illustrieren dies auf leicht unterschiedliche Weise. Die Ansammlung von Aldabra-Riesenschildkröten bildete in jenen Momenten, in denen keine Köpfe zu sehen waren, ein sich wiederholendes Muster, das nur noch passend zugeschnitten werden musste. Die Aufnahme des Mannes mit der weißen Tafel bot sich aufgrund des harten Sonnenlichts zur Abstraktion an. Ein hoher Kontrast macht aus Bildelementen funktionslose Schattenblöcke, die ein helles Trapez einschließen. Die Dünen der White Sands in New Mexico sind ein dankbares Motiv für leichte Abstraktionen, wie in dieser kontrastreichen Panoramaaufnahme am frühen Morgen auf 6×17-cm-Rollfilm.

KAPITEL

3

DAS TONWERTSPEKTRUM

Ohne die ablenkende und verkomplizierende Farbe steht der reine Tonwert im Mittelpunkt. Das scheint die Sache zu vereinfachen, denn es gibt nur eine einzige Skala von Schwarz über verschiedene Grautöne bis hin zu Weiß. Wenn jedoch die Modulation der Grautöne im Zentrum einer Aufnahme steht, erzeugt diese einen Großteil der Aufmerksamkeit.

In diesem Kapitel möchte ich (zumindest vorläufig) die Tonwerte in einem Bild vom eigentlichen Inhalt separieren. Diese Denkweise ist z.B. bei Schwarzweißentwicklern in der Dunkelkammer oder in der Druckvorstufe im Verlagswesen üblich, denn nur so kann sichergestellt werden, dass die Helligkeit und der Kontrast der Bilder für die weiterführende Verarbeitung geeignet sind. Das gilt natürlich auch für Farbbilder, doch in der Welt der Schwarzweißfotografie sind die Tonwerte ungleich entscheidender für die finale Bildqualität.

In Farbbildern werden die Helligkeit, die Schatten und auch die Kontraste zusätzlich durch Farbtöne und Sättigungswerte beeinflusst. In Schwarzweiß ist die Situation zunächst einmal viel klarer, wenn auch in den Details kaum weniger komplex. Die Tonalität eines Bildes ist im Wesentlichen das Produkt aus zwei Faktoren: Helligkeit und Kontrast. Diese Werte lassen sich zwar messen, doch am Ende geht es darum, wie sie auf uns wirken – wie wir also Helligkeit und Kontrast tatsächlich wahrnehmen und beurteilen.

Erscheint ein Bild hell, weil Sie die Belichtung erhöht haben, oder weil die Komposition einen großen hellen Bereich enthält? Beides ist möglich. Ist ein Bild kontrastreich, weil die Lichter und Mitteltöne heller und die Schatten dunkler sind oder weil es aus einigen einfachen, stark abgegrenzten Blöcken aus Licht und Schatten komponiert wurde? Auch hier gilt: Beide Ansätze funktionieren. Ich verwende diese beiden Beispiele, um die Vorstellung zu widerlegen, dass die Einstellung oder Auswahl von Helligkeit und Kontrast ein simples Unterfangen darstellt und automatisch von der Kamera erledigt werden kann. Das funktioniert natürlich nur in den wenigsten Fällen – entscheidend ist der persönliche Eindruck.

Die Tonalität eines Bildes wird von verschiedenen Rezipienten stark unterschiedlich wahrgenommen und ruft Zustimmung oder Ablehnung hervor – zumindest bei jenen Menschen, die sich die Mühe machen, das Bild mit ausreichendem Interesse zu betrachten.

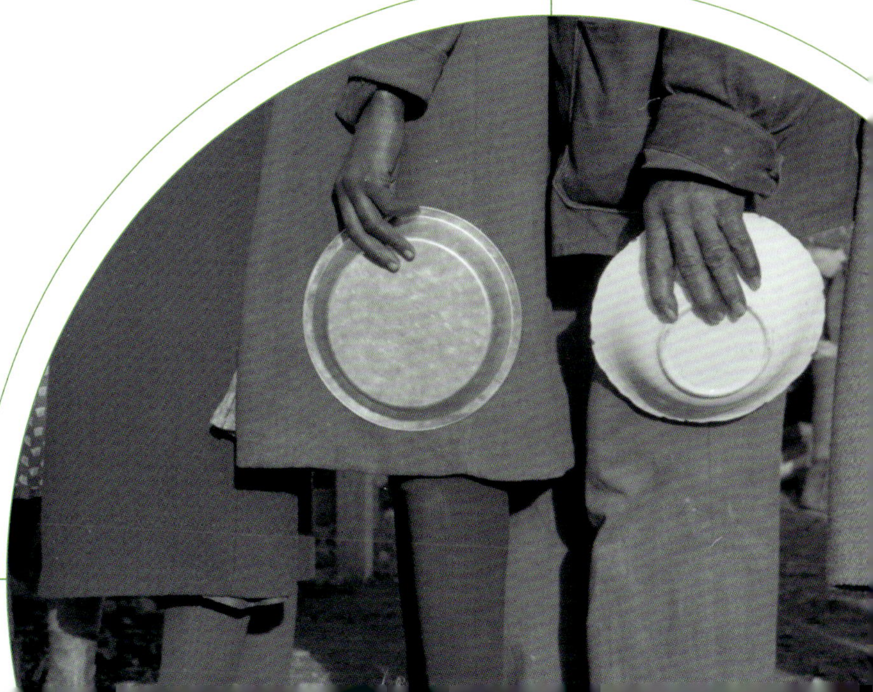

TONWERTGRUPPEN

Tonwertgruppen sind ein wichtiges Hilfsmittel in der Fotografie, vor allem im Schwarzweißbereich. Die Unterteilung des Streifens in Blöcke lässt die Darstellung präziser als nötig wirken, erleichtert aber den Umgang mit dem Schema. Die Aufteilung des Tonwertbereichs in Gruppen ist willkürlich, doch die hier gezeigte Unterteilung in sechs Gruppen weist eine gewisse Logik auf.

→ Meine Einteilung des Schwarzweißtonwertspektrums in logische Gruppen folgt dem Zonensystem auf den Seiten 44 bis 47 und hilft mir bei der Planung der Abzüge, wenn ich mit Analogfilm arbeite, und bei der Konvertierung und Verarbeitung digitaler Dateien.

Schwarz und Weiß rahmen das Schema ein, nehmen aber in der Regel wenig Raum in Bildern ein und sind daher als schmalste Blöcke visualisiert. Sie können von wenigen Punkten im Bild bis hin zu einem großen Teil des Hintergrunds reichen, und da es sich um Schwarzweißfotografie handelt, gibt es einen beträchtlichen Spielraum beim Entwickeln oder bei der Verarbeitung.

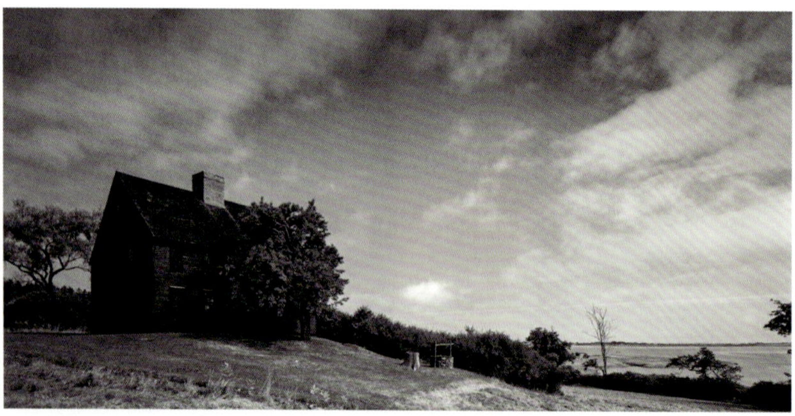

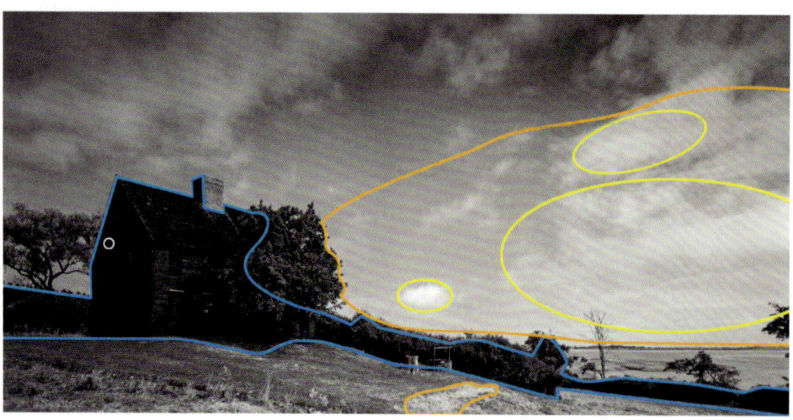

← Dunstiges Sonnenlicht durchflutet diese Landschaft in Massachusetts. Die Tonwertunterschiede reichen von den dunklen und schattigen Bereichen des Hauses (blauer Umriss) über die hellen Bereiche auf der rechten Seite des Himmels (orange) bis hin zu den teilweise sehr hellen Wolken (gelb).

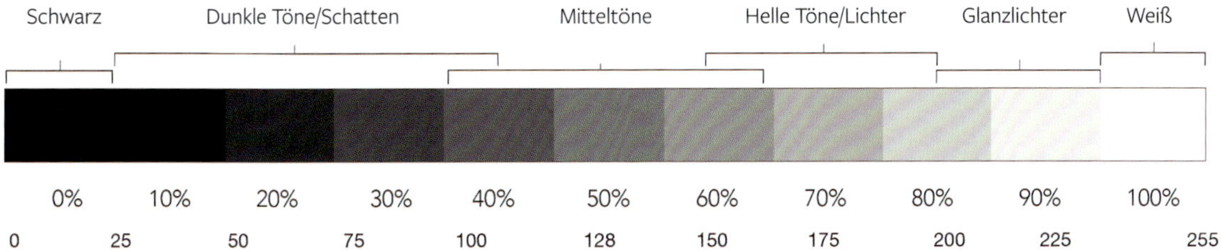

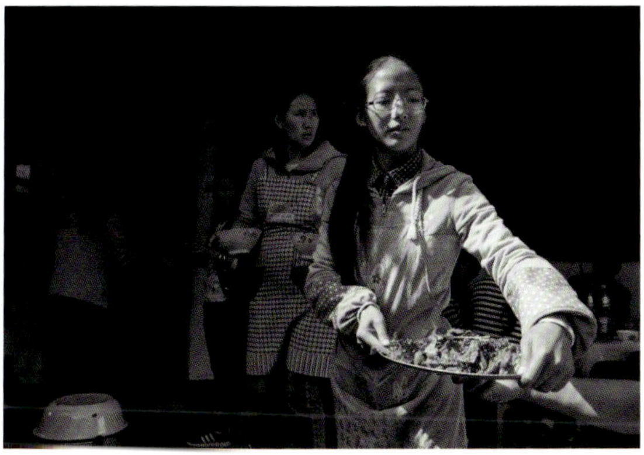

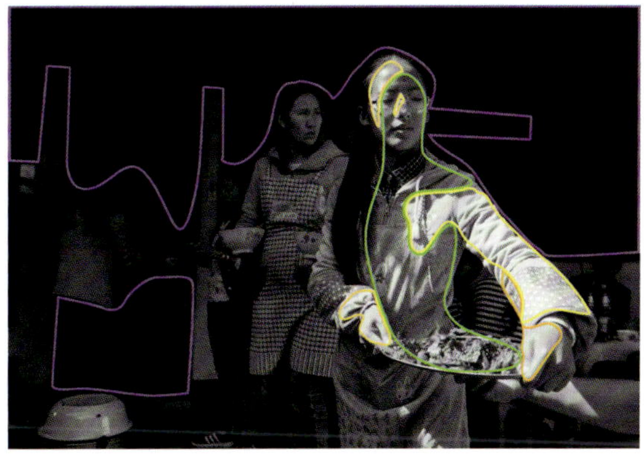

Diese Szene mit Menschen, die in einem Hof in China Essen servieren, wird von der extremen Beleuchtung definiert. Der Tonwertumfang reicht von hartem Sonnenlicht bis zu tiefen Schatten. Gelb umreißt die Lichter, Orange die hellen Bereiche, Grün die Mitteltöne und Violett die Schwarztöne. Der Rest der Szene wird von dunklen, schattigen Bereichen eingenommen.

Im Zentrum des Spektrums liegen die Mitteltöne, und es ist eine Frage des persönlichen Geschmacks, wie viel Raum diese Ihrer Meinung nach einnehmen sollten. Wenn Sie sehr exakt und mithilfe eines Belichtungsmessers nah an der Realität fotografieren würden, dann nähmen die Mitteltöne in den meisten gewöhnlichen Szenen den größten Raum ein. Auf der anderen Seite sind es jedoch genau diese mittleren Grautöne, die am meisten von einer Erhöhung des Kontrasts betroffen sind – dazu gleich mehr. In der Schwarzweißfotografie ist heutzutage ein hoher Kontrast beliebter als ein niedriger. Durch die Erhöhung des Kontrasts werden die Mitteltöne quasi komprimiert, indem die etwas dunkleren Töne viel dunkler und die helleren deutlich heller werden. Deshalb gibt es zwangsläufig eine gewisse Überschneidung auf beiden Seiten.

Zwischen Schwarz und den Mitteltönen befinden sich die dunklen Töne, bei denen es sich um tatsächliche Schatten handeln kann, aber nicht handeln muss – es könnten auch einfach nur dunkle Oberflächen bei normaler Beleuchtung sein. Obwohl eine weitere Unterteilung möglich wäre, behalte ich die dunklen Töne als eine Gruppe bei. Auf der anderen Seite der Mitteltöne habe ich jedoch zwei Gruppen hinzugefügt: helle Töne und Lichter, denn die Töne knapp unterhalb von Weiß werden viel genauer von den Betrachtenden analysiert als die tiefen Schatten. Im Grunde sind wir empfindlich für feinste Lichtdetails, denn sobald diese verschwinden, haben wir es mit reinem, funktionslosem Weiß zu tun. Zwei Jahrzehnte digitaler Aufnahmen haben dazu geführt, dass sich alle davor hüten, die Lichter zu beschneiden. Um diese Gruppen in der Praxis zu illustrieren, habe ich zwei ganz unterschiedliche Szenen gewählt. Die Landschaft mit einem Haus aus der Kolonialzeit ist tonal eher durchschnittlich, während die Küchenszene in einem chinesischen Hof von der Mittagssonne hell erleuchtet wird, was große Schattenblöcke erzeugt.

REINES SCHWARZ

Das Schwarz in Schwarzweiß ist der tonale Bezugspunkt, sozusagen der Schlüssel für das Bild (das »K« im CMYK-Farbmodell steht für engl. »Key«, also »Schlüssel«). In einem Bild mit vollem Tonwertumfang findet sich nahezu immer ein schwarzer Bereich, auch wenn er sehr klein oder nicht zu 100% schwarz ist.

Bei der Einstellung des Schwarzpunkts während der Bildbearbeitung wird das untere Ende der Tonwertskala so eingestellt, dass es sehr nah am reinen Schwarz liegt. Ohne diese Maßnahme wirken die meisten Bilder unvollkommen bis fehlerhaft. Szenen mit niedrigem Tonwertumfang wie neblige Landschaften und sanft strukturierte Oberflächen unter diffusem Licht bilden eine Ausnahme von dieser Regel. Allgemein erfordert die Einstellung des Schwarzwerts ein gutes Urteilsvermögen darüber, wie weit der dunkelste Tonwert über reinem Schwarz liegen sollte.

Die Definition und Ausprägung von reinem Schwarz unterscheidet sich je nach Medium: Auf Displays ist es 0 auf einer Skala von 0 bis 255, beim Offsetdruck so dunkel wie die Druckemulsion selbst, und bei der Filmentwicklung ist es die transparente Filmbasis in einem Negativ (Fachjargon: »D-Min«). Darüber hinaus ist Schwarz auch von der menschlichen und persönlichen Wahrnehmung abhängig. Auf dem Bild des Hauses auf Seite 54 wird der Schwarzpunkt durch den kleinen weißen Kreis markiert, wobei viele Menschen den enthaltenen Tonwert eher als sehr dunk-

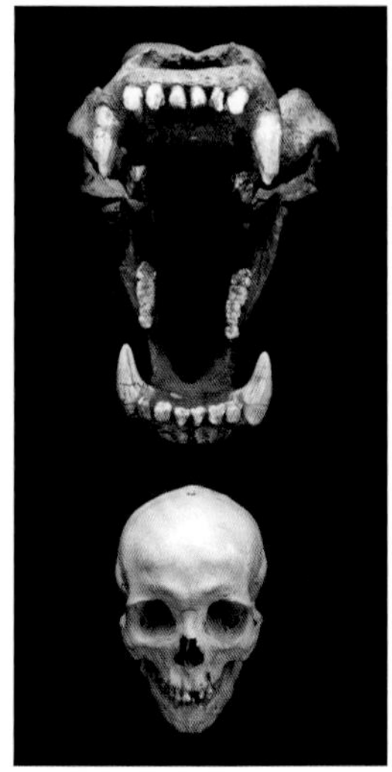

Schwarz als Silhouette: Für ein Gegenlichtfoto wie dieses, das am Xianwu-See im chinesischen Nanjing aufgenommen wurde, ist der Einsatz von reinem Schwarz durchaus angemessen.

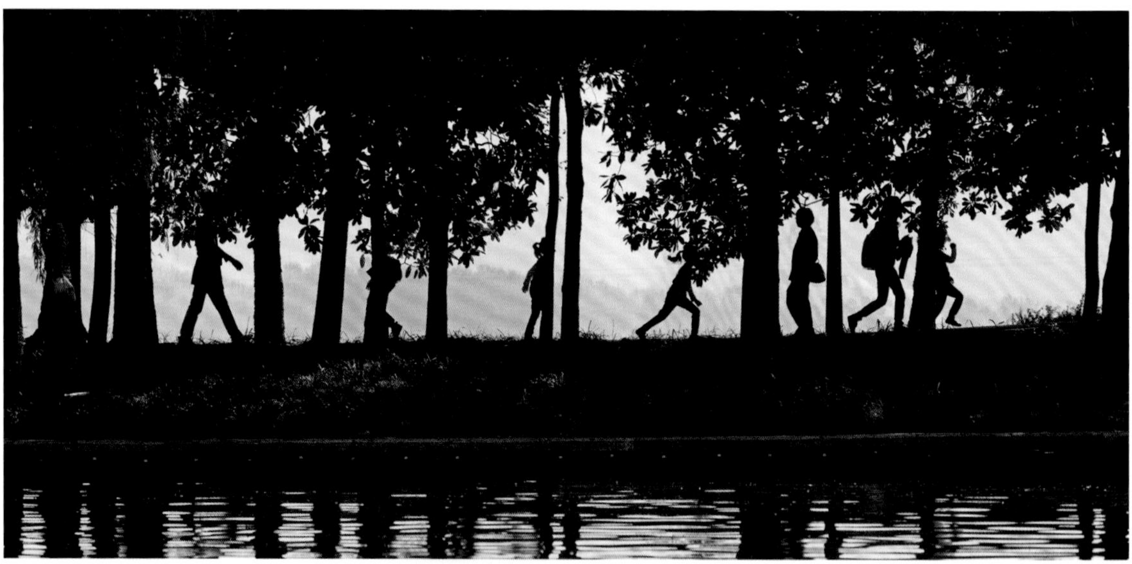

Schwarz als Hintergrund 1: Der in einem Museum fotografierte Schädel eines Höhlenbären aus dem Pleistozän (darunter ein menschlicher Schädel zum Vergleich) braucht einen einfachen, nicht ablenkenden Hintergrund. Schwarzer Samt absorbiert das Licht besser als fast jedes andere Material.

les Grau definieren würden. Auf den Punkt gebracht: Mein Empfinden von Schwarz entspricht womöglich nicht Ihren persönlichen Vorstellungen.

Da alle Schwarzweißfotografien in irgendeiner Form bearbeitet werden müssen, ist es kein Problem, Schwarz aus den dunkelsten Schatten herauszuarbeiten. Werkzeuge wie *Tonwertkorrektur* oder *Kurven* sowie die Schieberegler *Belichtung* und *Schwarz* können dabei helfen, die dunklen Bereiche zu reduzieren oder zu intensivieren. Wie und wann Sie tiefes Schwarz verwenden sollten, hängt von der Aufnahmesituation und von Ihren persönlichen Vorlieben ab. Ein gemeinhin akzeptiertes Szenario ist ein schwarzer Hintergrund – eine der Säulen der Studiofotografie –, dessen einzige Funktion darin besteht, das beleuchtete Motiv visuell nach vorne zu rücken. Die Bedeutung dieses Hintergrunds geht nicht über die eines Rahmens hinaus. In Scherenschnitten oder bei der Darstellung von Silhouetten ist ein reines Schwarz ebenfalls legitim. Silhouetten funktionieren nur dann, wenn sie eine erkennbare Form zeigen, beispielsweise das Profil eines Gesichts. Abgesehen von diesen beiden Fällen sind große schwarze Flächen in einem Foto eine stilistische Entscheidung, wobei eine solche Fläche traditionell einen Hauch von erkennbaren Details enthalten sollte.

Schwarz als Hintergrund 2: Ein Amethystkristall, der von einem sich in mehreren Facetten spiegelnden Lichtpaneel beleuchtet wird. Der schwarze Hintergrund eliminiert die räumliche Weite des Studios.

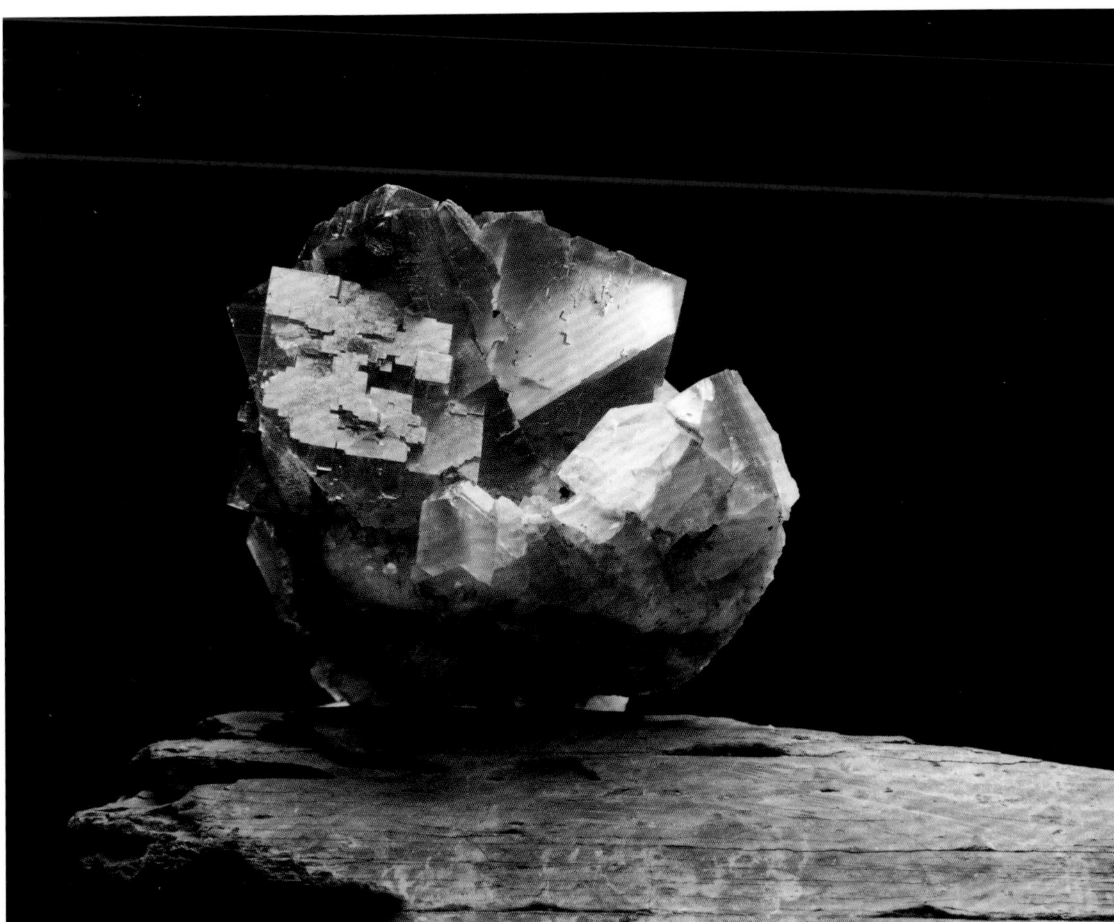

DUNKLE TÖNE UND SCHATTEN

Dunkle Töne faszinieren mich in Fotos am meisten, denn in den Schatten verbergen sich Dinge vor unserem Blick und laden uns ein, durch sorgfältiges Beobachten mehr zu entdecken. Entsprechende Sorgfalt bei Aufnahme, Verarbeitung und Entwicklung vorausgesetzt, können faszinierende Bilder entstehen, die mehrdeutig und rätselhaft sind.

Ein Akawaio-Junge am oberen Mazaruni-Fluss, Guyana, fotografiert auf FP4-Schwarzweißfilm.

Schatten bieten meiner Meinung nach die Möglichkeit, Betrachter und Betrachterinnen in ein Bild hineinzuziehen und sich länger mit ihm zu beschäftigen. Dabei handelt es sich keineswegs um eine Eigenschaft, die Sie ganz einfach auf jede beliebige Szene anwenden können, denn bestimmte Umstände müssen gegeben sein. Viele Szenen, Situationen und Lichtverhältnisse bieten schlicht keine großen Schattenbereiche, sodass es leider keine Möglichkeit gibt, diese zu erkunden. Sind dagegen solche Bereiche vorhanden, empfinde ich dies während des Fotografierens als ein ganz besonderes Vergnügen.

Mit dieser Ansicht bin ich nicht allein, wie Eikoh Hosoe mit folgender Aussage untermauert: »Ich arbeite für die feinen Details im Schattenbereich. Dieser Bereich liegt mir am Herzen, weil er geheimnisvoll ist. Es gibt eine obskure Welt in der Dunkelheit. Ich empfinde nicht viel für die Glanzlichter, aber ich respektiere sie und behandle sie so, dass das Weiß nicht als das Weiß des Papiers erscheint, sondern als das Weiß der Sache selbst.«[1]

Sowohl Schatten als auch Glanzlichter sind interessant, weil sie am Rande der Sichtbarkeit liegen, nicht offensichtlich sind und in der Darstellung stark von der Persönlichkeit und dem ästhetischen Empfinden der Fotografierenden abhängen. Für mich sind Glanzlichter etwas, das man mit Vorsicht genießen sollte (wie Hosoe sagt, »respektieren«), doch Schatten haben Tiefe und sind es wert, dass man sich mit ihnen intensiv auseinandersetzt.

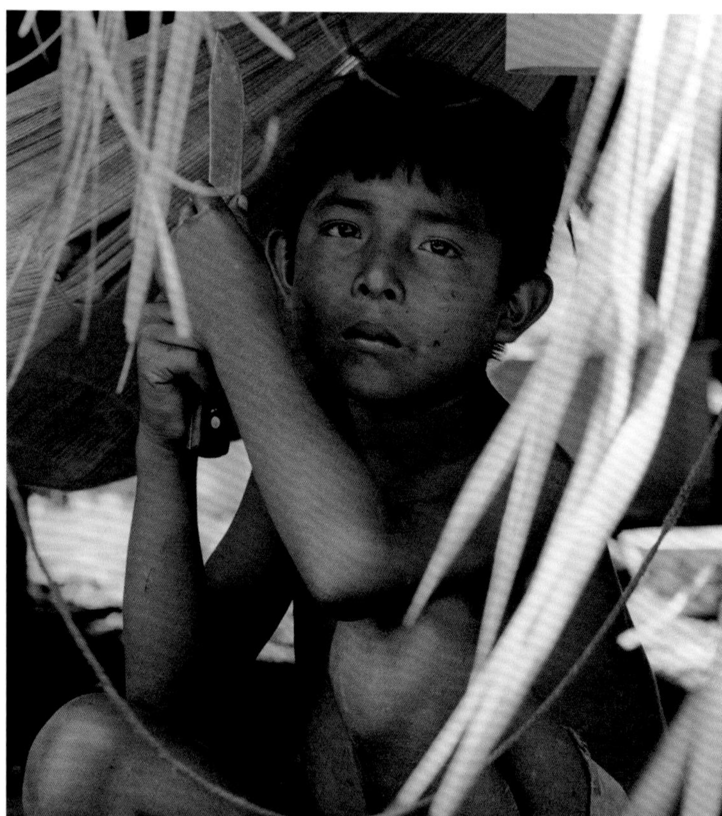

1 Eikoh Hosoe in *Darkroom*, Rochester, NY: Lustrum Press, 1977

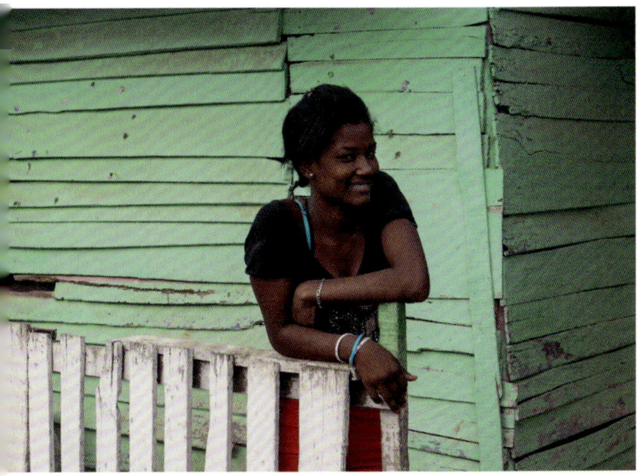

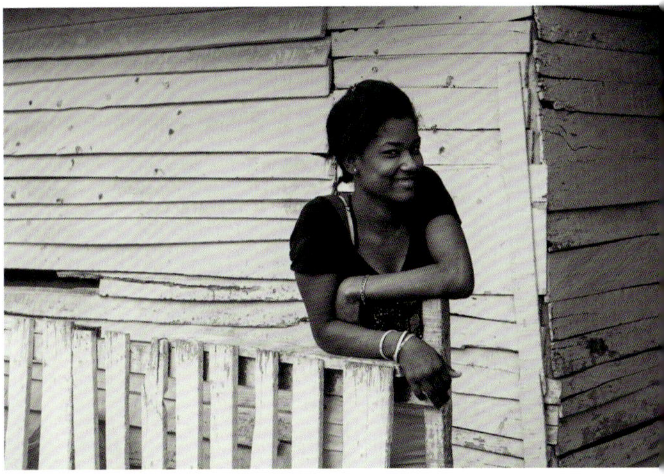

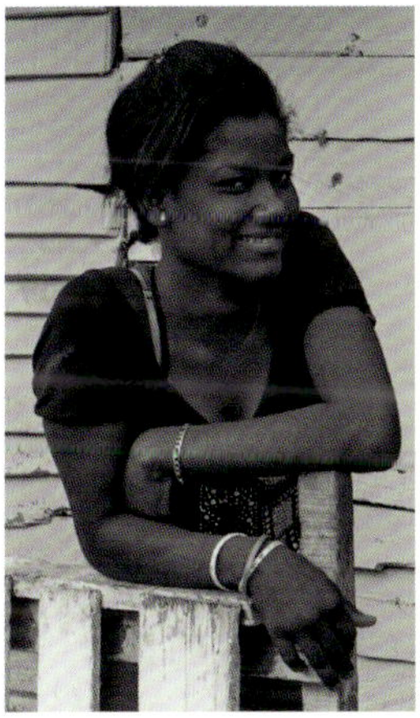

Mit der Standard-Monochrom-Konvertierung von Photoshop (oben) wirkt die Haut der jungen Frau vor der grünen Wand viel zu dunkel. Oben rechts habe ich dagegen die Helligkeit des Rot- und Grünkanals (letzteren für den Kontrast) erhöht, was ich für die vernünftigere Interpretation hielt.

Wir sprechen hier von einem Drittel der Tonwertskala, von knapp über Schwarz bis zum Überlappungsbereich mit dunkleren Mitteltönen. Das reicht von einigen wenigen Prozent Helligkeit bis zu etwa 40 Prozent. Ich verwende die Begriffe »Dunkelheit« und »Schatten«, denn obwohl sie für die meisten Zwecke austauschbar sind, ergibt sich dieser untere Bereich der Tonwertskala aus einer Mischung aus Beleuchtung und Oberflächen. Dunkle Materialien sind von Natur aus dunkel, selbst im Sonnenlicht, während helle Dinge erst dann dunkel erscheinen, wenn sie tatsächlich tief im Schatten liegen.

Eine der tonal sensibelsten Oberflächen ist natürlich unsere Haut, die weltweit und von Mensch zu Mensch sehr unterschiedlich ist. Diese Sensibilität resultiert daraus, dass es sich um eine grundlegende Erinnerungsfarbe handelt – besonders dann, wenn es um uns selbst und die Menschen geht, die wir kennen. Die Kamerahersteller haben schon genug Probleme, das Aussehen der Haut an die Vorstellungen der Kundschaft anzupassen, und mit Schwarzweiß kommt noch ein weiteres Problem hinzu: Was ist die »wahre« monochrome Version eines Hauttons? Diese Frage wird noch komplizierter, weil es um persönliche und kulturelle Vorlieben geht. In diesem Teil der Tonwertskala ist die dunkle Haut angesiedelt, wie auch immer man sie beschreiben mag.

Das obige Bild wurde in Cartagena, Kolumbien, aufgenommen, einer Stadt, deren Einwohner eine breite Palette von Hauttönen haben, und diese junge Frau aus El Pozon liegt nahe am dunkleren Ende. Tatsächlich ist dies keine Aufnahme, die ich normalerweise konvertieren würde, da mich vor allem die grüne Wand im Hintergrund ansprach, aber sie ist ein gutes Testbeispiel. Der kleine Ausschnitt zeigt die Standardkonvertierung von Photoshop, die in meinen Augen viel zu dunkel ausfällt. Das Porträt links zeigt einen Akawaio-Jungen in Ober-Guyana. Es wurde auf Schwarzweißfilm aufgenommen, sodass die Bearbeitung und die Entwicklung aus dem Gedächtnis heraus erfolgen mussten. Der Junge befindet sich im Schatten, seine Haut ist mitteldunkel, und das Ergebnis scheint mir den Erwartungen zu entsprechen. Eine der Lehren aus dem Umgang mit dunklen Oberflächen im Gegensatz zu schattigen Bereichen lautet: Je kritischer das Auge der potenziellen Betrachter ist, desto weniger Spielraum bleibt für Interpretationen bei der Bearbeitung.

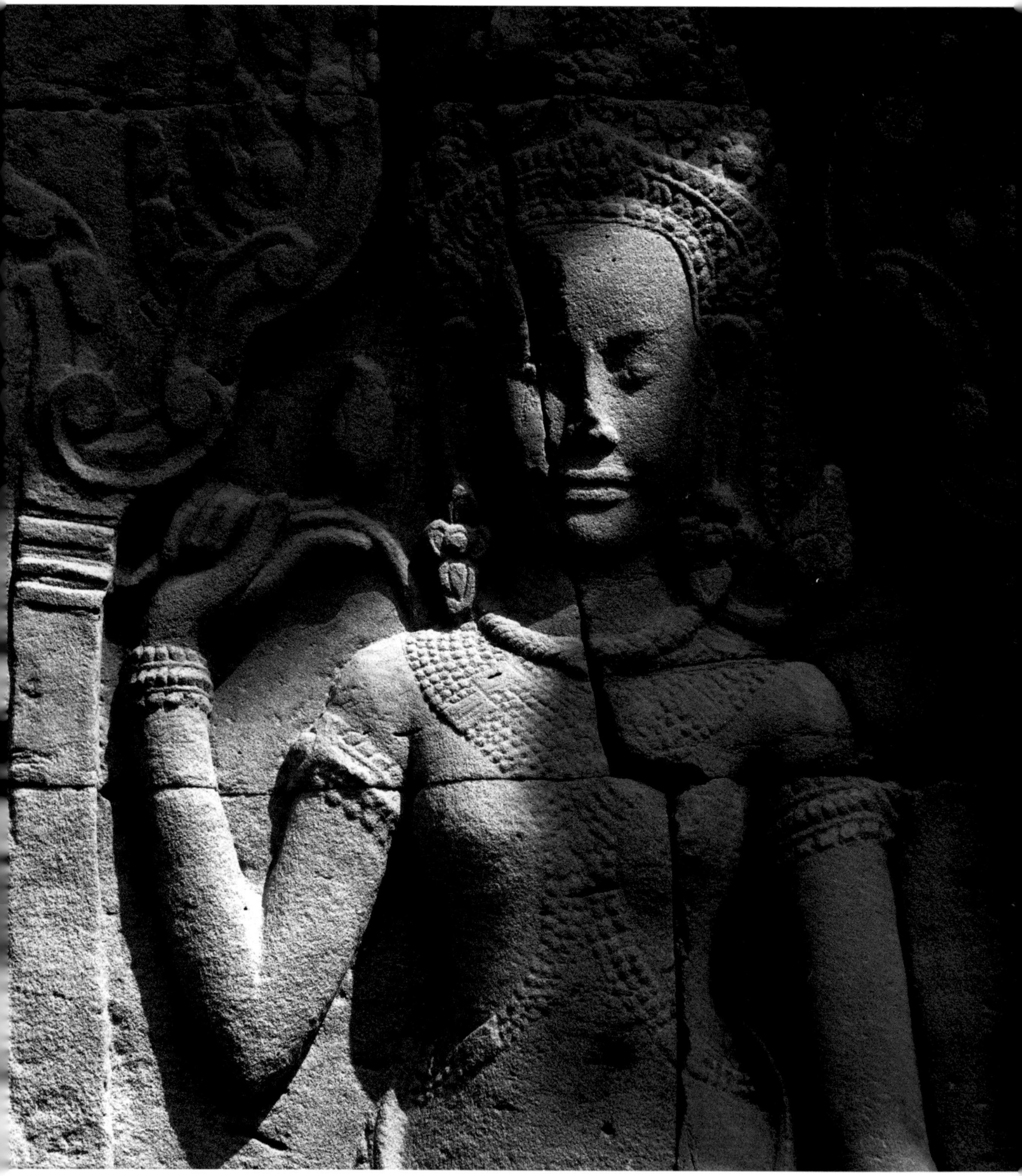

Das auf FP4-Schwarzweißfilm fotografierte Flachrelief wurde so entwickelt, dass die Schattenbereiche tief wirken und dennoch einige Details offenbaren.

Dieses mit der *Leica M10 Monochrom* fotografierte Stillleben wurde von einem Spot beleuchtet. Hier geht es darum, wie viel von den Details auf der Unterseite des Objekts sichtbar gemacht werden soll.

Kommen wir nun zu den »echten« Schatten. Zunächst einmal müssen Sie sich darüber im Klaren sein, dass Schatten in den meisten Bildern funktionieren, weil sie Tiefe und Subtilität aufweisen. Deshalb gehören für mich jene Werkzeuge der digitalen Bildbearbeitung, mit denen sich die Schatten öffnen lassen, zu den am häufigsten falsch verwendeten. Es gibt viele Momente, in denen es wichtig ist, Schattendetails sichtbar zu machen, aber die Idee, Schatten automatisch zu öffnen, ist einfach nur praxisfern. Viele Jahre lang wurde dies von Adobe und anderen Herstellern gefördert und avancierte auch zu einem charakteristischen Merkmal von HDR-Anwendungen. So etwas bezeichne ich als »softwaregesteuerte Ästhetik«, die sich nur durch sich selbst rechtfertigt und um die Möglichkeiten smarter Algorithmen kreist.

Die vielen Software-Tools, die für die Anpassung der Schatten zur Verfügung stehen, sollen uns helfen, das gewünschte Ergebnis zu erzielen, und nicht ungefragt Anweisungen umsetzen oder Vorschläge machen. Deshalb sollten Sie sich stets von Anfang an bewusst sein, was Sie von den Schattenbereichen erwarten.

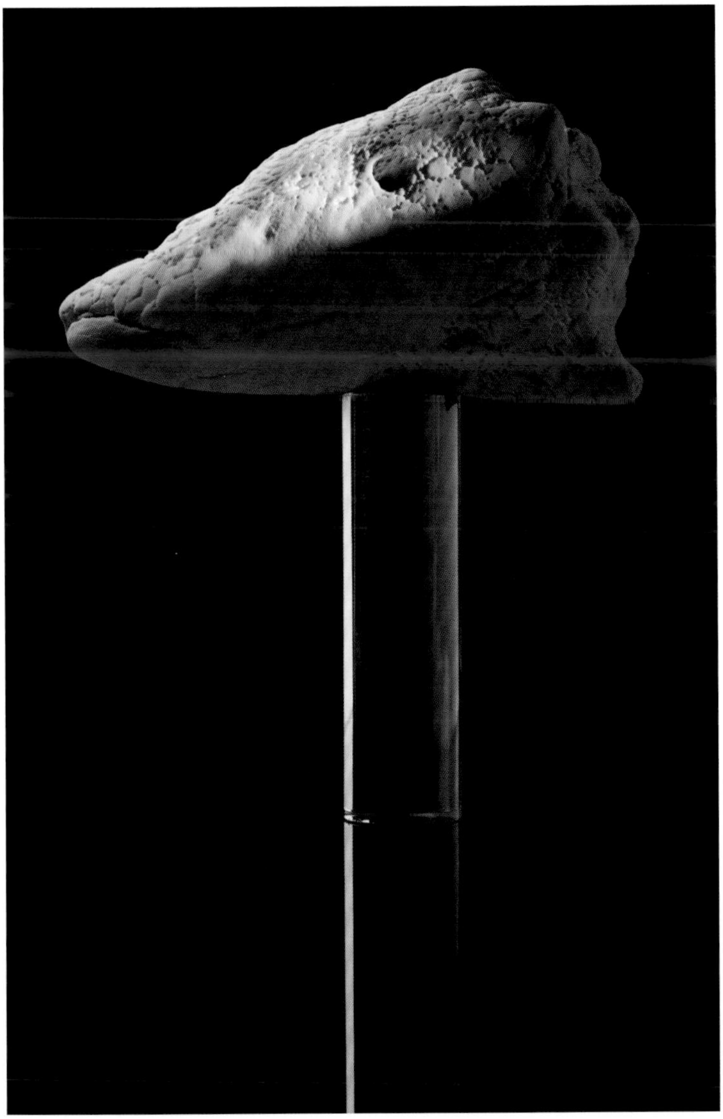

Es gibt eine Kluft zwischen denjenigen, die Schattendetails erhalten wollen, und denjenigen, die eine hohe Dichte wünschen, und das geht weit zurück bis zum Film und zu dessen Entwicklung in der Dunkelkammer. Die Offenlegung von Details ist die Motivation für aggressive digitale Werkzeuge, und das Problem ist, dass sie oft zu unrealistisch wirkenden Ergebnissen führen. Denken Sie daran, dass unser Sehvermögen in Beleuchtungssituationen wie bei dem nebenstehenden Flachrelief aus Angkor keine Hilfe bei der Bewertung darstellt, denn vor einer solchen Szene vollführt unser Auge das Kunststück, bis in die Schatten zu sehen und die gesamte Lichttextur durch schnelle, oszillierende Bewegungen festzuhalten. Ähnlich funktioniert auch das Tone Mapping in HDR-Aufnahmen, was jedoch meist zu unrealistischen Ergebnissen führt. Im endgültigen bearbeiteten/entwickelten Bild müssen die sichtbaren Details in eine glaubwürdige Bildwirkung münden. Ich denke, dass dies in dem auf Schwarzweißfilm aufgenommenen Relief weitgehend gelungen ist. Allerdings sind oben rechts einige Details zu sehen, was den visuellen Kontrast zwischen tiefen Schatten und der Intensität des harten Sonnenlichts ein wenig schmälert.

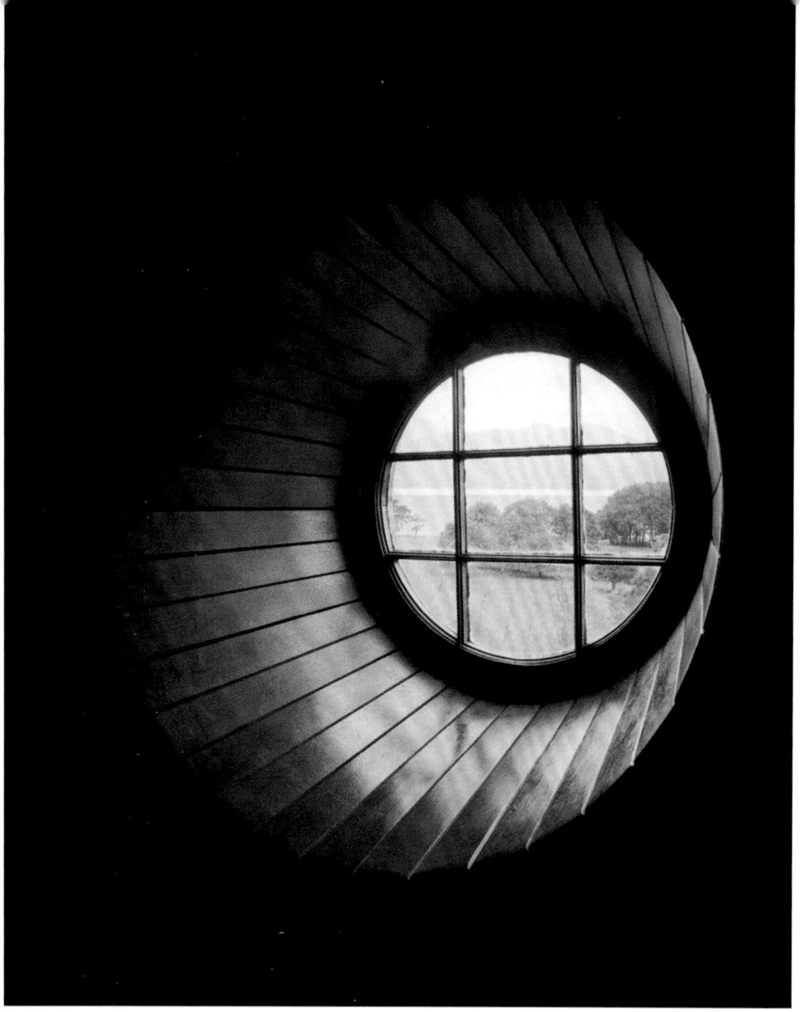

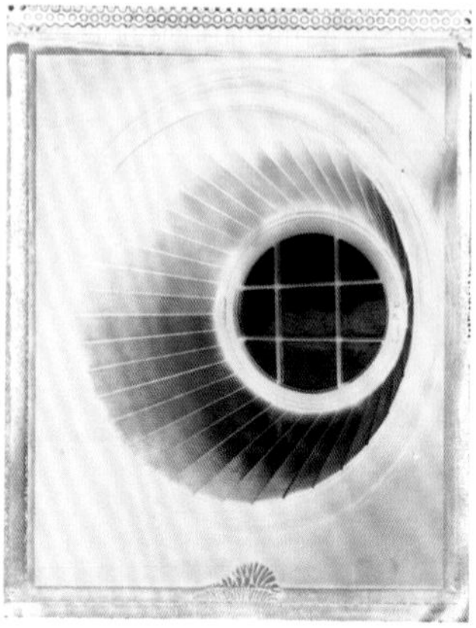

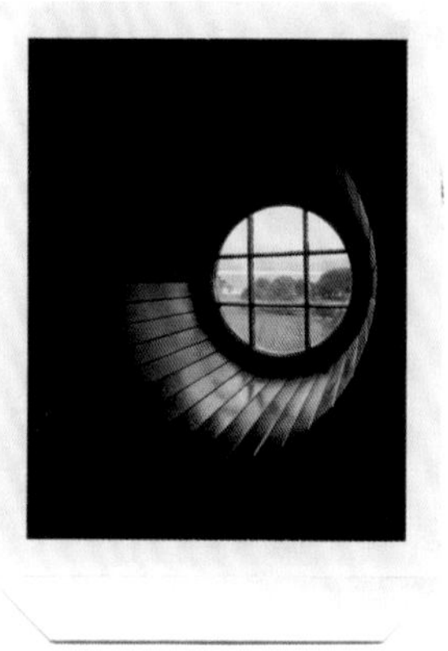

Eine andere Herangehensweise ist das gezielte Herausarbeiten der Tiefe der Schatten, um eine reiche, intensive Bildwirkung zu erzielen. W. Eugene Smith, dessen Arbeit wir auf Seite 41 kennengelernt haben, war regelrecht besessen von den Schatten: »Die Art von Negativ, die ich bekomme, ist voll von Details in den Schatten, die ich immer herausarbeiten kann, wenn ich will. Ich gehöre zu der alten Schule, die für die Schatten belichtet.« Und weiter: »(…) ein guter Smith-Abzug ist nicht dunkel. Sie haben das Gefühl, dass er dunkel ist, aber Sie werden sehen, dass alle wichtigen Details sehr gut erkennbar sind. (…) Die sekundären Details sind in einem zurückhaltenderen Ton gehalten.«[1]

Bei den beiden hier gezeigten Bildern von Innenräumen geht es in erster Linie um tiefe Schatten, und beide leben von einem sanften Übergang vom Schatten zum Licht. Der Tonwertumfang ist bei beiden Bildern sehr hoch, was zu starken Kontrasten führt. Das Negativ oben rechts zeigt, dass die Ränder der Aufnahme keine Details enthalten. Beide Aufnahmen wurden von vornherein so konzipiert, um die Schatten tief und geheimnisvoll wirken zu lassen. Was ist also besser: offene oder tiefe Schatten? Das hängt von der Aufnahmesituation, Ihren persönlichen Präferenzen und den Erwartungen des potenziellen Publikums ab.

1 W. Eugene Smith in *Darkroom*, Rochester, NY: Lustrum Press, 1977

↑ Ein ungewöhnlich tief reichendes Fenster, fotografiert sowohl auf FP4-Planfilm (Hauptbild) als auch auf *Polaroid Typ 55 P/N*, der sowohl einen Abzug als auch ein Negativ erzeugt.

→ Dieser Torbogen in der Calke Abbey, Derbyshire, führt von dem Kellergewölbe zu einem Innenhof. Fotografiert auf 4×5-Zoll-*Polaroid Typ P/N*; der Abzug stammt vom Negativ.

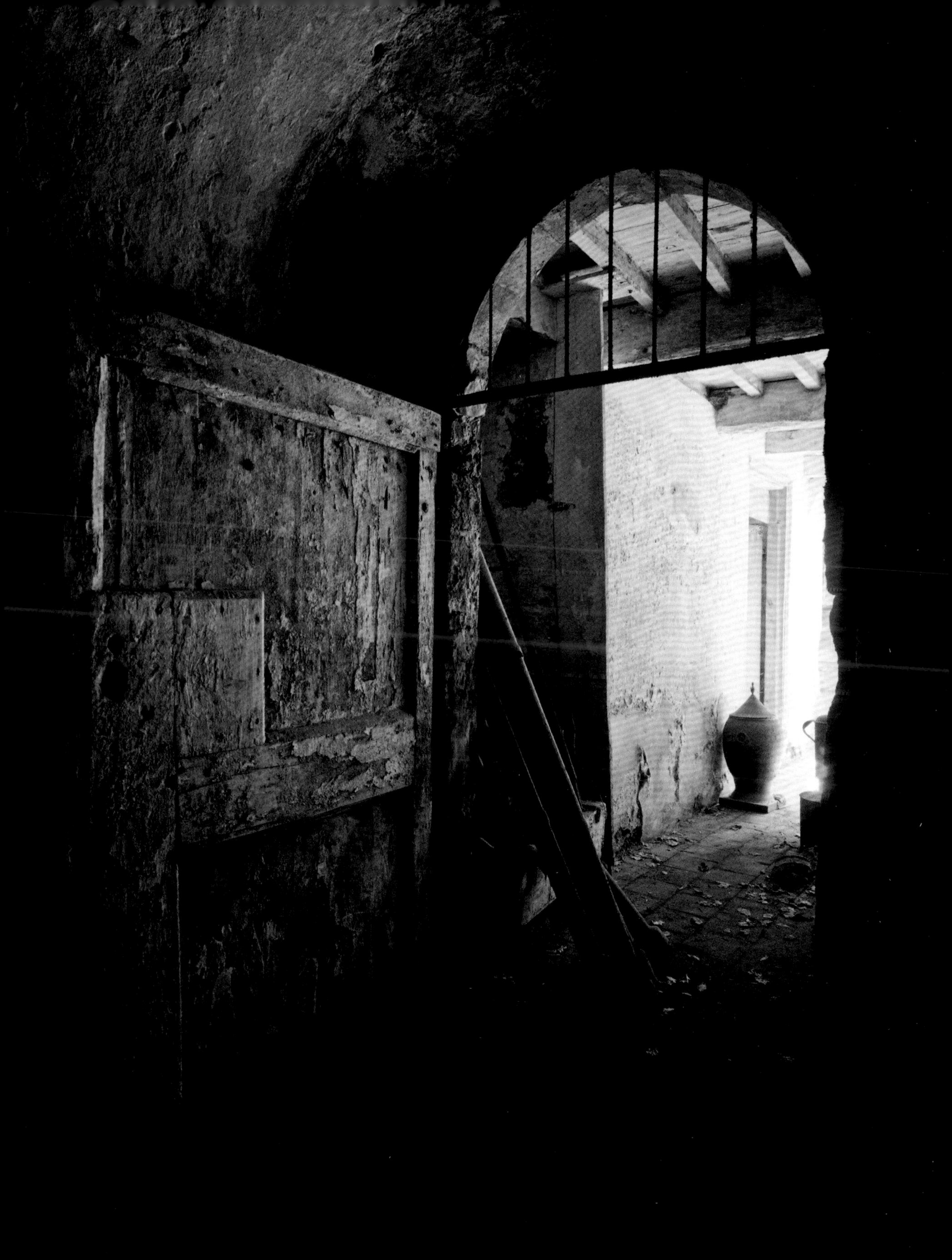

ERWEITERTES GRAUWERTSPEKTRUM

Die schiere Bandbreite der Möglichkeiten bei der Bearbeitung und Entwicklung von Schwarzweißbildern führt zu einer klaren Tendenz zu Dramatik durch starke Kontraste. Wenn Schwarzweißfotografierende sich visuell abheben wollen, setzen sie dabei überwiegend auf hohe Kontraste und extreme Tonwerte.

In der Farbfotografie ist eine ähnliche Tendenz zu beobachten: Starke Sättigung und auffällige Farbtöne behaupten sich gegenüber eher gedämpften Paletten. In beiden Fällen spiegelt sich der Gegensatz zwischen dem populären Geschmack und den Vorstellungen des Kunstbetriebs wider. Die Kunstwelt neigt auch in der Fotografie dazu, Zurückhaltung gegenüber Extravaganz zu bevorzugen. Das Schwarzweißäquivalent zu sanften, weichen Farben ist eine erweiterte Palette von Grautönen, die oft

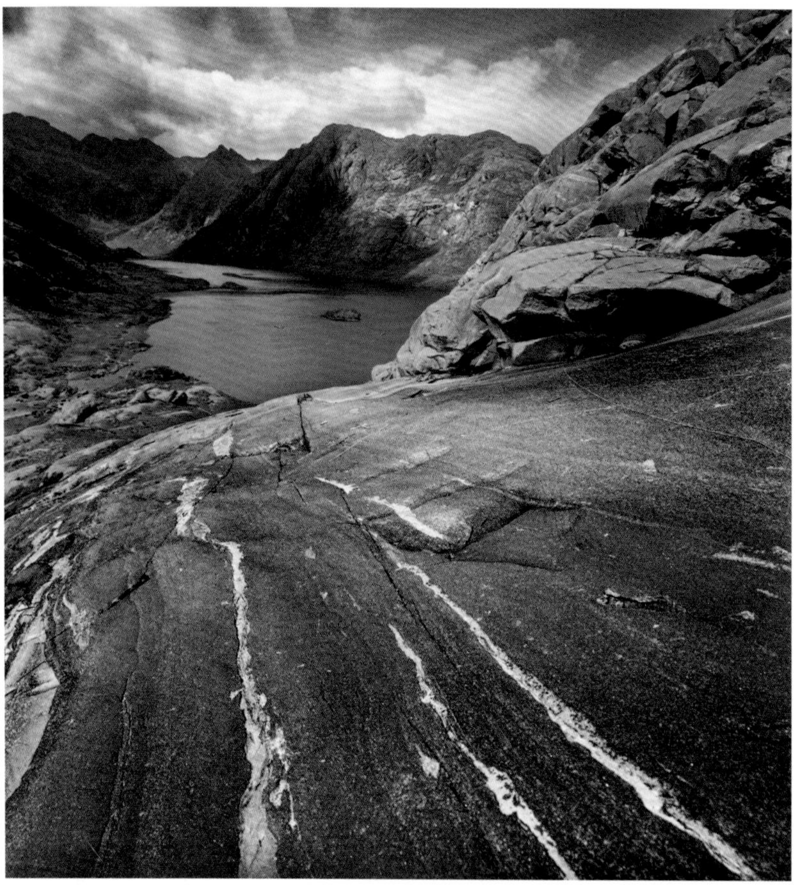

Loch Coruisk auf der schottischen Isle of Skye, aufgenommen auf *FP4 120*-Film mit einer *Hasselblad SWC* und einem 38-mm-Objektiv

mit einem verminderten Gesamtkontrast einhergeht, der durch große Anteile von tiefem Schwarz und reinem Weiß entstehen würde. In dem Bild von den Wasserbüffeln, die sich im schlammigen Wasser suhlen (links), gibt es winzige schwarze Punkte in den Schatten und minimale spiegelnde Glanzlichter auf ihren Körpern – schließlich ist das Bild von der Mittagssonne hell erleuchtet –, aber das ist zu wenig, um die Aufmerksamkeit auf sich zu ziehen. Stattdessen geht es bei der Aufnahme hauptsächlich um die vielen Texturen der Tiere und des Wassers, die sich alle im Spektrum der Mitteltöne abspielen. Die vielen Grautöne werden sozusagen gegeneinander ausgespielt. Bewusst kontrastarme Aufnahmen wie das Bild der Innenstadt von Riad auf Seite 84 entstehen durch die vollkommene Abwesenheit von tiefem Schwarz und reinem Weiß.

Tatsächlich liegt das visuelle Vergnügen von Bildern wie diesen weit innerhalb des mittleren Tonwertbereichs. Wie Sie in Kapitel 4 erfahren werden, ist die Ausweitung der Grautöne und die zunehmende Subtilität der geringen Tonwertunterschiede genau das, wonach Grafiker streben. Die Davy-Lampe und die felsige Landschaft auf diesen Seiten setzen sich aus unterschiedlichen Grauwertpaletten zusammen, doch in beiden Fällen nehmen die Mitteltöne den größten Teil des Bildes ein. Die als Sicherheitslampe für Bergleute konzipierte Davy-Lampe hat ein Maschendrahtgitter, durch das Luft eindringen, aber keine Flammen austreten können. Das komplizierte Muster und die dunklen Grautöne in den Falten spielen mit dem sanften Verlauf der helleren Grautöne im Hintergrund. Beim in Schottland aufgenommenen Landschaftsbild auf Seite 64 dreht sich alles um Felsoberflächen, die subtil variiert werden. Dabei nehmen die grauen Mitteltöne rund drei Viertel des Bildes ein.

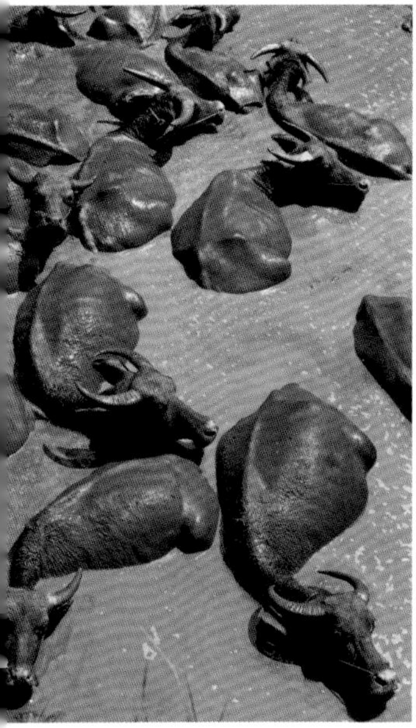

Wasserbüffel beim Baden im schlammigen Wasser, aufgenommen im chinesischen Sichuan

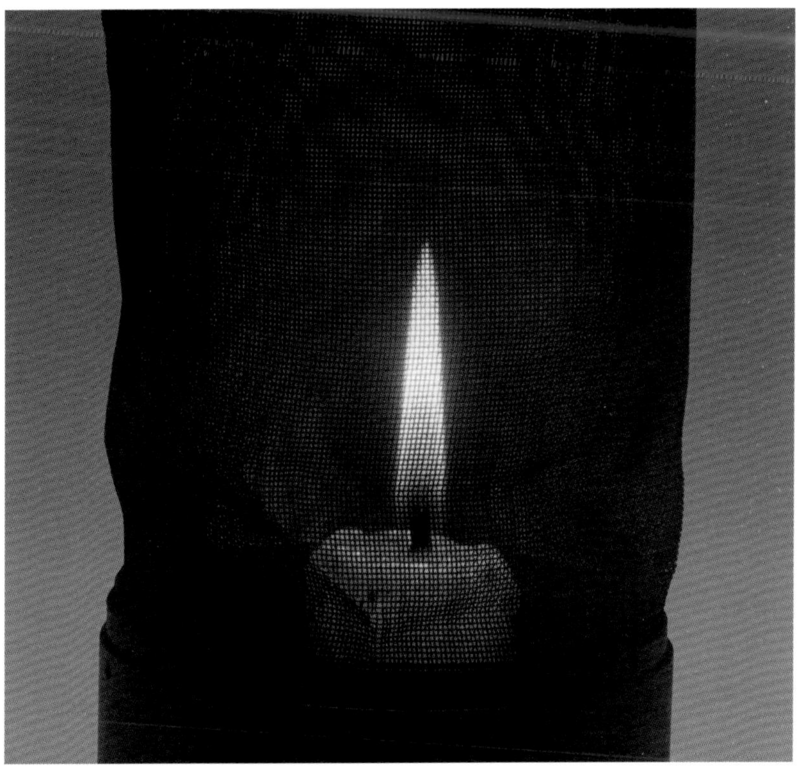

Eine Davy-Sicherheitslampe aus dem frühen 19. Jahrhundert, fotografiert vor einem grauen Verlauf, um den Tonwertumfang zu begrenzen und die filigrane Komponente des feinmaschigen Schirms sichtbar zu machen

HELLE TÖNE ODER LICHTER

Es besteht keine Einigkeit darüber, wie die helleren Töne oberhalb der mittleren Grautöne zu bezeichnen sind. Das äußerste Ende ist Weiß, und direkt davor kommen die Glanzlichter. Für viele Kreative hat sich die Bezeichnung »Lichter« etabliert.

Das mag wie Haarspalterei klingen, doch genaue Definitionen sind entscheidend, wenn Sie Ihre Schwarzweißbilder einheitlich verarbeiten oder entwickeln möchten. Noch wichtiger sind solche Definitionen für Personen, die einen unverwechselbaren Stil pflegen (siehe Seite 168ff). In der Realität gehen die meisten Tonwertgruppen in einer Szene nahtlos ineinander über, und es gibt in der Regel nur wenige harte Grenzwerte. Doch wie wird dieser Tonwertbereich denn nun offiziell bezeichnet?

Hier kommt der Begriff der »Lichter« als Zwischenbereich zwischen den Mitteltönen und den Glanzlichtern ins Spiel. Das ist keine neue Idee – den Begriff gibt es, zumindest in der Schwarzweißfotografie, schon seit den 1960er-Jahren. Die Bezeichnung resultiert aus dem Versuch, eine Unterscheidung zu treffen zwischen überdurchschnittlich hellen Tönen mit sichtbaren Details und jenen extrem hellen Bereichen, in denen sich die Details aufgrund der Nähe zu reinem Weiß langsam verlieren (auch bekannt als Glanz- oder Spitzlichter). In Adobes Kurven-Tool werden diese als folgerichtig als Lichter bezeichnet, und sie nehmen ungefähr das dritte Viertel des Bereichs von Schwarz bis Weiß ein. In der Farbfotografie geht es vor allem um die Verschiebung hin zu Pastellfarben und anderen blassen Farbtönen und

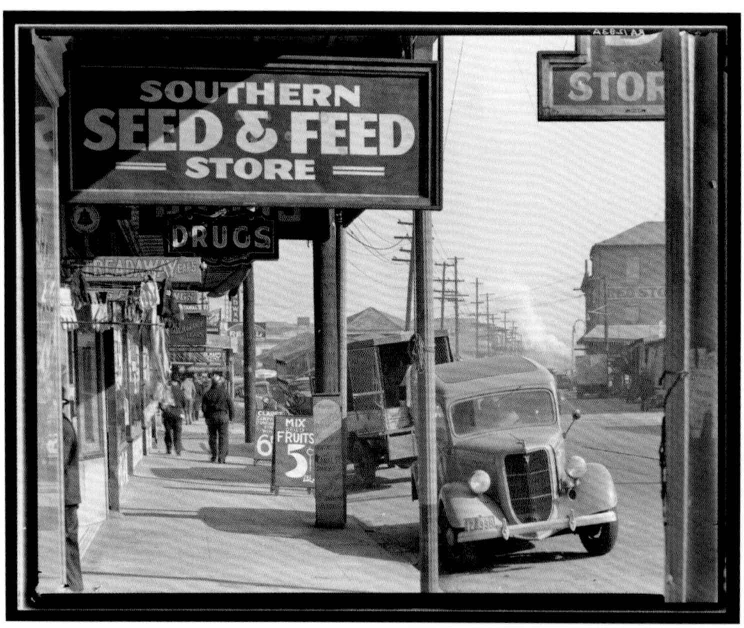

Eine von Walker Evans' 8×10-Zoll-Fotografien von New Orleans aus dem Jahr 1935. Auffallend ist die tonale Behandlung der sonnenbeschienenen Flächen vom Bürgersteig über das Auto bis hin zu den Gebäuden dahinter: alles im Bereich der hellen Töne. Moderne Entwicklungs- und Drucktechniken hätten womöglich zu einem höheren Tonwertumfang und mehr Kontrast geführt.

Zwei Versionen einer Ansicht von Taos Pueblo, New Mexico. Die sonnenbeschienene Fassade ist das Hauptmerkmal, und ein Unterschied in der Verarbeitung/Entwicklung von nur 10 Prozent macht einen erheblichen Unterschied: Die hellere Version erzeugt deutlich höhere Aufmerksamkeitswerte.

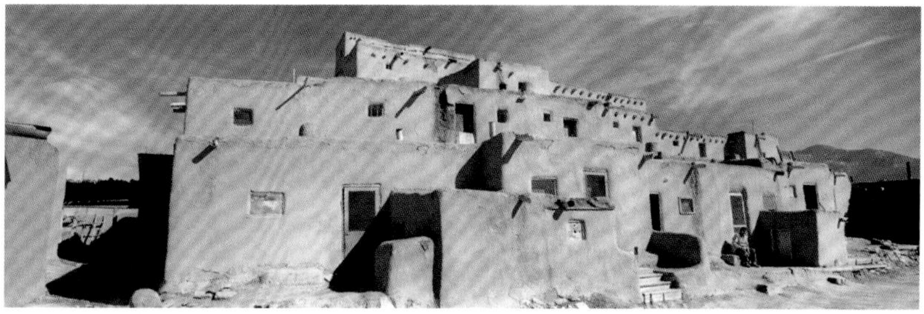

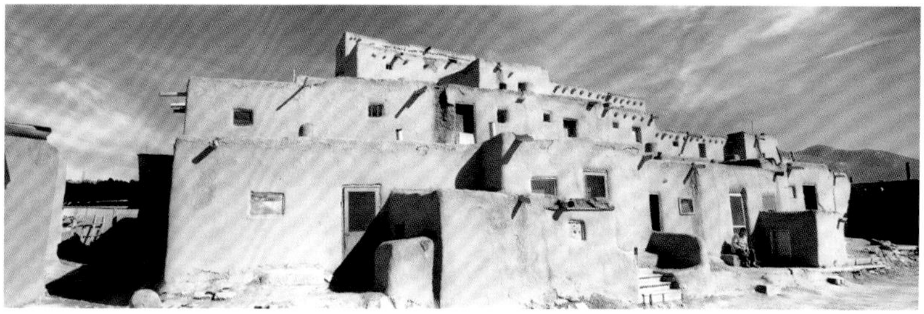

El Morro, New Mexico, mit einer leichten Schneedecke im Frühling. Bei schwachem Sonnenlicht sind die Tonwerte des Schnees im Vordergrund entscheidend für das Bild.

darum, wie sie sich gegenseitig beeinflussen. In Schwarzweiß liegt der Fokus ausschließlich auf feinen Tonwertunterschieden.

Verglichen mit Spitzlichtern stellen Lichter in der Regel kein technisches Problem dar, da sie weit unter dem Clipping-Wert liegen und die Hauptfrage eine ästhetische ist: Wie hell oder dunkel sollen sie erscheinen? Wenn Sie das Adobe-Werkzeug *Kurven* verwenden und mit dem Mauszeiger über den Bereich *Lichter* fahren, sehen Sie eine Hüllkurve, die den Bereich abdeckt, den Sie nach Ihrem persönlichen Geschmack ausloten können. Das Panoramabild von Taos Pueblo in New Mexico ist ein gutes Beispiel dafür. Es wurde im Mittelformat auf einem feinkörnigen Schwarzweißfilm aufgenommen, und das Negativ hat alle Tonwerte gut festgehalten. Die hellbeigen Fassaden sind aus Stampflehm gefertigt. Ich habe zwei Abzüge gemacht, die sich in der Helligkeit um etwa zehn Prozent unterscheiden. In der oberen Version beträgt die durchschnittliche Helligkeit des Lehmbaus etwa 75 Prozent, in der unteren 85 Prozent. Was ist besser? Es gibt kein »besser«, die hellen Töne wirken einfach anders – oben erdiger, unten strahlender.

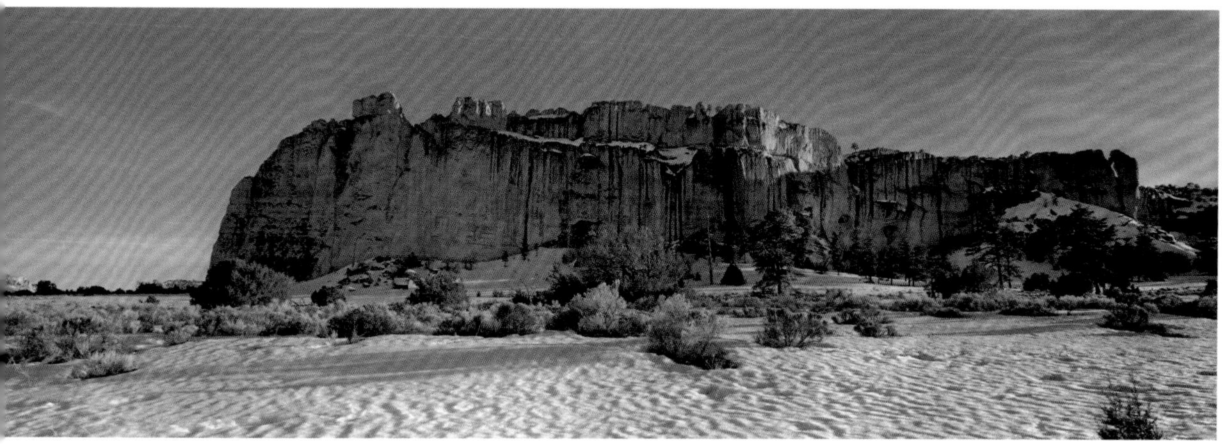

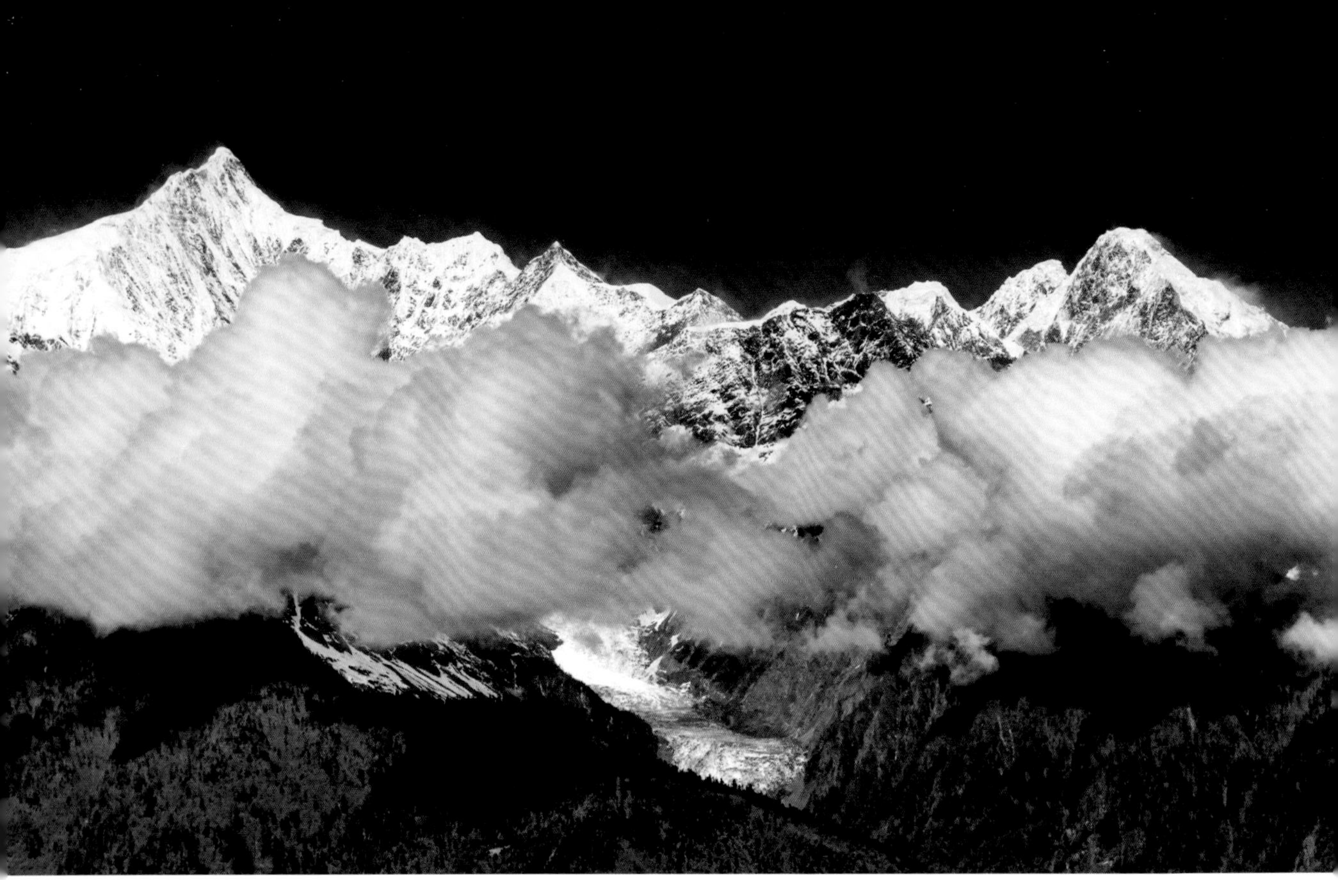

GLANZLICHTER

Die schneebedeckte Bergkette des Kawakarpo im nördlichen Yunnan, China, wurde für hohen Kontrast bearbeitet, indem der blaue Kanal stark abgedunkelt wurde.

Das Beibehalten von Strukturen im hellsten Tonwertbereich vor reinem Weiß ist eine Kunst. Um die fragilen Texturen zu erhalten, ist in der Schwarzweißfotografie sowohl die richtige Belichtung als auch ein sensibles Vorgehen bei der Verarbeitung erforderlich.

Nachfolgend gehe ich davon aus, dass die Erhaltung von feinen Details in den Lichtern erwünscht ist. Das ist die Sichtweise des soliden Handwerkers, doch es gibt durchaus ambitionierte Künstlerinnen und Künstler, die feine Details für starke Kontraste opfern – dazu gehören unter anderem die japanischen Provoke-Fotografen, von denen Sie ab Seite 164 mehr zu sehen bekommen.

Die digitale Fotografie brachte ein neues Problem im Bereich der Spitzlichter mit sich: Clipping. Sobald sich eine Photosite auf dem Sensor mit Photonen füllt, wird dieser Pixel rein weiß, und das Auffüllen geschieht sehr schnell. In der Praxis führt dies zu beschnittenen Lichtern, also reinweißen Bereichen mit harten Kanten. Das passiert zum Beispiel im Bereich um die Sonne herum, wenn die Belichtung nur ein wenig zu hoch ist. Schlimmer noch: Die drei Farbkanäle reagieren oft getrennt auf

Überbelichtung, was zu unansehnlichen Farbstreifen führt. Film hingegen geht von Natur aus fließend von hell zu sehr hell über (siehe Seite 108). Moderne Kameras berücksichtigen dies bei der Verarbeitung, um den Übergang zu glätten, doch dies gelingt nicht immer vollständig. Bei der Verarbeitung ist die Wiederherstellung von Spitzlichtern in Lightroom und anderen Programmen eines der nützlichsten Werkzeuge, insbesondere wenn es zusammen mit kleinen Änderungen an der Belichtung und den Weißwerten eingesetzt wird.

Die Beibehaltung von Glanzlichtern beim Entwickeln ist sogar noch anspruchsvoller, da die Tonwerte eines Abzugs einer genaueren Prüfung unterzogen werden als die von Bildschirmfotos. Um noch einmal auf das Zonensystem auf den Seiten 44 bis 47 zurückzukommen: Diese Zone, in der die Strukturen (denken Sie an frisch gefallenen Schnee im tief stehenden Sonnenlicht) am wichtigsten sind, hat sich interessanterweise im Laufe der Jahre verändert. Ansel Adams hat die Zone VIII als »Weiß mit Struktur und zarten Werten« auf seiner 11-Zonen-Skala beschrieben. Ein paar Jahrzehnte später setzten Minor White und seine Kollegen in *The New Zone System Manual* diesen Bereich etwas niedriger an, nämlich bei Zone VII auf ihrer Zehn-Punkte-Skala. Und sie nannten sie »Textured brights«, also »Strukturierte Lichter«. Die Zone darüber wurde mit »Letzte Spuren von Struktur« beschrieben, während Adams ihr Äquivalent als »Weiß ohne Struktur« bezeichnete. Hier gibt es Raum für Nuancen, aber man kann viel von der akribischen Art und Weise lernen, mit der die Gruppe *f*/64 (siehe Seite 156ff) und die traditionellen Entwickler sich um die Glanzlichter kümmerten.

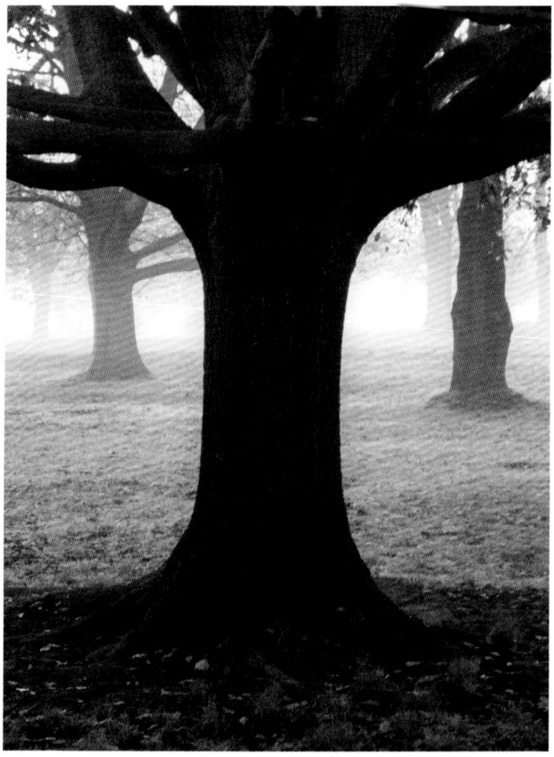

Ein nebliger Tag in den Kensington Gardens von London. Der Eindruck von Distanz in nebligen Szenen lässt immer Raum für Interpretationen. Hier wollte ich die hellsten Stellen bei etwa 90 Prozent halten, also definitiv unter Weiß. Eine andere, reinweiße Bearbeitung eines nebligen Himmels finden Sie auf Seite 72.

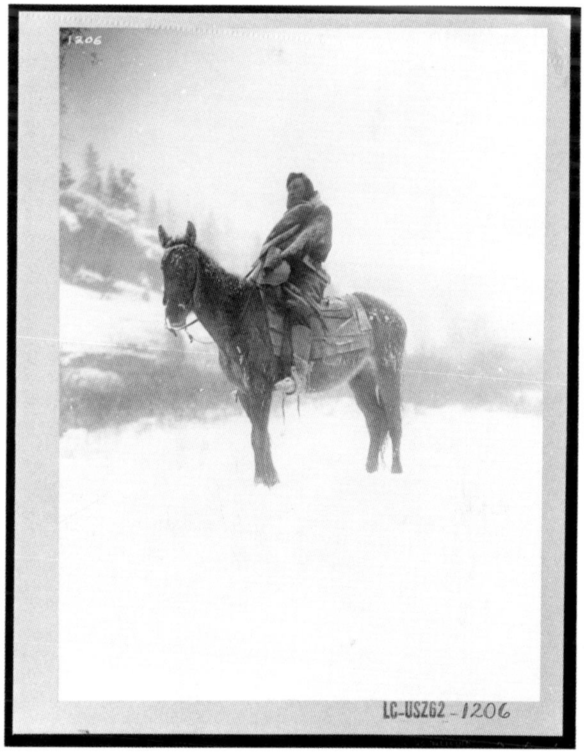

Ein Absaroka auf dem Rücken seines Pferdes im Schnee, wahrscheinlich in den Pryor Mountains in Montana, fotografiert von Edward Curtis um die Jahrhundertwende.

REINES WEISS

Der zweite »Schlüssel« in einem Schwarzweißbild ist Weiß und findet sich am oberen Ende der Skala. Wie Schwarz muss auch Weiß nicht in einer Aufnahme vorkommen, wenn Sie einen reduzierten Tonwertumfang anstreben. Normalerweise funktioniert die Einstellung des Weißpunkts ähnlich wie die des Schwarzpunkts – es handelt sich um den hellsten Bereich des Bildes direkt unter reinem Weiß und er dient als Referenzpunkt für die hellsten Lichter. Wie Schwarz bietet auch Weiß große Interpretationsspielräume für persönliche Sichtweisen.

Eine Scheune in der Nähe von Lebanon im Bundesstaat New York, fotografiert mit *FP4 120*. Die Tonwertabstufungen in der Schneedecke sind subtil, und nur ein paar winzige Punkte dürfen reines Weiß sein.

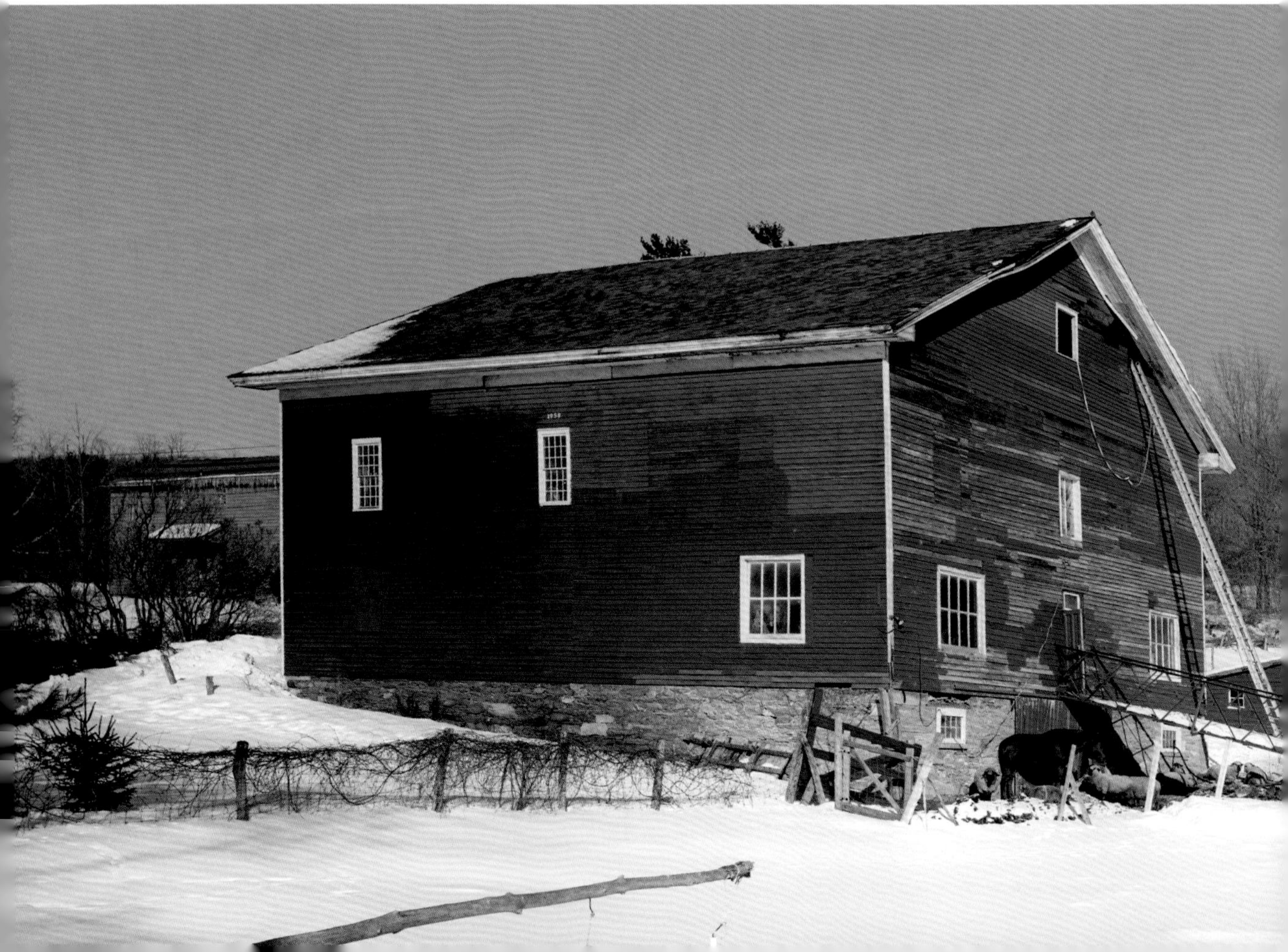

Weiß als Hintergrund: Bei dieser Studioaufnahme eines Kaninchenschädels mit Hintergrundbeleuchtung gibt es einen subtilen Übergang von reinem Weiß unten zu einem Hauch von Grau oben.

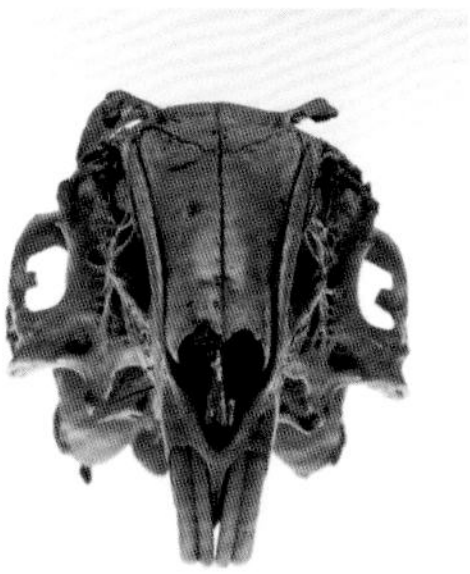

Weiß ist in der Praxis wesentlich problematischer als Schwarz. Der Hauptgrund liegt in der Natur der digitalen Aufzeichnung, das Problem wird aber durch die Art und Weise, wie wir Bilder betrachten, noch verschärft. Im Gegensatz zu Film, der mit zunehmender Belichtung immer weniger auf den Lichteinfall reagiert, erreichen die Fotopixel in einem Sensor definitiv einen Punkt, an dem sie vollständig mit Photonen gefüllt sind. Die Pixel werden zu reinem, leerem, funktionslosem Weiß, und das nennt man nicht umsonst Clipping (engl. für »Abschneiden«). In einer Szene mit einer Lichtquelle, wie z. B. der Sonne oder einer nächtlichen Straßenlaterne, besteht das Problem nicht im reinweißen Licht der Quelle – das wird erwartet und ist akzeptabel –, sondern im unregelmäßigen und nicht fließenden Übergang innerhalb des Lichthofs vom reinen Weiß zum Glanzlicht. Beschnittene Spitzlichter fallen zu allem Überdruss besonders stark ins Auge, weil sie sich im hellsten Bereich eines Bildes befinden, von dem unser Blick angezogen wird. Neuerdings gibt es zwar kamerainterne Lösungen für dieses Problem sowie Wiederherstellungsschieber in der Bearbeitungssoftware, doch eine ganze Generation von Fotografen und Fotografinnen mit Digitalkameras handelt immer noch nach dem Mantra »nach rechts belichten«: Das heißt, die Gesamtbelichtung verringern, um Clipping um jeden Preis zu vermeiden.

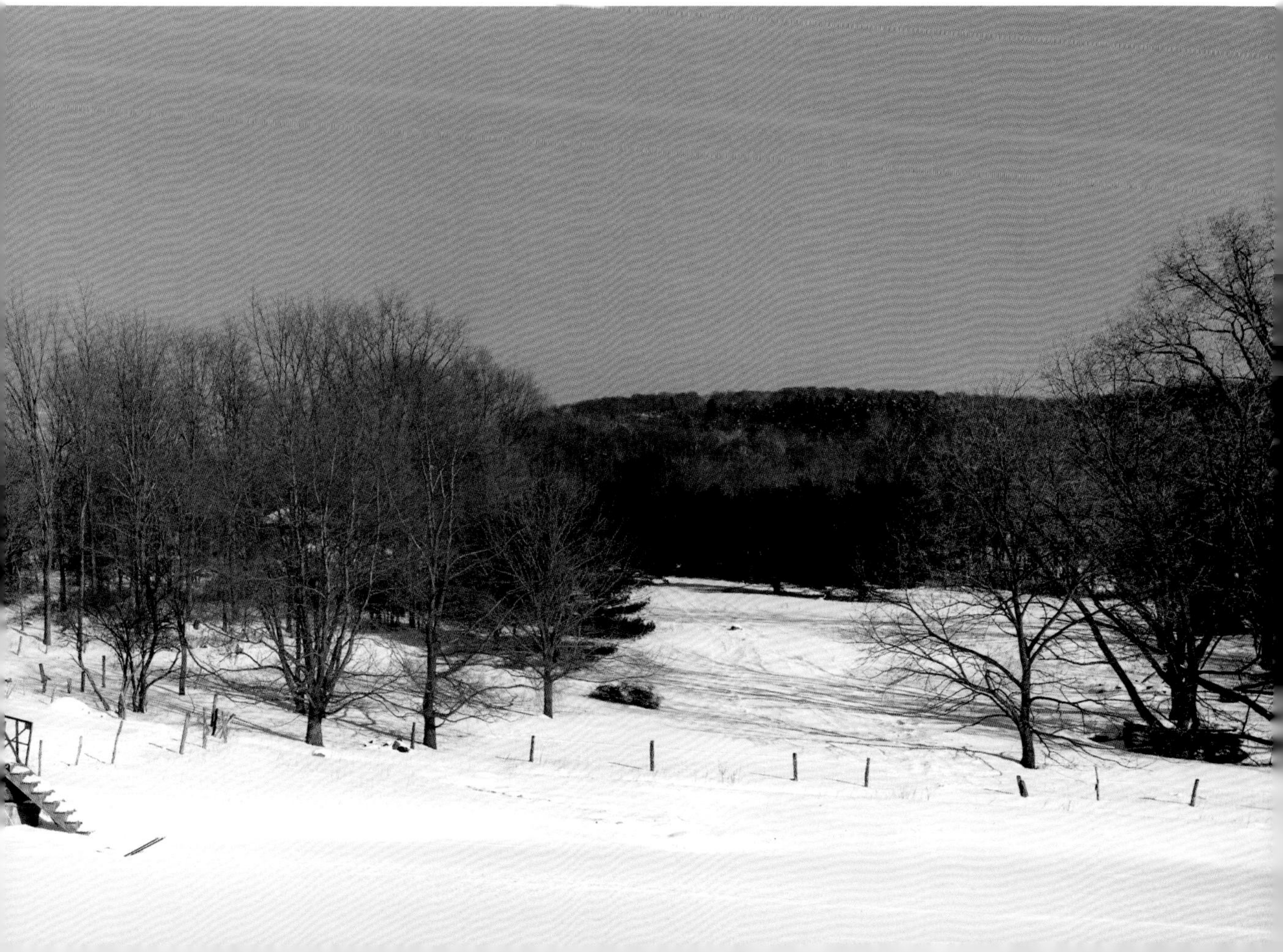

In dieser nebligen Szene in Pennsylvania, die absichtlich so hell wie möglich bearbeitet wurde (siehe auch »High Register« ab Seite 168), ist der obere Teil des Himmels visuell weiß, aber tatsächlich »nur« zu 99 Prozent hell, was Clipping verhindert.

Die Vorliebe für die Eigenschaften von Weiß ist vergleichbar mit der Faszination für die dunkelsten Schatten. Das Wort »leuchtend« ist in der Fotografie sehr positiv besetzt und wird stark mit dem Glühen von Lichtquellen und hellen Glanzlichtern assoziiert. In das Licht zu fotografieren hat einen großen visuellen Reiz, weil es einem Bild ein beträchtliches Maß an Atmosphäre verleiht. Das geht zwar auf Kosten der Details, aber für alle, die dem Gewöhnlichen entkommen wollen, ist dies eine gute Aufnahmestrategie, solange Sie mit dem Ausschnitt zurechtkommen.

Eine andere Art von Weiß, die technisch möglicherweise noch anspruchsvoller ist, findet sich in strukturierten Oberflächen, von denen wir wissen, dass sie weiß sein sollten. Schnee ist ein gutes Beispiel, ebenso weiß getünchte Wände, weiße Muscheln und weiße Hemden. Diese Liste ließe sich natürlich endlos fortsetzen mit Oberflächen, die weiß gestrichen oder gebleicht sind, macht aber auch deutlich, dass es eine breite Palette von Dingen und Oberflächen gibt, von denen wir instinktiv erwarten, dass sie weiß sind. Solche »bekanntermaßen weißen« Objekte müssen bei der Belichtung und Verarbeitung sorgfältig behandelt werden. Die wesentliche Qualität ist die gerade noch sichtbare Struktur, die sich zwangsläufig am Rande des reinen Weiß bewegen muss. Das Erfassen solcher Strukturen ist in den meisten Fällen eine große Herausforderung und wird von der Beschaffenheit der Oberfläche sowie von der Reinheit und dem Einfallswinkel des Lichts beeinflusst. In einer Schwarzweißfotografie ist strukturiertes Weiß eigentlich ein feines Muster aus sehr kleinen Schatten auf Weiß, und wenn die Textur eine entsprechende Dichte aufweist, kann das zugrunde liegende Weiß vollkommen rein sein. Wenn Sie jedoch den Wert von 255 bei der Bearbeitung auch nur um einen Bruchteil verringern, kann das zu einem schlammigen Erscheinungsbild führen. Hierzu gehen die Meinungen auseinander, und es gibt keine Patentrezepte.

Wolken sind eine besondere Klasse von weißen Objekten – zum einen, weil sie mehr Volumen als erkennbare Textur aufweisen, und zum anderen, weil sie einen viel höheren Dynamikumfang haben, als Sie vielleicht erwarten. Das ist besonders der Fall bei vielen gleichzeitig von der Sonne beschienenen Kumuluswolken. Die hellsten Teile laufen ganz schnell ins Clipping hinein, was selbst für Analogfilm mit seinem eigentlich tadellosen Roll-off-Verhalten (siehe Seite 109) zu Problemen führen kann, in der Digitalfotografie jedoch in eine Katastrophe mündet. Selbst Algorithmen zur Wiederherstellung von Glanzlichtern können solche Bildfehler in der Regel nicht beheben, sodass eigentlich gute Landschaftsaufnahmen durch »geclippte« Wolken ruiniert werden können. Wie beim Fotografieren in Richtung einer Lichtquelle liegt das Problem im Übergang von hell zu Weiß und ist für das Auge sehr offensichtlich. In extremen Situationen kann die Lösung darin bestehen, eine HDR-Sequenz mit Belichtungsreihen aufzunehmen.

Und schließlich ist da noch Weiß als Hintergrund. Dabei handelt es sich um einen Standard bei Studioaufnahmen, aber auch bei Szenen und Einstellungen, die einen breiten, hellen Bereich wie einen dunstigen Himmel oder ein großes Fenster oder eine Türöffnung abbilden. Beim Fotografieren haben wir mehr Kontrolle darüber, als Sie vielleicht denken, sogar in Situationen mit natürlichem Licht. Die Verarbeitung oder die Entwicklung eines »Whiteout«-Rahmens ist unkompliziert, solange die Szene von vornherein die Voraussetzungen für einen hellen Hintergrund erfüllt. Eine Verlauf in Richtung Reinweiß, entweder strahlenförmig nach außen oder mit einem Tonwertverlauf nach oben, ist in der Regel in Schwarzweiß kein Problem, da hier keine subtilen Farbverschiebungen zu berücksichtigen sind.

REICHHALTIGKEIT

Den tonalen Look eines Bildes auf allgemeingültige Weise zu beschreiben ist knifflig. Natürlich gibt es gewisse Terminologien, wobei Beschreibung und Praxis stark auseinanderdriften. »Reichhaltigkeit« gehört in diese Kategorie. Ansel Adams zum Beispiel schrieb wiederholt über das Erzielen eines »satten Drucks«, machte aber keine Angaben zur genauen Bedeutung. Die meisten von uns können sich darauf einigen, dass ein bestimmtes Schwarzweißbild reichhaltig wirkt, doch worin liegt dies genau begründet?

Das große Bild des Iceberg Lake im US-Bundesstaat Washington ist eine tiefgründige, reichhaltige Interpretation eines 6×6-cm-Negativs (unten). In der Mitte ist eine auf eine durchschnittliche Tonalität getrimmte Version zu sehen und ganz unten eine Bearbeitungshilfe, die die wichtigsten Bereiche des Himmels, der schattigen Klippen und des Wassers umreißt.

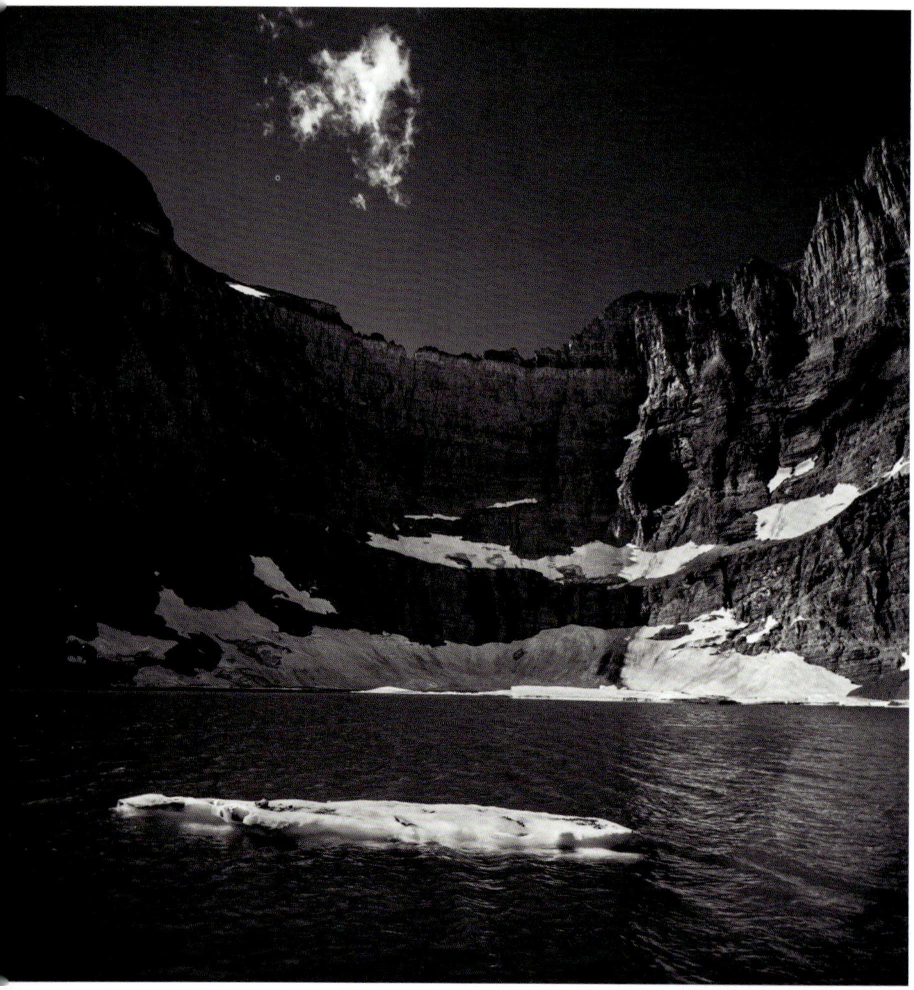

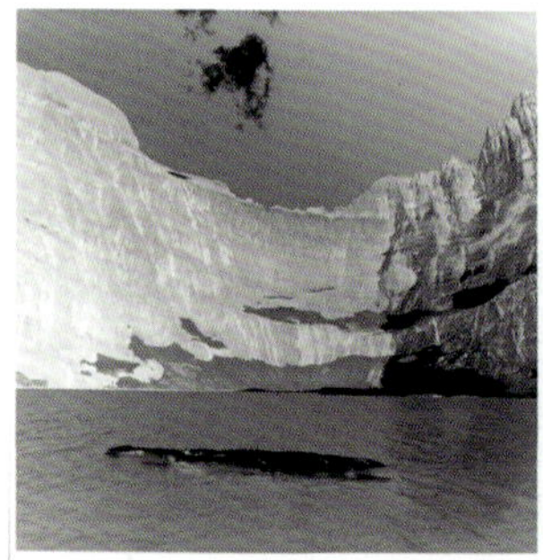

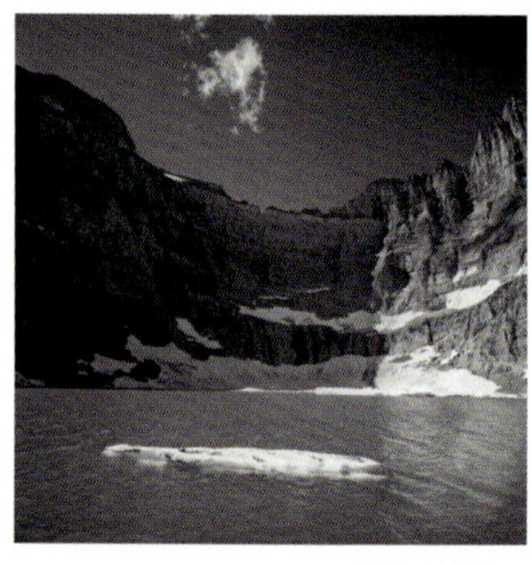

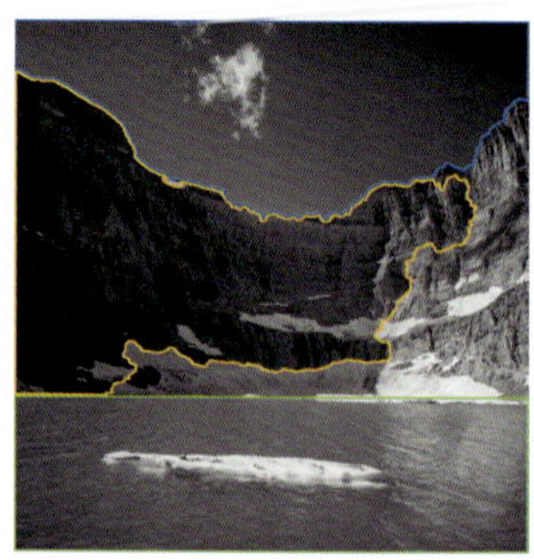

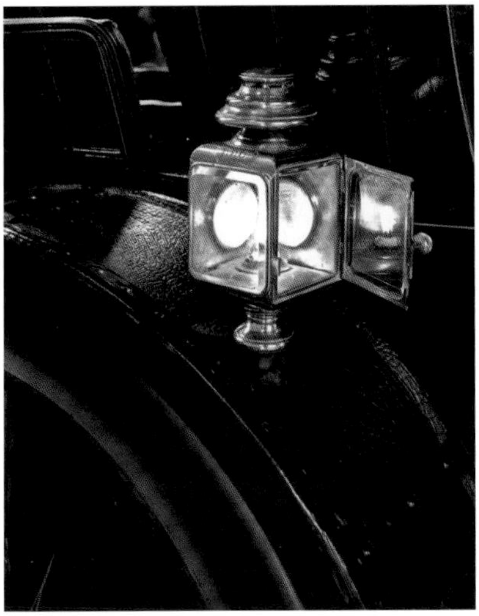

Reichhaltigkeit hat eindeutig etwas mit dunkleren Bereichen und gutem Kontrast zu tun, aber es ist schwierig, das genau zu bestimmen. Erschwerend kommt hinzu, dass der Begriff »Reichhaltigkeit« positiv konnotiert ist und daher oft willkürlich verwendet wird.

Eines der Bilder, das Adams als »reich« beschreibt, ein Kreuz in der Kirche von Las Trampas, New Mexico, ist eine von zwei Versionen, was uns einen Hinweis gibt: Der Tonwertumfang war im hellen Sonnenlicht entsprechend hoch und die Schatten rein schwarz, weshalb Adams beim Entwickeln die Belichtung reduzierte, bis der nächstdunkelste Ton gerade noch vom Schwarz getrennt war. Der dunkelste Ton danach war der blaue Himmel (Adams verwendete einen Gelbfilter), sodass insgesamt gut drei Viertel des Bildes unterhalb eines durchschnittlichen Mitteltons liegen. Dies bestätigt meine Vorstellung davon, was ein sattes Schwarzweißbild braucht: eine volle Bandbreite von Schwarz bis Weiß, aber mit einer starken Neigung zu den dunkleren Tönen, sowie eine saubere Trennung zwischen diesen dunkleren Tönen. Das bedeutet, dass nur bestimmte Szenen und Motive dafür infrage kommen und dass die Verarbeitung einen großen Teil zur Reichhaltigkeit beiträgt. Die Beispiele hier veranschaulichen die zugrunde liegende Vorgehensweise.

Ich habe mich für die Aufnahme des Iceberg Lake in der High Sierra im Bundesstaat Washington entschieden, weil sie erstens auf Film aufgenommen wurde und wir genau sehen können, was auf dem Negativ (kleines Bild oben auf Seite 74) eingefangen wurde. Zweitens konnte ich das Bild im Stil von Ansel Adams bearbeiten und entwickeln, um seine Vorstellung von Reichhaltigkeit umzusetzen. Es gibt noch einen digitalen Schritt, nämlich den Scan des Negativs, bei dem ich mit größter Sorgfalt vorgegangen bin, um die Originalemulsion akkurat abzubilden. Die erste Version (das mittlere der drei kleinen Bilder) ist eine direkte Übersetzung des Negativs auf einen Abzug ohne jegliche globale oder lokale Anpassungen. Sie wirkt unspektakulär und nicht besonders ausdrucksstark. Für die endgültige Version – das große Bild auf dieser Doppelseite – wollte ich einen höheren Kontrast sowie eine Tendenz zu den dunklen Bereichen, ohne jedoch die feinen Strukturen in den Lichtern von Schnee und Eis zu verlieren. Das war nur möglich, indem ich lokale Anpassungen vornahm. Das Diagramm (kleines Bild unten) zeigt die drei Bereiche: den Himmel, die schattige Zone der Klippe und den gesamten See, der praktischerweise durch den »Horizont« des Wassers getrennt ist. Der Schlüssel zur satten Bildwirkung besteht darin, dass die dunkelsten Schattenbereiche eine Helligkeit von nur etwa 5% aufweisen und sich neben einem mit etwa 10% deutlich helleren Felsen befinden. Ich wollte, dass der Himmel so dunkel wie möglich ist, sich aber dennoch von der Bergkette abhebt. Darüber hinaus sollten die dunkelsten Bereiche im Wasser gerade noch von der Felsenküste getrennt sein. Die Lösung bestand darin, Schwarz, Schatten und Kontrast in jedem dieser drei Bereiche separat einzustellen.

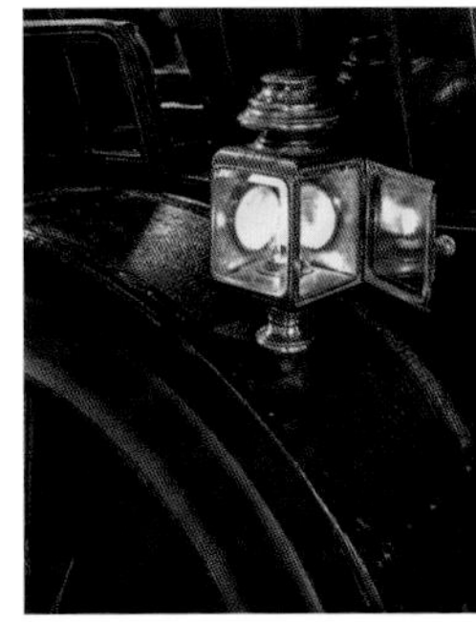

Detail einer Daimler-Limousine von 1900, aufgenommen auf 4×5-Zoll-Negativfilm. Links die Version, in der die dunklen Bereiche bei der Entwicklung tief und satt gehalten wurden. Oben die Standardinterpretation, bei der die Schattenbereiche geöffnet wurden.

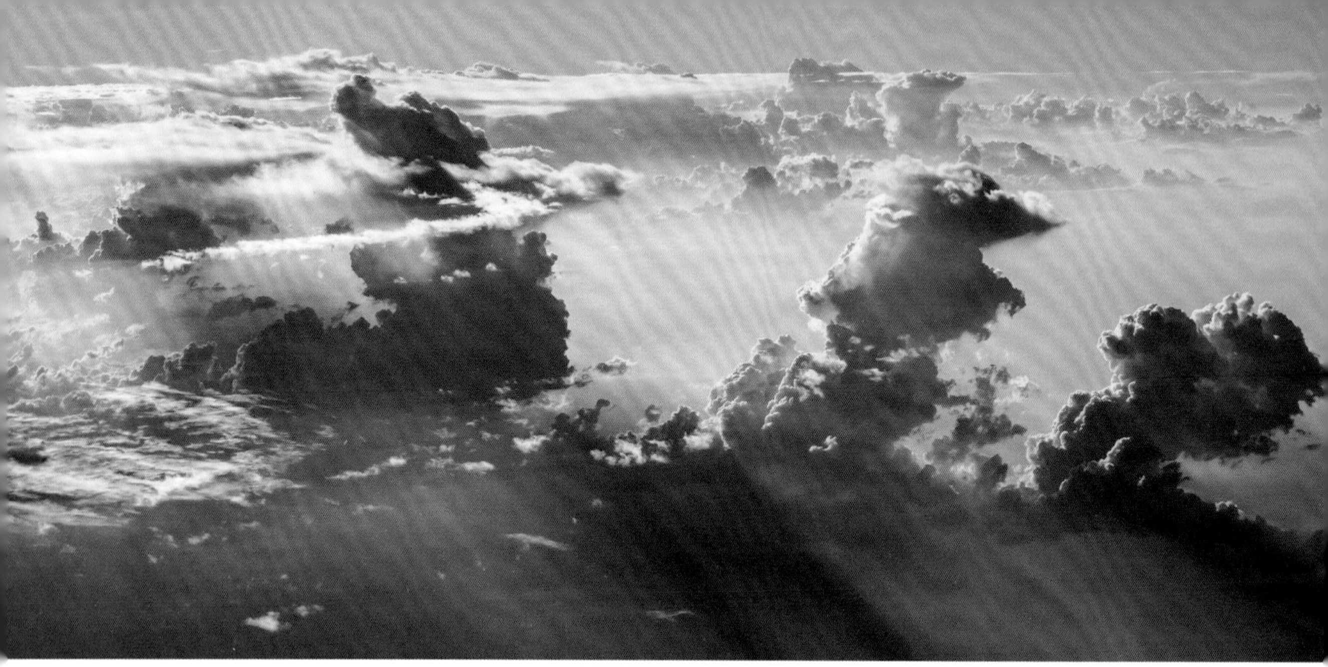

ZARTHEIT

Wenn die Reichhaltigkeit in den dunklen Tönen einer Schwarzweißfotografie liegt, ist die Zartheit die ebenso schwer fassbare, aber allgemein geschätzte Qualität der hellen Töne und Lichter.

Meiner Meinung nach werden die Tonwerte umso interessanter, je näher sie an Schwarz und Weiß heranreichen. Dadurch besteht natürlich die Gefahr, dass die äußersten Töne in die Farb- bzw. Tonlosigkeit abgleiten. Das macht zarte Lichter ebenso wie tiefe Schatten zu einem anspruchsvollen Unterfangen – sowohl in praktischer als auch in ästhetischer Hinsicht.

Zartheit in Schwarzweiß funktioniert auf zwei Arten und in zwei Maßstäben, die sich beide in der Regel um Weiß drehen. Im größeren Maßstab gibt es die subtile Verschiebung von hellen Bereichen zu Glanzlichtern, die Sie bereits auf den vorangegangenen Seiten kennengelernt haben. Das hat übrigens nichts mit dem mitunter weitreichenden Verlauf des Sonnenlichts bei einem dunstigen Himmel zu tun. Es handelt sich eher um einen kurzen, gleichmäßigen Verlauf ohne unschöne Streifen. Fingerspitzengefühl kommt ins Spiel, wenn sehr helle Töne direkt nebeneinander liegen und subtil getrennt werden müssen.

Ein gutes Beispiel dafür ist das nebenstehende Bild einer Kaurimuschel mit subtilen Lichtreflexen auf ihrer hellen, glänzenden Oberfläche. Die Beleuchtung erfolgte mit einem rechteckigen Panel, und die Reflexion des Lichts, das sich auf der glatten weißen Muschel leicht wölbt und kräuselt, sagt uns alles, was wir über Form und Oberflächenstruktur wissen müssen. Dabei handelt es sich um notwendige visuelle Anhaltspunkte, die jedoch keinesfalls zu offensichtlich ausfallen dürfen.

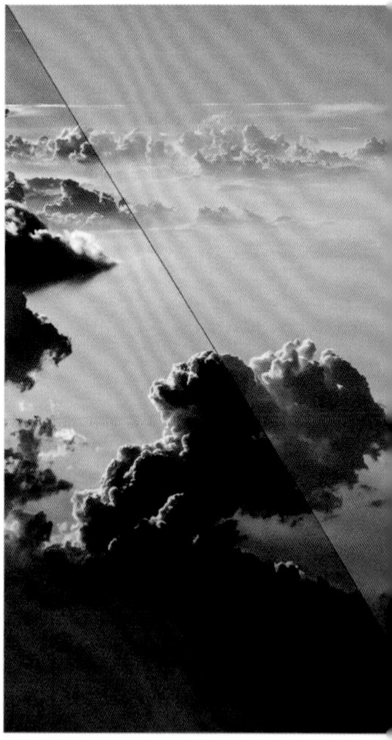

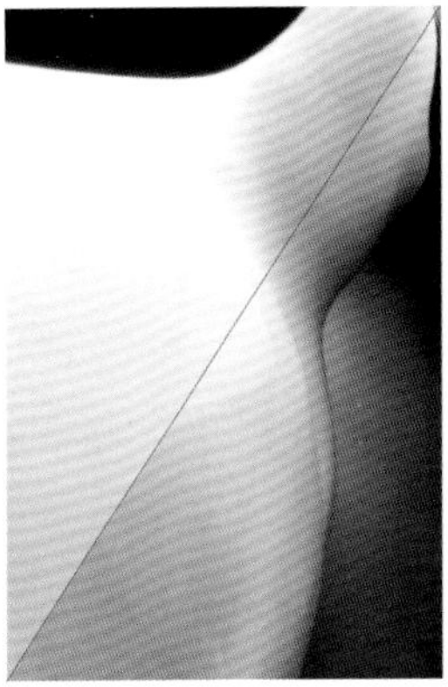

Mein Rezept für Zartheit ist hier eine möglichst subtile Trennung zwischen dem hellsten und dem weniger hellen Bereich, die gerade noch zu erahnen ist und die hellsten Lichter ganz knapp unter reinem Weiß hält.

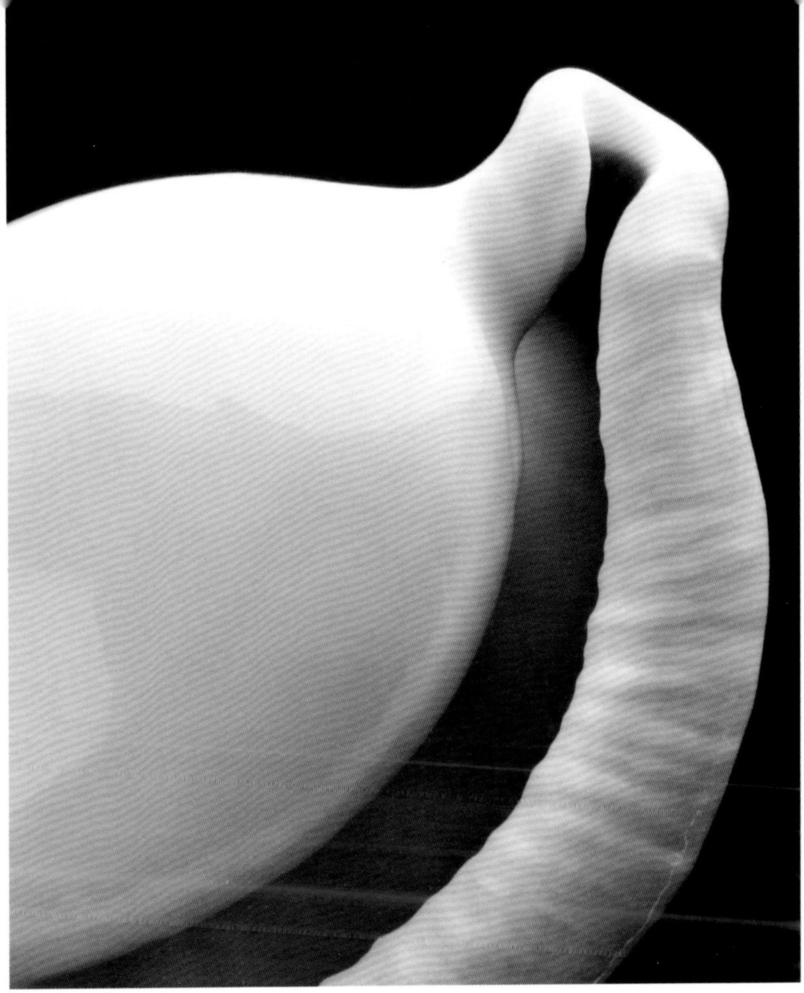

Obwohl es verlockend ist, einen starken Kontrast zu erzielen und die schattigen Bereiche der Wolken zu intensivieren, wurden die helleren Bereiche als wichtiger erachtet: Zartheit statt Dramatik.

Wer mit Objekten wie Skulpturen, Stillleben oder Gebrauchsgegenständen arbeitet, wird regelmäßig mit dieser Problematik konfrontiert. In der gesamten Produktionskette von der Beleuchtung bis zur Entwicklung ist große Sorgfalt geboten. Es wäre ein Leichtes, diese Aufnahme so zu bearbeiten, dass die Oberfläche der Muschel glatt wäre und die Ränder des reflektierten Lichts verdeckt würden, was manche für eine Verbesserung halten könnten. Allerdings würde dadurch der visuelle Eindruck des Glanzes verloren gehen.

Das zweite, raumgreifendere Szenario, ist die Luftaufnahme von mehrschichtigen, rückseitig beleuchteten Wolken. Ähnlich wie bei der Bearbeitung der Kaurimuschel gibt es auch für diese Wolkenlandschaft mehrere Interpretationsmöglichkeiten. Einen dramatischen Touch durch hohe Kontraste und tiefe Schatten auf den dunklen Gewitterzellen würden sicherlich viele verlockend finden. Für mich war jedoch das delikate Wechselspiel zwischen den hellen Bereichen und den Glanzlichtern der Wolken unten und ganz links interessanter. So zog ich es vor, komplett auf sehr dunkle Bereiche zu verzichten. Der delikate Teil der Bearbeitung bestand darin, die hohen Werte zwischen rund 80 bis 90 % durch wenige Prozentpunkte gerade noch getrennt zu halten.

KONTRASTREICH ODER FLACH?

Der Kontrast ist das wichtigste Kontrollelement für die tonale Qualität eines Schwarzweißfotos. »Kontrastreich« und »flach« sind gängige Begriffe, für die keine Kenntnisse der Fotografie erforderlich sind. Die Regler für die Belichtung und den Tonwertumfang funktionieren ganz ähnlich, nehmen aber keine so vollumfänglichen Anpassungen wie der Kontrastregler vor. Wir können die Kontraste extrem variieren, doch unsere Augen erkennen schnell, welche Einstellungen richtig oder falsch wirken.

Die Standardeinstellung für die Belichtung sind ein mittleres Grau und Glanzlichter, die nicht beschnitten werden. Wenn Sie mehr als nur ein wenig davon abweichen, wird das Ergebnis für die meisten Menschen merkwürdig aussehen. Solange die Schwarz-, Mittelgrau- und Weißtöne nahezu ausgewogen sind, haben wir keine feste Vorstellung vom Kontrast, und das liegt wahrscheinlich daran, dass wir in unserer Alltagserfahrung Szenen mit vielen verschiedenen Kontrasten sehen und dabei mitteln. Dafür ist meist die Beleuchtung verantwortlich: Zieht beispielsweise eine Wolke vor der Sonne vorbei, ändern sich die Kontraste der Umgebung gewaltig, doch unsere Augen nehmen den Unterschied nicht bewusst wahr. Hell und sonnig ist gleichbedeutend mit hohem Kontrast, trüb und bewölkt mit niedrigem Kontrast. In Innenräumen kann der lokale Kontrast in einem kleinen Bereich eines Raumes viel höher sein als der Gesamtkontrast, aber auch das akzeptieren wir.

All dies gilt auch für Farbbilder, spielt aber bei Schwarzweiß eine größere Rolle, denn beim Kontrast geht es um Tonwerte, insbesondere um den mittleren Teil des Spektrums. Darüber hinaus können Sie den Kontrast viel höher oder niedriger einstellen, weil es keine Farben gibt, die bei extremen Einstellungen »abhauen«.

Wir alle glauben zu wissen, was Kontrast bedeutet – dabei ist es gar nicht so einfach, ihn korrekt zu definieren. Im Großen und Ganzen geht es darum, wie groß der Unterschied zwischen den mittleren bis dunklen Tönen und den mittleren bis hellen Tönen ist. Wenn der Unterschied mehrere Blendenstufen beträgt, haben Sie einen hohen Kontrast, bei nur wenigen Blendenstufen ist der Kontrast gering. Das ist zwar wenig akkurat ausgedrückt, doch eine tiefere Erklärung würde zu sehr ins Technische abdriften. Deshalb fällt es auch leicht, den Kontrast eines Fotos zu ändern und das Ergebnis direkt zu sehen, während die Kontrastbewertung eines vorhandenen Bildes kein leichtes Unterfangen ist. Denn erschwerend kommt hinzu, dass wir alle den Kontrast auf verschiedene Weise beurteilen, wie Sie auf den folgenden Seiten sehen werden.

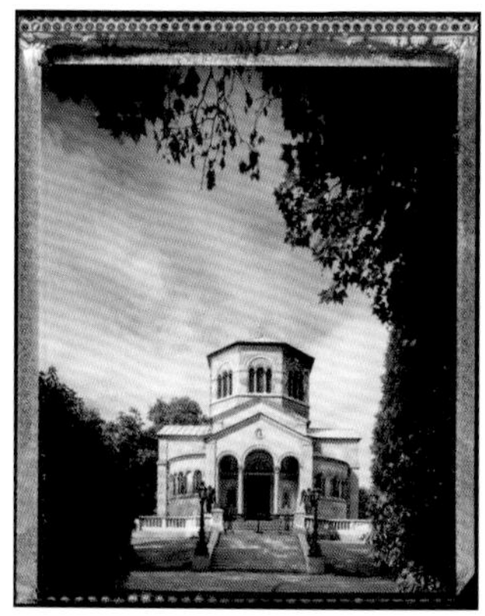

Ein unbestritten kontrastreiches Foto, das im Sonnenlicht von einem Standpunkt aus aufgenommen wurde, der dunkle Bereiche mit Vegetation einbezieht, und das auf einer harten Papiersorte gedruckt wurde

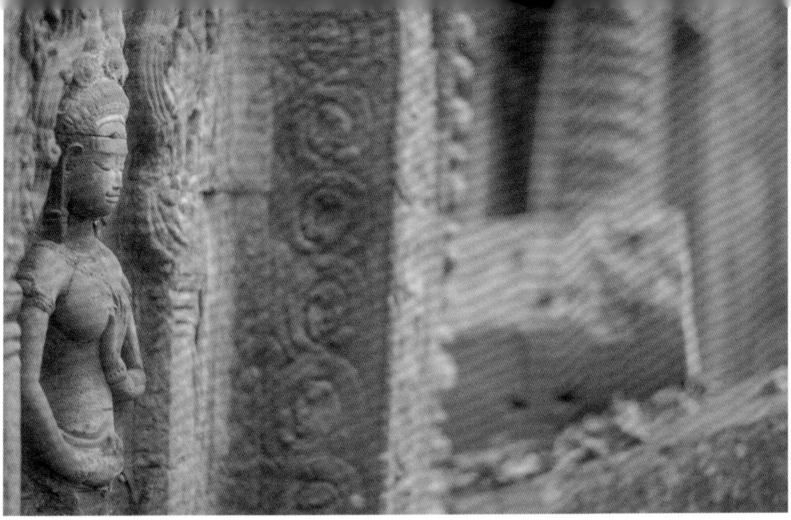

Ausgehend von einem Farboriginal mit durchschnittlichem Kontrast habe ich zwei Schwarzweißkonvertierungen vorgenommen: eine mit höherem Kontrast und tieferen Schatten, die andere wurde durch Anwendung der unten gezeigten S-Kurve im Ton abgeflacht.

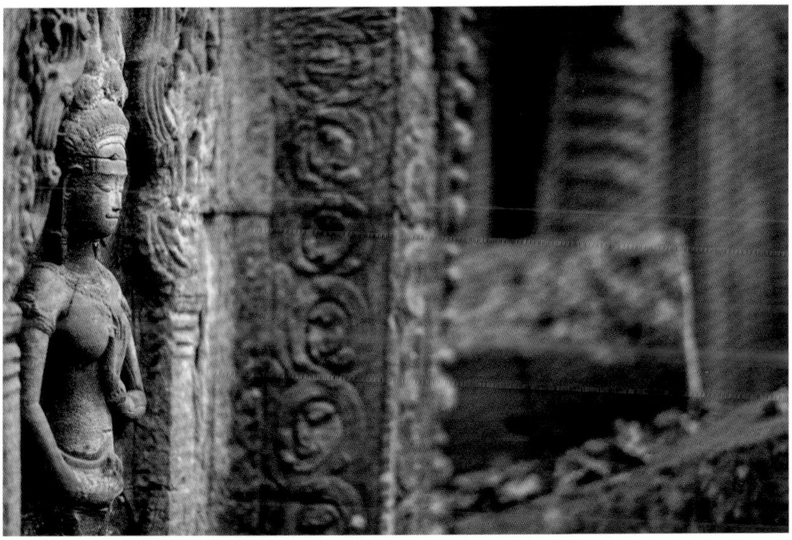

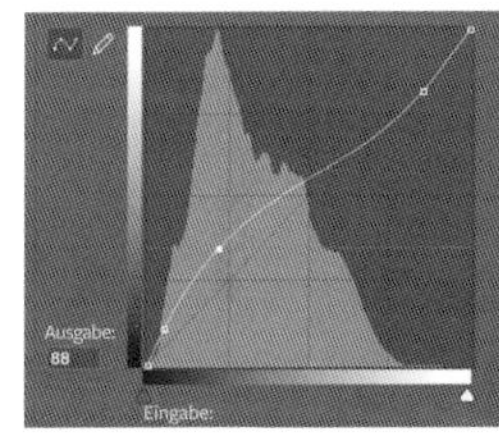

Diese Aufnahme einer Statue auf dem Gelände des Hampton Court Palace bezieht ihren Kontrast hauptsächlich aus dem Tonwertunterschied zwischen dem Stein und den Bäumen, während die Statue selbst einen eher durchschnittlichen Kontrast aufweist.

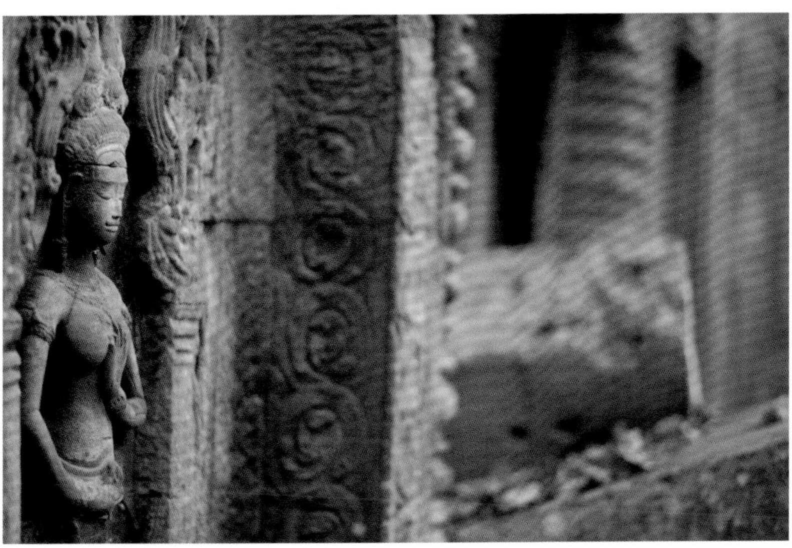

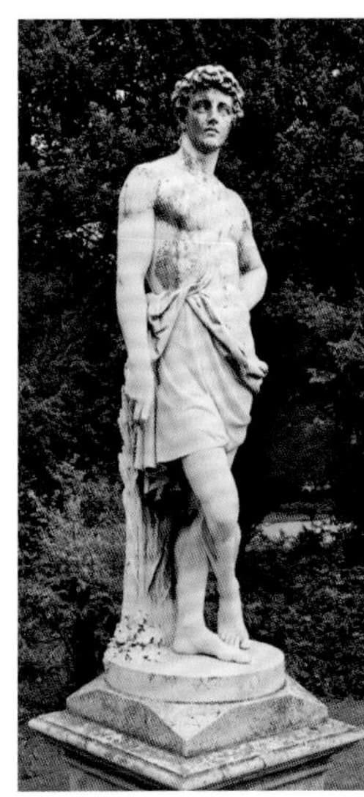

HOHER KONTRAST

Beide Bilder hier sind das, was die meisten Menschen als kontrastreich bezeichnen würden, aber sie sind es auf unterschiedliche Weise. Die Landschaft unten wirkt wie ein konventionell kontrastreiches Bild. Es gibt eine ganze Palette von Schwarz- bis Weißtönen, aber wie die kleine, fast weiße Abbildung rechts zeigt, sind in der Tat lediglich nur ein paar Flecken reines Schwarz und Weiß enthalten.

Der hohe Kontrast in der Landschaftsaufnahme resultiert aus der Verstärkung des Unterschieds zwischen dem dunkelsten Drittel und dem hellsten Drittel der Tonwerte. Das passiert, wenn Sie eine standardmäßige Hochkontrastkurve anwenden. Gleichzeitig wird der Eindruck eines höheren Kontrasts auch durch einen gewissen lokalen Kontrast verstärkt. In drei Fällen, die im Bild oben rechts eingekreist sind, gibt es eine scharfe Kante, die helle und dunkle Töne voneinander trennt. In kontrastreichen Szenen sind oft kleine Bereiche enthalten, die den starken Unterschied zwischen dunkel und hell widerspiegeln und den Gesamtkontrast dadurch erhöhen.

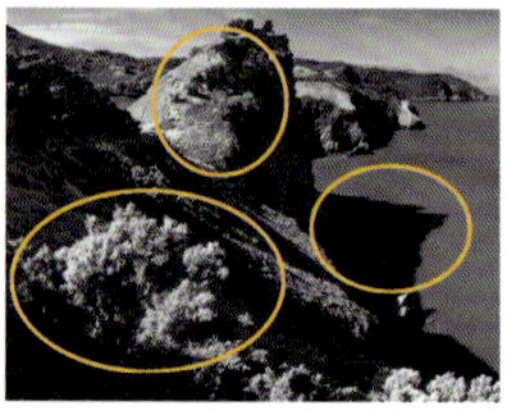

Der Kontrast in dieser Ansicht der Küste von Devon ist auf die drei oben eingekreisten Bereiche beschränkt und beruht auf den Übergängen zwischen Hell und Dunkel mit drei bis vier Blendenstufen. Im Bild unten stellen die roten Punkte weiße Pixel und die schwarzen Punkte schwarze Pixel dar, was zeigt, dass das Bild insgesamt einen vollen Tonwertumfang aufweist.

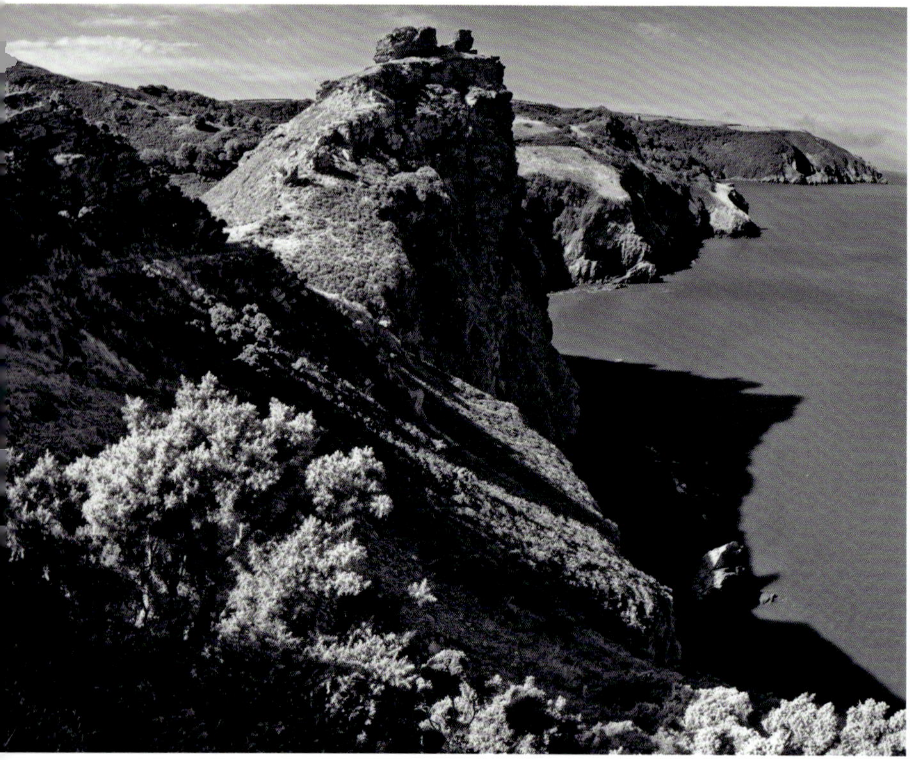

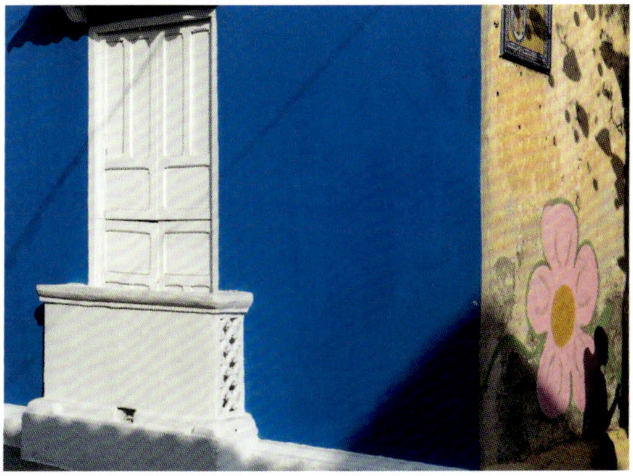

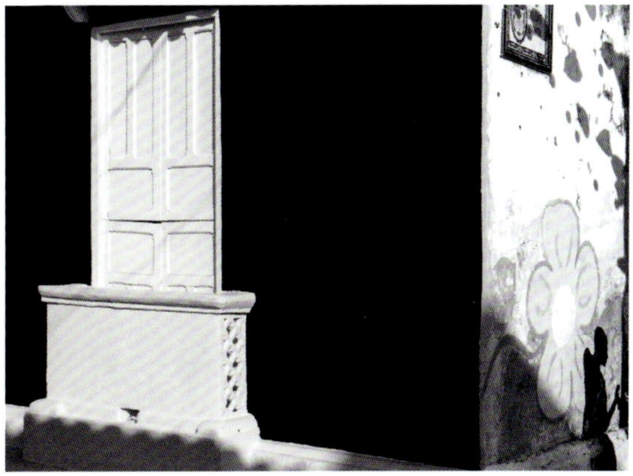

Eine Straßenecke in Cartagena, Kolumbien. Es wäre einfach, hier bei der farbigen Version zu bleiben, doch stattdessen wurden die Farben in Schwarzweiß konvertiert, um kontrastreiche, klar abgegrenzte Formen zu schaffen. Der blaue Kanal wurde maximal abgedunkelt, während Rot, Gelb und Grün stark aufgehellt wurden.

Im zweiten Beispiel, der Straßenecke im Bild oben, verhält es sich anders. Die Aufnahme wirkt noch kontrastreicher als das Landschaftsbild, was an den klar abgegrenzten Formen innerhalb des Ausschnitts liegt. Der größte Teil des Bildes besteht aus einer großen, rein schwarzen und zwei weißen Flächen. Abgesehen von kleinen grauen Flecken und ein paar hellen Tönen gibt es nur sehr wenig anderes zu sehen. Dies ist ein Kompositionsszenario, das auf strikt separierten Flächen basiert, damit sich dunkle und helle Blöcke überschneiden können – oder zumindest dazu gebracht werden können, indem man den Blickwinkel und den Bildausschnitt entsprechend anpasst. Urbane Szenen in hellem Sonnenlicht präsentieren sich oft auf diese Weise, wobei die Gebäude geometrische Schatten werfen. Auch die Kombination von Oberflächen, die unterschiedlich stark reflektieren, führt zu solchen Kontrastunterschieden. Bei Studioaufnahmen gibt es viel Spielraum für diese Art von Kontrast.

Vereinfacht gesagt gibt es einen globalen Kontrast, der sich über das ganze Bild erstreckt, und einen lokalen Kontrast, bei dem dunkle und helle Blöcke innerhalb des Bildes gegeneinander ausgespielt werden. Die meisten kontrastreichen Szenen haben etwas von beidem, in unterschiedlicher Ausprägung. Hier hat die Landschaft mehr globalen als lokalen Kontrast, während die Straßenecke einen deutlich höheren lokalen Kontrast aufweist.

Der lokale Kontrast ist ein räumlicher Kontrast, der meiner Meinung nach mehr Aufmerksamkeit verdient, als er normalerweise erhält. Er beruht im Wesentlichen darauf, dass man das Bild auf zwei Arten gleichzeitig sieht. Die eine ist die physische Szene mit all ihren Inhalten. Die andere ist die abstrahierte grafische Erscheinung, unabhängig von den eigentlichen Motiven. Es gibt den Gesamtunterschied zwischen Dunkelheit und Licht im gesamten Bild, aber auch die Unterschiede zwischen den einzelnen Bereichen innerhalb des Fotos. Darüber hinaus wirken große Blöcke aus dunklen und hellen Bereichen in einem Bild immer kontrastreicher als kleinere und häufig vorkommende. Dies ist vor allem bei Schwarzweißaufnahmen der Fall, da das Bild eine einzige Tonebene hat, die nicht durch Farben moduliert wird. Es ist daher einfacher, ein Schwarzweißbild wie ein Puzzle zu behandeln und die Formen so zusammenzufügen – oder besser gesagt: zu komponieren –, wie Sie diese gerne hätten. Das gilt umso mehr, wenn Sie sich für eine Bearbeitung entscheiden, um den Kontrast zwischen den Segmenten zu intensivieren.

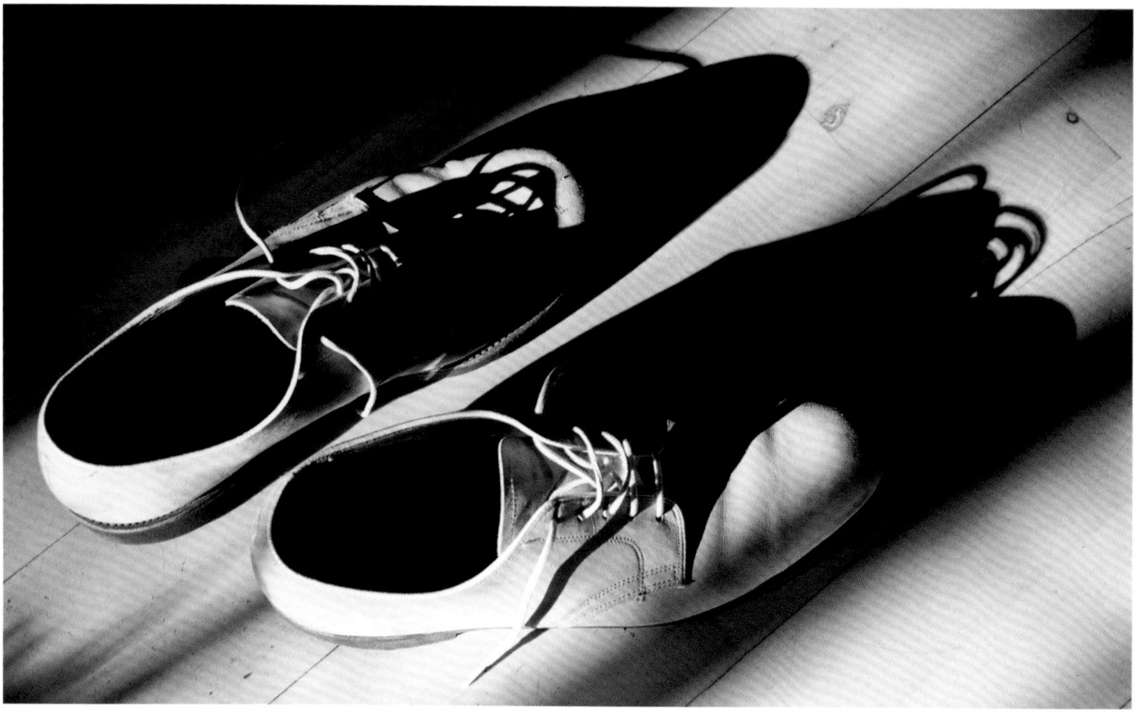

Ein Paar weiße Schuhe im Gegenlicht der tief stehenden Sonne

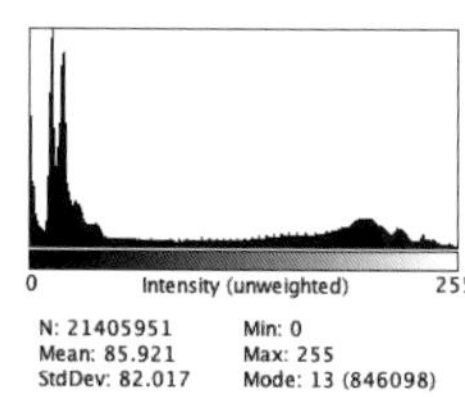

Das Bild des Glockenturms einer mexikanischen Missionskirche links unten ist ein klassisches Beispiel. Auf die meisten, die es betrachten, wirkt es sicherlich sehr kontrastreich, und genau das war auch meine Absicht. Es enthält jedoch eine ganze Reihe von Mittelwerten aus dem Grauspektrum, und das Histogramm lässt keine Unregelmäßigkeiten erkennen. Das Gefühl des Kontrasts kommt daher, dass fast alle dunklen Bereiche mit weniger als 20 Prozent Helligkeit in einer klar begrenzten Form zusammengefasst sind: in der Glocke selbst und in dem Holzblock, an dem diese befestigt ist. Der Rest des Bildes ist in der Tat kontrastarm. Mehr noch, der Hintergrund strahlt von einem hellen zu einem dunkleren Grau an den Rändern aus, und die Glocke befindet sich genau in der Mitte, sodass der Kontrast zu beiden Seiten ihrer Ränder so hoch wie möglich ist.

Die Bilder der Druckerpresse und der Schuhe arbeiten beide mit scharf begrenzten Blöcken aus Hell und Dunkel. Ihre Histogramme sind eher so, wie Sie es von einer kontrastreichen Aufnahme erwarten würden: sehr flach im Bereich der Mitteltöne, denn beide Bilder bestehen aus sehr dunklen und hellen Bereichen mit stark reduzierten Mitteltönen.

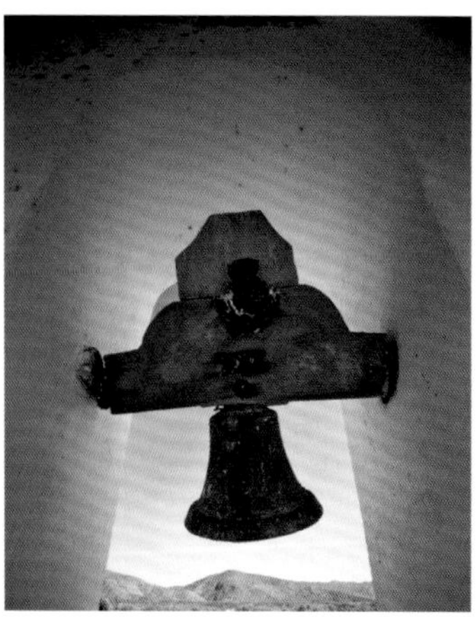

Eine Handdruckpresse von Albion und eine Zeitung, die mit ihr gedruckt wurde

Der Glockenturm der Missionskirche San Ignacio de Cabórica in Sonora, Mexiko

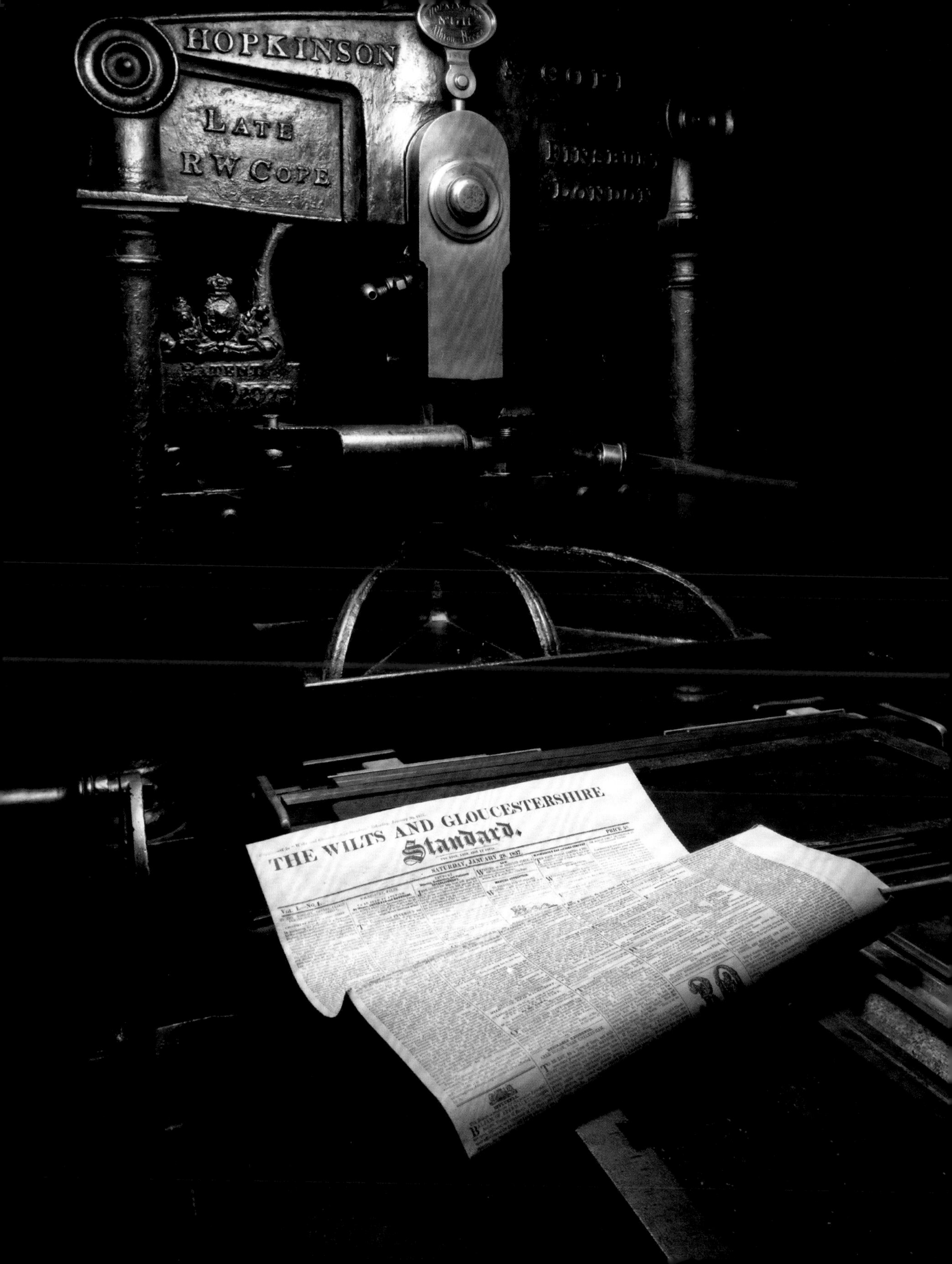
HOPKINSON
LATE
R W COPE
THE WILTS AND GLOUCESTERSHIRE
Standard.

NIEDRIGER KONTRAST

Ein niedriger Kontrast bedeutet weniger Schwarz und Weiß, dafür aber eine größere Bandbreite an Grautönen. Charakteristisch für kontrastarme Bilder sind subtile Grautöne, die den Rahmen ausfüllen. Die möglichen Feinheiten machen einen Teil des Reizes einiger älterer Druckverfahren aus, die wir im nächsten Kapitel betrachten werden.

In großen Teilen der Schwarzweiß-Community sind niedrige Kontraste nicht besonders beliebt. Das erkennt man besonders gut beim Stöbern in Flickr oder in den #bnw-Posts auf Instagram. Die wenigen kontrastarmen Bilder sind hauptsächlich auf die Aufnahmebedingungen zurückzuführen (Nebel und Dunst sind gute Beispiele), nicht jedoch auf die bewusste Wahl der Bearbeitung.

Apropos Nebel: Kontrastarme Szenen haben oft einen reduzierten Tonwertumfang, also keine reinen Schwarz- und Weißwerte. Das Histogramm rechts illustriert dies sehr gut – der dunkelste Ton liegt eine Stufe über Schwarz und der hellste ist ein Mittelton. Bilder mit geringem Tonwertumfang sind also zwangsläufig kontrastarm, wobei Sie stets die Wahl haben, sie dunkler oder heller zu machen – entweder bei der Belichtung oder später während der Bearbeitung. Dies ist eines von vielen Beispielen dafür, wie Belichtung und Verarbeitung Hand in Hand zusammenarbeiten können. Traditionell wurden sie aufgrund der zeitlichen und räumlichen Trennung als unterschiedliche Vorgänge betrachtet, doch das lässt sich meiner Meinung nach nicht auf die digitale Fotografie übertragen. Raw-Dateien weisen oft einen beträchtlichen Dynamikumfang auf, und moderne Raw-Verarbeitungsprogramme wie Adobe Camera Raw ermöglichen uns die umfassende Korrektur der Belichtung im Nachgang. Im Grunde genommen kann die Raw-Verarbeitung durchaus als Erweiterung der ursprünglichen Belichtung bezeichnet werden.

Ein offensichtlicher Grund für die Ablehnung niedriger Kontraste in der Schwarzweißfotografie lässt sich nicht benennen. Wenn Sie sich die Geschichte der publizistischen Fotografie ansehen, finden Sie Beispiele für einen zurückhaltenden, kontrastarmen Druckstil vor allem in den 1950er- und 1960er-Jahren. Das ist zumindest das, was ich in meiner eigenen Büchersammlung sehen kann. Hinzu kommt das Problem der verschiedenen Abzüge und Drucke von ein und demselben Bild. Mein Exemplar von Henri Cartier-Bressons *Europeans*, das die Ausstellung 1978 in der Hayward Gallery begleitete, enthält eine Reihe von besonders kontrastarmen Bildern, wogegen die Abzüge derselben Fotografien, die jetzt online bei Auktionen angeboten werden, ganz anders aussehen. Für mich persönlich ist einer der Gründe für die Abkehr von niedrigen Kontrasten der Wunsch nach Ausdruckskraft und Verwirklichung der persönlichen Kreativität, der das althergebrachte Ideal der Reportage – das reine Präsentieren von Informationen – verdrängt hat.

→ Den Kontrast eines Porträts zu beurteilen ist kein leichtes Unterfangen, da das Gesicht einen höheren Kontrastumfang als der Rest der Aufnahme aufweisen kann. Dies ist der Fall bei diesem Porträt von Cesar Gorinsky, einem Viehzüchter im Rupununi-Grasland von Guyana.

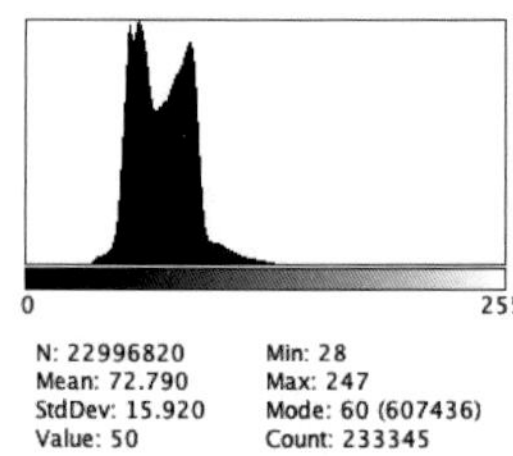

↘ Smog in Riad, Saudi-Arabien. Wie das Histogramm zeigt, beträgt der Bereich für dieses im Allgemeinen graue Bild nur etwa vier Belichtungsstufen. Es könnte natürlich auch heller gedruckt werden, aber das würde den Dynamikbereich nicht verändern.

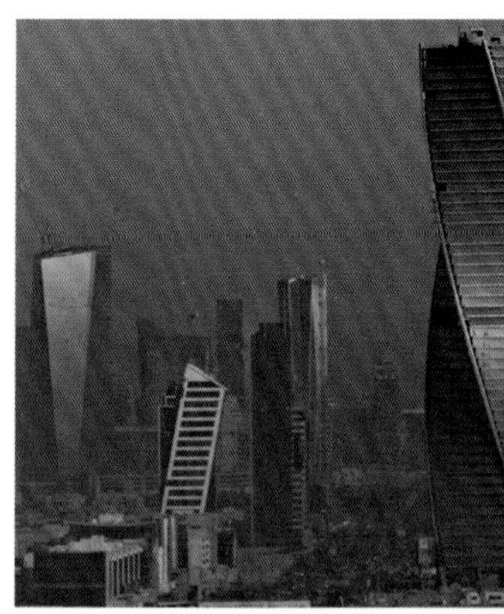

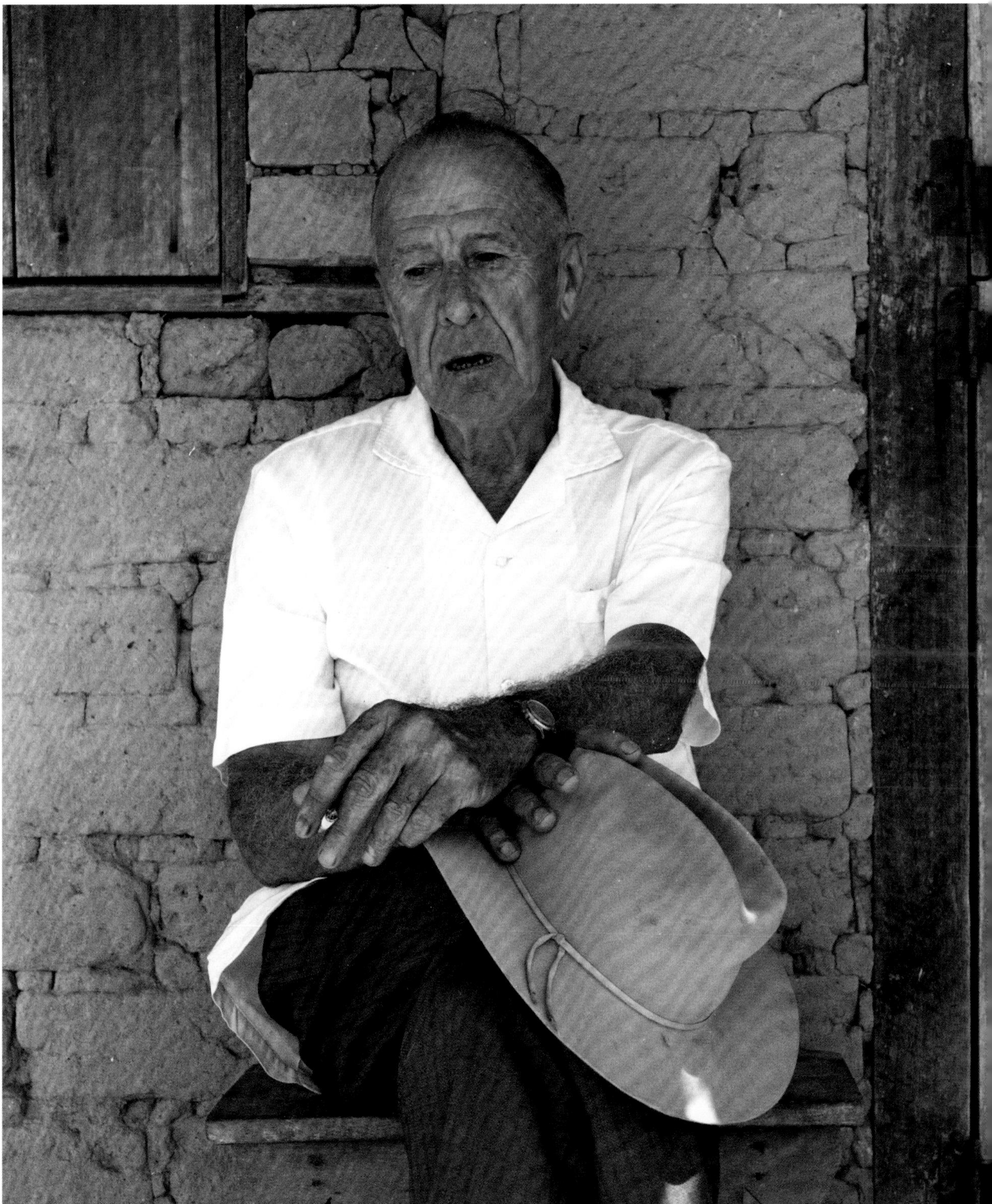

KONTRAST ANPASSEN

Nun zum einfachen Teil des Kontrasts: wie Sie ihn ändern. Die Gründe dafür sind, wie Sie auf den vorangegangenen Seiten gesehen haben, allesamt Geschmackssache, aber natürlich hängen die erforderlichen Maßnahmen in erster Linie von der Szene und der Beleuchtung ab.

Ein sonniger Tag mit vielen Objekten, die große Schatten werfen (z.B. Gebäude), bietet ideale Voraussetzungen für ein kontrastreiches Bild. Je nach Belichtungssituation und persönlichem Geschmack können Sie die Kontraste verstärken oder abmildern. Das flache Licht eines bedeckten Himmels auf einer gleichförmigen Landschaft führt hingegen zu einem kontrastarmen Bild, bei dem sich viele wünschen werden, den Kontrast nachträglich zu erhöhen. Die meisten Kontrastvorgaben in Software wie Photoshop, Lightroom oder Nik Silver Efex bevorzugen eine Erhöhung des Kontrasts. So bietet das von mir verwendete Photoshop im Dialog *Gradationskurven* zwar vier Vorgaben zur Erhöhung des Kontrasts, aber keine einzige zu dessen Verringerung.

Es gibt eine Vielzahl von Korrekturwerkzeugen, wobei die Schieberegler am beliebtesten sind. Verschiedene Softwarehersteller bieten ihre eigenen Versionen an, die beispielsweise die hellen und dunklen Enden des Tonwertspektrums schützen, den Gesamteffekt abschwächen oder den Effekt in Richtung Lichter oder Schatten verlagern. Solche Werkzeuge können durchaus nützlich sein, wenn Sie nicht ganz sicher im Umgang mit den grundlegenden Funktionen sind, doch sie fügen einem Bild oft eine eigene Note hinzu, und es ist nicht ersichtlich, welche Änderungen sie

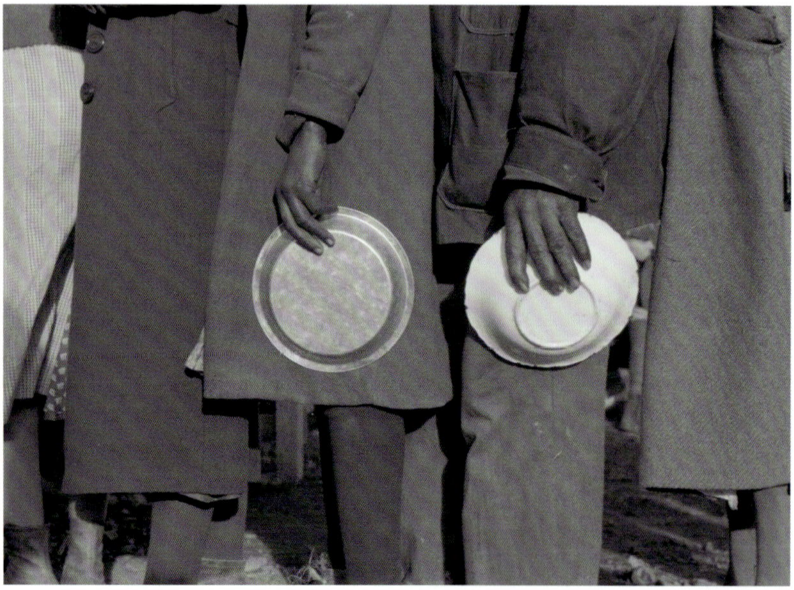

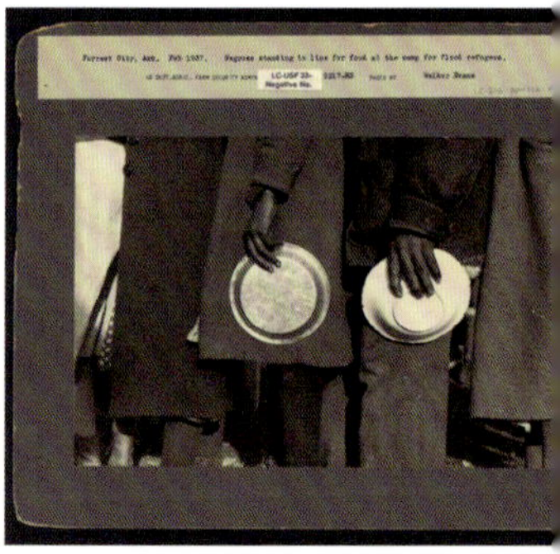

← Ein vielsagender Ausschnitt von Walker Evans, der 1937 für die Farm Service Administration eine Essensausgabe für die in Zeltlagern lebenden Flutflüchtlinge fotografierte. Sowohl die normale, digitalisierte Version (links) als auch ein zeitgenössischer Abzug (oben) befinden sich in der Sammlung der Kongressbibliothek. Der zeitgenössische Abzug ist kräftig und betont die Aluminiumteller, während es der normalen Version im direkten Vergleich dazu an Charakter fehlt.

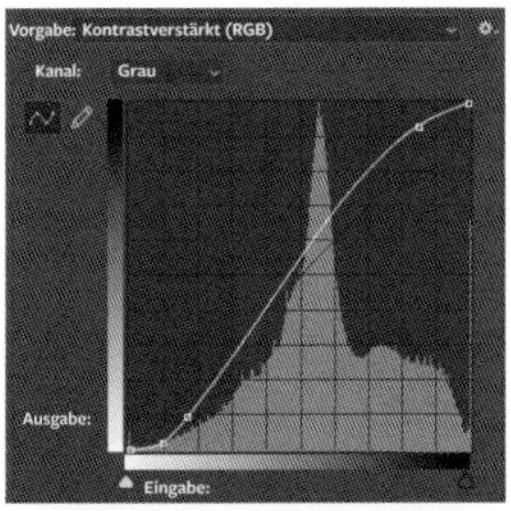

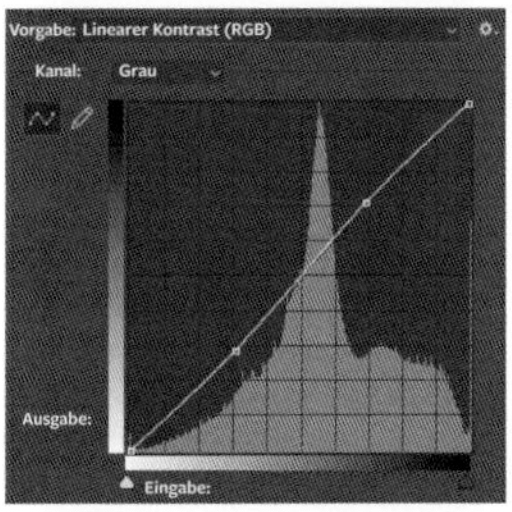

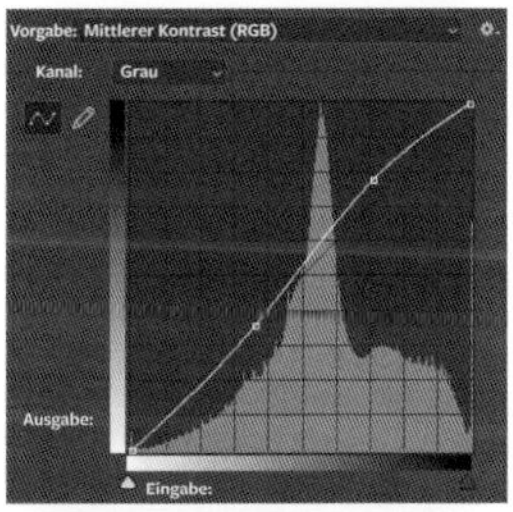

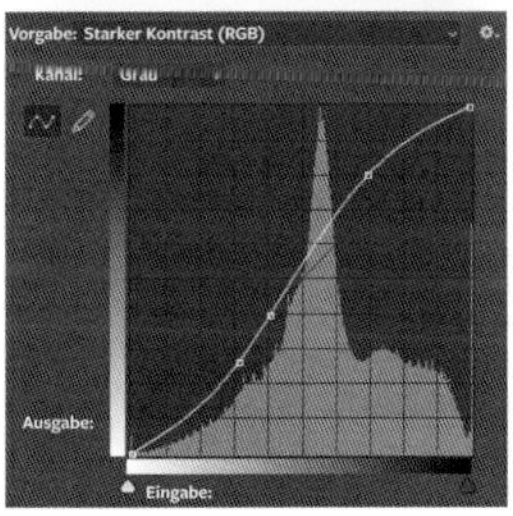

Oben sehen Sie die vier Vorgaben der Photoshop-Funktion *Gradationskurven* zur Erhöhung des Kontrasts. Ich habe alle vier an dem nebenstehenden Original des Walker-Evans-Bildes der Kongressbibliothek ausprobiert. Das Ergebnis rechts oben stammt von der Anwendung der Kurve *Starker Kontrast* und harmoniert gut dem zeitgenössischen Abzug.

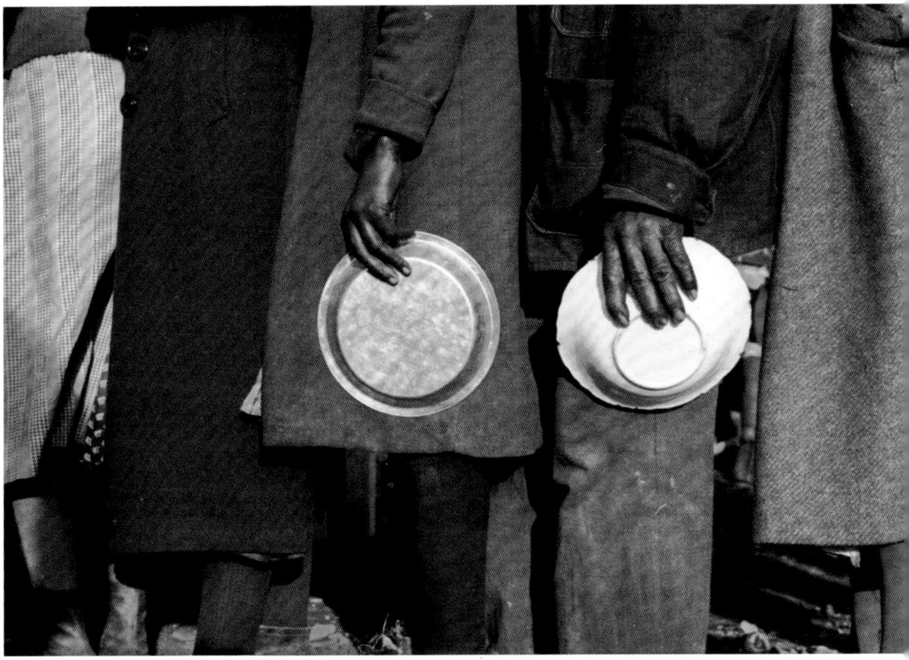

vornehmen. Alle Werkzeuge mit einem speziellen Namen, wie z. B. *Weicher Kontrast*, sind mit Vorsicht zu genießen. Wenn Sie die größtmögliche Kontrolle über die Bildwirkung behalten möchten, ist das hier gezeigte, traditionelle Werkzeug *Gradationskurven* kaum zu übertreffen. Zum einen zeigt die Form der Kurve während der Anpassung genau an, was vor sich geht, und Sie können die Kurve auf viele Arten für nuancierte Effekte optimieren. Sie erscheint als gerade diagonale Linie in einem Diagramm, mit Schwarz in der unteren linken Ecke und Weiß in der oberen rechten Ecke. Links sehen Sie die Photoshop-Version, die mit dem Histogramm unterlegt ist und eine Auswahl an Voreinstellungen für den schnellen Zugriff bietet. Ein hoher Kontrast erhöht die Trennung zwischen den dunkleren und den helleren Tönen, normalerweise ohne die äußersten Enden (die Schwarz- und Weißpunkte) zu tangieren, sodass die Form einer Hochkontrastkurve wie ein schräges S aussieht: rechts höher, links niedriger. Ebenfalls nützlich, wenn auch auf eine ganz andere Art und Weise, sind Tonemapping-Operatoren wie *Lichter* und *Schatten*, die den Mikrokontrast der Mitteltöne verändern und so den Kontrast verstärken oder abschwächen können.

Möchten Sie den Kontrast verringern, kehren Sie die S-Form um, also oben links die Schatten und unten rechts die Lichter. Ein niedriger Kontrast ist jedoch bei den meisten Fotografen und Fotografinnen nicht sehr beliebt, aus welchen Gründen auch immer. Das allein deutet schon darauf hin, dass es sich lohnen könnte, die vermeintlichen Gründe zu erforschen. Allerdings ist es nicht immer so einfach, den Kontrast zu verringern wie ihn zu erhöhen. Vieles hängt von dem Tonwertumfang ab, mit dem Sie bei der Aufnahme beginnen, und wenn es viele tiefe Schatten oder helle Lichter mit wenig Details gibt, führt eine Senkung des Kontrasts wahrscheinlich zu einem Bild, das eher trüb als subtil wirkt. Andererseits kann eine aggressive Erhöhung des Kontrasts die Details in den Schatten und Lichtern zerstören. Solche Details – so sie denn vorhanden sind – werden durch eine Verringerung des Kontrasts besser herausgearbeitet.

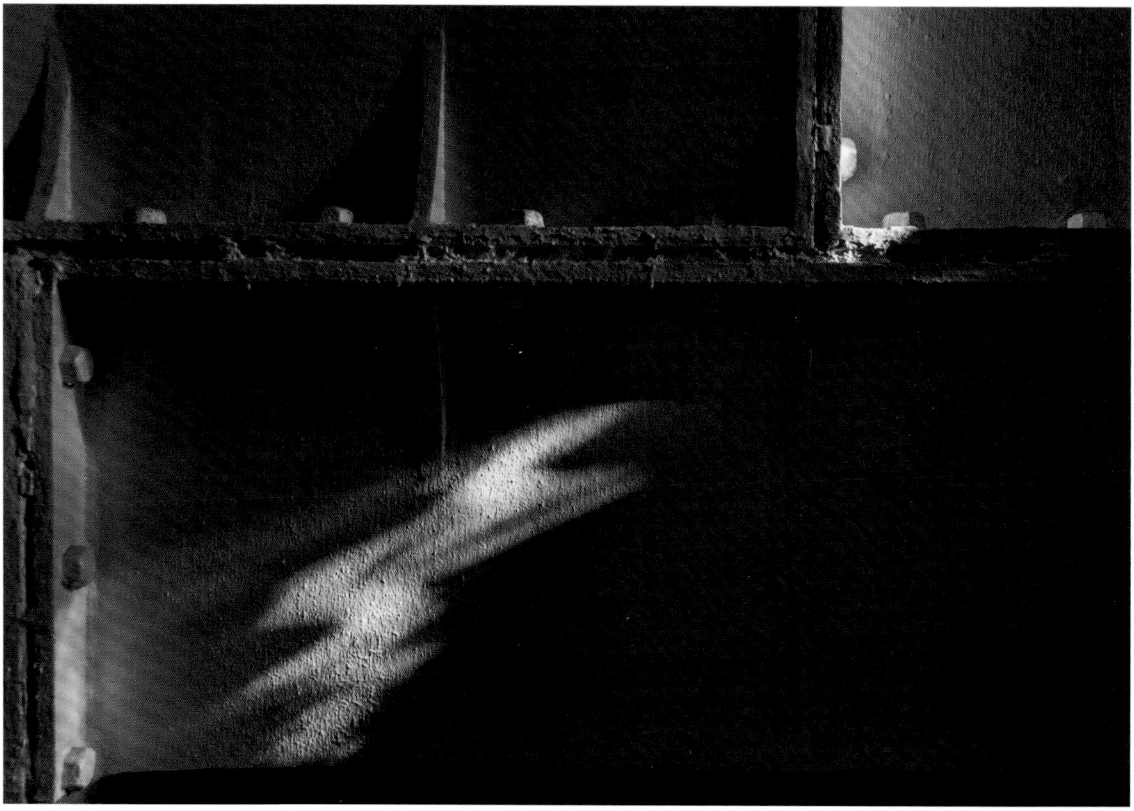

CHIAROSCURO

Die Idee des räumlichen Kontrasts wird in Form von Chiaroscuro lebendig. Das italienische Wort bedeutet »hell-dunkel« und dieser Stil wurde seit der Renaissance auf Gemälden angewendet. Die ursprüngliche Bedeutung war der Einsatz von Licht und Schatten, um Volumen und Tiefe zu vermitteln. Später jedoch entwickelte sich daraus ein spezifischerer und extremerer Stil – ein starker Kontrast zwischen hellen und sehr dunklen Bereichen für einen überaus dramatischen Effekt.

Der Maler Caravaggio war für diesen künstlerischen Ansatz berühmt und hat damit jenen Stil definiert, den wir heutzutage unter Chiaroscuro verstehen. Für Schwarzweißaufnahmen ist diese Technik aus zwei Gründen von besonderer Bedeutung.

↑ Ein Lichtmuster fällt auf die Innenwand eines alten eisernen Leuchtturms in der Nähe von Billiton, Indonesien.

Erstens ist der Tonwertkontrast zwischen hellen und dunklen Bereichen ohne ablenkende Farbe umso deutlicher. Zweitens können Sie, wie Sie in diesem Buch bereits mehrfach gesehen haben, bei der Schwarzweißverarbeitung extreme Farbtöne bis hin zu tiefstem Schwarz und purem Weiß erzielen, ohne dass es für die Betrachtenden unrealistisch erscheint.

Chiaroscuro hat in der Fotografie vor allem einen räumlichen Ansatz. Dieser hängt von klaren Formen in einer Mischung aus sehr dunklen und sehr hellen Bereichen ab, die über eine gewisse Größe verfügen müssen. Sind die Bereiche zu klein, wirken sie eher wie ein Muster oder eine Struktur. Chiaroscuro lebt von sauberen, scharfen Kanten zwischen Licht und Schatten. Diese erzielen Sie entweder, indem Sie sehr helle und dunkle Motive aufnehmen, oder durch eine Beleuchtung, die harte Schatten wirft. All dies gilt natürlich für den lokalen Kontrast, den Sie gerade kennengelernt haben, aber im modernen Sinne des Wortes hat Chiaroscuro sehr viel mit dem Schattenwurf zu tun. Wie Sie an den beiden Beispielen hier sehen können, funktioniert das sowohl mit Schatten auf einer hellen Fläche, wie im Fall des Friedhofsbildes unten, als auch mit Lichtflecken auf einer schattigen Fläche, wie im Inneren des alten Leuchtturms auf der linken Seite. Beide Aufnahmen sind kontrastreich, aber das Leuchtturmbild hat hellere Schatten und insgesamt weniger Kontrast als das Friedhofsbild. Die Kontraste müssen im Chiaroscuro-Stil also nicht immer stark sein. Es geht eher darum, was man beim Betrachten als Schattenwurf oder Lichtmuster erkennen kann.

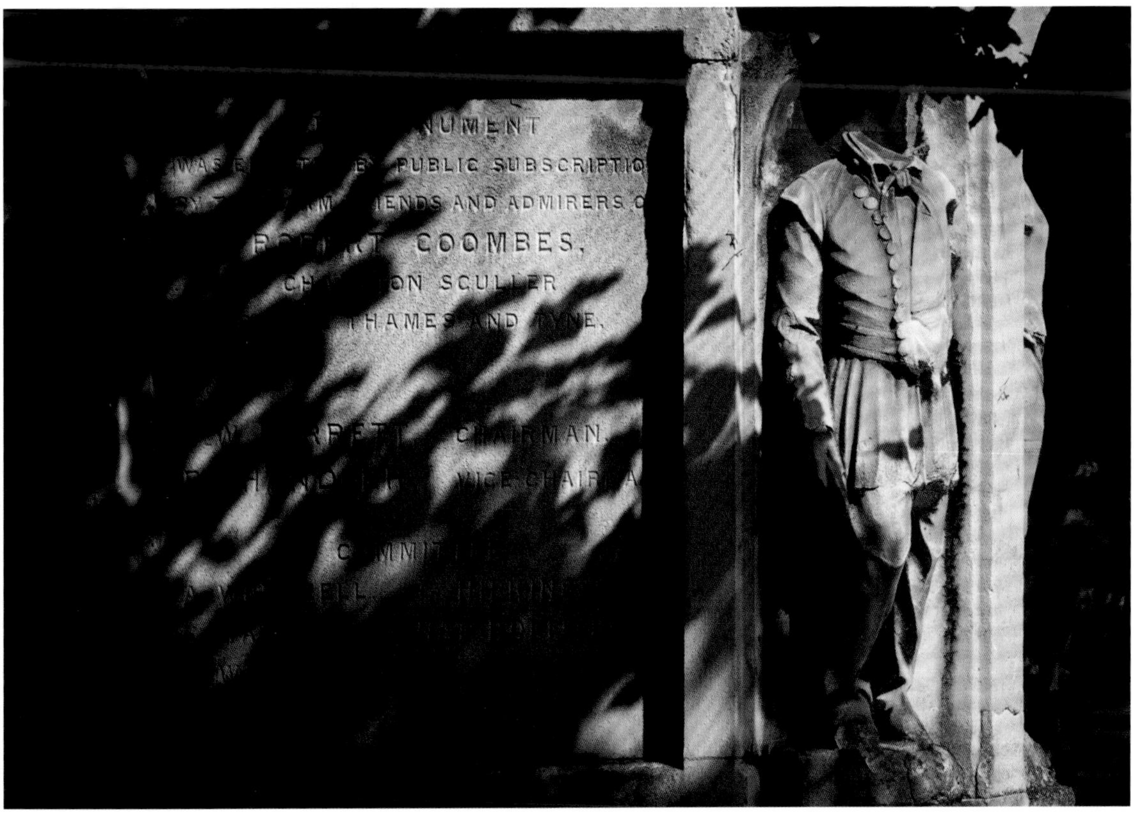

Schatten von Blättern, die auf ein viktorianisches Grab auf dem Brompton Cemetery in London fallen

KAPITEL

4

DRUCK

Drucke sind nicht nur in Schwarzweiß möglich, doch die Tradition verschiedener Reproduktionsverfahren in der Fotografie sieht vor allem monochrome Abzüge vor. Deshalb habe ich diesem Thema ein eigenes Kapitel gewidmet.

Die Tatsache, dass man lediglich die Tonwerte und keine Farben im Auge behalten musste, eröffnete allen, die in Schwarzweiß fotografierten, nicht nur die Möglichkeit, selbst Abzüge zu erstellen, sondern auch ein weites Feld zum Experimentieren. Die viel komplexere Technologie des Farbdrucks musste sich stets auf proprietäre Verfahren stützen – C-Type, Cibachrome und jetzt Tintenstrahl –, und erfolgreiches Drucken bedeutete, die Bearbeitungsschritte stoisch zu befolgen, statt handwerkliches Geschick einzubringen. Es gab noch ein weiteres Verfahren, das in hohem Maße von Geschicklichkeit, Handwerkskunst und Interpretation abhing: das Farbstofftransferverfahren von Kodak. Die Produktion des erforderlichen Materials wurde jedoch 1994 eingestellt, was sehr schade ist, da es die größte Farbskala und die breiteste Tonwertskala aller Druckverfahren aufwies. Auf jeden Fall ist die Bildreproduktion als Handwerk weitgehend auf die Schwarzweißfotografie beschränkt, umso mehr seit der Entwicklung des Tintenstrahldrucks, der jetzt auf hohem Niveau und auf Knopfdruck zur Verfügung steht.

Wenn sich der Tintenstrahldruck während der letzten Jahre so qualitativ hervorragend entwickelt hat, warum mache ich ihn in diesem Buch dann nicht zum Thema, und warum gibt es so viele engagierte Menschen, die mit Verfahren arbeiten, die bis ins 19. Jahrhundert zurückreichen? Diese Fragen hängen miteinander zusammen, und die Antwort lautet, dass ein Kunstdruck den Charakter eines ungemein wertigen Objekts aufweist. Solche Edeldrucke sind dafür gemacht, in die Hand genommen, gegen das Licht geneigt und sorgfältig begutachtet zu werden. Sie haben Gewicht, Textur, Festigkeit, Glanz und Gefühl. Sie sind haptisch. Außerdem handelt es sich selbst dann um Unikate, wenn es eine Reihe ähnlicher Drucke in einer Edition gibt.

Mit anderen Worten: Ein Kunst- oder Edeldruck ist das komplette Gegenteil der Darstellung eines Fotos auf dem Bildschirm. Die tatsächliche Qualität eines Kunstdrucks kann ich nachfolgend lediglich mit Worten beschreiben, denn es ist unmöglich, diese im herkömmlichen Buchdruck zu reproduzieren.

Dieses Kapitel lebt von den Beiträgen von Constanza Isaza Martínez, die für alle hier gezeigten Edeldrucke verantwortlich ist. Wie sie betont, erstrecken sich die Körperlichkeit und die Einzigartigkeit des Drucks auf den gesamten Fertigungsprozess: das Gefühl für die Tinte, wenn sie bei der Fotogravur auf die Platte aufgetragen wird, der Geruch des Leinöls und sogar der Ablauf der Zeit. Dies ist ein langsames Kapitel über den langsamen Prozess des Druckens.

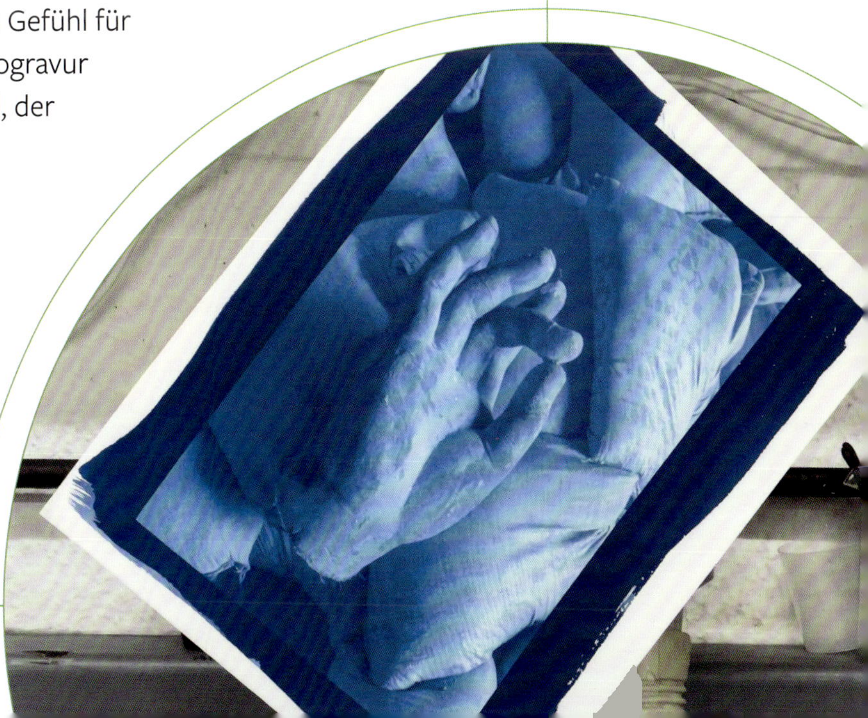

TINTENSTRAHL VS. EDELDRUCK

Professionelle Tintenstrahldrucker für die Fotografie sind heute auf einem so hohen technischen Niveau, dass es eigentlich keinen Platz mehr für andere Geräte geben sollte. Doch gerade ihre Perfektion und Benutzerfreundlichkeit haben das Interesse an der traditionellen Bildreproduktion wieder aufleben lassen.

→ Der vom Magnum-Labor verwendete Druckplan für Hiroji Kubotas Foto einer Padaung-Frau in Myanmar

Die Idee eines perfekten Drucks mit absoluter Schärfe, maximalem Tonwertumfang und weiteren Qualitätsmerkmalen bei geringstem Produktionsaufwand ist durchaus verlockend, aber leider nicht realistisch. Daher möchten viele Menschen ihre ganze Kreativität auch in den fotografischen Reproduktionsprozess einbringen, damit sich die Ergebnisse von massenproduzierten Bildern abheben. Die eigene Persönlichkeit einbringen und sich von anderen abheben – das gilt für alle Bereiche der Fotografie, von der Bildkomposition über die Beleuchtung bis hin zur Wahl zwischen Farbe und Schwarzweiß, und der abschließende Druck bietet eine weitere Möglichkeit zur Alleinstellung.

Genauso wie es in der Fotografie nie den »besten Stil« geben kann, gibt es auch kein bestes Druckverfahren. Objektiv gesehen gibt es Argumente, die sich um das dichteste Schwarz, das reinste Weiß und den Umgang mit allen Tönen dazwischen drehen, aber die Liebe zu Drucken ist ungefähr so objektiv wie die Liebe zu Schmuck, Mode oder Musik. Traditionelle Verfahren haben Qualitäten, die der Tintenstrahldruck vermissen lässt, und wenn sie nicht ganz so perfekt sind, kann das unter Umständen sogar ein Gewinn sein. Selbst der Silberhalogeniddruck, der so sehr zum Standard wurde, dass kaum jemand das Wort »Silberhalogenid« verwendete, gilt heute als altes Verfahren und erlebt, ähnlich wie die Analogfotografie, eine Renaissance.

Für jeden, der den Übergang vom Silberhalogeniddruck in einer feuchten Dunkelkammer zum Tintenstrahldruck in einem Büro mit Tageslicht erlebt hat, war die neue Technologie eine Offenbarung. Das Drucken auf die traditionelle Weise ist mit Dunkelheit, Gestank und Unsicherheit verbunden und war stets ein Kampf gegen die Uhr. Nach vernünftigen Maßstäben war und ist der Tintenstrahldruck die Antwort auf eine ganze Reihe von Problemen. Der Halogeniddruck und sogar ältere Verfahren wie Photogravur, Platinotypie und Cyanotypie, die alle in diesem Kapitel behandelt werden, laufen dem Tintenstrahldruck garantiert nie den Rang ab. Aber Edeldruckverfahren bieten zwei Dinge, die unsere Freude an der Fotografie steigern können: Sie sind eigenwillig und bieten Qualitäten, die Tintenstrahldrucke nicht haben, selbst wenn es sich dabei um eher seltsame Eigenschaften wie das Preußisch-Blau einer Cyanotypie oder das Fehlen jeglicher Reflexion bei einem Platin-/Palladiumdruck handelt. Zweitens handelt es sich um handwerkliche Arbeiten, die viel Zeit und Geschick erfordern und weit über das Drücken einer Taste für den Druckbefehl hinausgehen.

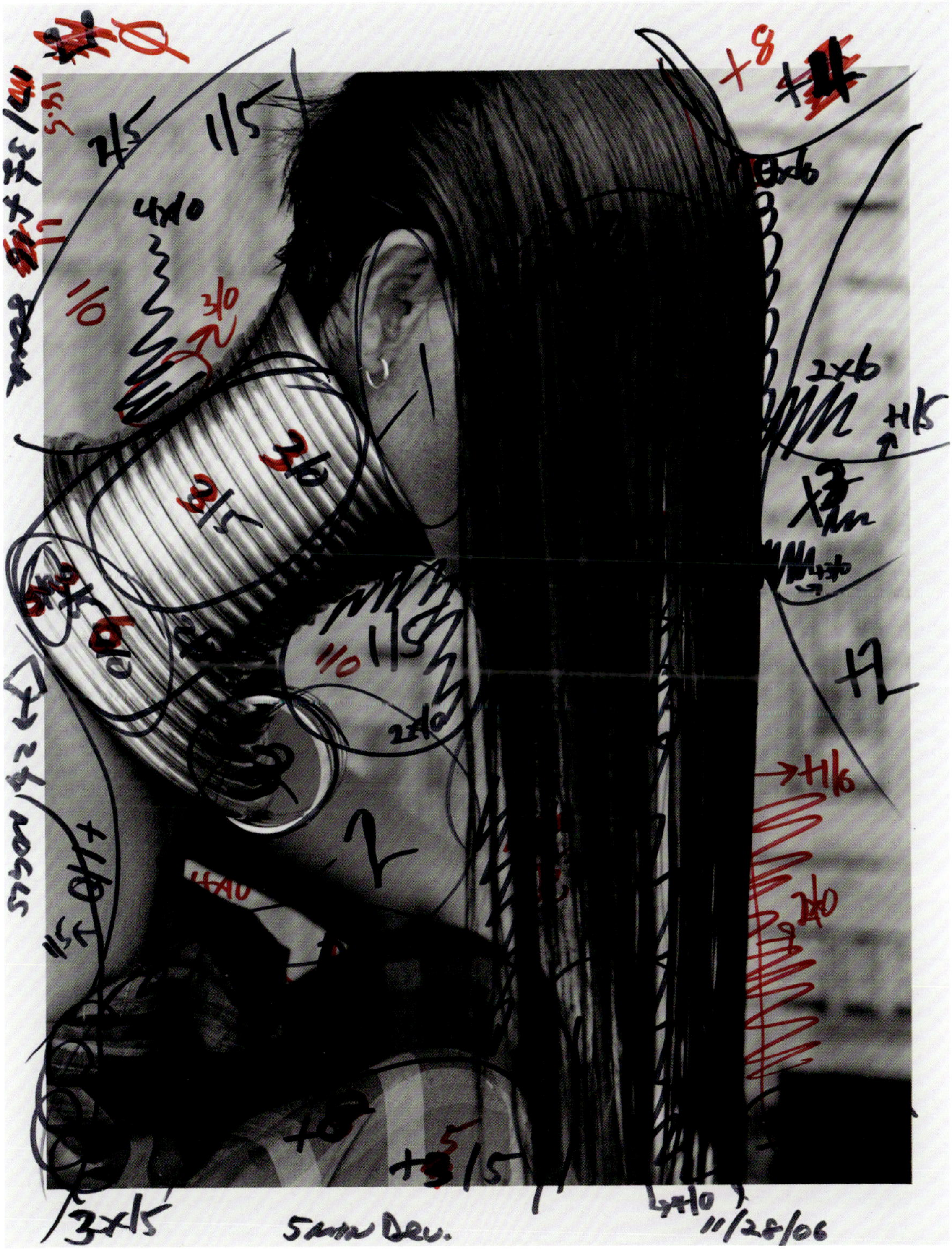
3x15
5min Dev.
11/28/06

PHOTOGRAVUR

Das wohl exquisiteste Schwarzweißdruckverfahren ist die Photogravur. Dabei werden geätzte Metallplatten verwendet, die mit Tinte beschichtet und dann in Kontakt mit Papier durch eine Ätzpresse gezogen werden. Streng genommen handelt es sich um ein fotomechanisches und nicht um ein fotografisches Verfahren. Es hat eine lange Geschichte, die mit Henry Fox Talbot im Jahr 1850 begann. Seit den 1870er-Jahren wird es sowohl für den kommerziellen Druck (hochwertige Bildbände hatten in der Anfangszeit Tiefdruckeinlagen) als auch für persönliche Kunstdrucke verwendet.

Dieses auch als Heliogravur bezeichnete Verfahren ist schwer zu beherrschen und erfordert profundes technisches Wissen, liefert aber exzellente Reproduktionen. Wie bei allen Verfahren in diesem Kapitel können die Abbildungen auf diesen Seiten die tatsächliche Qualität nur andeuten. Der gute Ruf der Photogravur unter

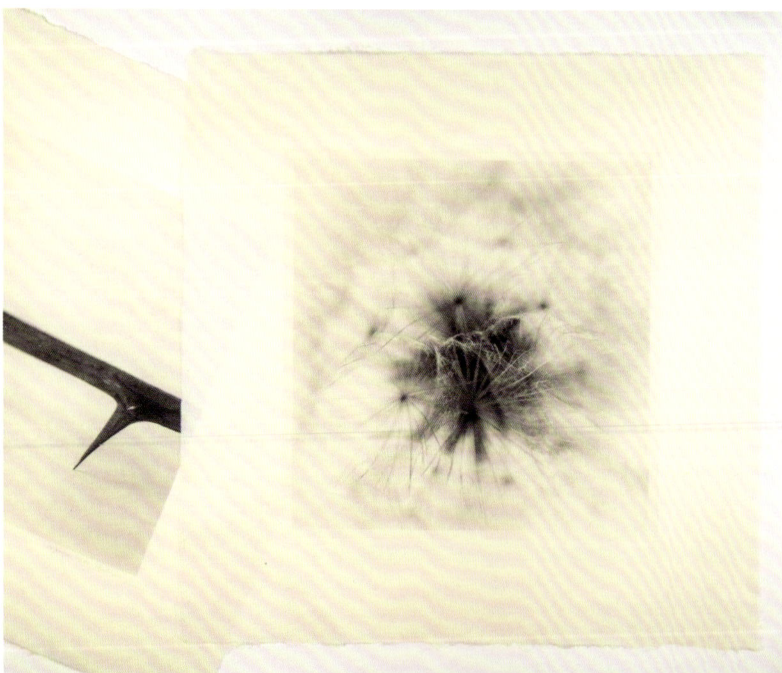

← Botanischer Photogravurdruck aus der Serie *Metamorphosis* (2019) auf leichtem Japanpapier, der die Fähigkeit des Tiefdruckverfahrens zur Wiedergabe feiner Details nutzt

© Constanza Isaza Martínez

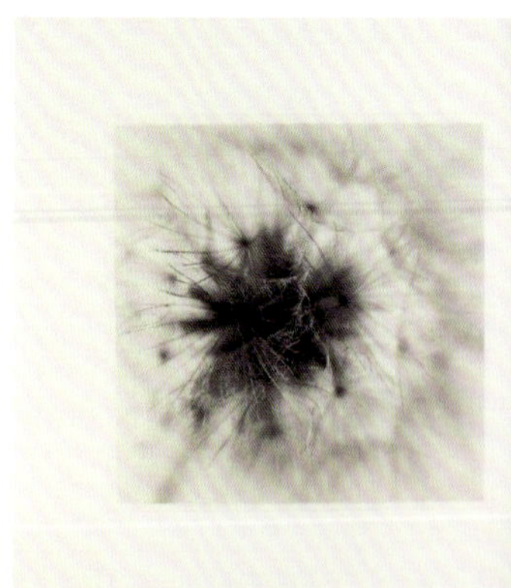

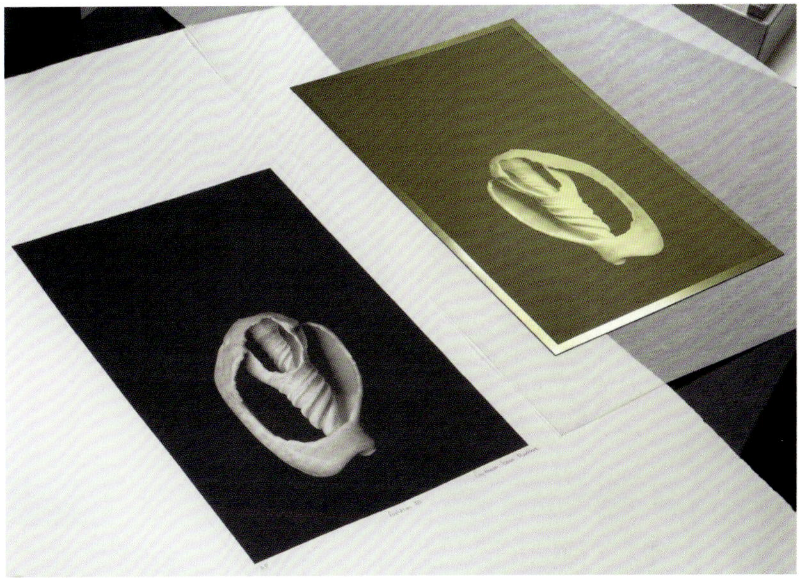

Rechts die Photopolymer-Platte mit der dünnen Stahlbeschichtung, links das Motiv der Muschel im endgültigen Druck

© Constanza Isaza Martínez

Von oben nach unten: das Abwischen der bereits eingefärbten Platte vor dem Druck, das Abbürsten des Drucks und ein Detail des Drucks, das die Vertiefung der Plattenmarkierung zeigt

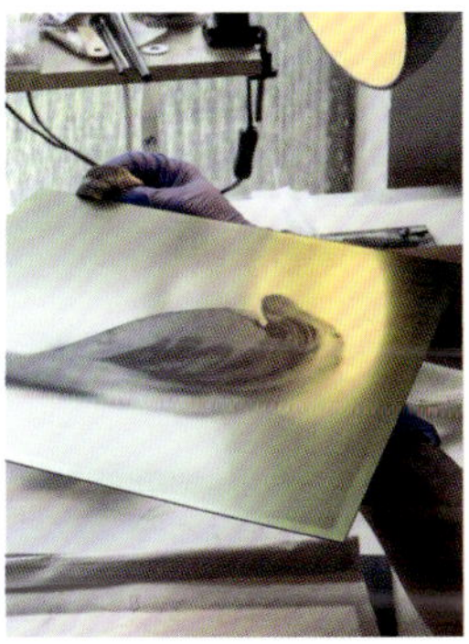

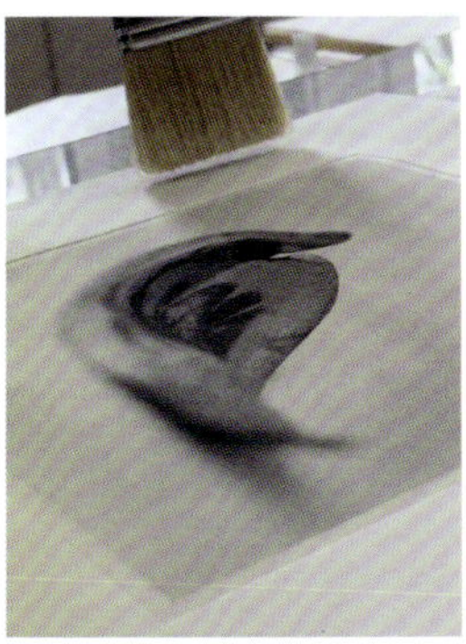

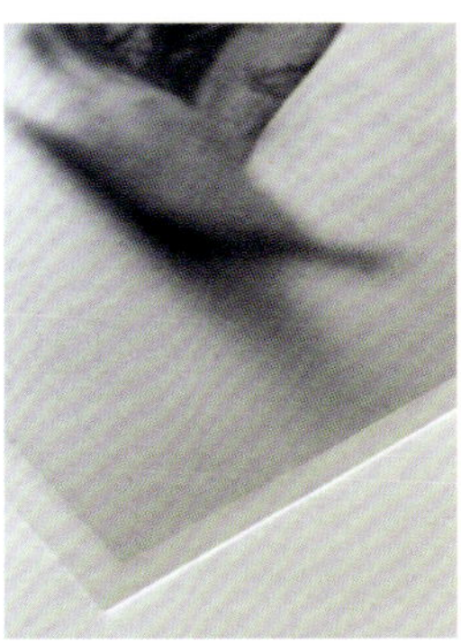

Druckern und Künstlern beruht auf dem, was Constanza Isaza Martínez als ihre »außergewöhnliche Tiefe und Dreidimensionalität« bezeichnet, während Alfred Stieglitz, der amerikanische Fotograf und Galerist, sie als »das perfekteste aller fotografischen Reproduktionsverfahren« bezeichnete.

Die Radierung, auch bekannt als Stichtiefdruck, ist das Herzstück der Photogravur und in ihrer ursprünglichen Form, bei der Kupferplatten verwendet werden, höllisch kompliziert. Die moderne Version ist weitaus zugänglicher und verwendet industriell produzierte Photopolymer-Platten. Dabei handelt es sich um dünnen Stahl, der mit einem lichtempfindlichen und wasserlöslichen Polymer beschichtet ist, das zweimal mit UV-Licht belichtet wird. Die erste Belichtung erfolgt in Kontakt mit einem Aquatinta-Sieb, das ein sehr feines Zufallsmuster (ähnlich der Körnung bei Silberhalogenidfilmen) aus belichteten und unbelichteten Punkten erzeugt. Letztere werden schließlich zu winzigen Vertiefungen, die die Tinte aufnehmen. Die zweite Belichtung erfolgt in Kontakt mit einer Folie des Bildes, die mit einem normalen Tintenstrahldrucker in der gewünschten Größe ausgegeben wurde. Anschließend wird das nicht belichtete Polymer einfach mit Wasser abgewaschen, und das Bild bleibt in der Platte eingebettet.

Angenehmerweise handelt es sich hierbei nicht um ein Dunkelkammerverfahren. Der Druck erfolgt bei normalem Licht, indem das Papier zunächst gewässert wird, um es aufzuweichen. Dann wird die Platte eingefärbt und vorsichtig abgewischt, um die Tinte in die winzigen Vertiefungen zu drücken und gleichzeitig die Oberfläche zu polieren, die zu den hellen Bereichen wird. Das Papier wird mit der zu bedruckenden Seite nach unten auf die Platte gelegt, mit Zeitungspapier abgedeckt und durch die Presse gezogen, indem die Stahltrommel von Hand gedreht wird. Die Druckmaschine ist natürlich eine große Investition, ebenso wie ein UV-Belichtungsschrank, wodurch der Tiefdruck auf professionelle Studios und Hochschulen beschränkt ist. Es gibt jedoch frei zugängliche Druckateliers wie z.B. das von Constanza in London, die das Verfahren lehren und ihre Einrichtungen auch Einzelpersonen zur Verfügung stellen.

PLATINOTYPIE

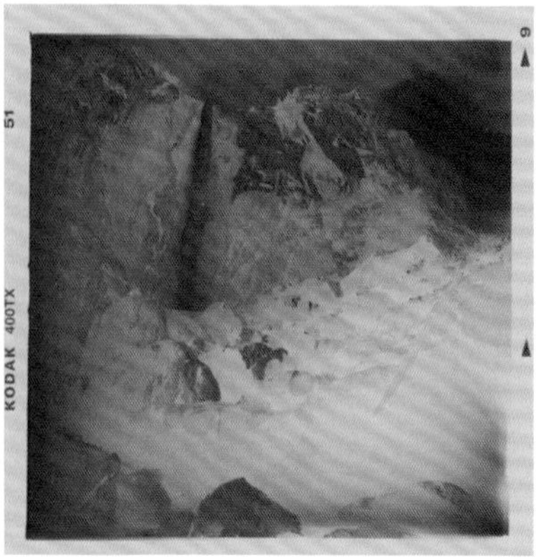

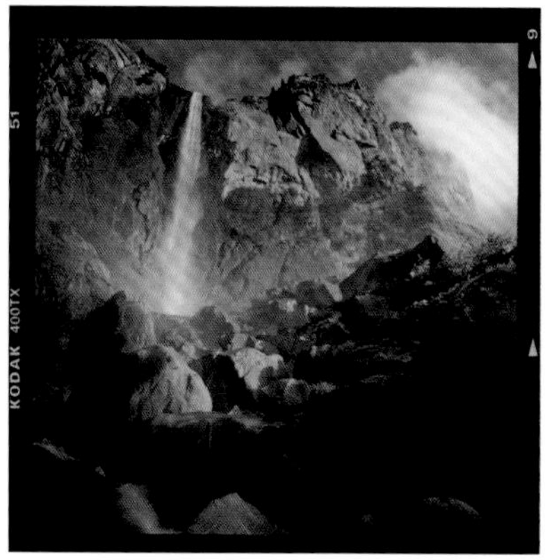

← Links das ursprüngliche 6×6-cm-Negativ einer Aufnahme von den Bridalveil Falls, Yosemite, und ein endgültiger Silberhalogenid-Abzug. Dieses Bild ist ebenso detailreich wie dramatisch und ermöglicht einen interessanten Vergleich mit der Platinotypie auf der gegenüberliegenden Seite, die ich mithilfe von Constanza Isaza Martínez erstellt habe. Der Platin/Palladium-Abzug hat eine hohe Dichte und trennt die Töne in den Schatten, den Mitteltönen und den Lichtern auf eine Weise, die mit keiner anderen Methode erreicht werden kann.

Der Druck mit dem Edelmetall Platin geht auf das späte 19. Jahrhundert zurück und ist damit etwa so alt wie die Photogravur. Er wird von vielen Experten als die Krönung der Schwarzweißreproduktion betrachtet. Das Verfahren ist ebenso kosten- wie zeitintensiv und erfordert ein hohes Maß an Geschicklichkeit. Da es sich um eine matte Oberfläche handelt, können die tiefsten Schwarztöne (D-max) nicht das Niveau eines glänzenden Silberdrucks erreichen, was allerdings von vielen Profis nicht als Nachteil gewertet wird.

Wie bei allen in diesem Kapitel vorgestellten Verfahren spreche ich auch hier über die Erfahrung beim Betrachten eines Edeldrucks auf eine Weise, die visuell in diesem Buch nicht wiedergegeben werden kann. Platinabzüge – eigentlich Platin/Palladium-Abzüge, denn erst die Mischung beider Metalle entfaltet deren beste Eigenschaften – können unzweifelhaft als die »körperhaftesten« Abzüge bezeichnet werden. Das Metall wird vom Papier absorbiert, anstatt als Emulsion auf ihm zu liegen, sodass die beiden Metalle für immer miteinander verbunden sind. Wie bei der Photogravur und der Cyanotypie war Constanza Isaza Martínez meine Führerin in die Welt der Platinotypie, und sie ermutigte mich, meinen eigenen Abzug anzufertigen. Dadurch wurde mir klar, dass ein Schwarzweißabzug mehr als nur ein Bild ist. Er ist ein Objekt, das Sie aus verschiedenen Blickwinkeln betrachten und vorsichtig anfassen können. Wenn Sie Ihren eigenen Abzug machen, ist er auch das Ergebnis von vielen Stunden Arbeit bei höchster Konzentration.

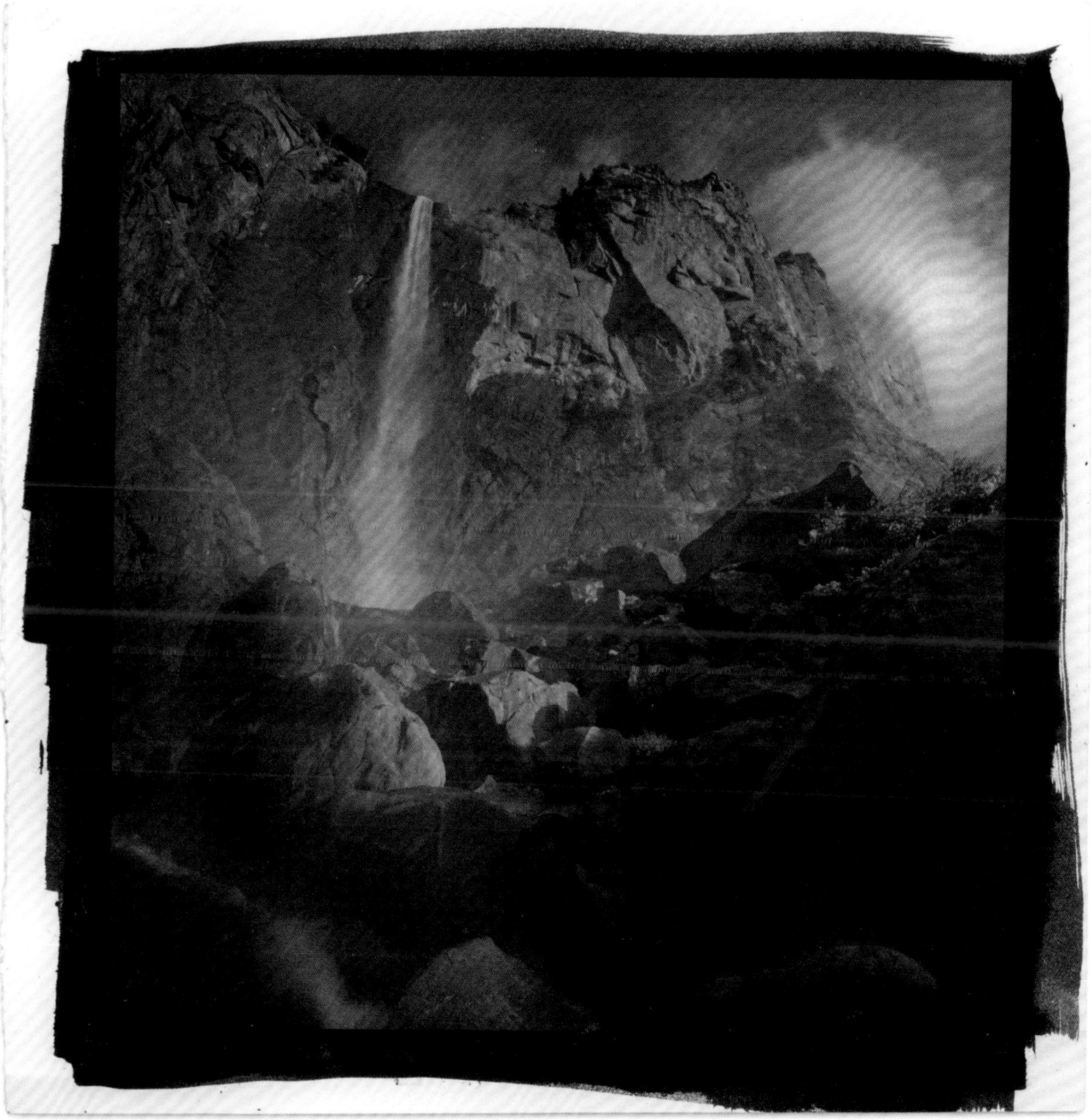

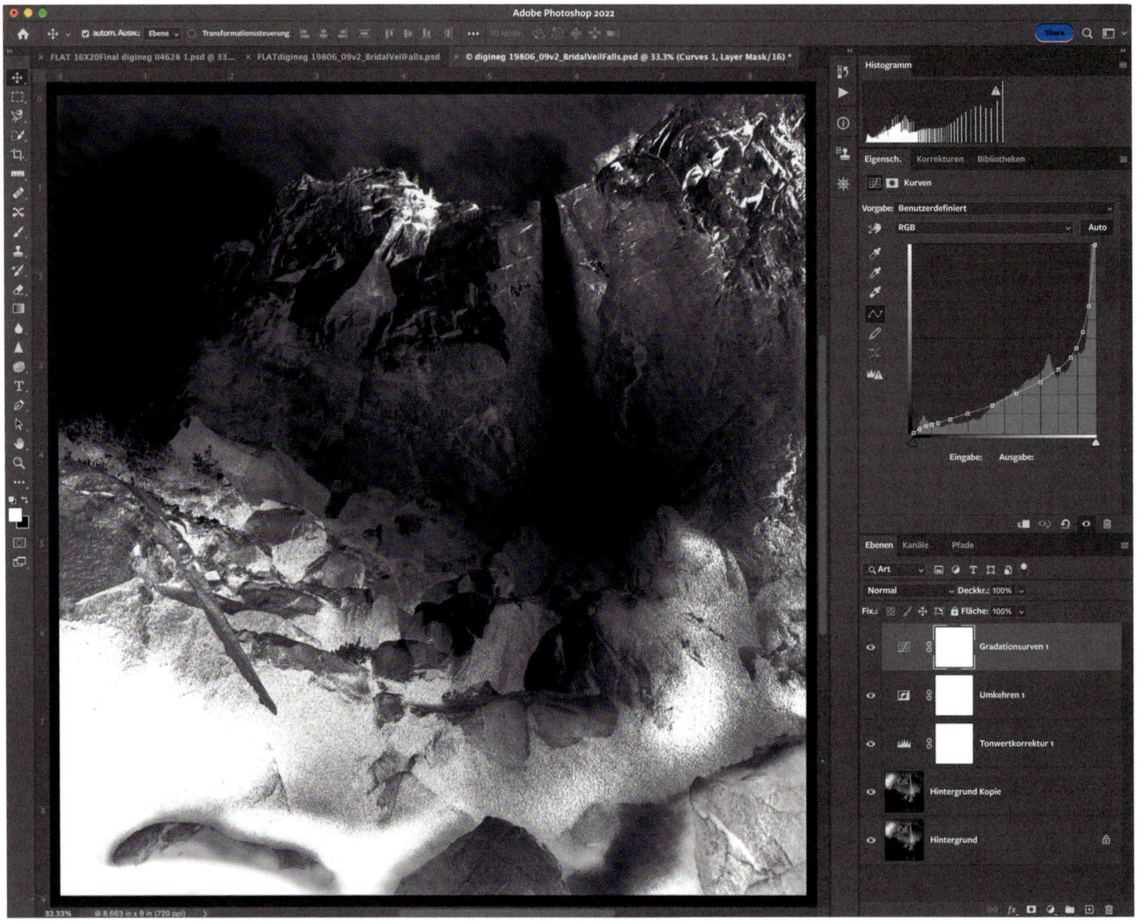

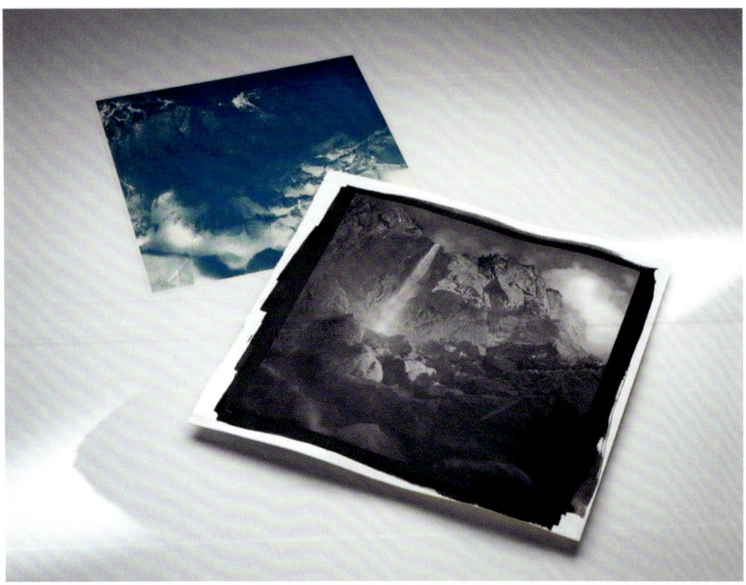

Die Photoshop-Anpassungskurve, die auf das Tintenstrahl-Negativ angewandt wird – hier berechnet für die Art und Weise, wie das Negativ UV-Licht blockiert und die Platin/Palladium-Chemie auf UV-Licht reagiert

Der endgültige Druck vor dem Tintenstrahl-Negativ auf Transparenzfolie

Platinotypie auf Baumwollbütten aus einer Serie botanischer Stillleben

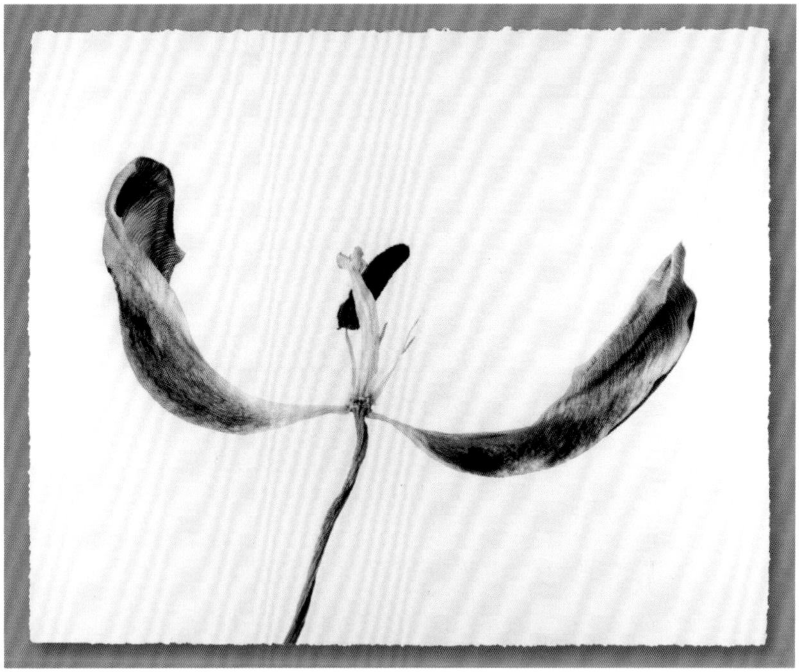

Menschen, die aus beruflichen Gründen über Platindrucke schreiben, neigen dazu, sie in den Himmel zu loben. Dieser Satz vom Leiter des Fachbereichs Medienkunst der Royal Holloway University, Professor Chris Townsend, ist ein typisches Beispiel für diese Sichtweise: »Platindrucke haben einen äußerst ausgeprägten Tonwertumfang ... selbst die tiefsten Schatten haben einen ausdrucksstarken Charakter und Details. Selbst Fleisch kann als durchscheinende Haut aufgelöst werden.« Der Kern der besonderen Qualitäten von Platin/Palladium ist die lokale Trennung von Details, also die lokale Tonwerttrennung über das gesamte Spektrum hinweg. Das ist es, was Platin wirklich besonders macht. Von jedem Schwarzweißverfahren erwarten wir ohnehin eine Detailtrennung in den Mitteltönen, aber Platin/Palladium liefert in zwei weniger erwarteten Bereichen die besten Ergebnisse: in den tiefen Schatten und in den hellsten Lichtern, bis hin zum reinen Weiß.

Constanza erklärt: »Platin mit seiner geradlinigen Kurve bewirkt eine gleichmäßigere Verteilung der Töne über die gesamte Skala hinweg und ist in der Lage, viel feinere Abstufungen zwischen den hellsten und dunkelsten Punkten wiederzugeben. Außerdem kann Platin einem geeigneten analogen Negativ viel mehr Tonalität entlocken als Silber.«

Testdrucke und Negative mit verschiedenen Kontrasten und Dichten. Constanza hat einige Tage gebraucht, um den endgültigen Druck zu erstellen.

Der amerikanische Fotograf und Drucker George Tice hat einen großen Vorteil des Kontaktdrucks in einem Rahmen unter UV-Licht ausführlich erklärt: »Die Selbstmaskierung der Schatten, die für alle Druckverfahren charakteristisch ist, ermöglicht es, die subtilen Glanzlichter zu erhalten, ohne dass die Schatten blockiert werden. Wenn ein Negativ gedruckt wird, sind die Schatten das Erste, was auf dem Papier zu sehen ist. Die oberste Schicht der Emulsion verdunkelt sich und wirkt wie eine Maske. Sie hält das Licht zurück, sodass die Schatten nicht so dunkel werden wie bei einem Silberabzug. Das Licht kann durch die dichten Glanzlichter dringen, ohne dass die Schatten schwarz werden, was zu leuchtenden Schattendetails führt.«

Die nicht ganz so tiefen Schwarztöne eines Platindrucks sind aufgrund der matten Charakteristik unvermeidlich. Wenn Sie auf tiefe Schwarztöne Wert legen, dann werden Sie einen glänzenden Silberdruck bevorzugen. Ein guter D-max-Wert für glänzende Silberabzüge liegt bei 2, während er bei Platin/Palladium nur knapp unter 1,5 liegt.

Dies ist jedoch nicht die ganze Wahrheit. Abgesehen von den Werten, die Densitometer ausspucken, ist vor allem die Wahrnehmung der Schwärze von entscheidender Bedeutung. In der Tat geht es beim Betrachten von Fotos stets um die Wahrnehmung, die durch viele Einflüsse beeinträchtigt wird. Meiner eigenen Erfahrung nach ist ein vollkommen mattes Schwarz, wie es die Ränder des Abzugs auf Seite 97 vom Bridalveil Fall in Yosemite ausfüllt, schwärzer als alles, was ich je gesehen habe. Das Licht versinkt sprichwörtlich darin, nichts wird reflektiert.

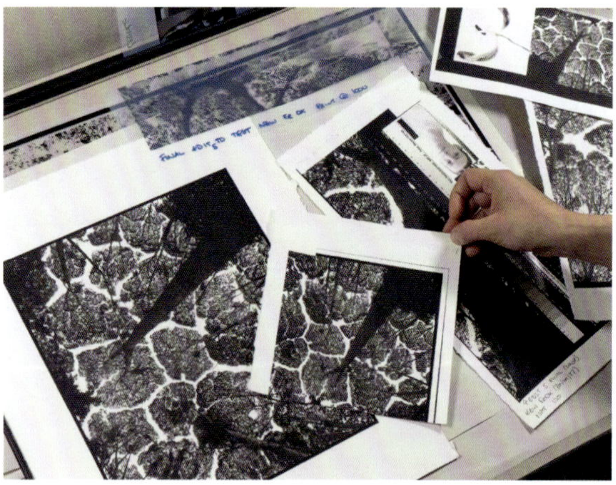

Um es richtig kompliziert zu machen: Es gibt zwei verschiedene Arten, Schwarz in einem Bild wahrzunehmen. Die eine wird durch die weitgehende Absorption des Lichts durch eine matte Oberfläche erzielt. Die andere, weitaus verbreitetere Art besteht darin, der Oberfläche des Bildes einen Glanz zu verleihen. Wenn Sie dann das Papier bewegen oder Ihre Position auch nur leicht verändern, reflektiert es das Licht in Ihrer Umgebung, zum Beispiel von einem Fenster oder einer Lampe. So wirken alle glänzenden Dinge auf unsere Sinne, vom Hochglanzabzug bis zur Lackierung eines Autos. Der Glanzeffekt erzeugt wenige Sekunden lang den Eindruck eines größeren Dynamikbereichs und tieferer Schwarztöne. In gewisser Weise geschieht dies auch mit den Bildern in diesem Buch – wenn Sie die Seite ins Licht halten, werden Sie sehen, dass jedes Foto einen Glanz hat, eine Beschichtung, die dazu beiträgt, dass es sich visuell von der Seite abhebt. Ein isolierter Platinabzug wirkt jedoch auf manche Leute, mich eingeschlossen, überzeugender. Aus diesem Grund zeige ich hier ein Foto meines Abzugs, auch wenn die Buchdrucker trotz all ihres Könnens nicht in der Lage sind, den Eindruck der echten Platinotypie wiederzugeben.

Ein entscheidender Faktor ist natürlich die Expertise der Person, die den Druck anfertigt. Es ist leicht, einen Fehler zu machen und ein D-max zu erhalten, das einfach nur Dunkelgrau ist, und es erfordert ein Höchstmaß an Erfahrung, um diese Qualität von Schwarz zu erreichen.

Der letzte Abzug von Stuart Franklins »Crown Shyness« zeigt den Kontrast und die Schattentiefe, zu denen das Verfahren fähig ist, wenn es gekonnt angewendet wird.

© Stuart Franklin/MAGNUM PHOTOS, mit freundlicher Genehmigung von Augusta Edwards Fine Art

Darüber hinaus sind Platin und Palladium als Metalle so reaktionsarm wie nur irgend möglich, mehr noch als Silber, sodass sie mit der Zeit nicht verblassen. Wie Constanza sagt: »Sie werden das Papier überdauern.«

Daher ist es nicht weiter überraschend, dass das Verfahren bei Galeristen sehr beliebt ist. Augusta Edwards, die eine Londoner Galerie betreibt, beauftragte Constanza anlässlich des 75-jährigen Bestehens der Agentur Magnum mit dem Druck einer Platin-/Palladium-Serie des Bildes »Crown Shyness« des Magnum-Fotografen Stuart Franklin, das 1997 in Malaysia aufgenommen wurde. Der Titel (zu Deutsch etwa »Kronenscheue«) bezieht sich darauf, wie Zweiflügelfruchtbäume bei ihrer Reifung in tropischen Wäldern respektvollen Abstand zueinander halten. Wie ich war auch Augusta überrascht, wie dunkel und reichhaltig ein gut gemachter Platin-/Palladium-Druck sein kann. Sie war eng in die Entwicklung von Constanzas verschiedenen Versionen eingebunden und bevorzugte einen starken, dunklen Kontrast, der das faszinierende Muster, das die Lücken zwischen den Baumkronen bilden, optimal zur Geltung bringt.

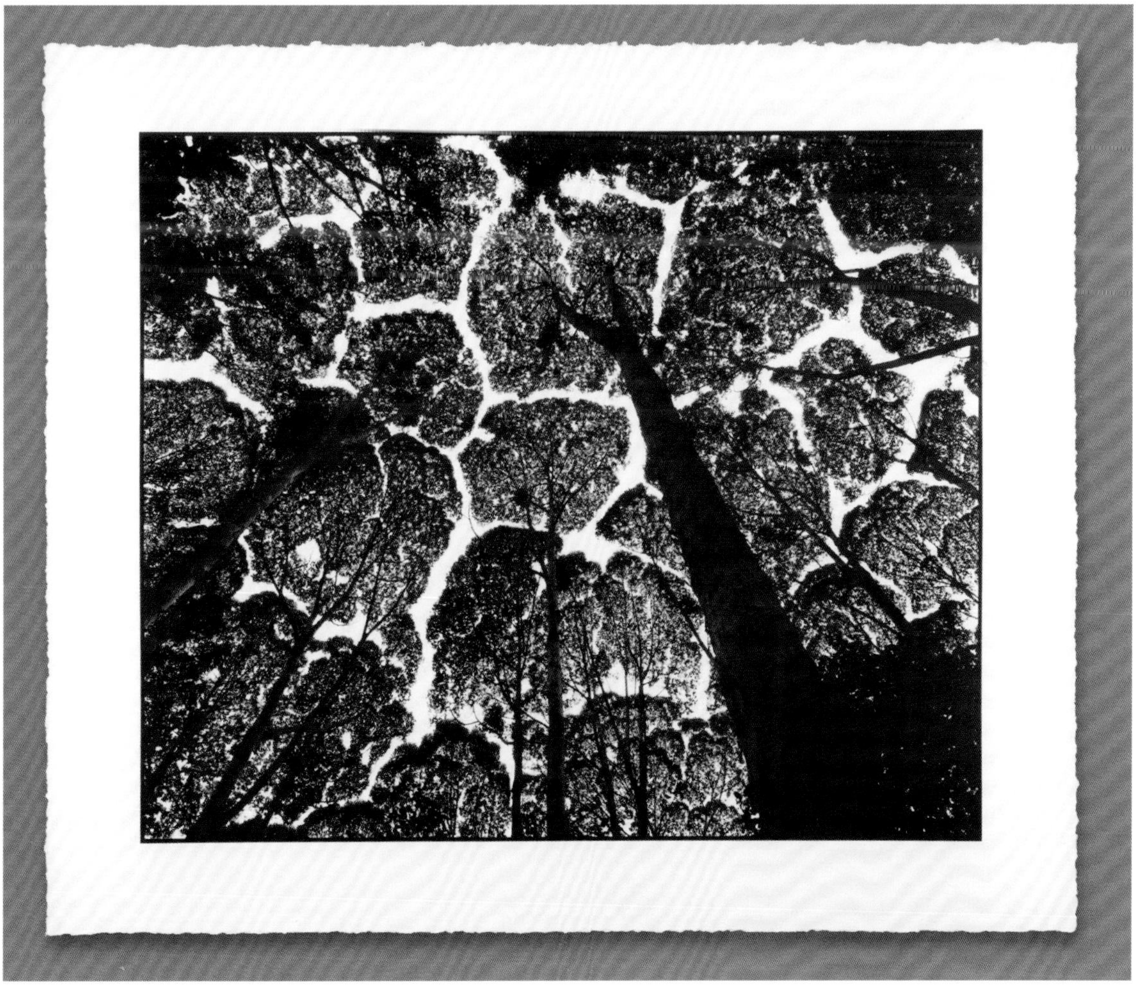

CYANOTYPIE

Vom teuersten und anspruchsvollsten Druckverfahren gehen wir zum billigsten und einfachsten über – Cyanotypien sind der Einstieg für so ziemlich jeden, der sich für alternative Druckverfahren interessiert. Sie haben eine auffällige Eigenschaft: Sie sind preußisch-blau, also zwar definitiv monochrom, aber nicht schwarzweiß.

Ästhetisch gesehen sind Cyanotypien umstritten. Als Sir John Herschel das Verfahren 1842 erfand, passte seine Farbe nicht zum viktorianischen Empfinden, und es wurde hauptsächlich für Proofs und nicht für fertige Abzüge verwendet. Zwei bemerkenswerte Ausnahmen bildeten zwei Fotografinnen: Anna Atkins, eine Freundin von Herschel, war eine Botanikerin, die Cyanotypie-Photogramme von Algen und Farnen anfertigte, indem sie die Exemplare direkt auf das sensibilisierte Papier legte. Frances Benjamin Johnston, eine der ersten weiblichen Berufsfotografen in den Vereinigten Staaten, fertigte schon früh in ihrer Karriere Cyanotypien an.

Es handelt sich um ein sehr einfaches Verfahren, mit dem Sie experimentieren können. Constanza sagt: »Während die Platinotypie so etwas wie ein elitäres Verfahren darstellt, weil es kostspielig und schwierig ist, ist die Cyanotypie das genaue Gegenteil. Sie ist günstig, einfach, ungiftig und damit sogar für Kinder geeignet – ich nutze sie mit meiner sechsjährigen Tochter.«

Eine Cyanotypie und eine Platinotypie vom selben Negativ. Im Bild ist gut zu sehen, dass die Cyanotypie eine breite Palette von Farbtönen abbilden kann.

Eine Cyanotypie des Ateliers von Frances Benjamin Johnston, einer frühen amerikanischen Fotografin. Die Aufnahme zeigt ihre Assistenten bei den Vorbereitungen für eine Porträtsitzung im Jahr 1890.

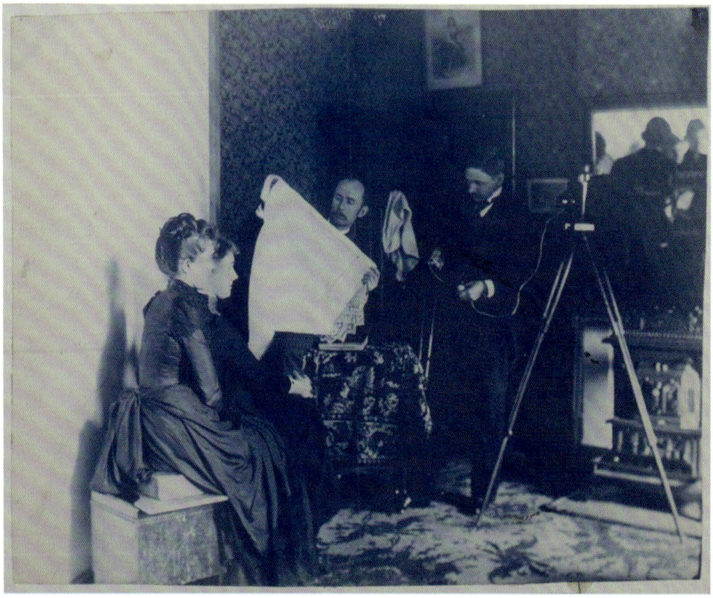

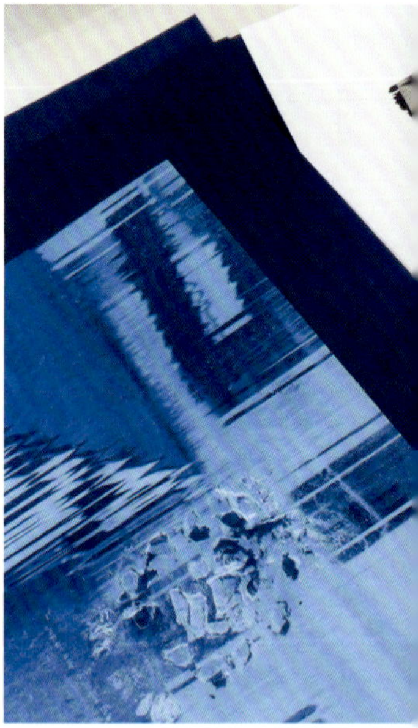

Von links nach rechts: Das Tintenstrahl-Negativ wird zugeschnitten, die zweiteilige Eisenlösung wird auf das Papier gestrichen und dann zusammen mit dem Negativ in die UV-Kammer gelegt.

Unten rechts das Negativ und der UV-belichtete Druck vor dem Spülvorgang.

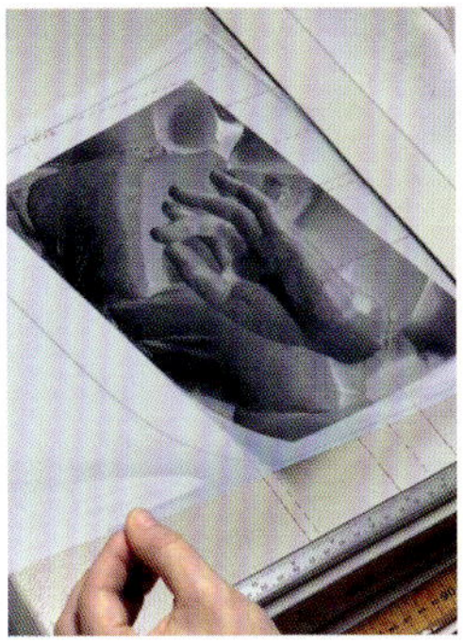

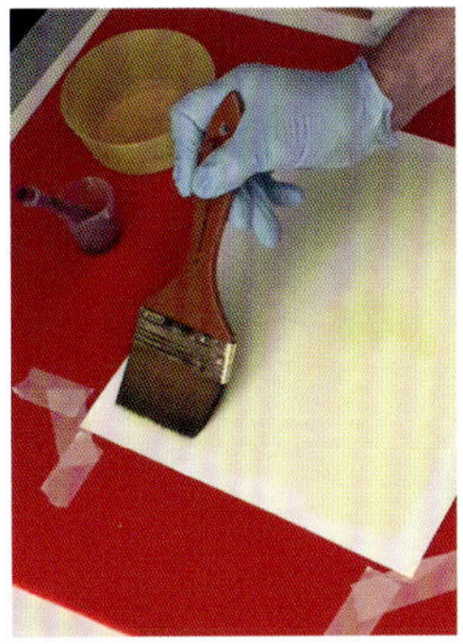

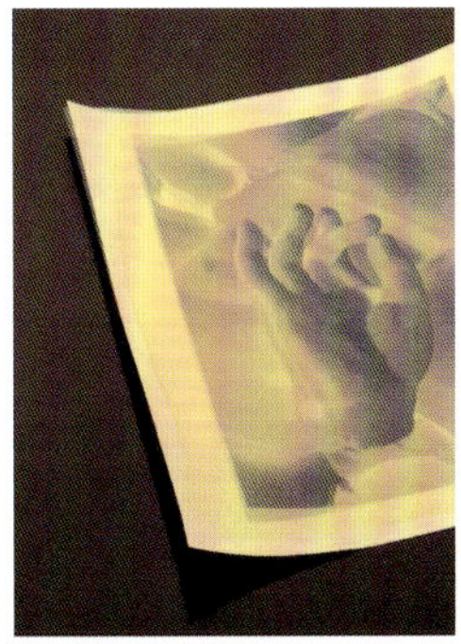

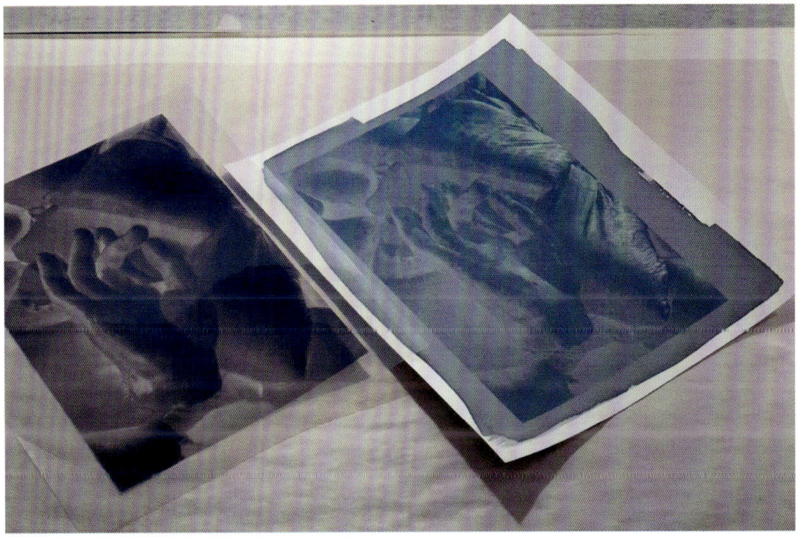

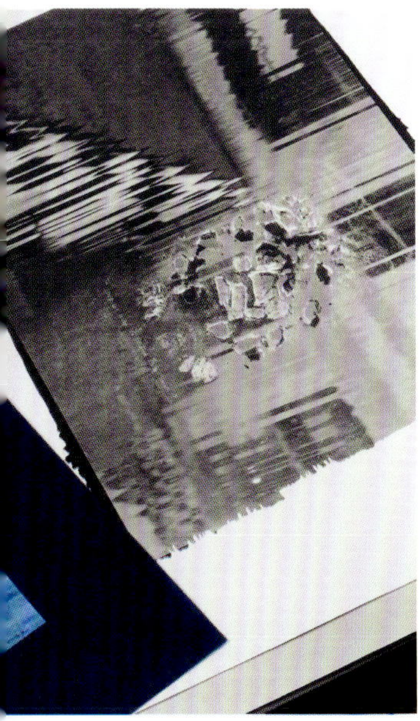

Das Rezept für die Cyanotypie ist eine Mischung aus zwei Eisenlösungen: Kaliumhexacyanoferrat und Eisenammoniumcitrat. Wie Sie in der Bildfolge oben sehen können, wird diese Mischung bei gedämpftem Licht auf das Papier gestrichen, getrocknet und dann unter UV-Licht im Kontaktdruckverfahren finalisiert. Der Druck wird dann mit Wasser gespült und zum Trocknen aufgehängt – fertig!

Natürlich ist für optimale Ergebnisse etwas Geschick erforderlich. Die Cyanotypie erfreute sich im letzten Jahrzehnt aufgrund ihrer Unkompliziertheit großer Beliebtheit. Das führte aber zu einer Masse an durchschnittlichen Ergebnissen, was dem Verfahren einen vergleichsweise schlechten Ruf in Sachen Wiedergabequalität eingebracht hat. »Die Leute denken, dass die Cyanotypie einfach nicht in der Lage ist, den Ton in den hellsten Lichtern beizubehalten«, sagt Constanza. »Wenn Sie eine schlecht gemachte Cyanotypie sehen, erkennen Sie geclippte Lichter, blockierte Schatten und nicht viel dazwischen. Mit anderen Worten: eine sehr begrenzte Tonwertskala. Viele Leute akzeptieren das einfach und geben sich mit dem zufrieden, was sie am Anfang bekommen. Für die Cyanotypie trifft Folgendes in besonderem Maße zu: leicht zu erlernen, schwer zu meistern.«

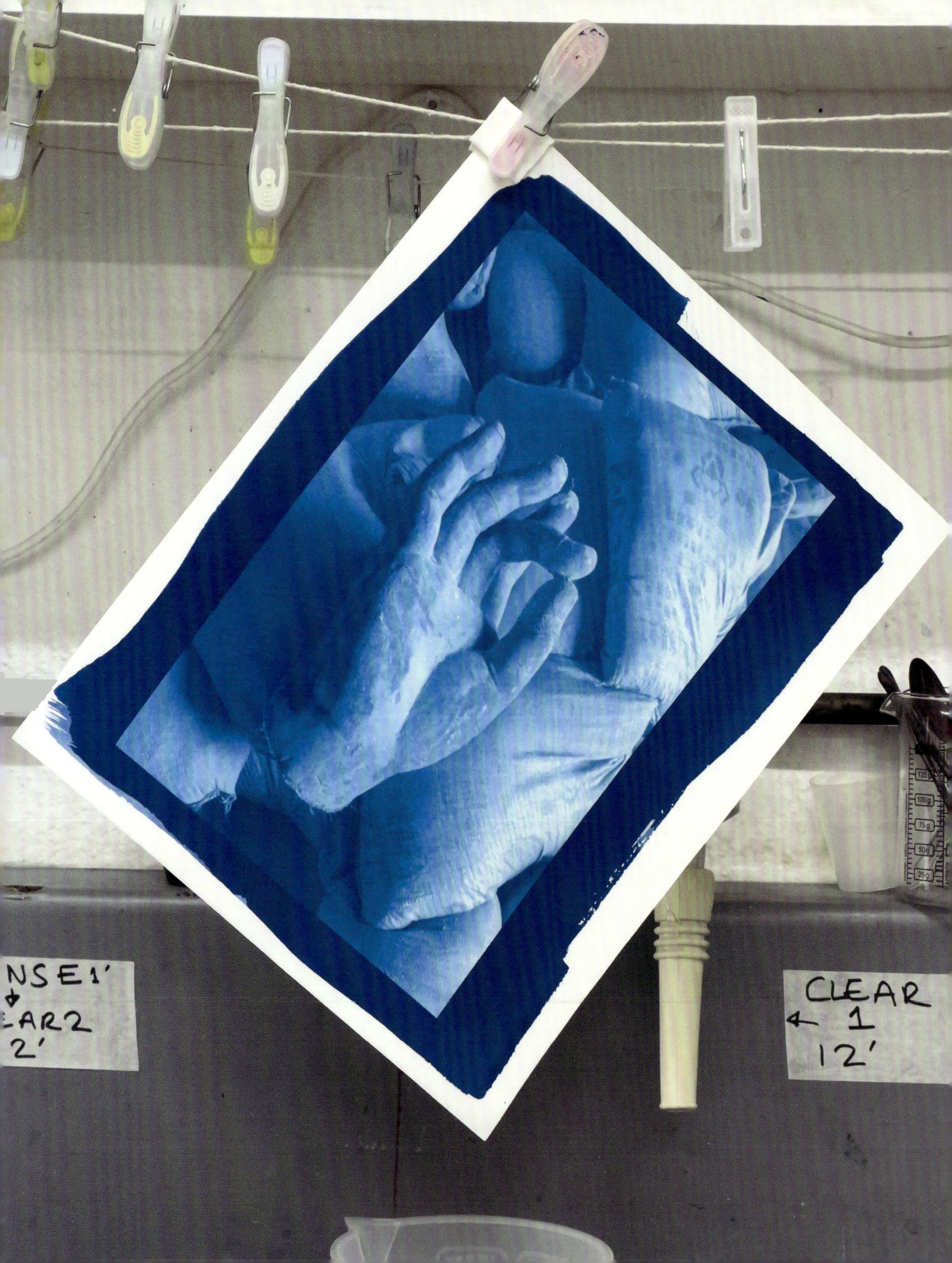
CLEAR
1
12'

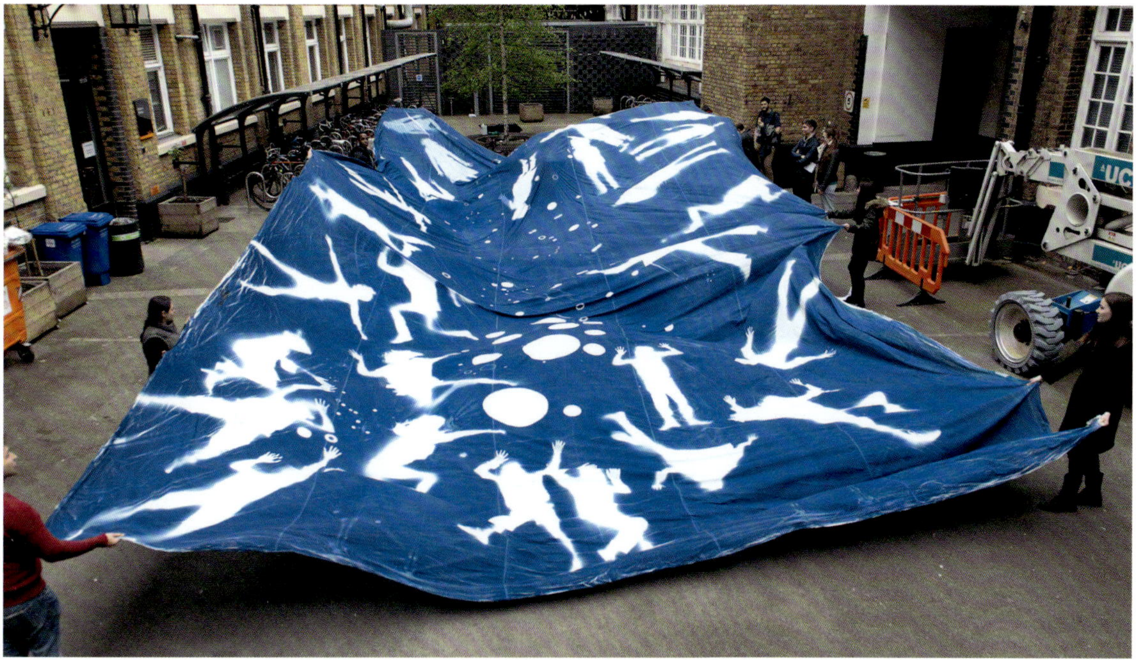

Constanza Isaza Martínez und die Co-Künstler Andrés Pantoja und Melanie King mit der damals größten Cyanotypie, die für den Wellcome Trust und das University College London geschaffen wurde. Die Personen, die während der Produktion auf dem Baumwollstoff lagen, blockierten das UV-Licht.

© Andrés Pantoja

Die fertig gespülte Cyanotypie wird zum Trocknen aufgehängt.

Das Verfahren reagiert empfindlich auf Veränderungen der Luftfeuchtigkeit, Unterschiede im Papier (Stärke und Absorptionsfähigkeit), die Temperatur des Wassers (besser, wenn es warm ist) und auf den oft übersehenen Säuregehalt der Wasserspülung. Der pH-Wert des Leitungswassers variiert, und bei einer Cyanotypie bleibt der Ton in den Lichtern umso besser erhalten, je saurer das Wasser ist. »Wenn das Wasser hart ist«, sagt Constanza, »verlieren Sie das obere Drittel der Lichter. Sie brauchen einen ausreichenden Säuregehalt, damit die Lichter erhalten bleiben; aber wenn das Wasser zu sauer ist, bekommen Sie Flecken. Diese Empfindlichkeit bleibt während der gesamten Lebensdauer des Drucks bestehen, sodass der alkalische Puffer, der während des Rahmens und Aufspannens auf säurefreien Archivkarton entsteht, die Cyanotypie leider weiterhin angreift.

Eine merkwürdige Eigenschaft von Cyanotypie-Abzügen ist das allmähliche Verblassen unter Tageslicht. Tatsächlich wandelt sich das Preußisch-Blau langsam in Preußisch-Weiß um, was bedeutet, dass die Salze immer noch vorhanden sind, aber nur weniger sichtbar werden. Wenn Sie den Abzug dann einen Tag lang an einem gut belüfteten, dunklen Ort aufbewahren, verwandelt sich das Preußisch-Weiß wieder in Preußisch-Blau zurück.

Wie bei der Platinotypie auf den vorhergehenden Seiten habe ich meine eigene Cyanotypie unter Anleitung angefertigt, und es war angenehm, schmerzfrei und erfolgreich. Die Pinselstriche an den Rändern des Bildbereichs sind etwas grob, aber das ist lediglich auf meine persönliche Ungeschicklichkeit zurückzuführen. Wie einige andere Menschen mag ich es, wenn die Pinselstriche in der endgültigen Präsentation sichtbar sind, wie es auch bei der Platinotypie der Fall ist.

KAPITEL

5

ANALOGFILM

Nach dem Ausflug zu den traditionellen Edeldruckverfahren im letzten Kapitel ist es nun an der Zeit für einen weiteren analogen und vor allem greifbaren Akteur in der Welt der Schwarzweißfotografie: den Film. Greifbar? Ja, denn Film repräsentiert im Gegensatz zu flüchtigen Digitalpixeln die physische Welt der Emulsionen, die auf eine Acetatschicht aufgetragen wurden.

Die Argumente für Film unterscheiden sich ein wenig von jenen für Drucke, auch wenn es in beiden Fällen um Stofflichkeit geht. Natürlich gibt es auch Farbfilme, genauso wie es Farbdrucke gibt, aber Film in Form eines Negativs ist meiner Meinung nach stärker mit der Schwarzweißfotografie verbunden. Jeder, der Schwarzweißfotos macht, lernt zu schätzen, dass es bei der Erstellung eines Negativs immer einen zweiten Schritt und damit weitere Möglichkeiten zur Individualisierung gibt. Ich spreche hier nicht von Entscheidungen, die mit der Komposition zu tun haben (Henri Cartier-Bresson hat dies auf den Punkt gebracht: »Während der Arbeit müssen Sie sicherstellen, dass Sie keine Löcher hinterlassen haben, dass Sie alles eingefangen haben, denn hinterher ist es zu spät.«), sondern von Entscheidungen, die das Erscheinungsbild der Aufnahme betreffen. Dazu noch ein weiteres, oft bemühtes, aber dennoch wiederholenswertes Zitat von Ansel Adams: »Das Negativ ist die Partitur, der Abzug das Konzert.«

Der Analogfilm erfreut sich einer wieder auflebenden Beliebtheit, die die meisten Menschen in der Fotobranche noch vor einigen Jahren überrascht hätte. Die Firma Ilford, die seit 1879 Schwarzweißfilme herstellt, erlebte 2015 eine Trendwende und verzeichnet seitdem steigende Verkaufszahlen, die von jungen Fotografinnen und Fotografen ohne Erfahrung in der Analogfotografie angeheizt werden. Das Unternehmen unterhält enge Beziehungen zu dieser neuen Fangemeinde, und die Anziehungskraft des Mediums beruht sowohl auf einer Gegenreaktion gegen den digitalen Mainstream als auch auf Experimentierfreude.

So seltsam es für Profis und für Fotografen, denen es vor allem um die effiziente Erfassung ihres Motivs geht, auch erscheinen mag: Die Ungewissheit und die zeitliche Verzögerung, die mit Filmaufnahmen verbunden ist, sind Teil des Vergnügens. Und dann sind da noch die haptischen Qualitäten und die Vorstellung, dass ein Bild tatsächlich eine physische Präsenz hat. All dies gilt auch für Farbfilme, doch Schwarzweißfilme erweitern das Erlebnis aufgrund ihrer vergleichsweise einfachen Entwicklung auch auf die Weiterverarbeitung nach dem Anfertigen einer Aufnahme – bis hin zum Druck, der auf den vorangegangenen Seiten beschrieben wurde.

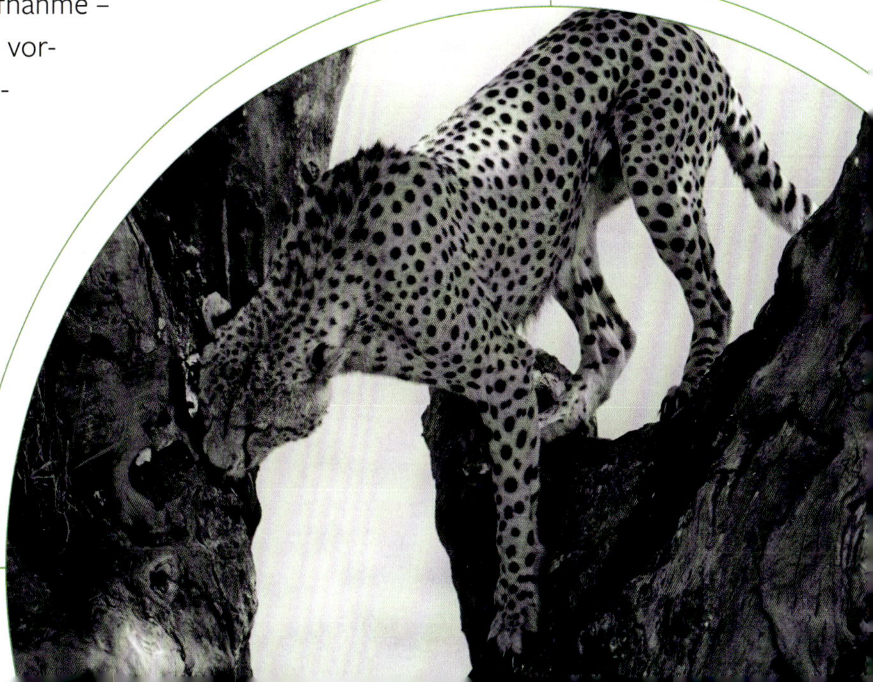

ROLL-OFF

Erst die Digitalfotografie hat eine der Stärken des Films offenbart – es gibt kein Clipping, weder bei den Lichtern noch in den Schwarztönen. Natürlich ist es immer noch möglich, aufgrund einer Überbelichtung alle Details im Weiß zu verlieren oder wegen einer Unterbelichtung die Strukturen in den Schatten unkenntlich zu machen, doch auf Film geschieht dies ohne Brüche oder Streifenbildung.

Die Terminologie war in der Film-Ära anders (Spitzlichter »überstrahlten«), aber wie ich ab Seite 68 erklärt habe, funktioniert die Chemie des Films ganz anders als die eines Sensors, bei dem sich die Photosites so sehr mit Photonen füllen, bis sie am oberen Ende der Skala einfach ins Leere kippen. Mit anderen Worten: Digitale Lichter werden abgeschnitten. Bei Film, insbesondere bei Schwarzweißnegativfilmen, ist dies ein weitaus geringeres Problem. Das Schlimmste, was passieren kann, wenn Sie in Szenen mit hohem Dynamikumfang ins Licht schießen, ist ein Lichthof oder ein Glühen. Manche Leute mögen diesen Effekt, andere empfinden ihn als schlechtes Handwerk, doch das ist reine Geschmackssache.

Auf diese Weise ist es auch möglich, Schwarzweißnegativfilme absichtlich überzubelichten, um einen Effekt zu erzielen, bei dem selbst große Bereiche mit Lichtern akzeptabel gleichmäßig wirken. Genau das passiert beim aktuell sehr beliebten leichten und luftigen Stil, der sich vor allem in die Hochzeitsfotografie eingeschlichen hat, wenn auch größtenteils in Farbe. Wenn Sie mit der Auswertung von Kennlinien für Filme vertraut sind, hilft Ihnen deren Form zu erkennen, warum es zum Roll-Off kommt. Die Kurve zeigt, wie ein bestimmter Film auf zunehmende Lichteinwirkung

→ Bethlehem, Pennsylvania, fotografiert von Walker Evans im Jahr 1935. An einem bewölkten Tag mit nebliger Anmutung gehen die Lichter in diesem hellen Abzug am oberen Bildrand fließend in fast reines Weiß über.

↓ In Rio Puerco, New Mexico, erzeugen hohe Wolken ein trübes Nachmittagslicht. Der Bereich um die weichgezeichnete Sonne ist entscheidend für die Art und Weise, wie sich der Tonwertverlauf von der Mitte aus nach außen bewegt (bis zum Maximum belichtet). Aufgenommen auf FP4 im Format 6×17cm, zeigen das Negativ unten und der Abzug gegenüber, wie weich der Übergang ist.

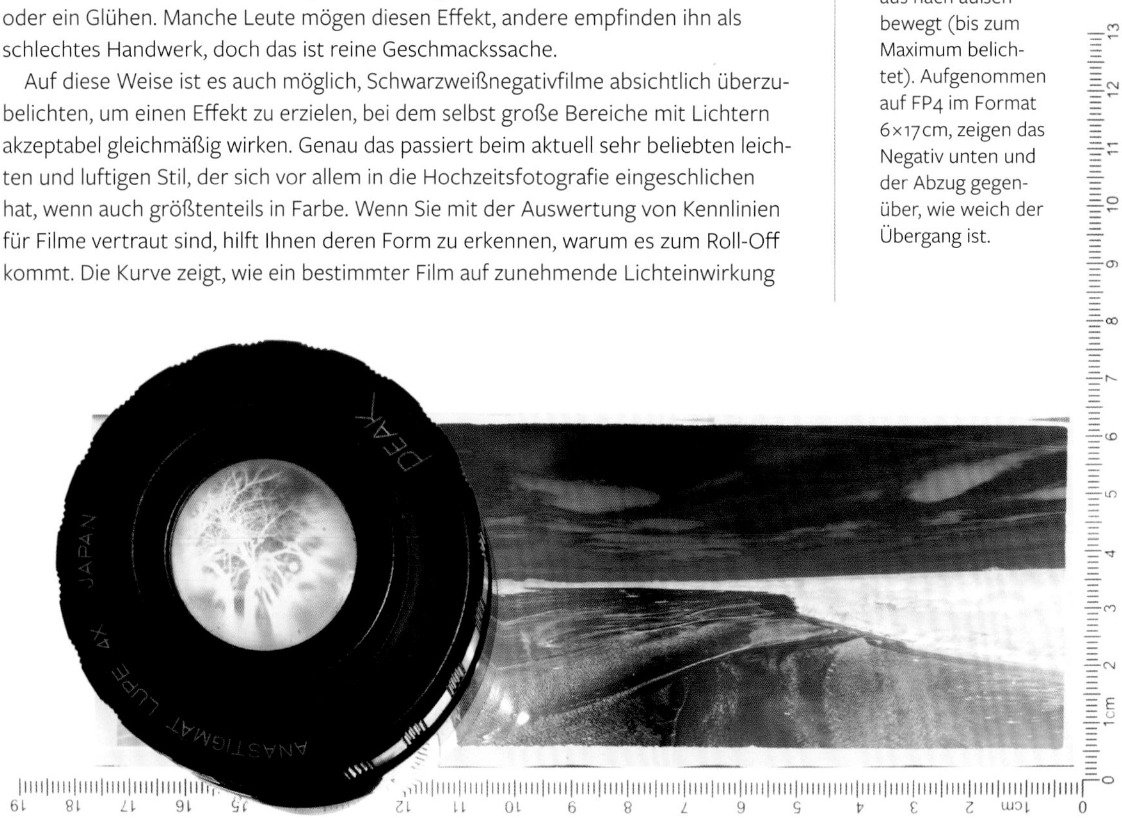

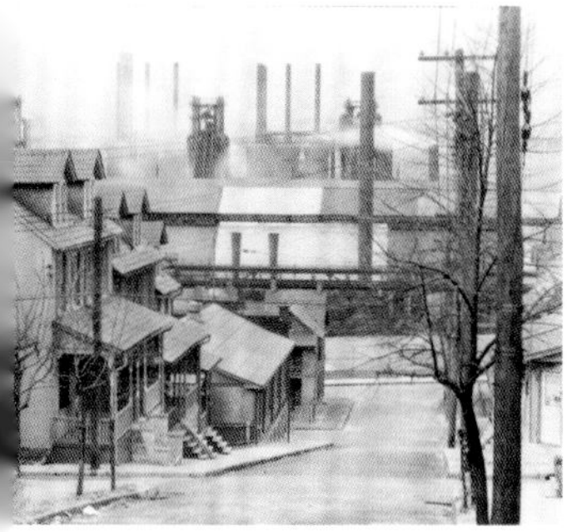

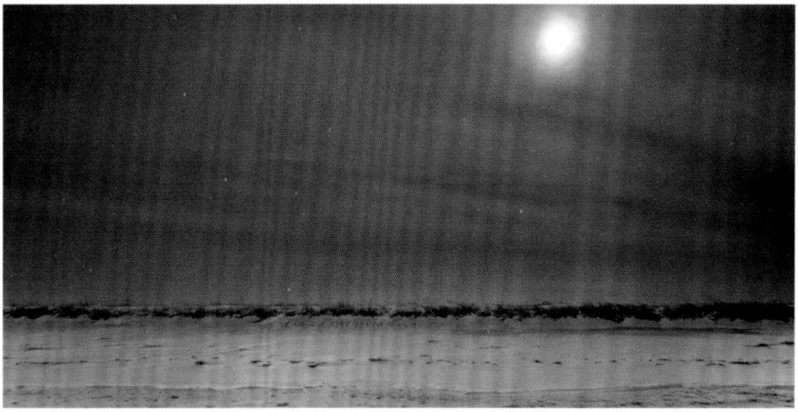

Eine Aufnahme in die Sonne an einem teilweise bewölkten Tag in Massachusetts, auf digital in Schwarzweiß konvertiertem Diafilm. Auch hier zeigt der Lichthof um die Sonne keine Anzeichen von Clipping oder Banding.

reagiert. Der größte Teil eines typischen Bildes liegt im mittleren Tonwertspektrum, wo die Kennlinie mehr oder weniger gerade ist. Zu den Lichtern hin wird die Empfindlichkeit des Films immer geringer. Dies ist die Schulter der Kennlinie oben rechts, die dafür sorgt, dass der Kontrast in den Lichtern viel geringer ist als bei durchschnittlichen Tönen. Die sanfte Art, wie der Film mit Überbelichtung umgeht, ist eine Art eingebauter Schutz. Je mehr Sie belichten, desto luftiger oder sogar »verträumter« wirkt das Ergebnis. An dieser Stelle sei erwähnt, dass der Dichtebereich von Schwarzweißnegativfilmen viel geringer ist, als wir es von einem endgültigen Druck oder einem Bild auf dem Bildschirm gewohnt sind. Das ist gut zu sehen an dem Negativ auf dem Leuchtkasten auf der linken Seite. Die Dichte ist einerseits durch den Filmträger selbst und eine unvermeidliche leichte Silberablagerung in Form von Schleiern begrenzt. Andererseits wird die maximale Dichte dadurch bestimmt, wie viel Silber die Emulsion aufnehmen kann. Diese Werte werden als D-min und D-max bezeichnet. Bei einem feinkörnigen Film wie dem hier verwendeten *Ilford FP4* liegen sie bei etwa 0,3 und 1,9 – das hängt auch von der Entwicklung ab, doch es handelt sich um die typischen Grenzwerte.

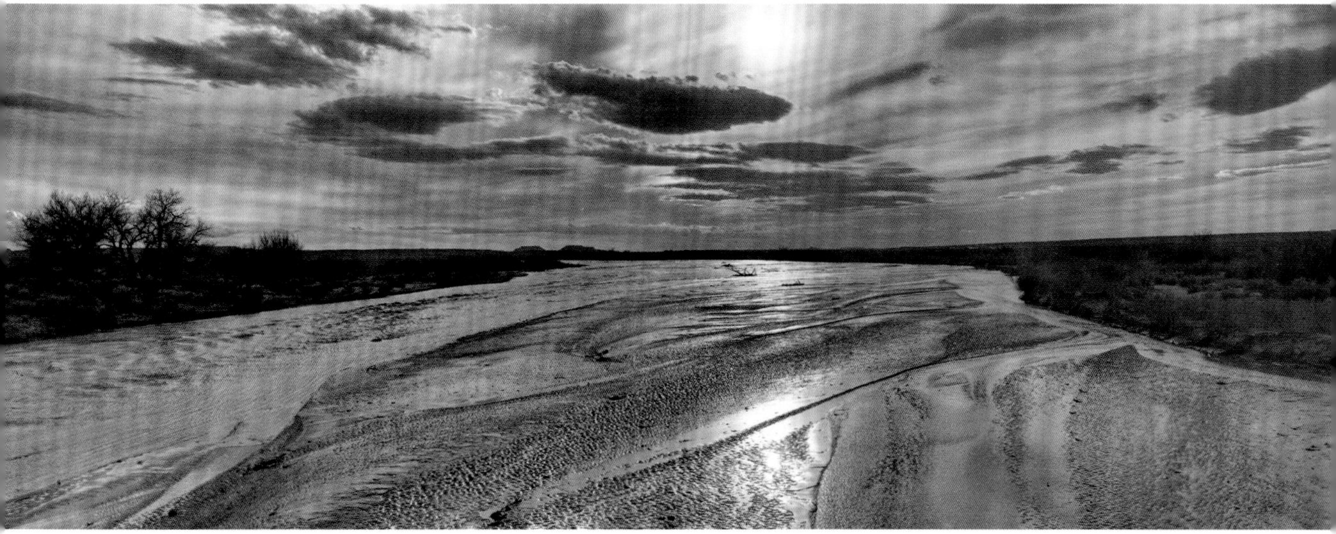

EIN HOCH AUF DAS FILMKORN

Vor der Digitalisierung war das Filmkorn ein entscheidendes Qualitätsmerkmal. Feinkörnige Filme wie der *Ilford FP4*, der wohl berühmteste in seiner Kategorie, erfreuten sich großer Beliebtheit. Nicht ohne Grund: Je feinkörniger der Film war, desto größer konnten die Abzüge ausfallen, bevor die Betrachtenden bei normalem Abstand das Korn wahrnehmen konnten.

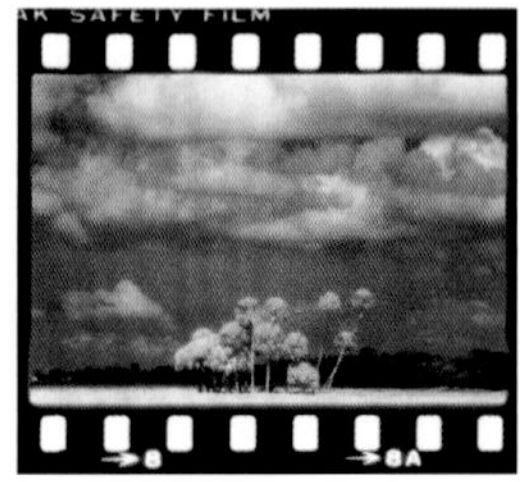

Der High-Speed-Infrarot-35-mm-Film von Kodak (*HIE 135-36*), der inzwischen nicht mehr hergestellt wird, hat eine ausgeprägte Körnigkeit.

Die Körnigkeit resultiert nicht aus einzelnen Silberkörnern, denn diese sind viel zu klein, um für unser Auge sichtbar zu sein. Daher sprechen wir in Wirklichkeit von deutlich größeren Kornklumpen. Für die meisten von uns ist das Haarspalterei, daher werde ich von nun an von Körnern und Körnigkeit sprechen, als ob sie dasselbe wären.

Manche Leute glauben, dass Filmkorn mit Pixeln gleichzusetzen ist und dass sich Körnigkeit und digitales Rauschen ähnlich sind. Nichts könnte weiter von der Wahrheit entfernt sein, denn das Korn ist ein struktureller Bestandteil eines Bildes. Rauschen ist das Äquivalent von Audio-Rauschen und stört das Bild. Es ist ein Artefakt, das in der Informatik als Fehler definiert wird, der durch die Methoden verursacht wird, die zur Erstellung des Bildes verwendet wurden. Das Rauschen hat keine positiven Eigenschaften, aber was ist mit dem Korn? Kann man es mögen?

In der Ära des Analogfilms herrschten zwei Ansichten darüber. Diejenigen, die in der Herstellung und Qualitätskontrolle tätig waren, betrachteten das Korn als eine Art Fehler. Das galt auch für Fotografen, die einen perfektionistischen Ansatz ver-

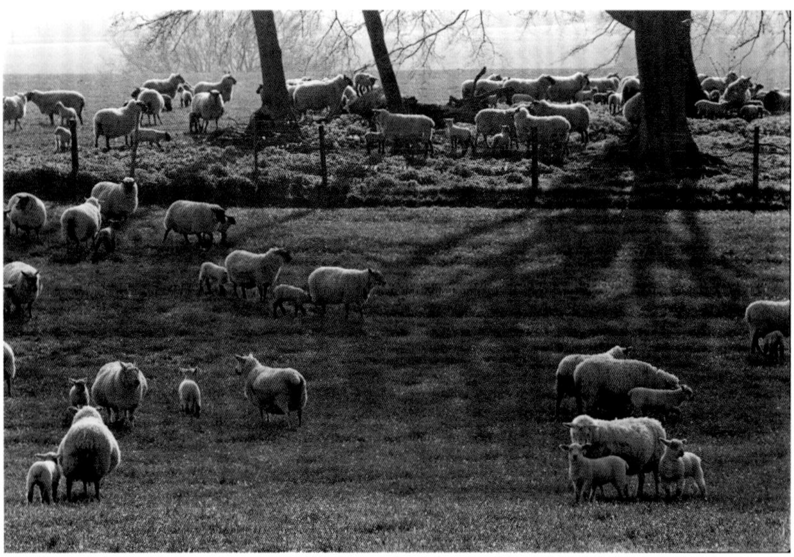

Der *Kodak Tri-X*, hier verwendet für das Bild einer Schafherde auf dem Goodwood Estate in West Sussex, England, hat eine enge Kornstruktur. Die Körnigkeit ist am einfachsten in einer Vergrößerung der weicheren Mittelschatten in der Nähe des oberen Bildrandes zu erkennen (siehe gegenüberliegende Seite) und hat eine fast unterschwellige Wirkung, da sie mit den Texturen der Szene verschmilzt und interagiert.

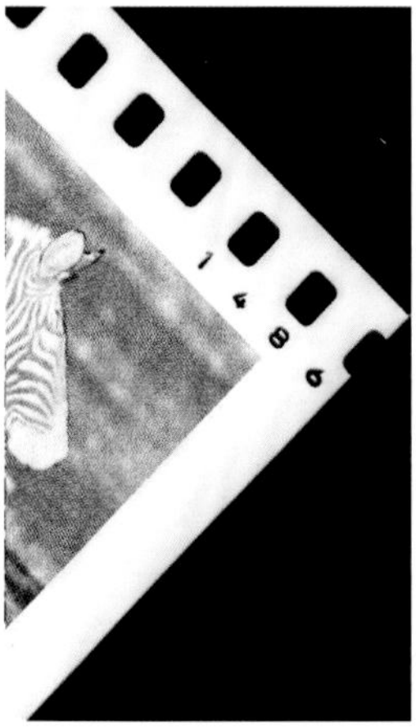

Die Push-Entwicklung von Film (hier *Tri-X 35mm*) erhöht die sichtbare Körnigkeit, wie diese Ecke eines Negativs zeigt.

folgten: So träumte Ansel Adams davon, sich in einem »feinkörnigen Himmel« zur Ruhe setzen zu können. Die meisten anderen Fotografen akzeptierten das Filmkorn einfach als eine Tatsache und als den Preis, den man für die Verwendung von kompaktem Film und höherer Geschwindigkeit zahlen musste. Wenn die Lichtverhältnisse schlecht waren und aus der Hand fotografiert wurde, verwendete man einfach einen schnelleren Film und machte eine Push-Entwicklung mit der Begründung, dass eine körnige Aufnahme besser sei als gar keine Aufnahme.

Aber einige Fotografen und Fotografinnen, die zugegebenermaßen in der Minderheit sind, haben das Korn zu schätzen gelernt. Im letzten Kapitel über Stile werden wir uns mit dem rauen Stil der japanischen Provoke-Fotografen befassen, die nicht nur Körnung, sondern auch Verwacklung und Unschärfe mochten. Der Fotograf, der den größten Einfluss auf diese Gruppe hatte, war der Amerikaner William Klein, der in den 1950er- und 1960er-Jahren aktiv war. Klein war ein Künstler und fühlte sich, obwohl er vor allem für seine Straßenfotografie bekannt ist, nicht der fotografischen Perfektion verpflichtet. »Ich war ein Außenseiter«, schrieb er, »die Regeln der Fotografie interessierten mich nicht ... es gab Dinge, die man mit einer Kamera anstellen konnte, die mit keinem anderen Medium realisierbar waren ... Körnung, Kontrast, Unschärfe, ungewöhnliche Ausschnitte, das Eliminieren oder Übertreiben von Grautönen und so weiter.«

Auch Diane Arbus mochte den Effekt, zumindest anfangs: »Ich war fasziniert von dem, was die Körnung bewirkte, weil sie eine Art Wandteppich aus all diesen kleinen Punkten ergab.« George Krause bemühte sich sogar absichtlich, die Körnigkeit herauszuarbeiten, indem er eine Verstärkerlösung benutzte, die normalerweise verwendet wird, um einen pointillistischen Effekt auf einem dünnen, flachen Negativ zu erzielen: »Ein Muster, das an eine Aquatinta oder eine feine Mezzotinta erinnert. Dieses Kornmuster wirkte auf mich wie die Textur einiger Zeichnungen von Seurat.« Eine ganze Reihe weiterer Fotografen, zumindest meiner Erfahrung nach, mochten die »enge Kornstruktur« des *Kodak Tri-X* – vor allem, wenn die Belichtung um eine Stufe gepusht wurde.

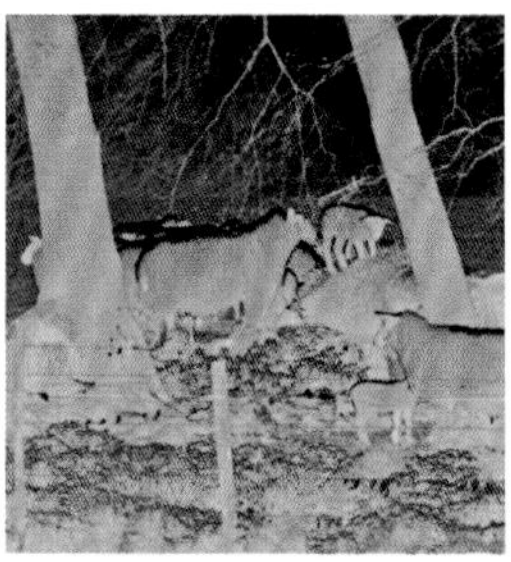

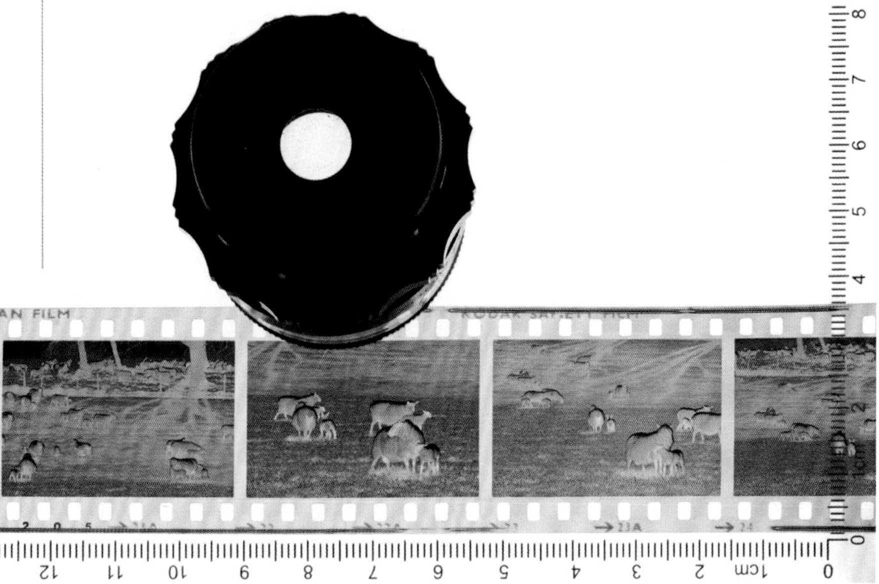

35-MM-FILM

Dies ist der Film, der schnelle Mehrfachaufnahmen aus der Hand möglich machte und damit die Fotografie revolutionierte. Bilder mussten nicht mehr arrangiert werden, und die Kamera war stets »schussbereit«.

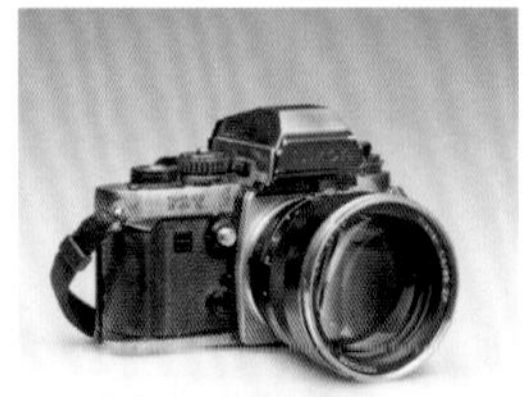

↗ Eine Nikon F3/T im Titangehäuse, eine der legendärsten 35-mm-Spiegelreflexkameras

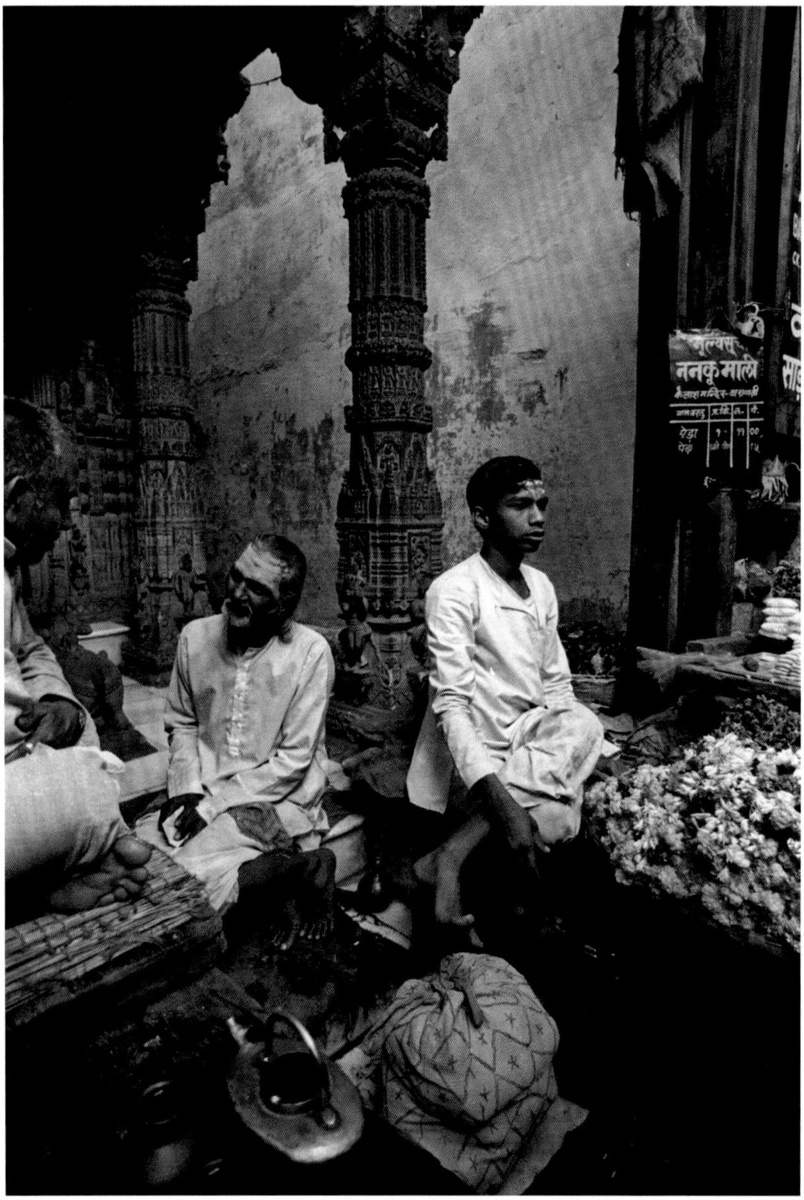

← Der 35-mm-Schwarzweißfilm legte den Grundstein für die moderne Straßenfotografie, insbesondere mit der relativ hohen Empfindlichkeit von 400 ASA, wie sie der hier in Varanasi, Indien, verwendete *Tri-X* aufwies.

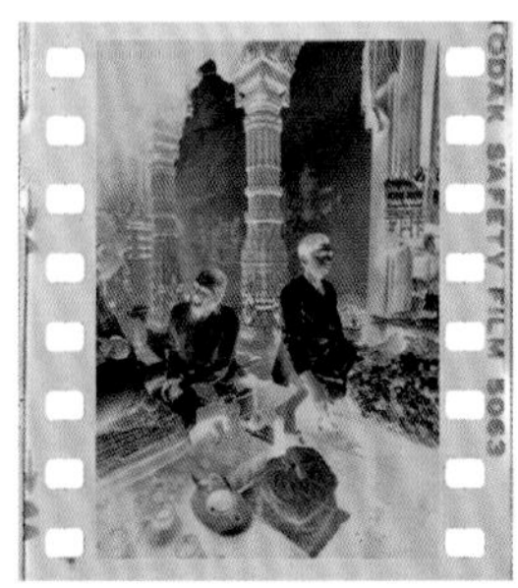

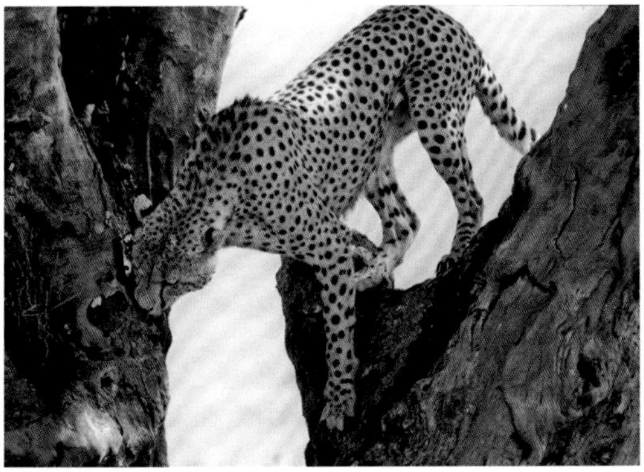

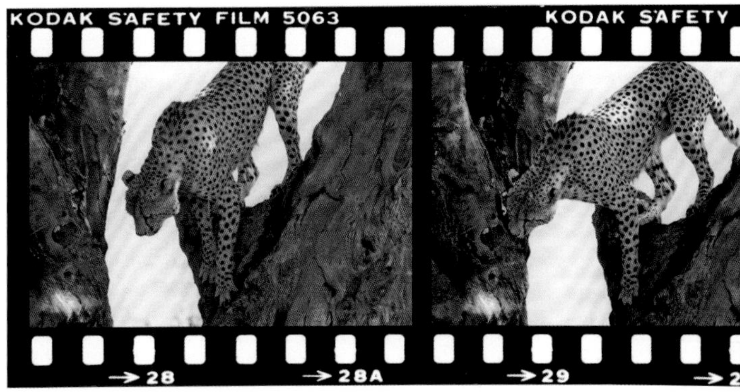

Ein Gepard in der Serengeti-Ebene, Tansania, der untypischerweise auf einen Baum klettert, belichtet auf Kodak Tri-X

Bilder konnten nun direkt aus dem Leben heraus aufgenommen werden – »à la sauvette«, wie Cartier-Bresson es ausdrückte, sozusagen im Vorbeigehen. Das 35-mm-Format, benannt nach der Gesamtbreite des Films, einschließlich der Perforation für den Filmtransport mittels Zahnrädern, wurde ursprünglich für die Kinematographie entwickelt. Der Kamerahersteller Leitz adaptierte das Format für Standbilder, wobei die ikonische Leica-Kamera um dieses Format herum gebaut wurde. In den 1960er-Jahren war es das beliebteste Filmformat, das den 120er-Rollfilm übertraf, und eines seiner Vermächtnisse sind die Abmessungen und das Format (24×36mm, 2:3), das von den Digitalkameras übernommen wurde. Es ermöglichte völlig neue Arten von Schnappschüssen, vor allem in der Reportage- und Straßenfotografie.

Der zweitgrößte Einfluss, den der 35-mm-Film hatte, war das Format des Rahmens. Die »natürlichen« Rahmen in der Fotografie waren damals dicker, etwa im Seitenverhältnis 3:4 und 8:10, und diese wiederum lehnten sich lose an die durchschnittlichen Leinwandgrößen in der Malerei an. Das Seitenverhältnis 2:3 unterscheidet sich deutlich von den anderen Bildformaten, da es in der Horizontalen eine angenehme Länge aufweist, in der Vertikalen jedoch oft etwas zu hoch ist. Da die meisten Kameras für die horizontale Verwendung konzipiert waren, wurden die meisten Fotos dennoch im 2:3-Format aufgenommen.

Es gab auch sehr praktische Gründe für die Beibehaltung dieses Bildformats. Das 35-mm-Format war viel kleiner als das nächsthöhere Format, der 120er-Rollfilm, der in einer Vielzahl von Seitenverhältnissen belichtet werden konnte, am häufigsten jedoch im Quadrat. Tatsächlich ist 24×36mm viermal kleiner als 6×6cm und stieß auf den Widerstand der Produktionsabteilungen von Zeitschriften, die sich schwertaten, hochwertige Vergrößerungen herzustellen. Diejenigen, die mit 35-mm-Film fotografierten, lernten, jeden Quadratmillimeter des Rahmens auszunutzen, und das förderte die Idee einer präzisen Komposition. Vom Beschneiden, das bei 6×6-cm-Negativen üblich war (das Quadrat passte nicht zu den meisten Zeitschriftenlayouts), wurde abgeraten. Es entwickelte sich eine Art Kodex unter den Fotografen und Fotografinnen, der besagte, dass man genau innerhalb des Rahmens komponieren sollte, und es wurde zu einem Merkmal der Professionalität, zumindest in ästhetischer Hinsicht. Cartier-Bresson war auch hier einflussreich. Er schrieb: »Wenn ein gutes Foto auch nur leicht beschnitten wird, werden die relativen Proportionen, das Spiel der Proportionen, mit Sicherheit zerstört.« Er förderte die Praxis, Abzüge mit einem dünnen schwarzen Rand zu machen, der den Falz (den klaren Film außerhalb des Bildbereichs) zeigt.

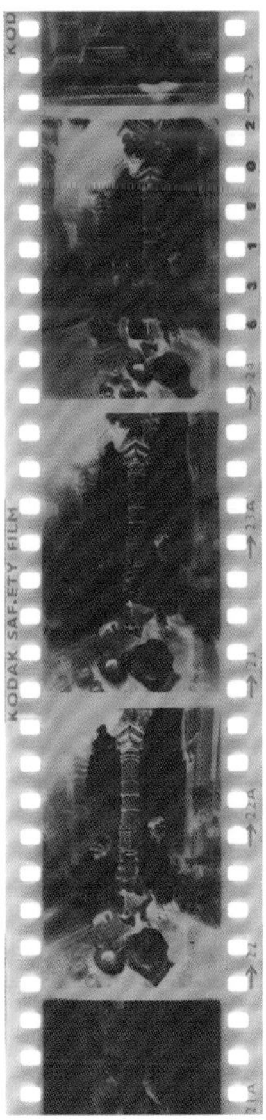

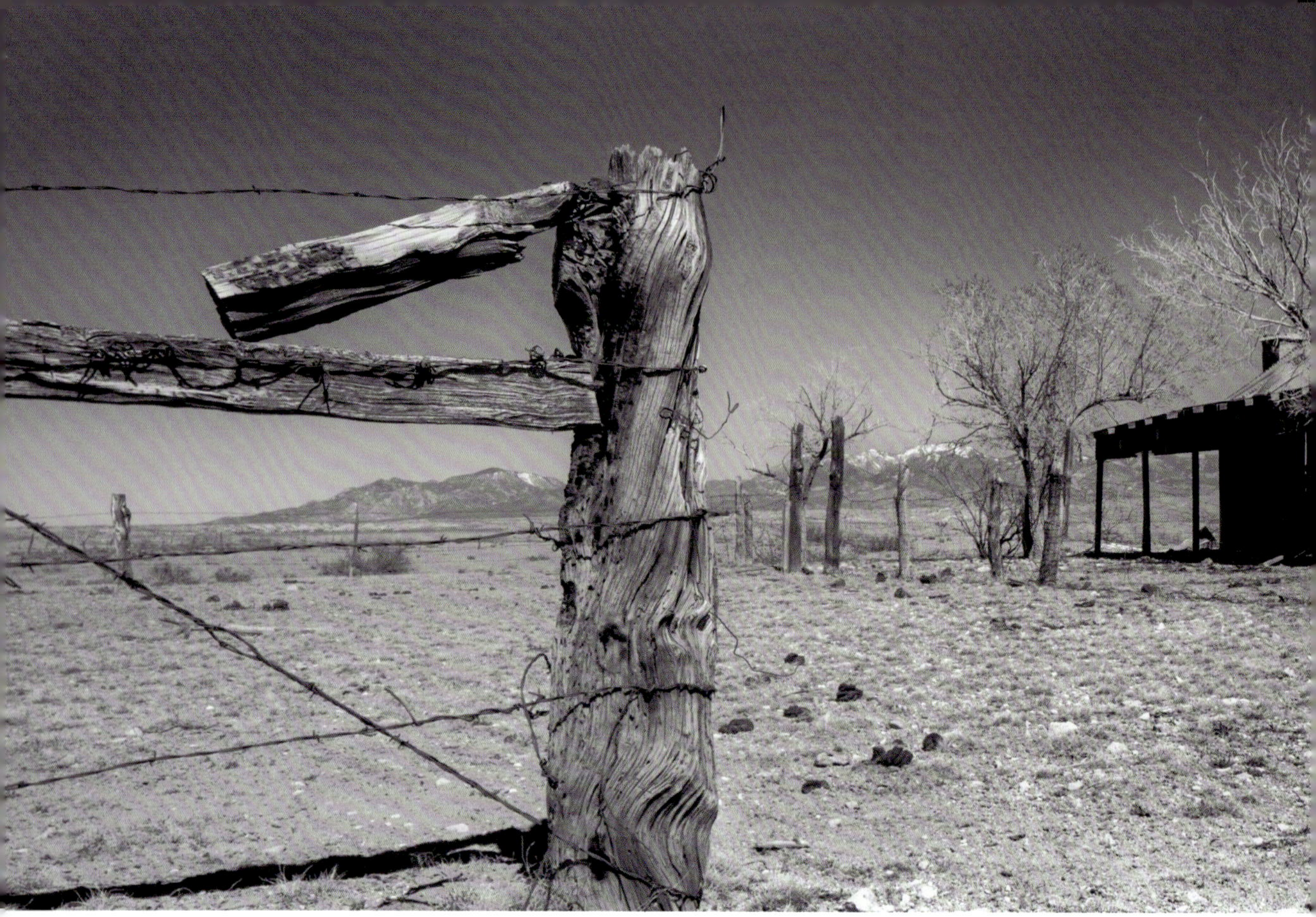

120ER-FILM

Wenn es so etwas wie ein Arbeitstier der Analogfotografie gibt, dann ist es die 6 cm breite Mittelformatrolle. Der 120er-Film wurde 1901 von Kodak für die Brownie-Kamera erfunden. Obwohl er als Amateurfilm gedacht war (Profis verwendeten viel größere Planfilme oder Glasplatten), überlebte er bis heute sowohl im Amateur- als auch im Profibereich. De facto war es dann der 35-mm-Film, der den Amateurmarkt eroberte, dank kleinerer Kameras und der geringen Größe der gängigen Abzüge, was die Körnigkeit zu einem untergeordneten Qualitätsmerkmal machte.

Die Körnigkeit bestimmte in der Tat die Wahl des Filmformats in der professionellen Szene. In der Fachwelt war das Erscheinungsbild von Körnigkeit für Artdirektoren, Produktionsmitarbeiter und Kunden nicht akzeptabel, obwohl es nie einen

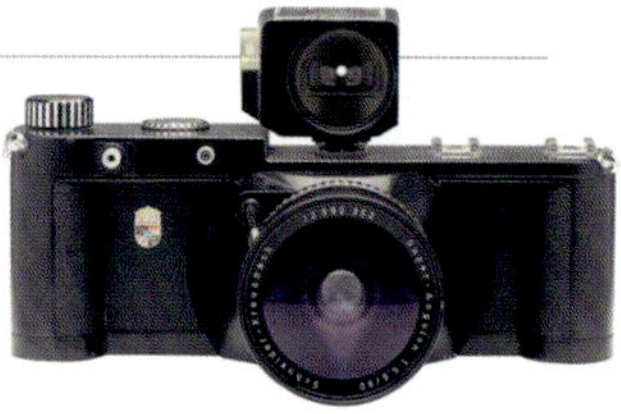

Die verwendete Kamera für das große Bild ganz oben war eine *Linhof Technorama*, die für Panoramen konzipiert war und einen 120er-Rollfilm mit einem Seitenverhältnis von 6×17 cm verwendete – fast so viel Filmfläche wie ein 4×5-Zoll-Negativ.

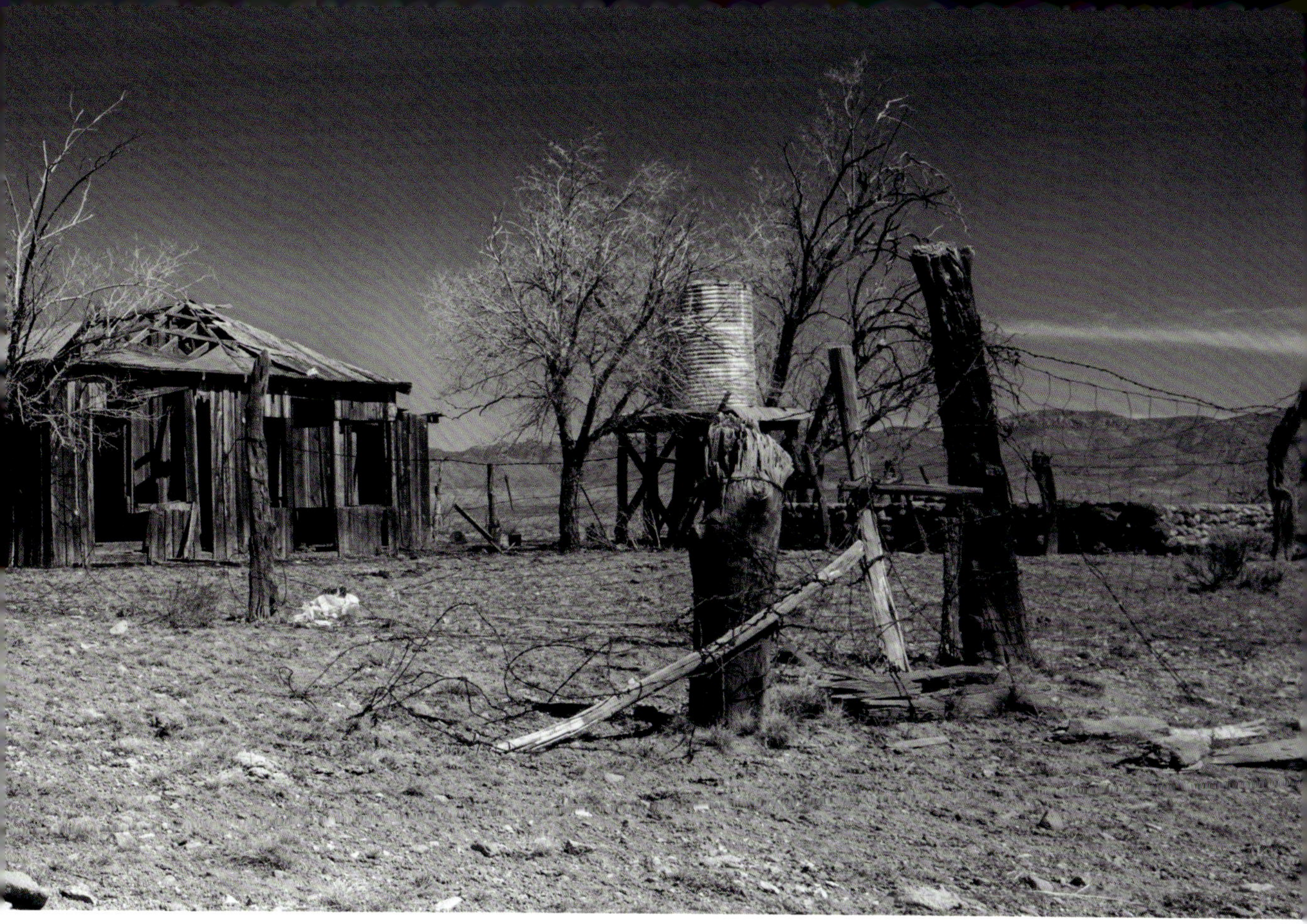

Eine verlassene Farm in der Nähe von Buckhorn, New Mexico, ist ein perfektes Motiv für ein 6×17-cm-Panorama auf *Ilford FP4*. Landschaften und architektonische Motive mit einer Fülle von kleinen Details eignen sich besonders gut für Mittelformat und Feinkorn.

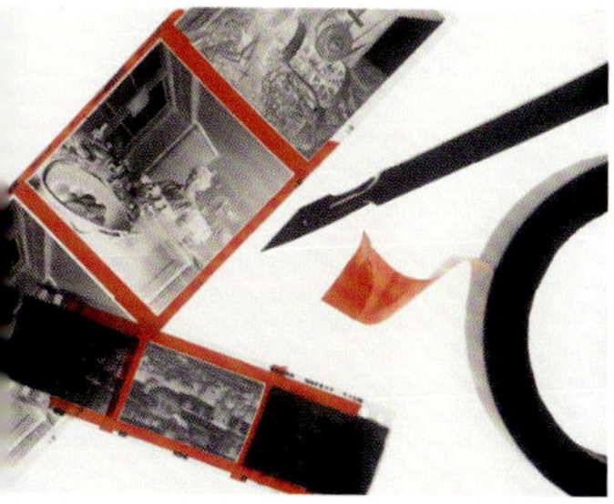

universellen Standard für Körnigkeit gegeben hat. Es handelt sich um eine Frage der Wahrnehmung, und dazu gehören mehrere Variablen, nicht zuletzt die eigene Sensibilität beim Betrachten. Kodak hat mit der Einführung des »Print Grain Index« versucht, das Erscheinungsbild der Körnigkeit beim Betrachten eines Drucks zu bewerten, blieb dabei aber recht vage – eine Veränderung von vier Einheiten soll für 90 Prozent der Betrachter einem »gerade noch wahrnehmbaren Unterschied« entsprechen. Die meisten Profis entschieden sich deshalb für die visuelle Sicherheit, und so wurde der 120er-Film zum Sicherheitsnetz. Ein quadratischer Rahmen von 6×6 cm ist mehr als viermal so groß wie ein 35-mm-Rahmen, und es gibt mehrere 120er-Formate, die breiter sind als dieser. So wurde 120er-Film von den Fachleuten als »kornfrei« akzeptiert, obwohl in Wirklichkeit ein feinkörniger 35-mm-Film oft Ergebnisse liefern konnte, die in der Größe, für die sie gedacht waren, keine erkennbare Körnigkeit aufwiesen. In der professionellen Digitalfotografie ist dies noch immer zu beobachten, wo ein sündhaft teures Mittelformat-Rückteil dazu beiträgt, die Kunden davon zu überzeugen, dass die Bildqualität zweifellos gut sein wird.

Vom ästhetischen und praktischen Standpunkt aus betrachtet, spricht für den 120er-Film vor allem seine Vielseitigkeit. Im Gegensatz zu 35-mm-Kameras, die für Kinofilme entwickelt wurden, wurde der 120er-Film von Anfang an für Fotokameras konzipiert. Die Kamerahersteller haben viele verschiedene Kameratypen entwickelt und unterschiedliche Formate angeboten. Der quadratische 6×6-cm-Rahmen

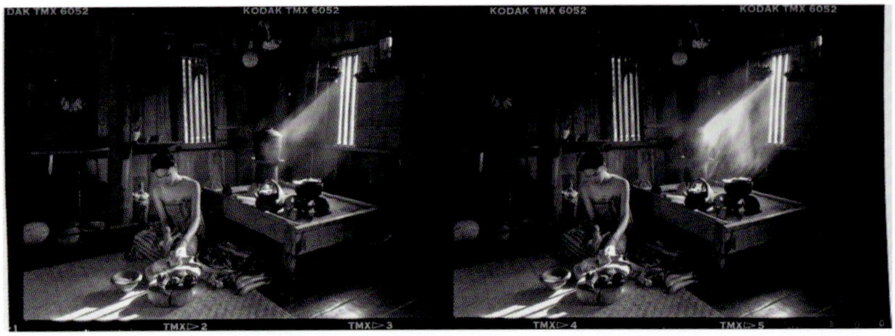

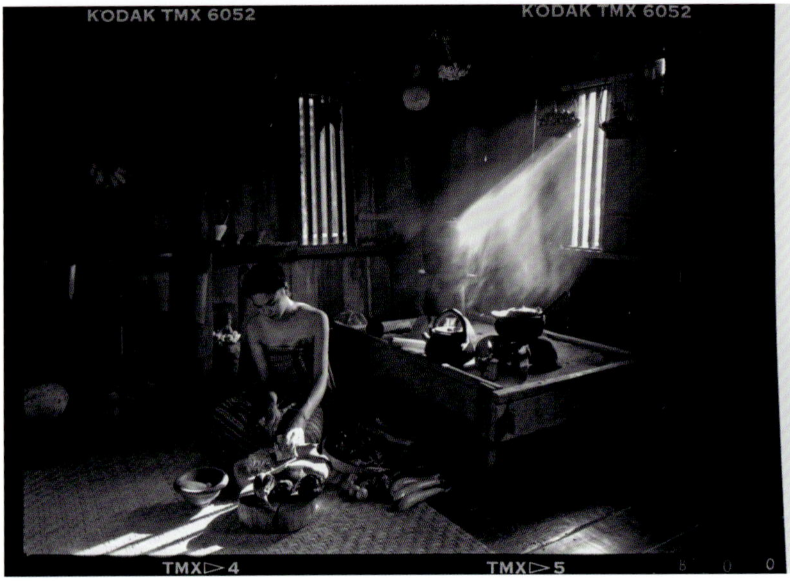

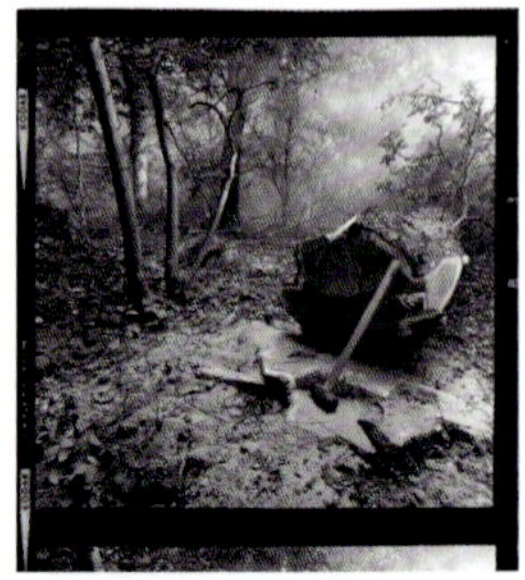

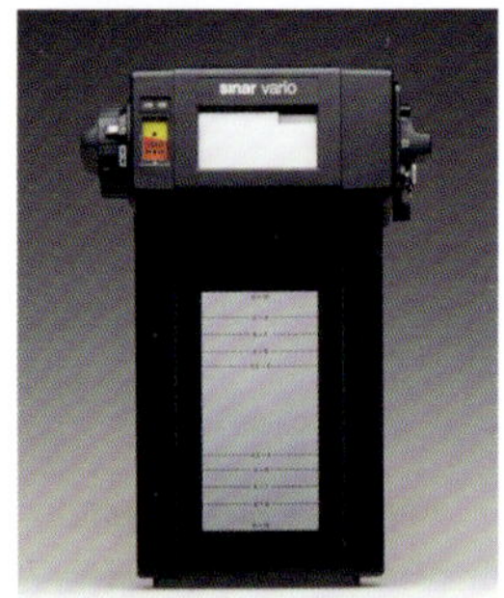

Die Standardformate des 120er-Films sind 6×7cm (links) und 6×6cm (oben), die von Rolleiflex und Hasselblad (unten) verwendet werden. Das *Sinar Vario*-Rückteil passt auf Großformatkameras und ermöglicht verschiedene Formate.

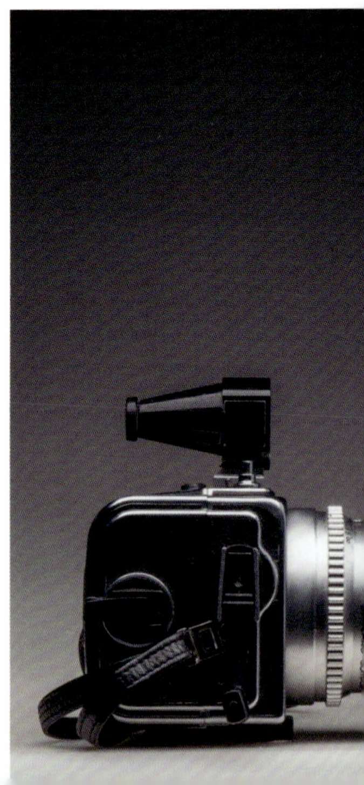

wurde mit der *Brownie II* von Kodak eingeführt. Überraschend ist, dass dieses Format von renommierten Marken wie Rolleiflex und Hasselblad beibehalten wurde, denn es bedarf eines gewissen Aufwands, um Motive und Szenen in einem quadratischen Rahmen zu komponieren.

Manch einer wird mir hier widersprechen, aber seit der Geschichte der Malerei scheint es im Allgemeinen natürlicher zu sein, Bilder in einem rechteckigen Rahmen zu gestalten, der auf einer Achse länger ist. Das mag damit zusammenhängen, dass sich die meisten Motive in einer Richtung weiter ausdehnen, wenn auch nur geringfügig. Das gilt auf jeden Fall für die meisten gedruckten Publikationen, wo auch die meisten professionellen Analogfotografien landeten – auf einer Seite oder einer Doppelseite. In der Praxis wurden die meisten quadratischen Negative vor dem Druck beschnitten. Deshalb war es durchaus üblich, bereits während der Aufnahme für das endgültige Beschnittformat zu komponieren. Dank der großen Belichtungsfläche kam es auch bei einem Zuschnitt um 25% nicht zu Problemen mit der Körnigkeit. Abgesehen davon arbeite ich persönlich gerne mit einem quadratischen Bildausschnitt, weil es befriedigend ist, eine Szene so zu komponieren, dass sie wirklich in ein solches exaktes Seitenverhältnis passt.

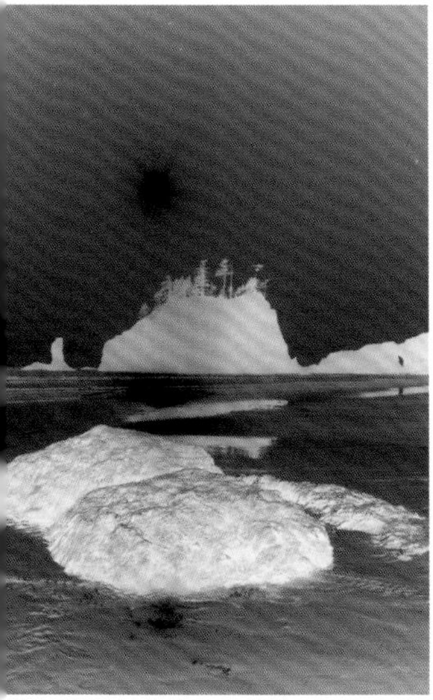

Ein 6×7-cm-Negativ im Hochformat und der dazugehörige Abzug einer Aufnahme vom Second Beach im Bundesstaat Washington

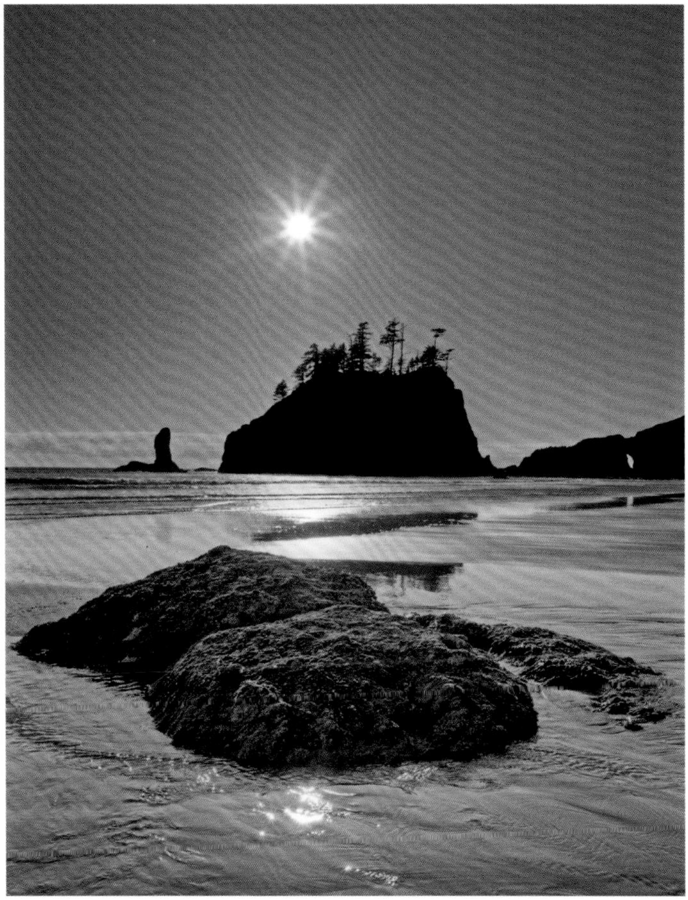

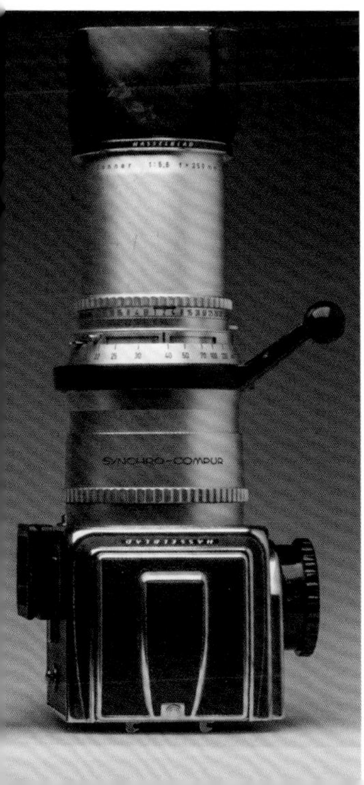

Ich zeige hier nur einige Beispiele für die Vielseitigkeit des 120er-Films. Ich habe Kameras und Rückteile in Formaten von 6×6 über 6×7, 6×9 und 6×12cm bis hin zu den wahrhaft panoramischen 6×17cm eines Linhof-Technorama verwendet. 120er-Rückteile sind natürlich für 4×5-Zoll-Fachkameras gedacht, von denen Sie auf den folgenden Seiten noch mehrere kennenlernen werden. Es gibt sie in verschiedenen Seitenverhältnissen, darunter die genial konstruierte *Sinar Vario*, die Sie auf eines von fünf Formaten zwischen 4,5×6 und 6×12cm einstellen können, und ihre noch bemerkenswertere Weiterentwicklung, die *Zoom 2*, mit der Sie das Format sogar während der Belichtung ändern können. Hier gibt es zwei Herangehensweisen. Die offensichtlichere besteht darin, das Seitenverhältnis zu wählen, das am besten zum Motiv und zur Art der Verwendung (Rahmung, Buch oder Zeitschrift) passt. Die Herausforderung besteht darin, herauszufinden, wie gut eine Szene in den Rahmen passt. Interessant wird es bei den größeren Seitenverhältnissen, wie 6×12cm und darüber hinaus. Der andere Ansatz besteht in der Wahl des Formats ohne Beschränkungen bei der Reproduktion. Das gilt besonders für Panoramakameras wie die *Linhof Technorama* von 1976. Das extreme Format ist äußerst unpraktisch, aber sehr reizvoll (ich selbst erlag der Versuchung), und ein großartiger Lehrgang für fortgeschrittene Bildkomposition.

PLANFILM

Das Hauptargument für den Rollfilm ergibt sich hauptsächlich aus seiner Größe im direkten Vergleich zum 35-mm-Format. Die Vorteile des Planfilms liegen aber woanders, obwohl er eine viel größere Fläche bietet. Die verbreiteten Formate 4×5 und 8×10 Zoll werden auch heute noch verwendet und sind im Handel erhältlich.

In Bezug auf jede Art von Präsentation und Reproduktion liegt der Planfilm in beiden Formaten weit über dem, was fast jeder an Auflösung benötigt, und selbst ein normaler Flachbett-Scan eines 4×5-Zoll-Negativs übersteigt die Möglichkeiten der meisten Bildbearbeitungsprogramme. Das »fast« schließt einige Verlagsprofis

Die Kongressbibliothek in Washington, DC, fotografiert auf 4×5-Zoll-Infrarot-Schwarzweißfilm mit einem 90-mm-Weitwinkelobjektiv. Die meisten Großformatkameras verfügen über Korrekturelemente für frontale Ansichten, was in der Architekturfotografie hilft, stürzende Linien zu vermeiden.

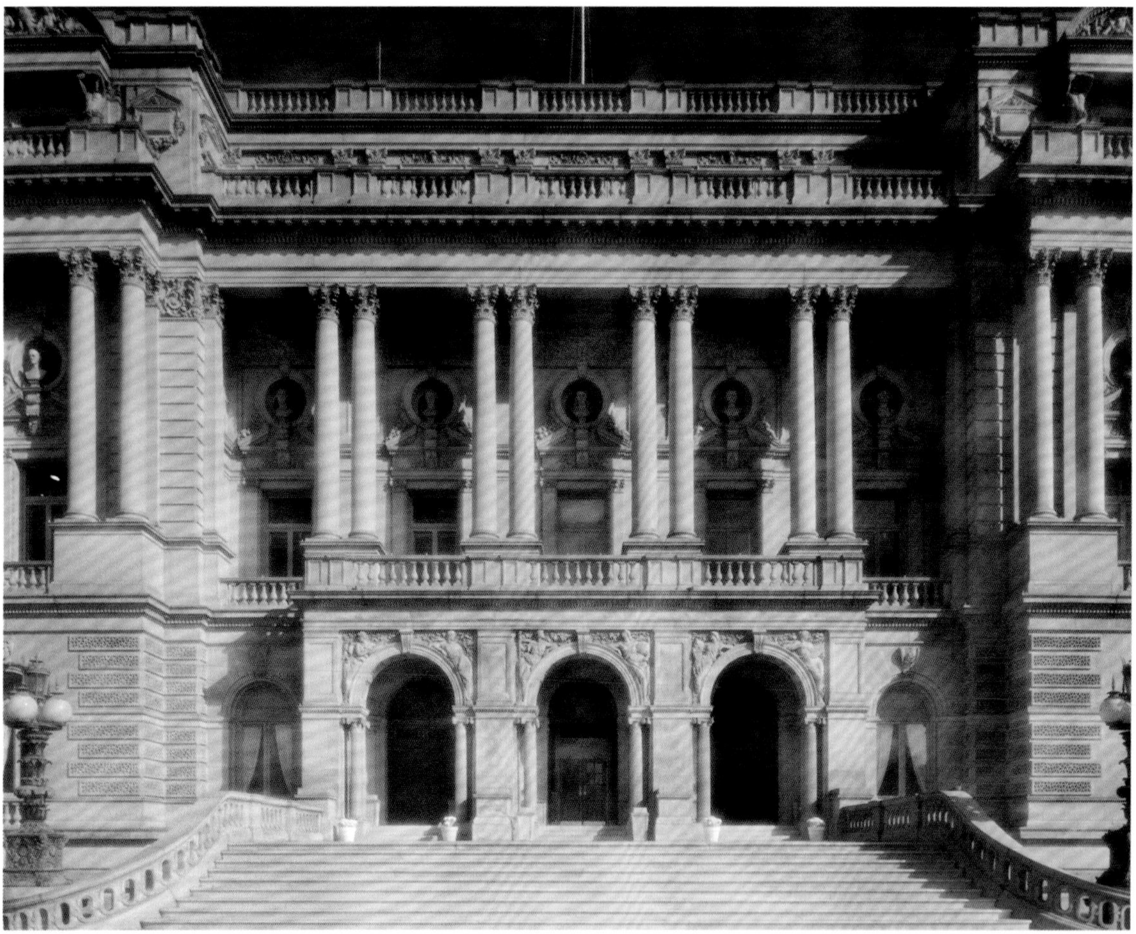

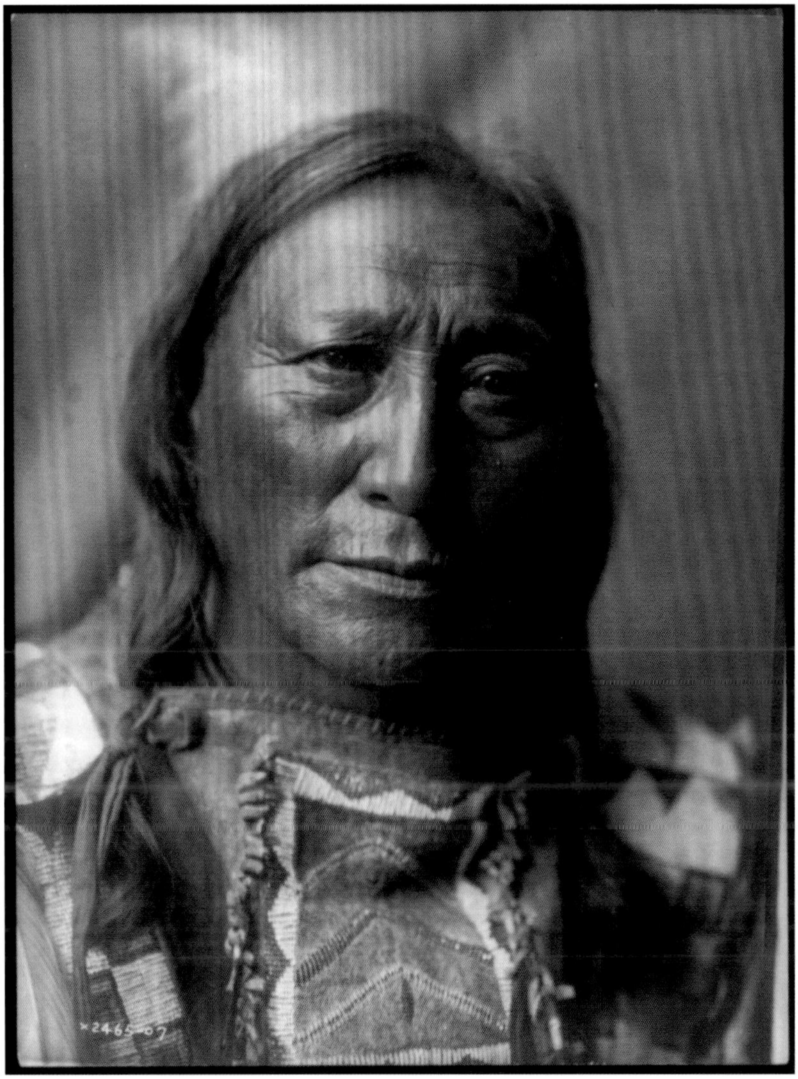

Porträt von Hollow Horn Bear, aufgenommen 1907 von Edward Curtis auf einer Trockenglasplatte. Curtis benutzte großformatige Kameras, insbesondere 6 1/2×8 1/2 Zoll. Durch die Verwendung von natürlichem Licht vor Ort war er gezwungen, eine offene Blende zu verwenden, sodass nur die Augen in der flachen Schärfeebene liegen.

aus. So schreibt Peter Ensengerger, der Leiter der Fotoabteilung des renommierten Magazins *Arizona Highways*, das bereits 1921 gegründet wurde: »Für die ganzseitigen Reproduktionen, die Arizona Highways berühmt gemacht haben, kommt die Digitaltechnik immer noch nicht an Großformatfilm heran.«

Dabei ist die notwendige Ausrüstung überraschend robust, einfach zu bedienen und preiswert: 4×5-Zoll-Fachkameras gibt es schon seit mehr als einem Jahrhundert, und viele von ihnen sind auf dem Gebrauchtmarkt erhältlich. Die beweglichen Bedienelemente solcher Kameras – im Fachjargon »Standarten« – erlauben es Ihnen, auf außergewöhnliche Weise mit Perspektive und Fokus umzugehen. Da Sie immer nur ein Blatt laden und belichten, lassen sich Entwicklungskosten sparen. Die lange und sorgfältige Einrichtung führt zu einer erhöhten Konzentration: Wenn Sie bereit sind, auf den Auslöser zu drücken, sollten alle Unwägbarkeiten ausgeräumt sein, die Menschen dazu verleiten, immer wieder neue Variationen aufzunehmen.

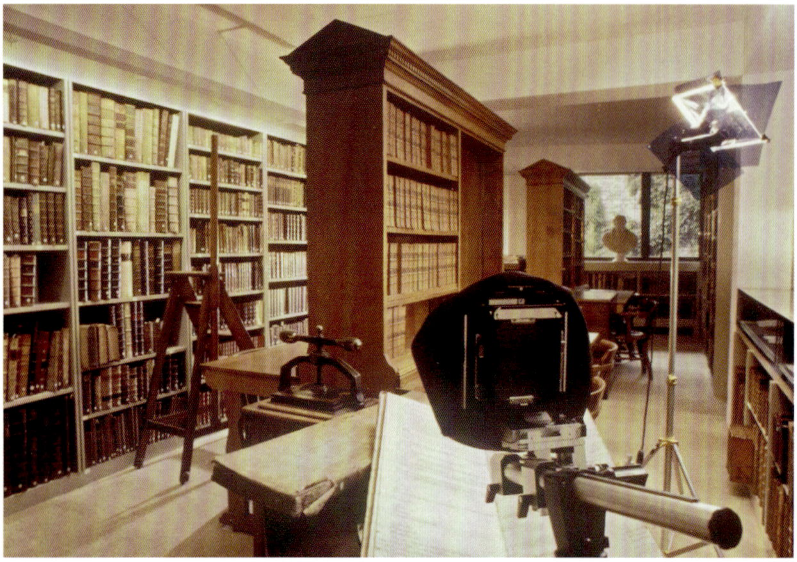

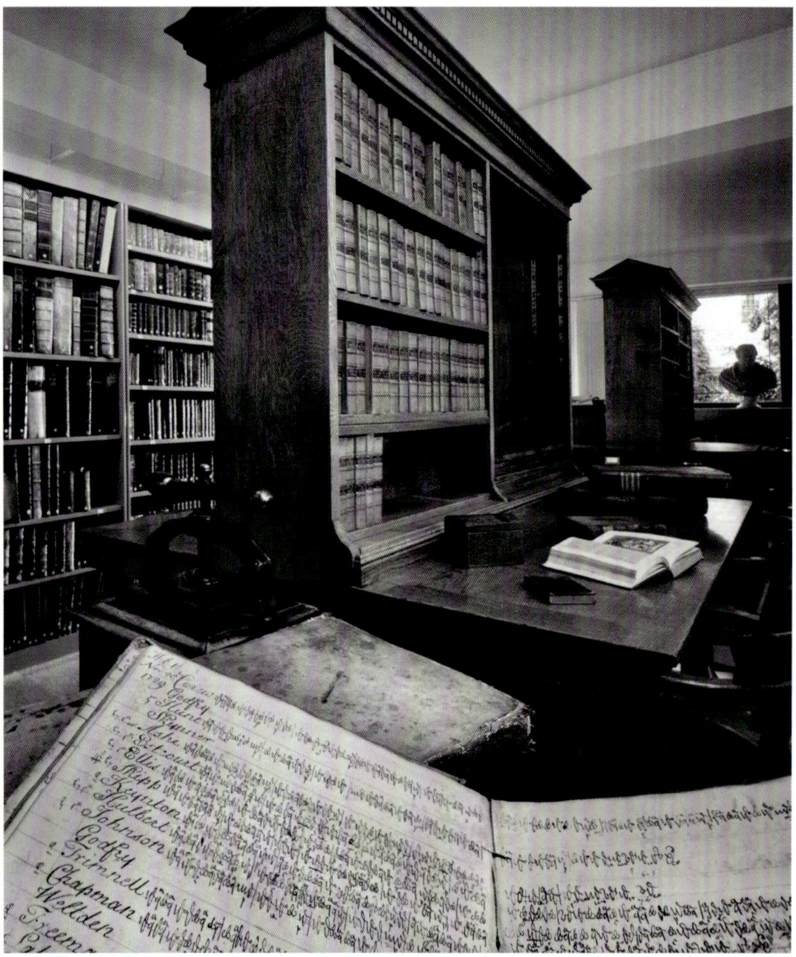

Eine Aufzeichnung von Dr. Johnson, dem Schriftsteller und Tagebuchschreiber des 18. Jahrhunderts, fotografiert im Pembroke College in Oxford auf einem 4×5-Zoll-Film mit einem Weitwinkelobjektiv, das so geschwenkt wurde, dass es den extremen Bereich von den Buchseiten bis zum entfernten Fenster abdeckt.

Bewegliche Elemente – in der Großformat-Terminologie als Standarten bezeichnet – ermöglichen es Ihnen, die Schärfeebene dem Motiv anzupassen, wie links zu sehen.

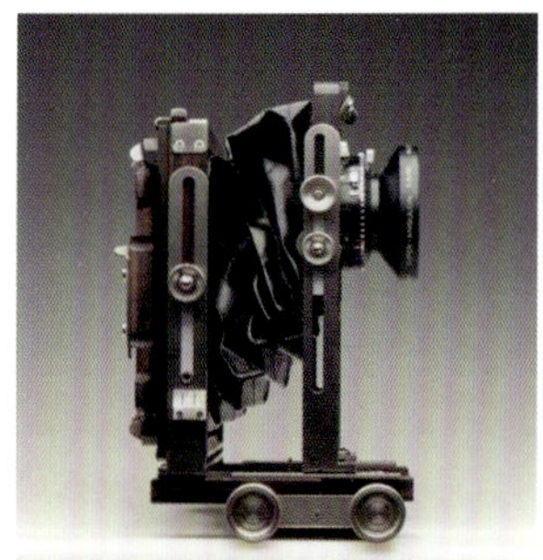

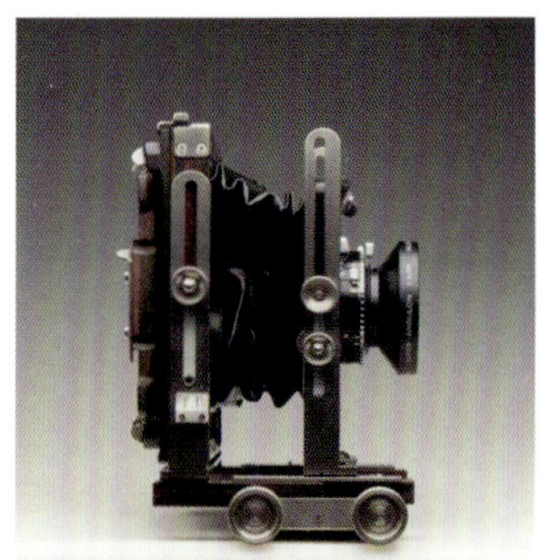

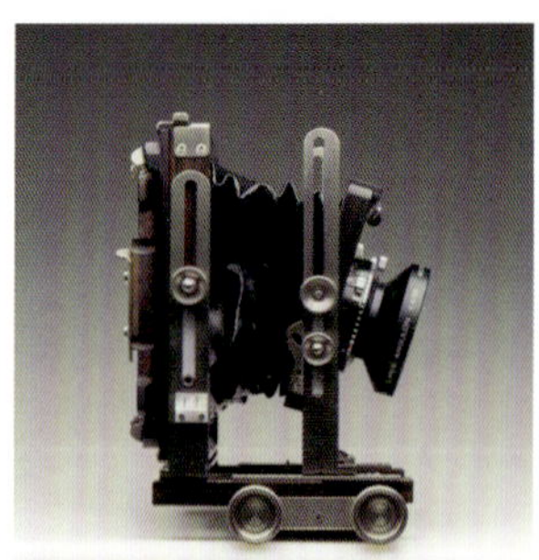

Die Nachteile dieser Art zu fotografieren liegen auf der Hand: Sie brauchen viel Zeit, ein Stativ und die nötige Übung, was Fachkameras zu Werkzeugen für handwerklich begabte Menschen macht. Sie sind nicht für jede Art von Szene geeignet, und im Freien ist ihr typisches Einsatzgebiet die Landschaft und die Architektur. In einem Studio ist alles, was vor der Kamera passiert, vor einer Fachkamera besser aufgehoben als vor jeder anderen Art von Kamera – von Stillleben über Porträts bis hin zu Innenräumen. Zugegeben, wenn Sie bei Porträts auf schnelle Aufnahmen angewiesen sind, ist eine Rollfilmkamera besser geeignet, aber für sorgfältige Kompositionen sind Großformat-Kameras besser geeignet. Richard Avedon bevorzugte beispielsweise eine 8×10-Zoll-Kamera. Das Gewicht ist nicht unbedingt ein Problem. Ich verwende eine 2 kg schwere Kamera aus Ebenholz und Titan, die inklusive Objektiv weniger auf die Waage bringt als meine DSLR mit 24–70-mm-Standardzoom.

Die variablen Bedienelemente sind die Stärke einer Fachkamera. Das Gehäuse mit dem charakteristischen Balg ist im Wesentlichen flexibel, und bei einer hochwertigen Kamera können Sie die vordere Standarte, die das Objektiv trägt, nicht nur nach vorne und hinten verschieben, sondern auch nach oben, unten und zur Seite schwenken. Die hintere Standarte, die das Filmfach trägt, ist genauso beweglich.

Unten ist eine 4×5-Zoll-Flachbett-Laufbodenkamera der Londoner Hersteller *Gandolfi* zu sehen; rechts ein frühes Modell der *Imperial Triple Extension*-Viertelplattenkamera (3¼×4¼ Zoll) von *Thornton Pickard*.

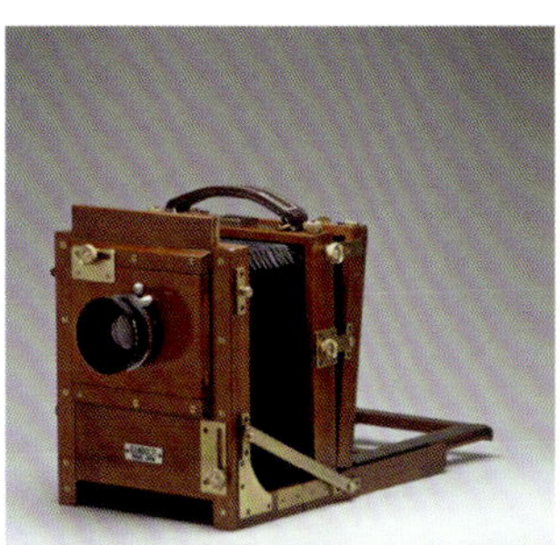

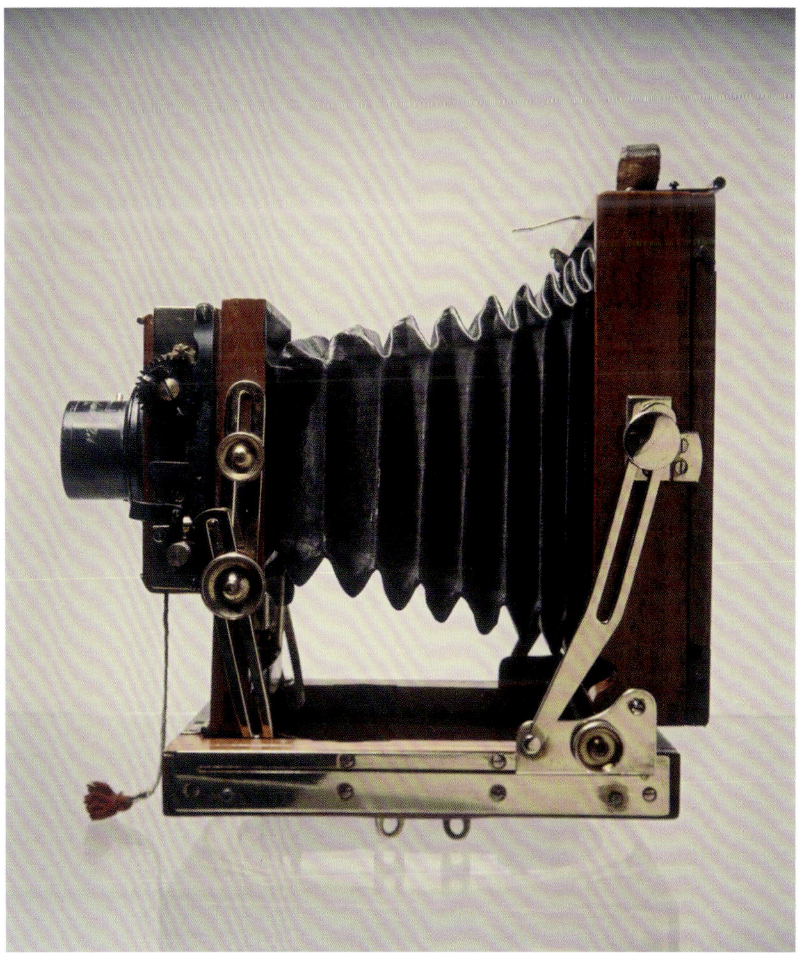

Objektive für Fachkameras sind so konzipiert, dass sie einen größeren Bereich als nur den Film abdecken, und diesen zusätzlichen Bereich können Sie zu Ihrem Vorteil nutzen. Wenn Sie bei waagerecht ausgerichteter Kamera die vordere Standarte nach oben verschieben, wird die Szene vor Ihnen nach unten ins Bild gleiten. Wenn es sich um ein Gebäude handelt, bleiben dabei die vertikalen Kanten gerade, statt zu konvergieren. Auch die Ausrichtung der Fokusebene auf die Ebene des Motivs erfolgt bei Fachkameras auf eine elegante Art und Weise. Mit einem festen Kameragehäuse und einem starren Objektiv ist die Fokusebene vertikal – stellen Sie sich eine riesige vertikale Glasscheibe vor Ihnen vor. In der Produkt- und Stilllebenfotografie im Studio lichten Sie jedoch oft eine Fläche ab, die sich fast horizontal vor der Kamera erstreckt. Anstatt die Schärfentiefe wie bei einer herkömmlichen Kamera durch Abblenden zu verbessern, kippen Sie bei einer Fachkamera das Objektiv nach vorne, das Filmfach nach hinten oder beides. Dadurch wird die Fokusebene nach vorne gekippt. Die zugrunde liegende Scheimpflugsche Regel hört sich komplizierter an, als sie in der Praxis ist. Mit solchen Bewegungen können Sie die Aufnahme auf eine Weise steuern, die mit kleinen Kameras kaum vorstellbar ist. Natürlich brauchen Sie die riesige Fläche des Planfilms, um die daraus resultierenden Vorteile nutzen zu können (selbst die größten Sensoren sind im Vergleich dazu klein), und können daher nicht in vollem Umfang von der Flexibilität einer Fachkamera profitieren. Spezielle Tilt-Shift-Objektive, die für DSLRs entwickelt wurden, kommen deshalb kaum an die Qualität flexibler Fachkameras heran.

Großformatkameras mit Planfilm bringen Sie der Essenz des Fotografierens so nah wie keine anderen Kameras. Sicherlich ist diese Art des Fotografierens eine Nische, doch sie verkörpert das Handwerk der langsamen, persönlichen Fotografie. Alles ist flexibel und fixierbar, und selbst die Entwicklung ist denkbar einfach – der Film muss nicht wie bei 120 und 35 mm auf eine Spiralrolle gewickelt werden. Planfilm kann in einen Tank eingelegt oder noch einfacher in ein Fach geschoben werden, so wie Sie es bei Druckerpapier tun würden. Der große Vorteil der selbstständigen Filmentwicklung besteht darin, dass Sie die volle Kontrolle über jeden Schritt Ihrer Arbeit von der ersten Entscheidung für eine Szene bis hin zum fertigen Bild behalten.

Ein wunderschön belichteter Abguss eines Ammoniten an einem für Fossilien bekannten Strand auf der Isle of Mull, Schottland. Das ist eine perfekte Situation für die Verwendung einer Großformatkamera mit geneigter Frontstandarte (unten), sodass die Schärfeebene nicht vertikal, sondern entsprechend dem flachen Strand geneigt ist.

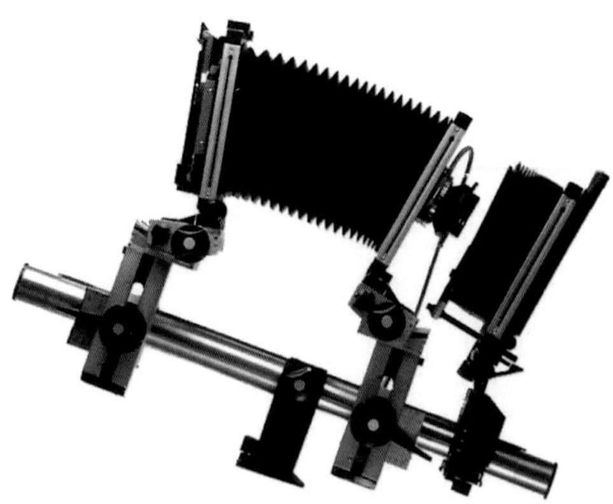

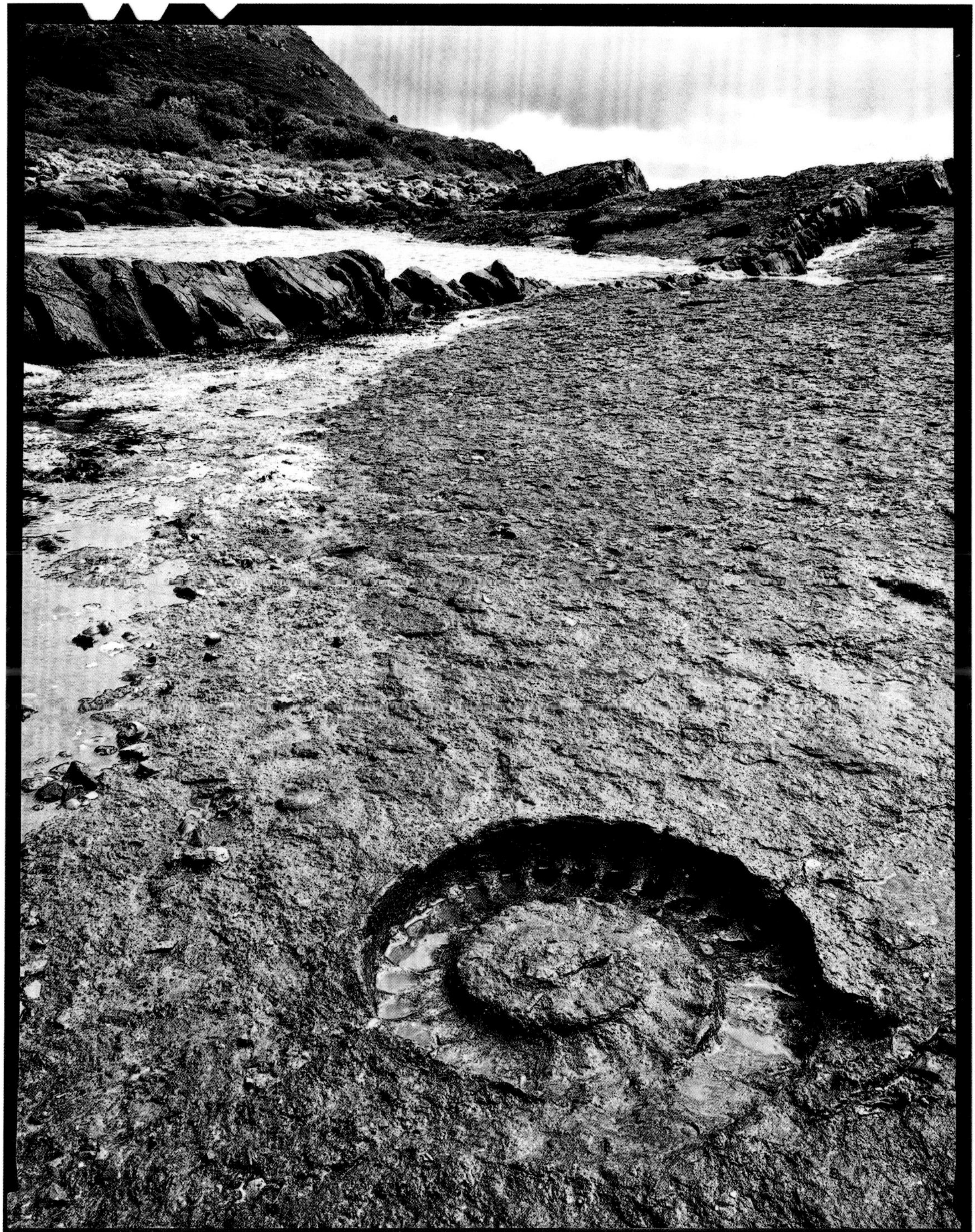

INSTANT-FILM

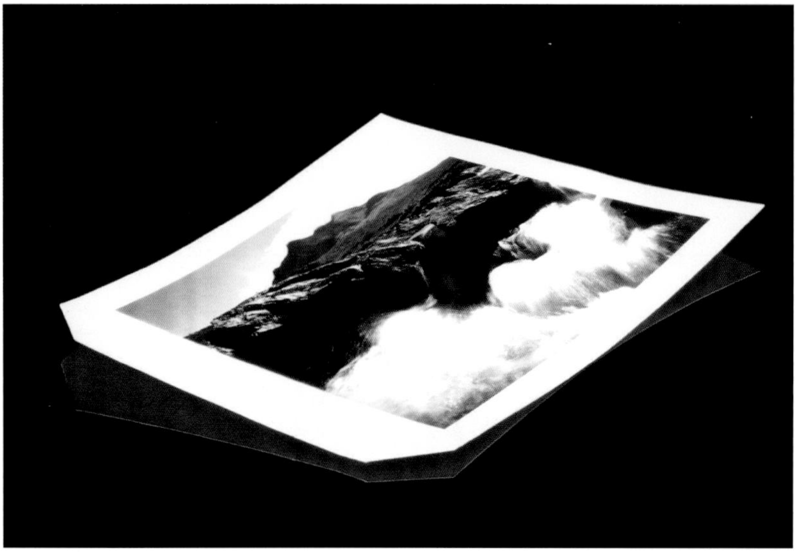

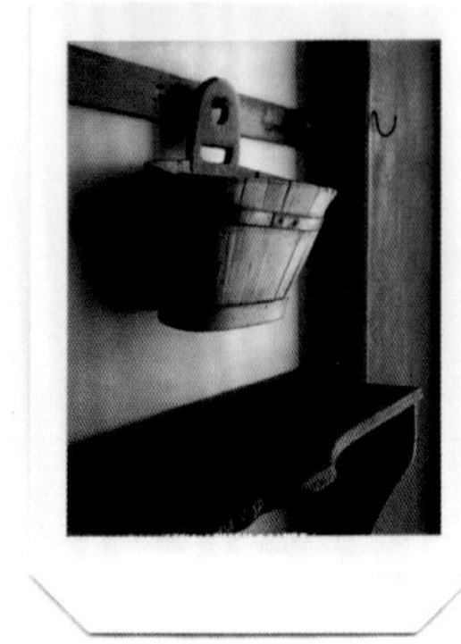

Die beiden Schwarzweißabzugsfilme von Polaroid waren eine wichtige Stütze der Großformatfotografie. *Typ 52* (oben) wurde nicht nur für Proofs verwendet – seine Größe von 4×5 Zoll und seine hohe Druckqualität reichten auch für finale Abzüge aus. Der *Typ 55 P/N* (links) produzierte zusätzlich 4×5-Zoll-Negative.

Der Instant-Film (oder, genauer gesagt, der Sofortbild-Abzug) war die Idee des großen Erfinders und Wissenschaftlers Edwin Land und wurde unter dem Markennamen Polaroid von 1948 bis 2008 zu einem Phänomen in der Welt der Fotografie. Die Chemie und die Produktionslinien waren kompliziert, aber zu einer Zeit, in der es selbst für Profis einige Stunden dauerte, bis sie Ergebnisse zu Gesicht bekamen, und Amateure ein oder zwei Tage warten mussten, war der Reiz eines sich innerhalb von Minuten selbst entwickelnden Abzugs unwiderstehlich.

Im professionellen Bereich wurden Polaroid-Abzüge vorwiegend als Proofs zur Kontrolle von Komposition, Details (wichtig bei Studioaufnahmen) und Belichtung verwendet. Das *545 Polaroid*-Rückteil, das wie ein normaler Planfilmhalter auf eine Großformatkamera aufgesetzt werden konnte, wurde dabei zum bevorzugten Arbeitstier. Als Polaroid-Produkte im Überfluss vorhanden waren und der Kunde für den Film bezahlte, wurden sie sogar zur Belichtungsmessung zweckentfremdet. Abgesehen vom Bereich der Proofs hatten Polaroids jedoch besondere Qualitäten, die sie für den kreativen Einsatz prädestinierten. Zunächst einmal ist jeder Abzug ein Unikat, was ihn für die Kunstfotografie interessant macht und die üblichen Probleme mit limitierten Auflagen vermeidet. Außerdem handelt es sich bei Polaroids um

Kontaktabzüge, die nicht vergrößert werden. Für jeden, der den Umgang mit Großformaten gewohnt ist, sind die Schärfe und die Tonqualität eines kleinen Kontaktabzugs unverkennbar und in gewisser Weise exquisit.

Eine Besonderheit war der *Polaroid 55*, der als 4×5-Zoll-Abziehfilm ein Revival der Sofortbildfotografie einleiten sollte. Er lieferte sowohl einen Schwarzweißabzug als auch ein Negativ, was ihn äußerst nützlich machte. Alles, was es dazu brauchte, war Natriumsulfit als Reinigungslösung. Ein zusätzlicher Vorteil war, dass das Negativ frei von Lochstreifen und Entwicklungskratzern war. Der einzige kleine Nachteil war, dass bei Aufnahmen für das Negativ eine zusätzliche Belichtungsstufe benötigt wurde, die über jener für den Abzug lag. Ein Versuch, diesen Sofortbildfilm wiederzubeleben, wurde weitgehend erfolglos in Form des *New55* unternommen.

Zwischenzeitlich wurden Sofortbildkameras mit eigenen Filmpaketen eingeführt, die auf dem SX-70-System von Polaroid aus dem Jahre 1972 aufsetzten. Dazu gehören die Produkte der Install-Reihe von Fujifilm, die auch einen Schwarzweißfilm enthalten. Der *Wide Monochrome*-Film liefert 86×108-mm-Abzüge, die mit den traditionellen 4×5-Zoll-Produkten von Polaroid vergleichbar sind.

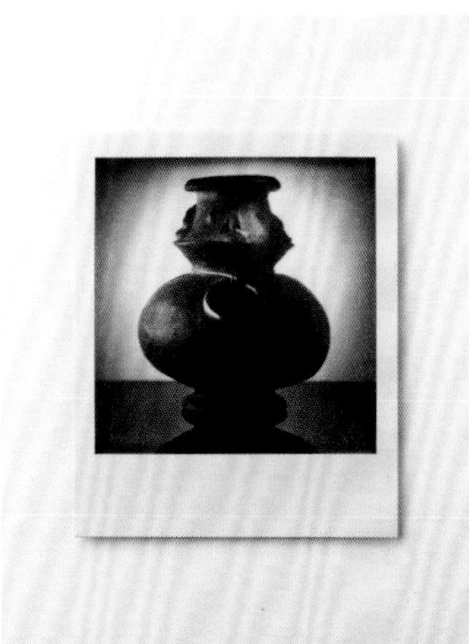

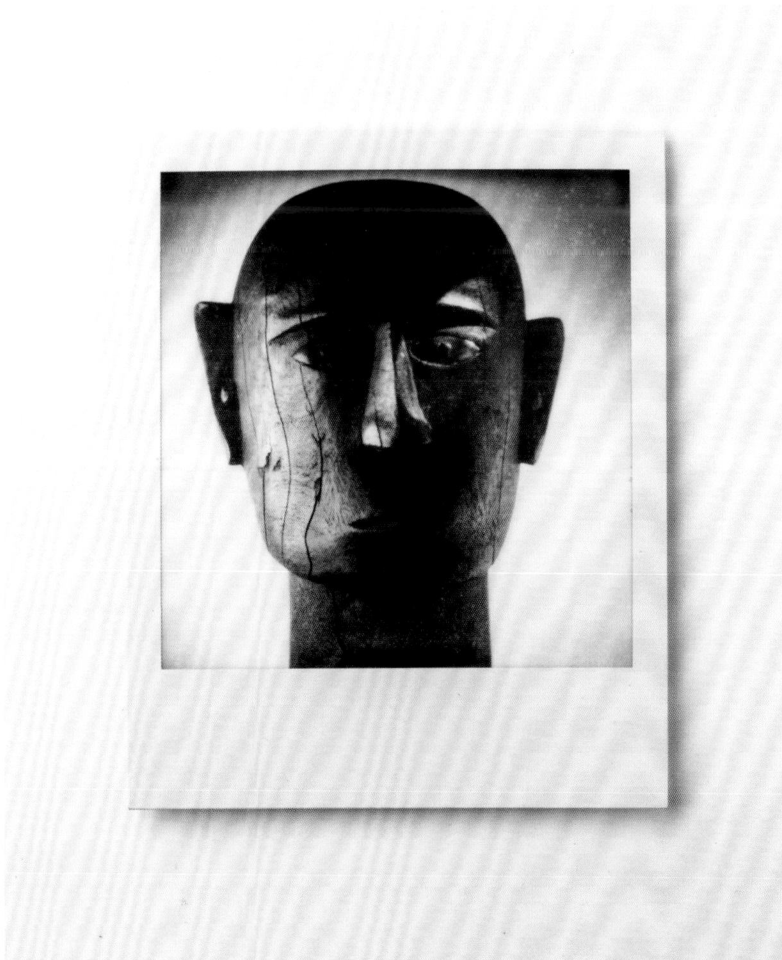

Das neu aufgelegte Polaroid-Sortiment umfasst eine Schwarzweißversion für die ikonische SX-70-Kamera. Bei dem Modell, das ich für eine Stillleben-Session im Studio verwendet habe, handelt es sich um ein Original, das mittlerweile 50 Jahre alt und immer noch uneingeschränkt funktionsfähig ist.

EINE PERFEKTE KOMBINATION?

Analog auf Film fotografieren und anschließend eine gescannte Datei digital weiterverarbeiten – das klingt zunächst wie ein Widerspruch. Warum sollten Sie Geld in analoges Equipment und einen teuren Scanner investieren, wenn die Bearbeitung genauso wie bei Digitalfotos erfolgt? Nun, der Aufwand ist zwar größer und die Kosten sind höher, aber die Qualität der Ergebnisse ist kaum zu übertreffen.

Die Größe ist entscheidend: Das hier präsentierte Beispiel wurde mit einer 4×5-Zoll-Fachkamera auf Schwarzweißnegativfilm belichtet. Ich besitze diese Kamera schon seit den Tagen vor der Digitalisierung, sie ist also für mich ein ebenso altes wie vertrautes Gerät. Der Detailgrad von Schwarzweißnegativen wie diesem ist herausragend. Um es ins rechte Licht zu rücken: Eine digitale Hasselblad der Spitzenklasse liefert 100 Megapixel von einem Sensor, der 53×40mm misst. Das hier gezeigte Negativ erstreckt sich jedoch mit 121×95mm über die mehr als fünffache Fläche. Schon das Scannen mit einem guten Flachbettscanner erzeugt riesige Dateien, die an die Grenzen von herkömmlicher Hard- und Software stoßen.

Wie jedes gute Schwarzweißnegativ wirkt dieses Negativ nach normalen Bildgebungsstandards relativ flach, es ist jedoch vollgepackt mit Informationen. Und da es monochrom ist, kann es in einem Maße digital bearbeitet werden, wie es in Farbe aufgrund von Ansprüchen an die realistische Darstellung unmöglich wäre. Ich verwende *Adobe Camera Raw* für die Bearbeitung, und wie die kleinen Bildschirmfotos

↓ Wie bei fast allen Architekturaufnahmen mit einer Fachkamera ist die verschiebbare Objektivstandarte entscheidend. Diese ermöglicht die waagerechte Positionierung der Kamera bei gleichzeitiger Verlagerung des Blicks nach oben, um die Decke mit einem 90-mm-Weitwinkelobjektiv erfassen zu können. Die Belichtungszeit betrug 7 Minuten.

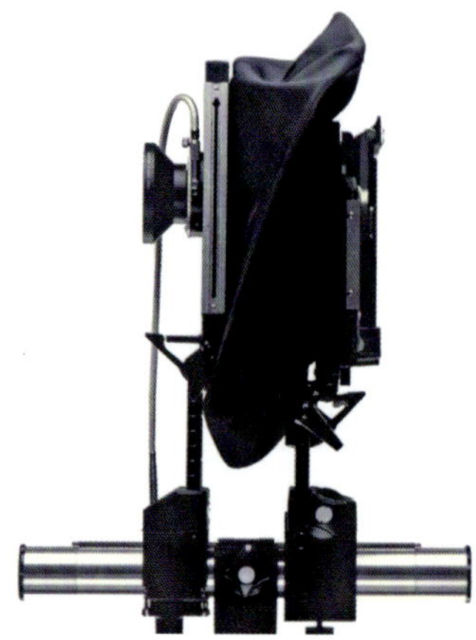

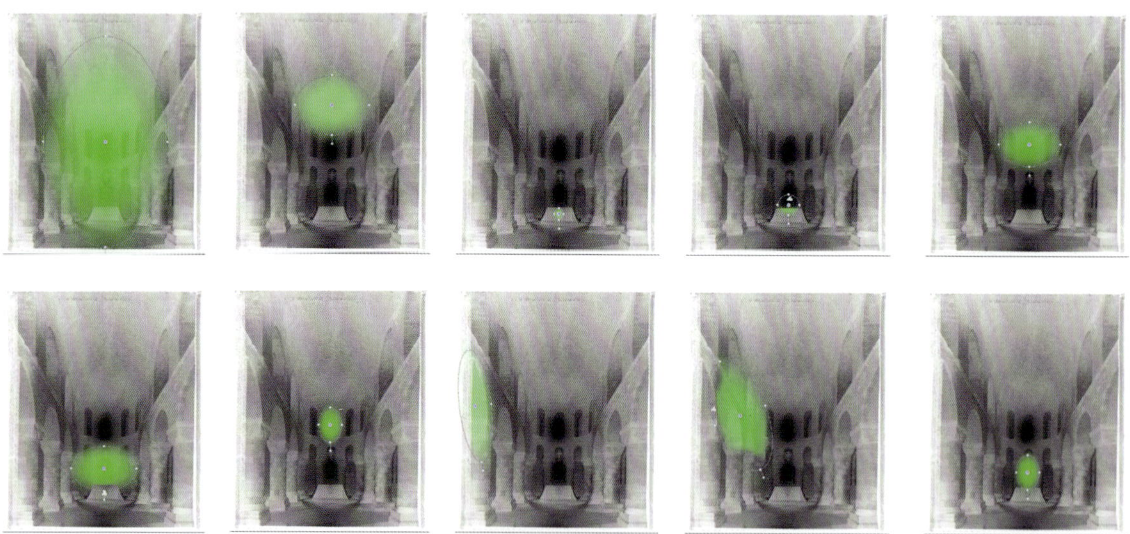

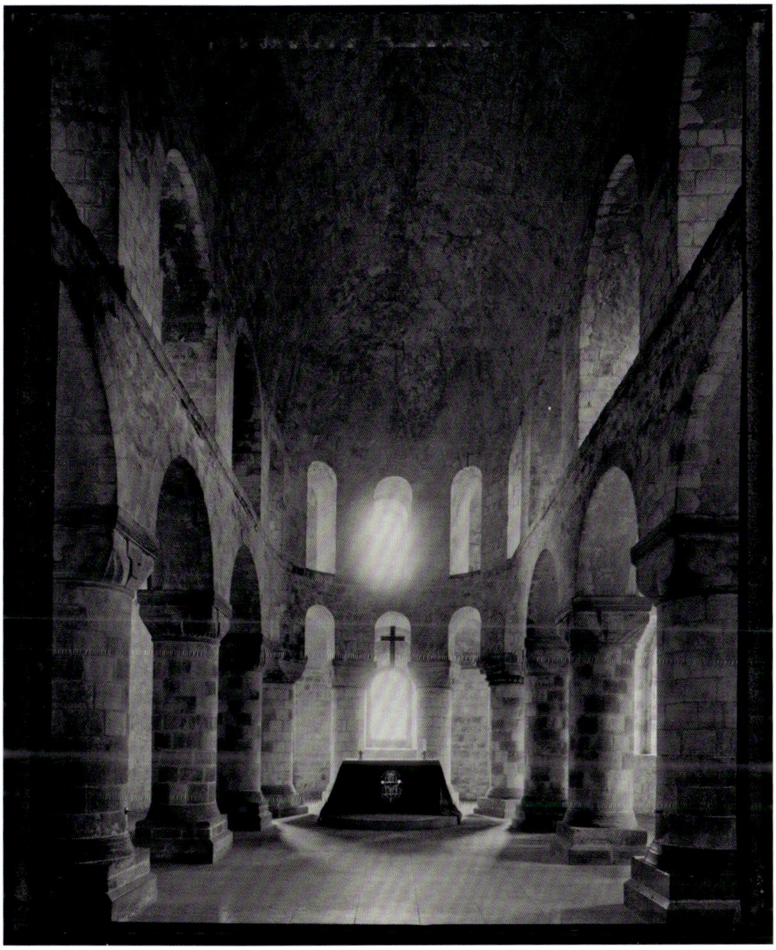

Das 4×5-Zoll-Negativ wurde auf *Polaroid 55 P/N* aufgenommen, dessen dünne Emulsion eine gute Detailgenauigkeit und einen großen Dynamikumfang bietet.

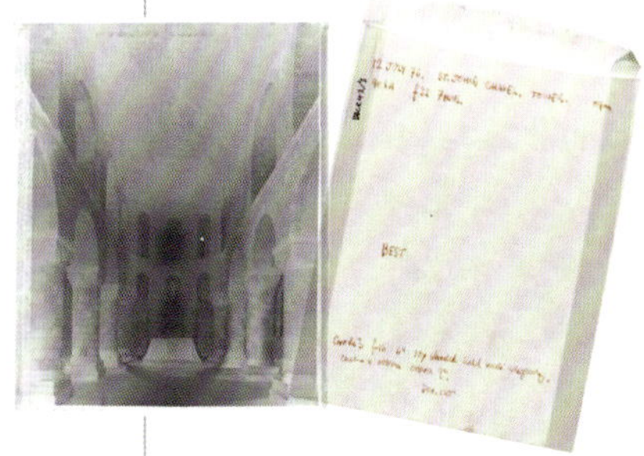

links zeigen, habe ich zusätzlich zu den globalen Basiskorrekturen zehn verschiedene radiale Masken für lokale Anpassungen angewendet. Diese waren erforderlich, weil das Negativ aufgrund der Entscheidung, ohne Fülllichter direkt ins Sonnenlicht zu fotografieren, schwer zu drucken ist. Bei der Aufnahme der St. John's Chapel im Herzen des Tower of London handelte es sich um eine Auftragsarbeit, sodass ich das Gebäude am frühen Morgen für mich allein hatte. Die Kapelle wurde im 11. Jahrhundert erbaut und ist ebenso imposant wie streng. Die Apsis am Ende und der Altar sind nach Osten ausgerichtet. Der Legende nach verbrachten angehende Ritter die Nacht bis zum Sonnenaufgang im Gebet vor dem Altar. Stellen Sie sich die spirituelle Kraft vor, die sich einstellte, als die aufgehende Sonne den Altar und die knienden Männer mit Licht überflutete. Genau dieses Gefühl wollte ich vermitteln, sodass bis auf das Fenster keinerlei weiteren Lichtquellen zum Einsatz kamen.

Die Kombination aus einem großen, detaillierten Negativ und der neuesten Version von Adobe Camera Raw ist perfekt. Das intensive Licht, das aus dem Fenster strömt, erzeugt im Negativ einen sanften Verlauf ohne Clipping oder Banding, während jedes Detail in den Schatten erhalten bleibt. Und, natürlich, trübt kein Rauschen die exzellente Bildqualität!

Bei dieser Aufnahme der St. John's Chapel im Tower of London war es wichtig, das Leuchten der Fenster zu erhalten, und gleichzeitig die Details im Mauerwerk bis in die Schatten sowie den Kontrast im Bereich des Altars zu bewahren. Das war bei der traditionellen Silberhalogenid-Entwicklung schwierig, stellte jedoch mit der digitalen Bearbeitung in ACR kein Problem dar.

KAPITEL

6

KONVERTIERUNG

Sie können sich bei der Konvertierung eines digitalen Farbbildes in Schwarzweiß so viel oder so wenig Mühe geben, wie Sie möchten. Es wird Sie aber nicht überraschen, dass es in diesem Kapitel vor allem darum geht, sich viel Mühe zu geben. Die Möglichkeiten, aus einer einzigen Bilddatei drastisch unterschiedliche Schwarzweißversionen zu generieren, sind beeindruckend.

Das Prinzip besteht darin, den Prozess für die Aufzeichnung von Farben umzukehren. Die Sensoren von Digitalkameras zeichnen nur Tonwerte auf, also die verschiedenen Helligkeitsstufen, die von Oberflächen vor der Kamera reflektiert werden. Wo auch immer die Photonen herkommen – von einer roten Nelke oder einem blauen Badeanzug –, sie alle sammeln sich in den Photosites des Sensors, die jeweils zu einem Pixel der Bilddatei werden. Die Farbinformationen werden durch Filterung gewonnen. Die gängigste Methode ist die Verwendung von pixelgroßen, transparenten Rot-, Grün- und Blaufiltern, die in einem Muster auf der Oberseite des Sensors angeordnet sind. Jede Farbe, die wir sehen können, kann aus diesen Grundfarben erzeugt werden, und der Vorteil für Schwarzweißfotografen ist, dass der Prozess leicht umkehrbar ist. Genauso wie die drei Farbkanäle im integrierten Prozessor der Kamera kombiniert werden, um ein vollfarbiges Bild zu erhalten, können sie auch vom Endergebnis getrennt werden. Wir können dann wählen, wie hell oder dunkel eine Farbe in unserem Schwarzweißfoto erscheint. Dies bietet eine außerordentliche tonale Freiheit, und die Kontrolle über das Tonwertspektrum ist das Herzstück einer gut gemachten Schwarzweißfotografie.

Obwohl diese Möglichkeit erst mit der Digitalfotografie aufkam, ist das Prinzip nicht neu. Fotografinnen und Fotografen, die analogen Schwarzweißfilm einsetzen, verwenden schon seit Langem Farbfilter vor dem Objektiv, um bestimmte Wellenlängen für besondere Effekte abzuschwächen. Ein Rotfilter blockiert beispielsweise starkes blaues Licht, sodass mit der richtigen Belichtungseinstellung der blaue Himmel auf Wunsch schwarz werden kann. Ein Blaufilter hat den gegenteiligen Effekt, wodurch eine Landschaft in der Distanz mehr Tiefe zu haben scheint. Ansel Adams war ein Meister auf diesem Gebiet. Der entscheidende Unterschied besteht darin, dass wir unsere Filter heutzutage nach der Aufnahme auswählen können. Wie sich diese Flexibilität auf die Qualität unserer Bilder auswirkt, sei dahingestellt. Denn im Grunde genommen sollten Sie sich bereits beim Drücken auf den Auslöser über Ihre Vorstellungen im Klaren sein. Unabhängig davon gibt es eine Vielzahl von Möglichkeiten, um Farbbilder auf kontrollierte und effektive Weise in Schwarzweißaufnahmen zu verwandeln.

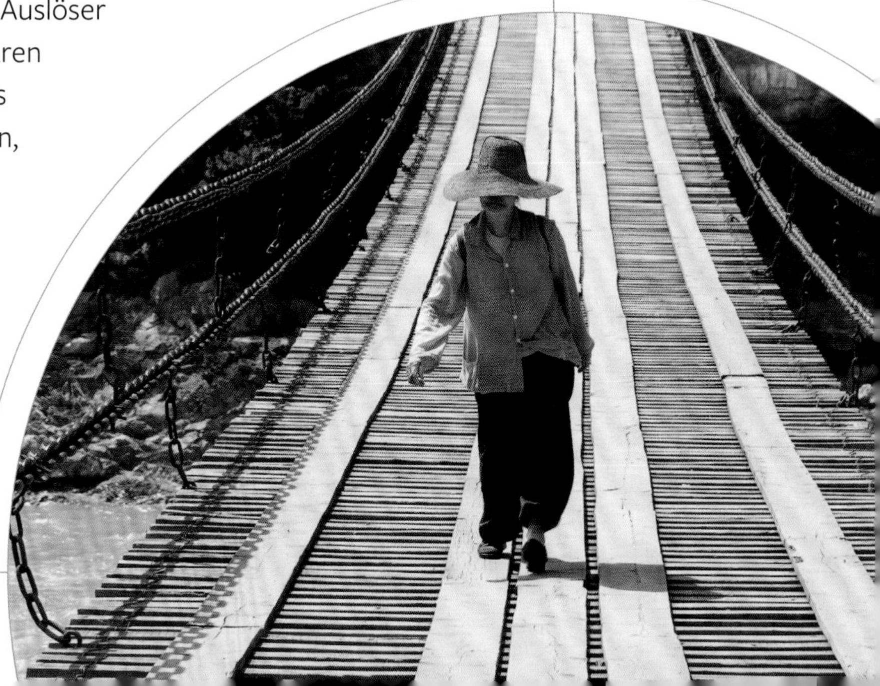

WARUM KONVERTIEREN?

Bevor ich in diesem Kapitel auf die Techniken der Konvertierung eingehe und die weitreichende Kontrolle über jede beliebige Farbe im Bild erkläre, möchte ich zunächst auf die verschiedenen Gründe für eine Konvertierung eingehen. Zu Beginn des Buches haben wir uns mit der Frage beschäftigt, was Schwarzweiß so besonders macht und was die Menschen anzieht. Der Weg dorthin führt in erster Linie über die Konvertierung von digitalen Farbbildern, unabhängig vom zunehmenden Interesse an analogem Schwarzweißfilm.

Soweit ich das beurteilen kann, gehen die meisten Menschen, die auch in Schwarzweiß fotografieren, von Fall zu Fall vor. Sie entscheiden entweder im Voraus, dass das Motiv oder die Szene in Schwarzweiß besser zur Geltung kommt, oder sie fällen

Eine Weitwinkelaufnahme von Kensington Gardens, London. Durch die Konvertierung in Schwarzweiß kommen die vertikalen Strukturen des Denkmals im Vordergrund und der Kirchturmspitze in der Ferne besonders gut zur Geltung. Wenn Sie die Helligkeit der Bauten im roten Kanal erhöhen, erhält die Szene mehr Präsenz.

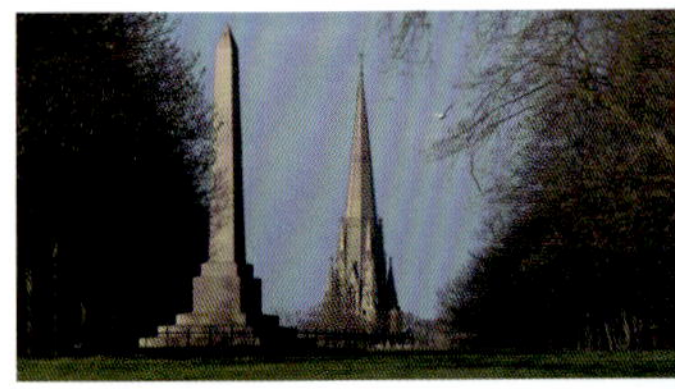

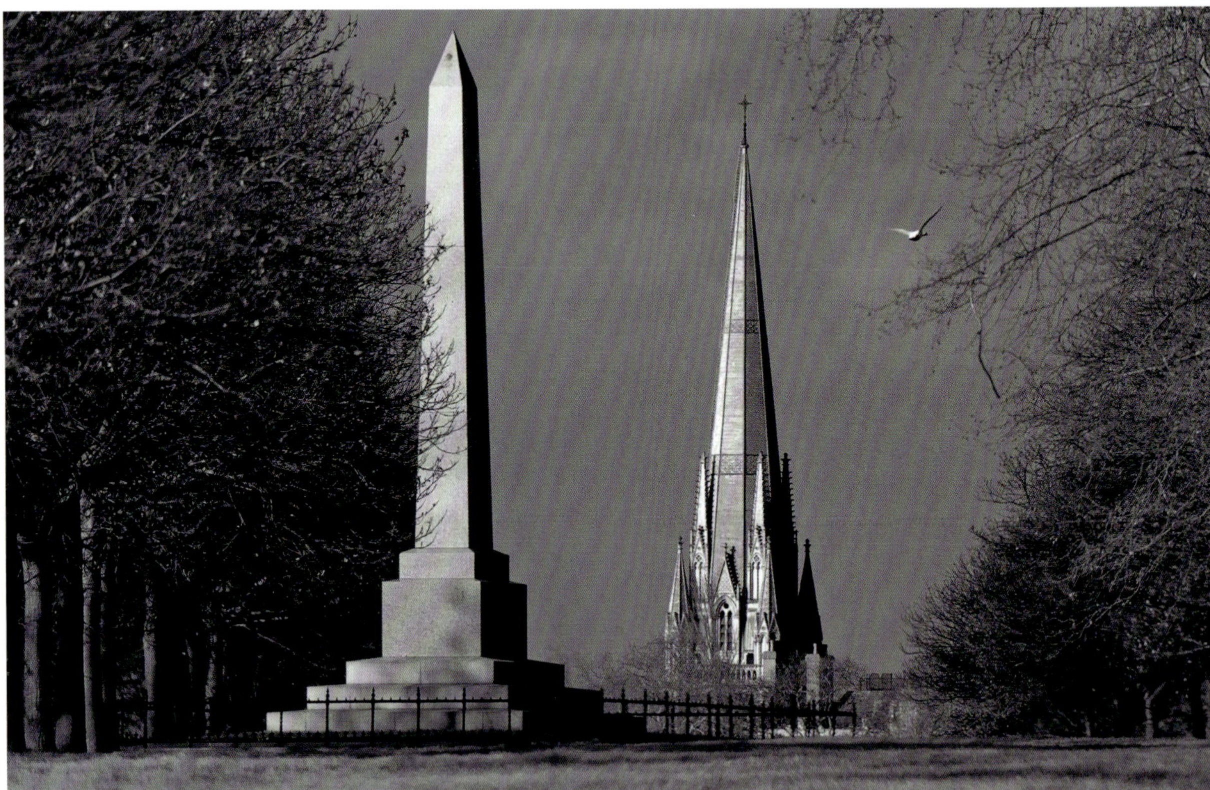

Ein Bambus-Aquädukt in China. Die ursprüngliche Aufnahme enthält nur wenig Farbe, und die Konvertierung bietet die Möglichkeit, das Bild zu bereichern, indem der Hintergrund fast bis auf Schwarz abgedunkelt wird.

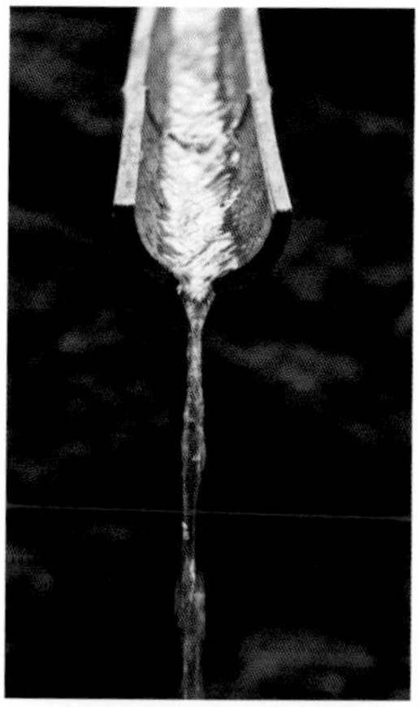

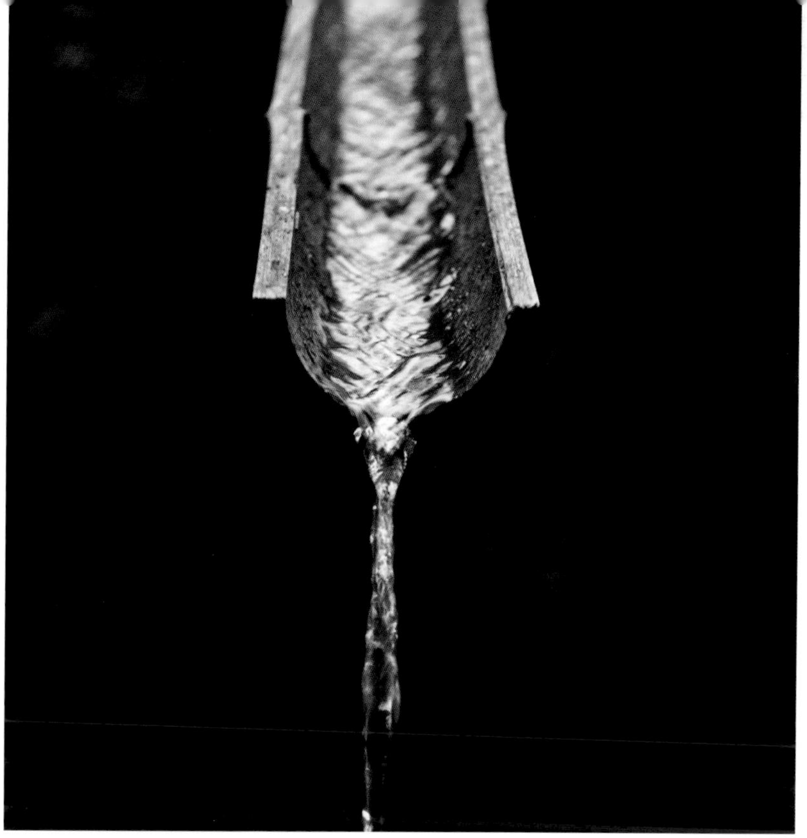

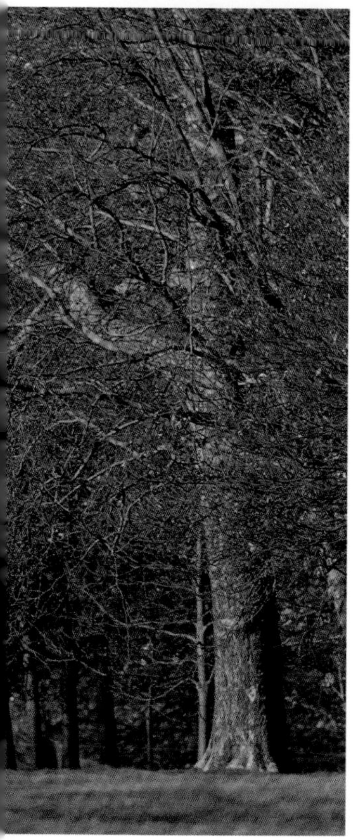

diese Entscheidung erst später beim Begutachten der unbearbeiteten Aufnahme. Beide Ansätze haben ihre Berechtigung. Natürlich kann man hier einwerfen, dass eine klare Entscheidung vor der Aufnahme der kreativen Kontrolle zugutekommt, aber allen kreativen Prozessen wohnt die Neigung zum Unvorhersehbaren und Überraschenden inne. Ich habe mir schon oft Farbbilder angesehen, um mich dann zu fragen, wie sie wohl in Schwarzweiß aussehen würden. Eine Konvertierung ist oft ein Experiment, und ich genieße die Unvorhersehbarkeit der Ergebnisse. Führt diese Vorgehensweise nicht zum gewünschten Ergebnis, betrachte ich die beiden Versionen nebeneinander auf dem Bildschirm und versuche die Gründe dafür zu verstehen. Das gilt auch für eine gelungene Konvertierung in Schwarzweiß: Warum hat diese so gut funktioniert?

Direkte Vergleiche erleichtern das Verständnis, weshalb ich die nächsten Seiten mit solchen Gegenüberstellungen gefüllt habe. In allen Fällen kam ich zu dem Schluss, dass Schwarzweiß die bessere Wahl war, obwohl alle Bilder ursprünglich in Farbe aufgenommen wurden. In einigen Fällen wusste ich von Anfang an, dass es ein Farbproblem gab, in anderen wurde mir schon kurz nach der Aufnahme klar, dass Schwarzweiß die bessere Wahl dargestellt hätte. Und in wieder anderen Fällen förderte die Schwarzweißkonvertierung eine echte Überraschung zutage. All diese Ungewissheiten waren Teil des überaus anregenden kreativen Prozesses bis zur endgültigen Version.

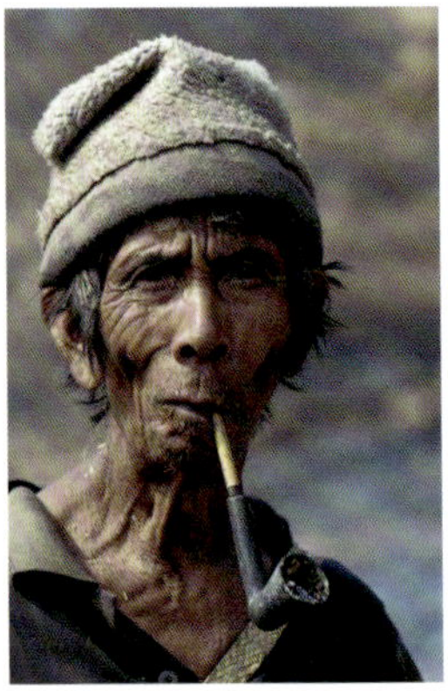

Die Entscheidung, welchen Grauton die Hautfarbe in einem Porträt haben soll, kann knifflig sein – oder sollte Ihnen zumindest zu denken geben. Es gibt kein objektives Richtig oder Falsch, sondern lediglich Erwartungen. Bei diesem Bild eines Chin-Bauern im Westen Myanmars fiel mir dessen wettergegerbtes Gesicht auf. Da die Standardschwarzweißkonvertierung (unten) nur wenig markant wirkte, entschied ich mich für eine »Ortho«-Version (siehe auch Seite 170). Das Abdunkeln des Rotkanals wirkt sich nur auf die Haut aus, wodurch ein Effekt erzielt wird, der an alten orthochromatischen Film erinnert, der unempfindlich gegenüber Rot war.

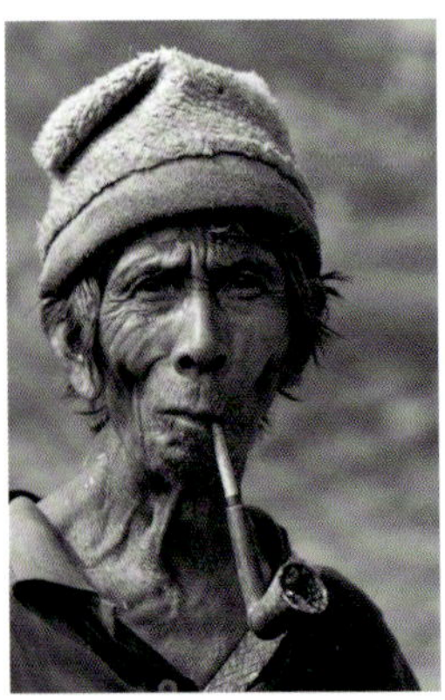

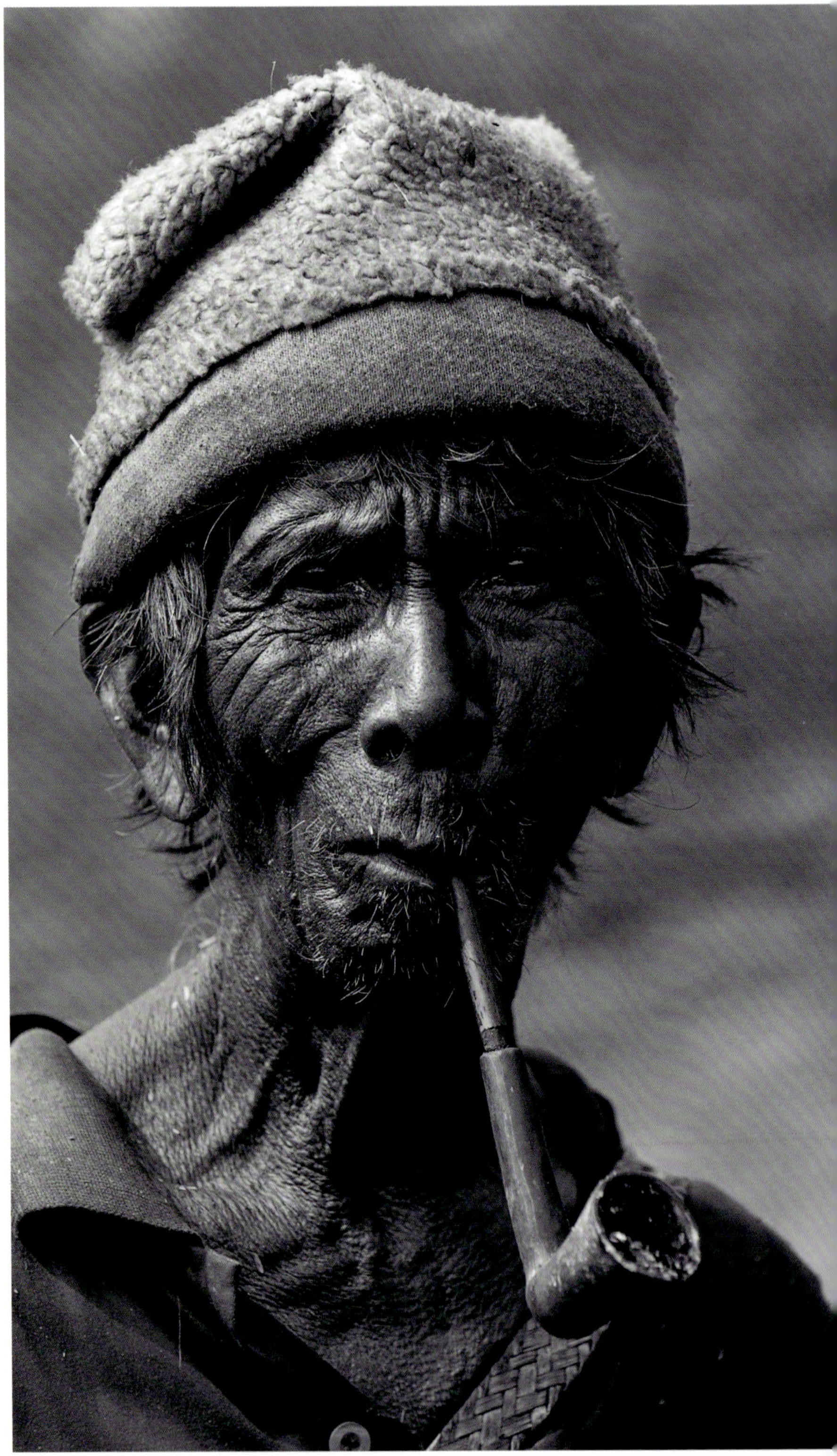

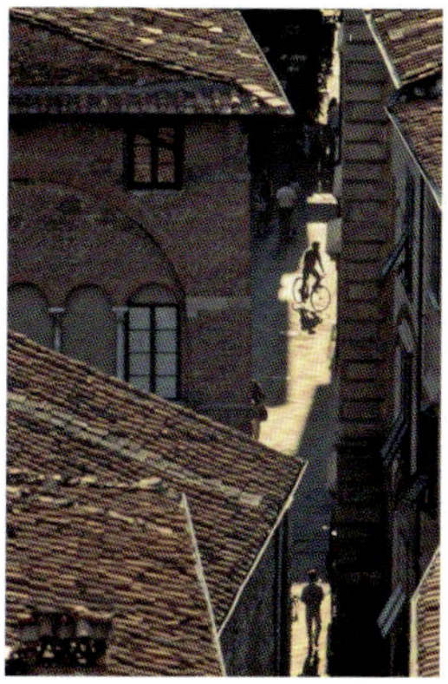

Ein Blick auf die Stadt Lucca in der Toskana, der die Nachmittagssonne nutzt, um einen Radfahrer und einen Fußgänger als Silhouetten zu präsentieren. In Farbe wirkt das warme Glühen des Sonnenlichts zwar gefällig, lenkt aber vom wichtigen Aspekt des exakten Timings der beiden klar umrissenen Figuren ab. Eine Konvertierung in Schwarzweiß bei gleichzeitiger Erhöhung des Gesamtkontrasts und des lokalen »Pop-Out«-Kontrasts um jede Figur sorgt für eine ganz andere Bildanmutung. Die Standardkonvertierung (unten) stellt keine Verbesserung gegenüber dem Original dar, da sie die gestalterischen Möglichkeiten des Kontrasts nicht annähernd ausschöpft.

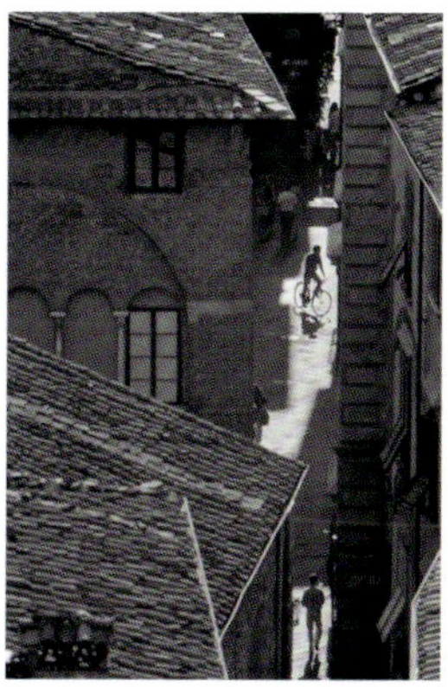

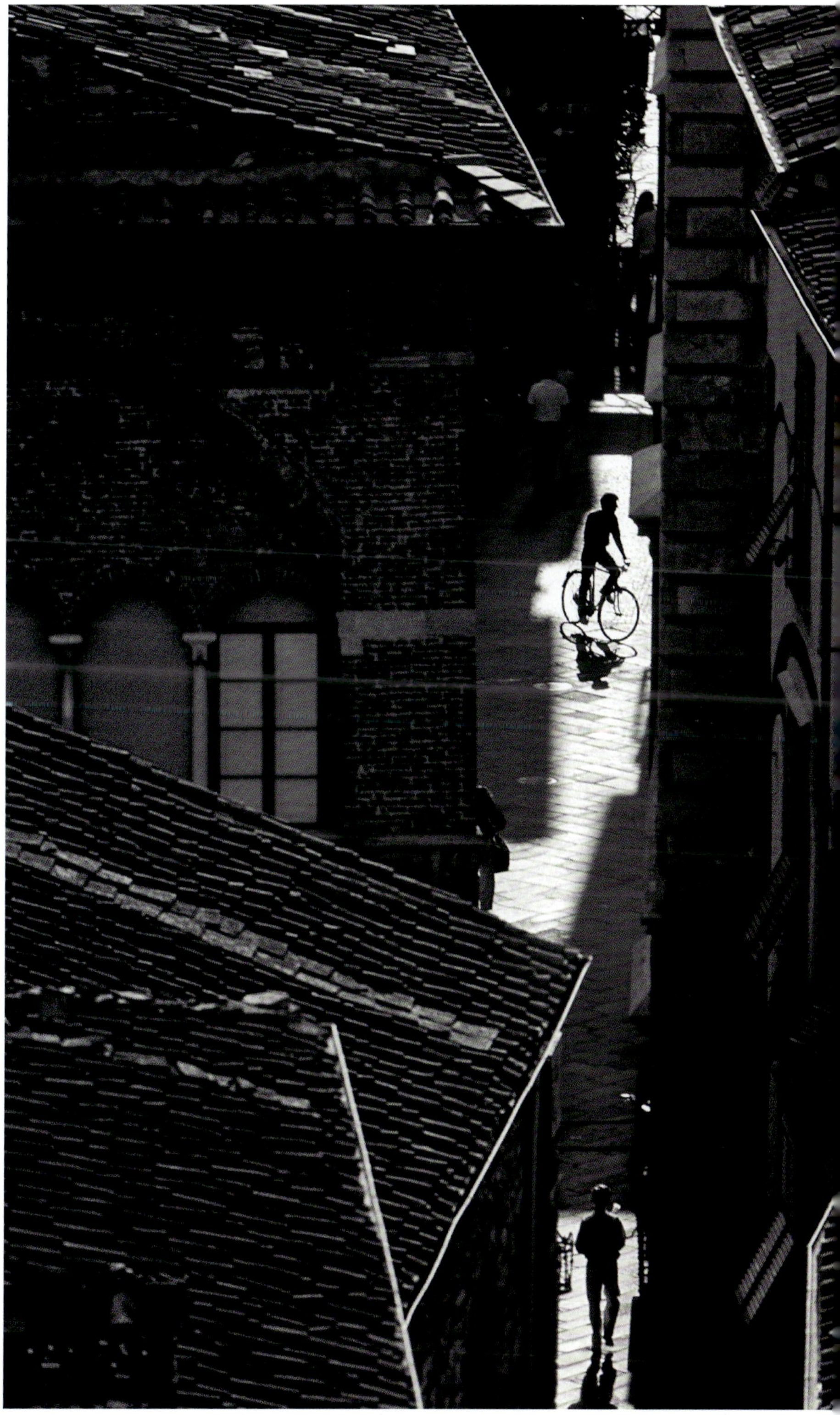

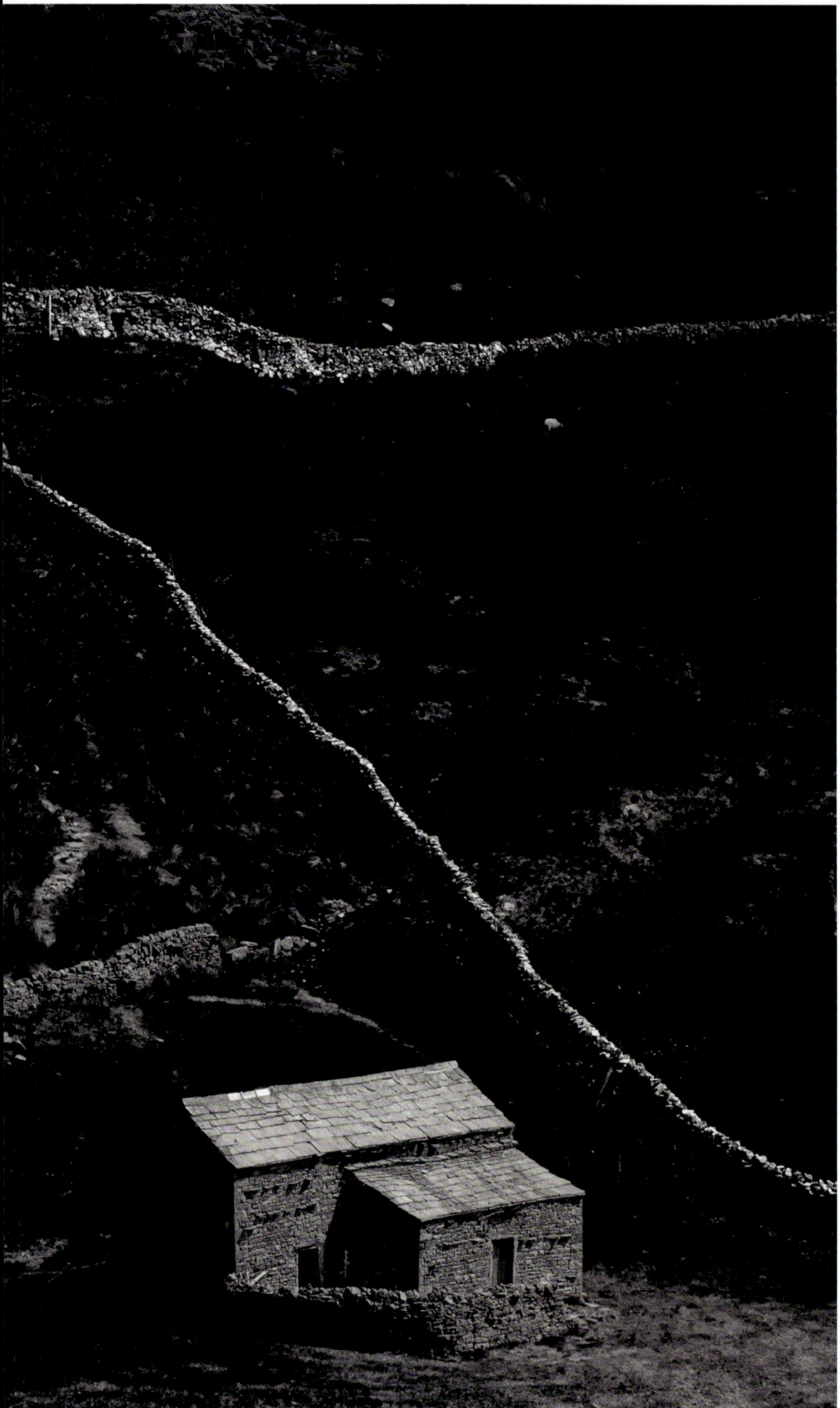

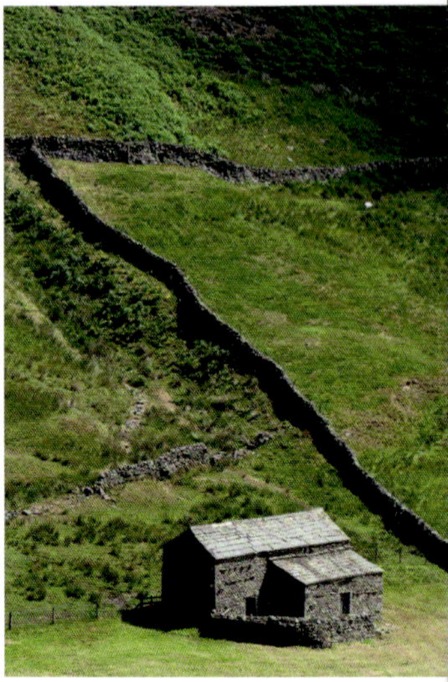

← Diese steinerne Scheune an einem Berghang in Yorkshire funktioniert sowohl in Farbe als auch in Schwarzweiß gut, wie die Standardkonvertierung (unten) zeigt. Aber die Kombination aus den farblosen Steinmauern und dem dominanten Grün des Hintergrunds legte ein Experiment nahe, bei dem die Konvertierung entgegen den normalen Erwartungen das Gras unrealistisch dunkel erscheinen ließ, was der Aufnahme einen mystischen Touch verlieh.

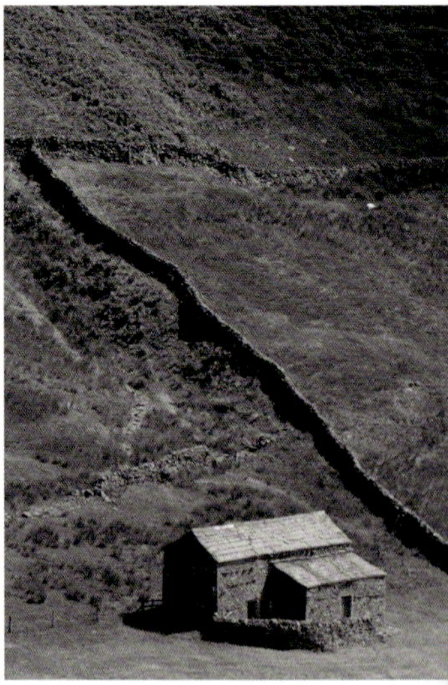

Der Dorfälteste einer Bulang-Gemeinschaft im Bergland im Südwesten von Yunnan. Der Auslöser für die Entscheidung, das Bild in Schwarzweiß zu konvertieren, war der rote Fleck am rechten Bildrand. Mich interessierte an diesem Porträt jedoch die Kantigkeit und Ausdruckskraft des Gesichts, die meiner Meinung nach besser zur Geltung kommen, wenn man sich auf die Schattierungen und Flächen konzentriert. Die eigentliche Hautfarbe wirkte in diesem Fall eher ablenkend.

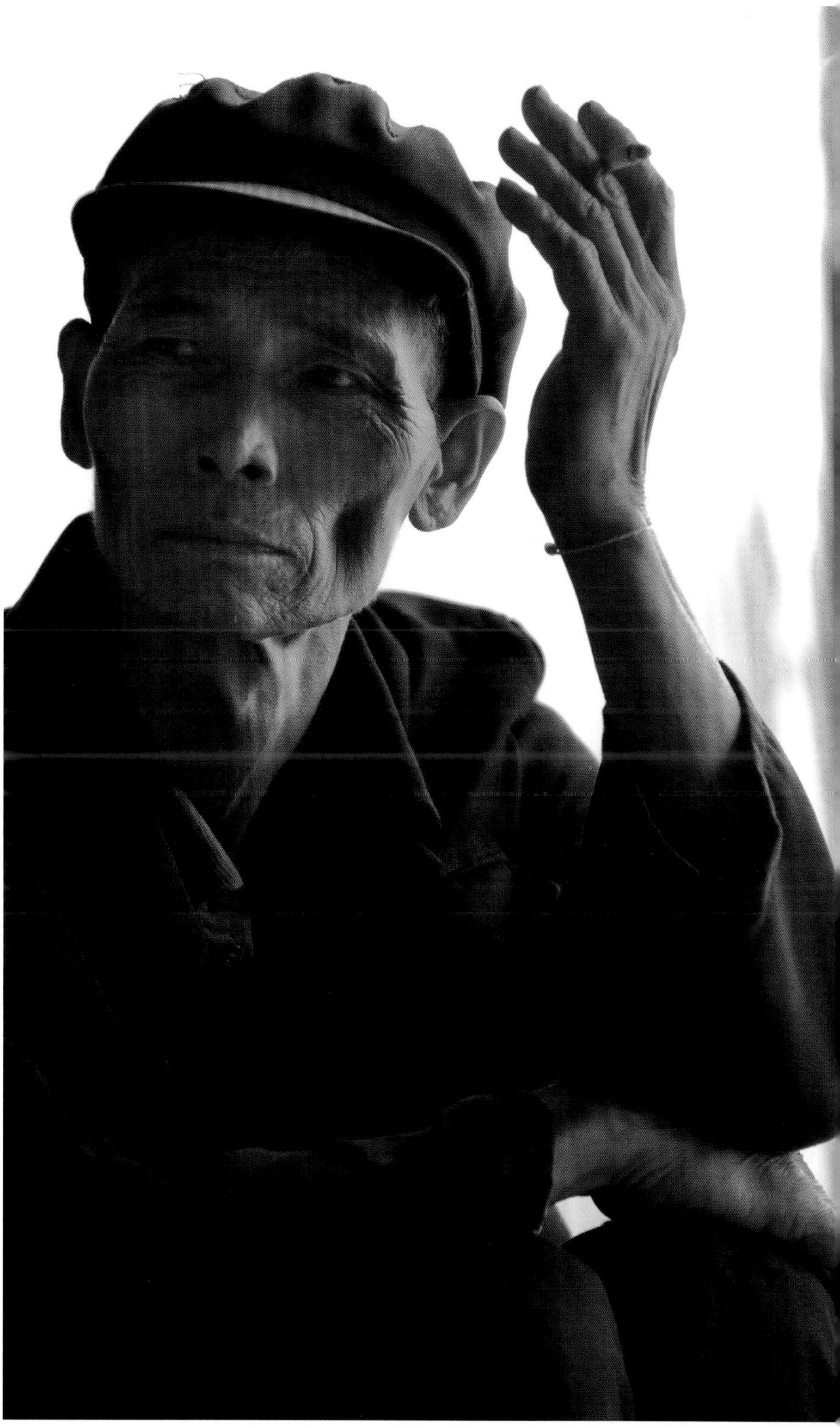

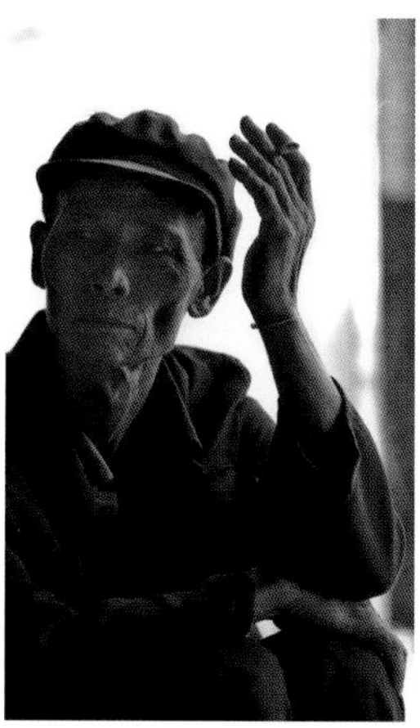

SCHWARZWEISS OHNE FILTER

Es gibt eine Möglichkeit zur Digitalfotografie in nativem Schwarzweiß, ohne den Konvertierungsprozess durchlaufen zu müssen: Monochrom-Kameras verzichten auf das farbige Gitter des Bayer-Filters vor dem Bildsensor.

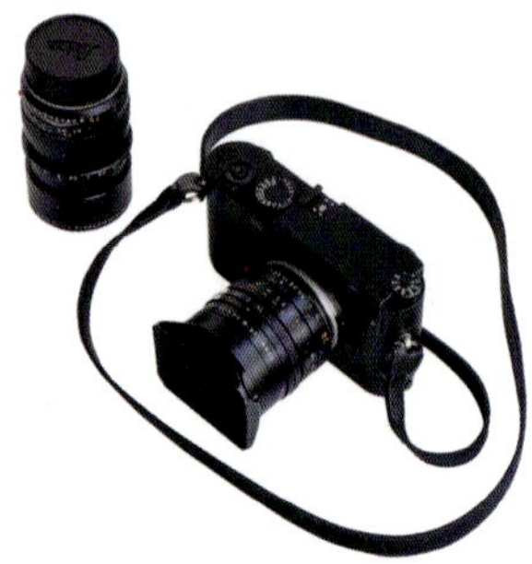

Digitalsensoren sind im Grunde genommen monochrom, sodass ein »nackter« Sensor ohne Filter sowohl die Auflösung als auch die allgemeine Bildqualität verbessern kann. Bislang gibt es jedoch nur sehr wenige reine Monochrom-Digitalkameras, und die bemerkenswerteste ist die hier vorgestellte *Leica Monochrom*. Dabei gibt es Vor- und Nachteile. Zu ihren Vorteilen zählt das oben genannte Qualitätsargument, und nach meiner Erfahrung mit dieser Kamera ist es durchaus gerechtfertigt. Und dann wäre da noch das klare Bekenntnis zum Fotografieren in Schwarzweiß mit allen Vorzügen und Konsequenzen.

Gegen diese (für mich) überzeugenden Argumente spricht der Verlust an Kontrolle bei der Auswahl der Farben für die verschiedenen Graustufen. Das Herzstück der digitalen Schwarzweißkonvertierung ist jedoch die Variation der Farbkanäle zur Anpassung der Tonalität. Digitales Fotografieren in nativem Schwarzweiß bedeutet somit, das Standardgrau für jede Farbe zu akzeptieren. Dem können Sie nur entgegenwirken, indem Sie wie früher physische Farbfilter vor das Objektiv montieren: Gelb, um den blauen Himmel abzudunkeln, Rot, um ihn stark zu vertiefen, Blau, um

↗ Die Fotos auf diesen beiden Seiten wurden mit der *Leica M10 Monochrom* aufgenommen.

↓ Die roten Mäntel der Männer sprechen für ein Farbbild, aber Schwarzweiß lenkt die Aufmerksamkeit auf Aktion und Ausdruck.

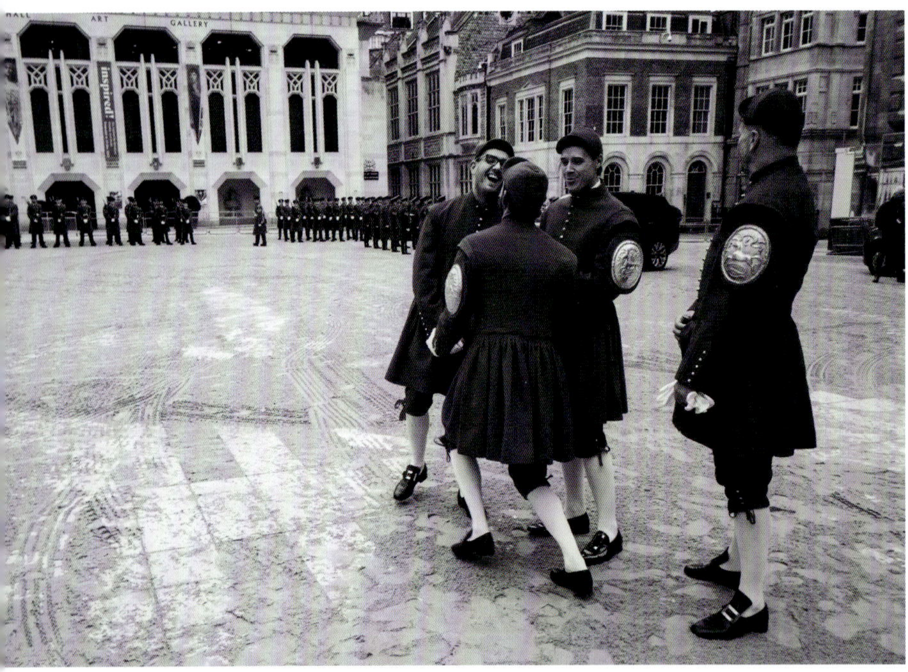

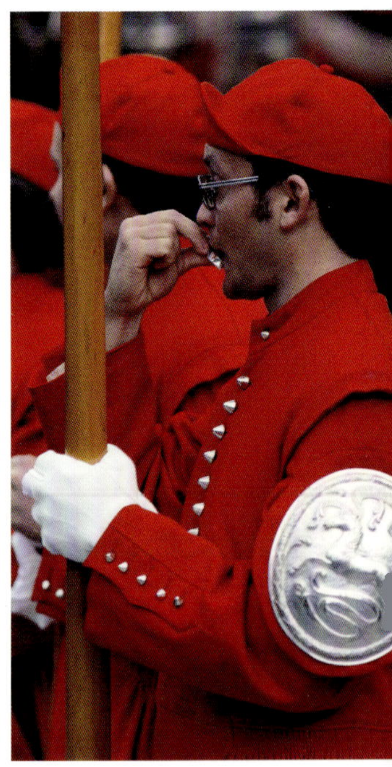

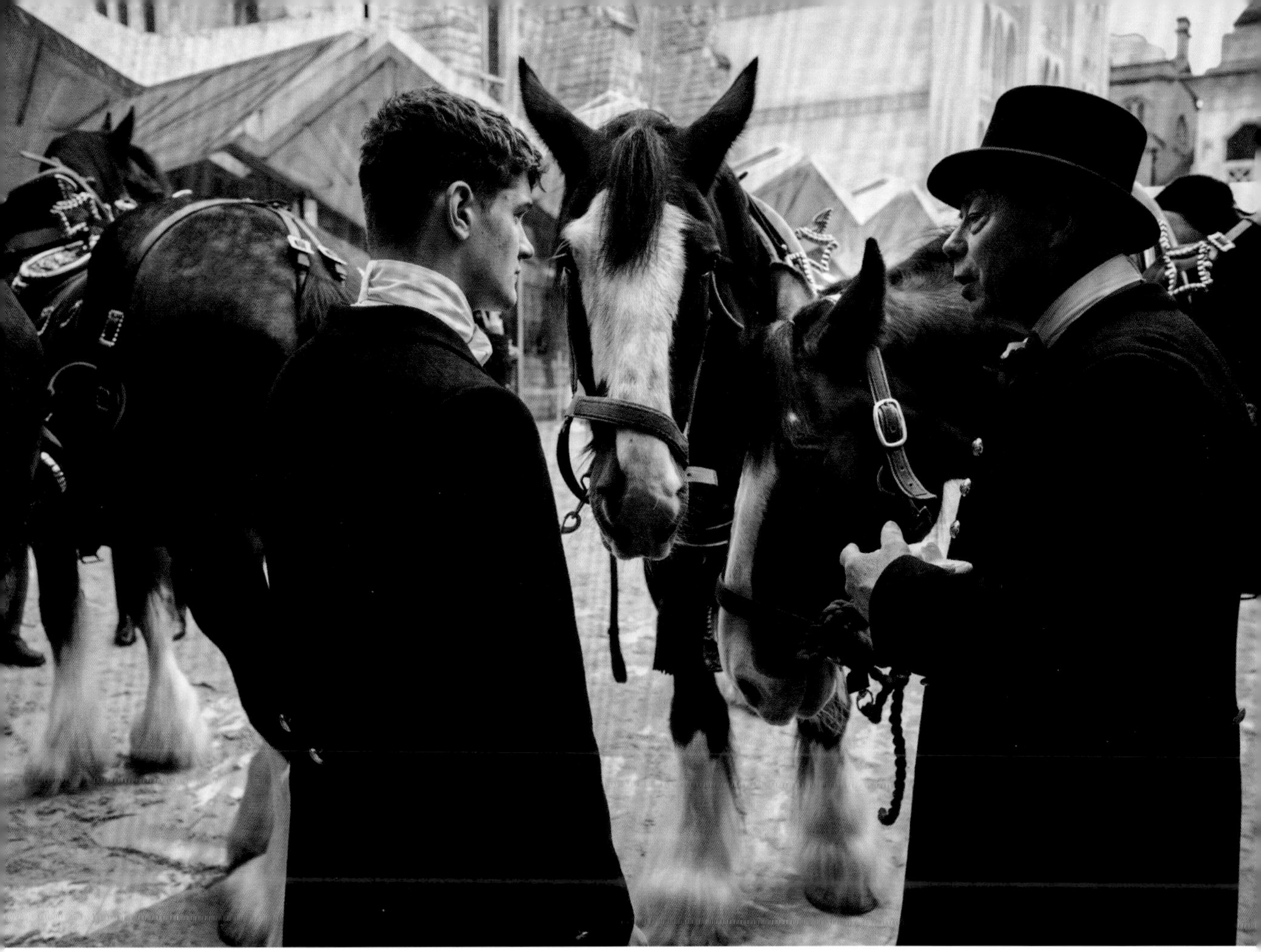

Der Tonwertumfang wurde so gut eingefangen, dass keine Nachbearbeitung erforderlich war (oben). Auch Struktur und Details profitieren vom Fehlen eines Bayer-Filters (unten).

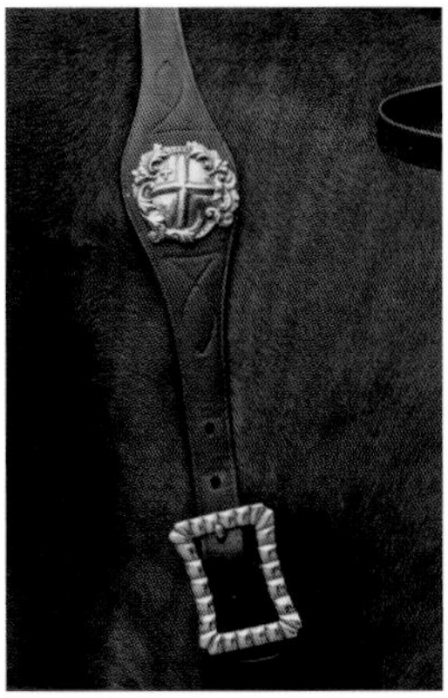

die atmosphärische Perspektive zu verlängern, Grün, um die Vegetation aufzuhellen, und so weiter.

Das Bild links zeigt die Gewinner der Doggett's Coat and Badge Ruderregatta im Vorfeld der Parade des Oberbürgermeisters von London. Es ist ein Beispiel für den Umgang mit – oder besser gesagt, für den Verzicht auf – starke(n) Farben. Wie das kleinere Farbbild zeigt, dominieren die auffälligen Uniformen allein aufgrund ihrer Farbe im Kontrast zu den silbernen Applikationen unweigerlich die gesamte Aufnahme. In Schwarzweiß akzeptieren Sie einfach, dass die Personen dunkelgrau gekleidet sind, und konzentrieren sich auf die bedeutsameren Aspekte des Moments: auf die Aktion und die Komposition. Ich frage mich, ob ich diese Szene in Farbe genauso fotografiert hätte und wie Sie das Bild wahrgenommen hätten. Die Masse an Rot hätte mit Sicherheit den ersten Blick dominiert und meiner Meinung nach von der Interaktion der Männer und dem lachenden Gesicht abgelenkt. In anderen Büchern dieser Reihe, vor allem im Band zum Thema Komposition, habe ich mich mit der Salienz auseinandergesetzt – also jenen Bildelementen, die hervorstechen und damit mehr Aufmerksamkeit auf sich ziehen als andere Bestandteile einer Aufnahme. Gesichter weisen eine enorme Salienz auf, selbst wenn sie so klein abgebildet werden wie in diesem Beispiel. Doch das Rot der Uniformen hätte die Aufmerksamkeit weg von den Gesichtern in Richtung der Farbe gelenkt.

FARBE ALS WERKZEUG

Kanalmischer sind in nahezu jeder Software die grundlegenden Werkzeuge für die Konvertierung von Farbe in Schwarzweiß. Mit einer Reihe von Schiebereglern für jede Farbe können Sie die Helligkeit des entsprechenden Farbbereichs anheben oder absenken, was in der Kombination zu einer Vielzahl von Möglichkeiten führt.

Bildbearbeitungssoftware ermöglicht es Ihnen, die Farben in einem Bild mithilfe von intuitiv bedienbaren Schiebereglern weitreichend zu ändern. Und, werfe ich mal provokant in die Runde, das war's dann auch schon. Nun, man könnte diesen Prozess durch weitere Funktionen noch komplizierter machen, und manche Software tut das auch, aber nur wenige Bilder brauchen mehr als dieses simple Bedienfeld mit den Schiebereglern. Ein erhebliches Problem bei Bildbearbeitungssoftware ist ihre Überfrachtung mit Funktionen. Verfeinerungen und verschiedene Methoden zur Farbanpassung häufen sich mit jeder neuen Version. Und obwohl viele dieser Tools durchaus ihre Daseinsberechtigung haben, konkurrieren viele von ihnen miteinander. Das liegt sowohl am Marketing der Softwarefirmen als auch an den Erwartung der Kunden, führt jedoch in vielen Fällen zu Verwirrung darüber, welche Tools denn nun für die jeweilige Aufgabe zu verwenden sind.

Eine bronzene Khmer-Statue, die in einem Museum in Farbe fotografiert wurde. Um sie effektiv in Schwarzweiß zu konvertieren, mussten die Schatten aufgehellt und der störende Unterschied zwischen der grünen Patina und den hellen Flecken minimiert werden. Die Lösung bestand darin, die Helligkeit des grünen Kanals zu erhöhen und die Helligkeit des orangen Kanals zu verringern.

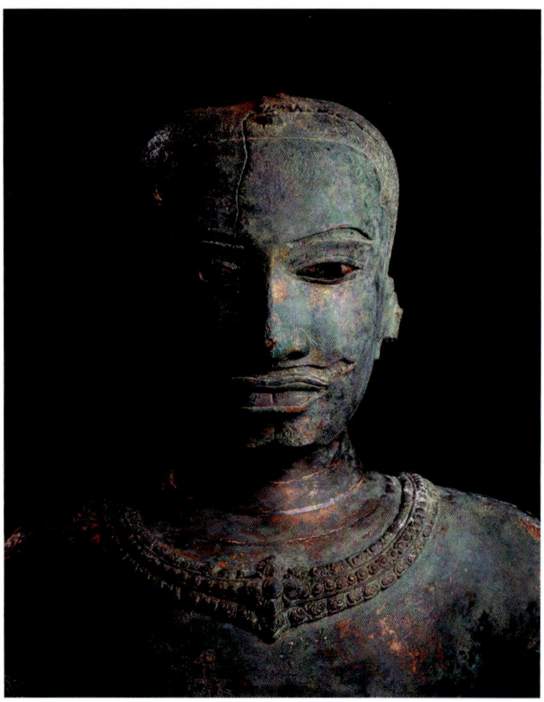

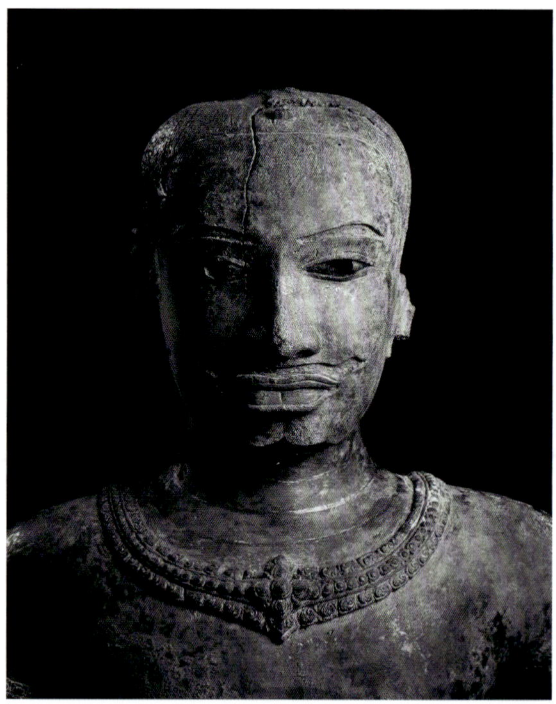

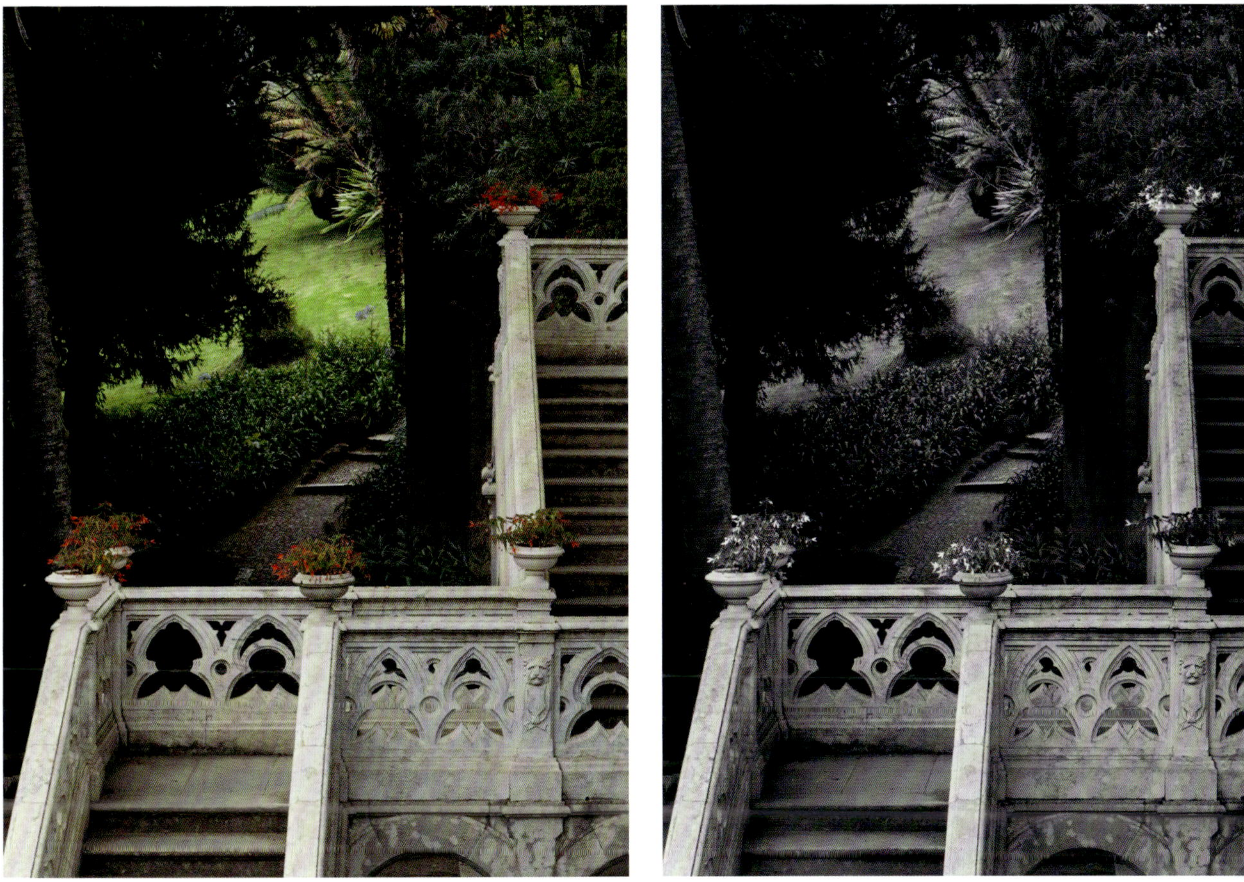

Ein kleines, aber wichtiges Problem bei der Konvertierung dieses Details des Monserrate-Palastes in Portugal war die Frage, was mit den roten Blumen geschehen sollte. In Farbe heben sie sich von dem Grün ab, weisen aber ungefähr den gleichen Tonwert auf. Wird der rote Kanal maximal aufgehellt, heben sich die Blüten auf eine andere Art und Weise deutlich vom Grün ab.

Dieses Kapitel ist keine Gebrauchsanweisung – davon gibt es jede Menge, und die besten Funktionen sind in der Regel fester Bestandteil der Software. Daher bleibe ich bei der allgemeinen Beschreibung der Methoden. Ich verwende *Adobe Camera Raw*, mit gelegentlicher Nachbearbeitung in *Photoshop*. Letzteres vor allem dann, wenn ich Konvertierungen mit Ebenen vornehmen möchte, um ein bestimmtes Problem zu lösen (siehe Seite 148ff). Darüber hinaus gibt es noch viele andere Programme, darunter *Nik Silver Efex* sowie *DxO FilmPack* zur Simulation verschiedener Schwarzweißfilme. Allen ist gemeinsam, dass sie auf die Farbkanalinformationen zugreifen, die vom Bayer-Farbgitterfilter auf dem Kamerasensor bereitgestellt werden.

Gerade weil die Sensoren in Schwarzweiß arbeiten (also nur auf Luminanzbasis), muss die Farbe separat berechnet werden, und das macht es relativ einfach, ein Farbbild in Schwarzweiß zu konvertieren. Im Vergleich dazu ist die traditionelle Methode, Farbfilter vor das Objektiv zu setzen, sehr ungenau. Ein Grünfilter beispielsweise hellt nicht nur die Grüntöne in der Vegetation auf, sondern dunkelt auch Rottöne wie Hautpartien und Sommersprossen ab. Das hängt davon ab, wie Sie die Belichtung einstellen, aber im Grunde wirken sich physische Farbfilter global auf das gesamte Bild aus.

Digital kann die Software jedoch aufgrund der Art und Weise, wie die Sensoren ihre Farbinformationen sammeln, selektiv vorgehen. Der Bayer-Filter, benannt nach seinem Erfinder, dem Kodak-Ingenieur Bryce Bayer, besteht aus einem Muster von üblicherweise roten, grünen und blauen transparenten Filtern, von denen sich jeweils einer über jedem Pixel befindet (siehe das Schema auf Seite 141). Diese drei Grundfarben können kombiniert werden, um jede Farbe zu erzeugen, die wir sehen können. Da es jedoch viermal weniger Farbinformationen als Tonwerte gibt, müssen diese von der Kameraelektronik interpoliert werden. Der geringe Verlust an Genauigkeit, der daraus resultiert, wird in der Praxis durch das menschliche Sehsystem ausgeglichen, das Farben gröber wahrnimmt als tonale Details wie Objektkanten. Bei dieser Farbinterpolation gibt es Spielraum für Interpretationen, was die – wenn auch subtilen – Unterschiede zwischen den Kameramarken in Sachen Farbdarstellung erklärt.

In dieser Ansicht eines Resorts auf den Malediven am späten Nachmittag konnte ich sowohl das Orange-Rosa der sonnenbeschienenen Teile der Wolken als auch das grünliche Wasser der Lagune nutzen, um den Kontrast der Szene in Schwarzweiß zu verstärken. Dazu habe ich die Helligkeit beider Bereiche erhöht, während der Blaukanal leicht abgedunkelt wurde.

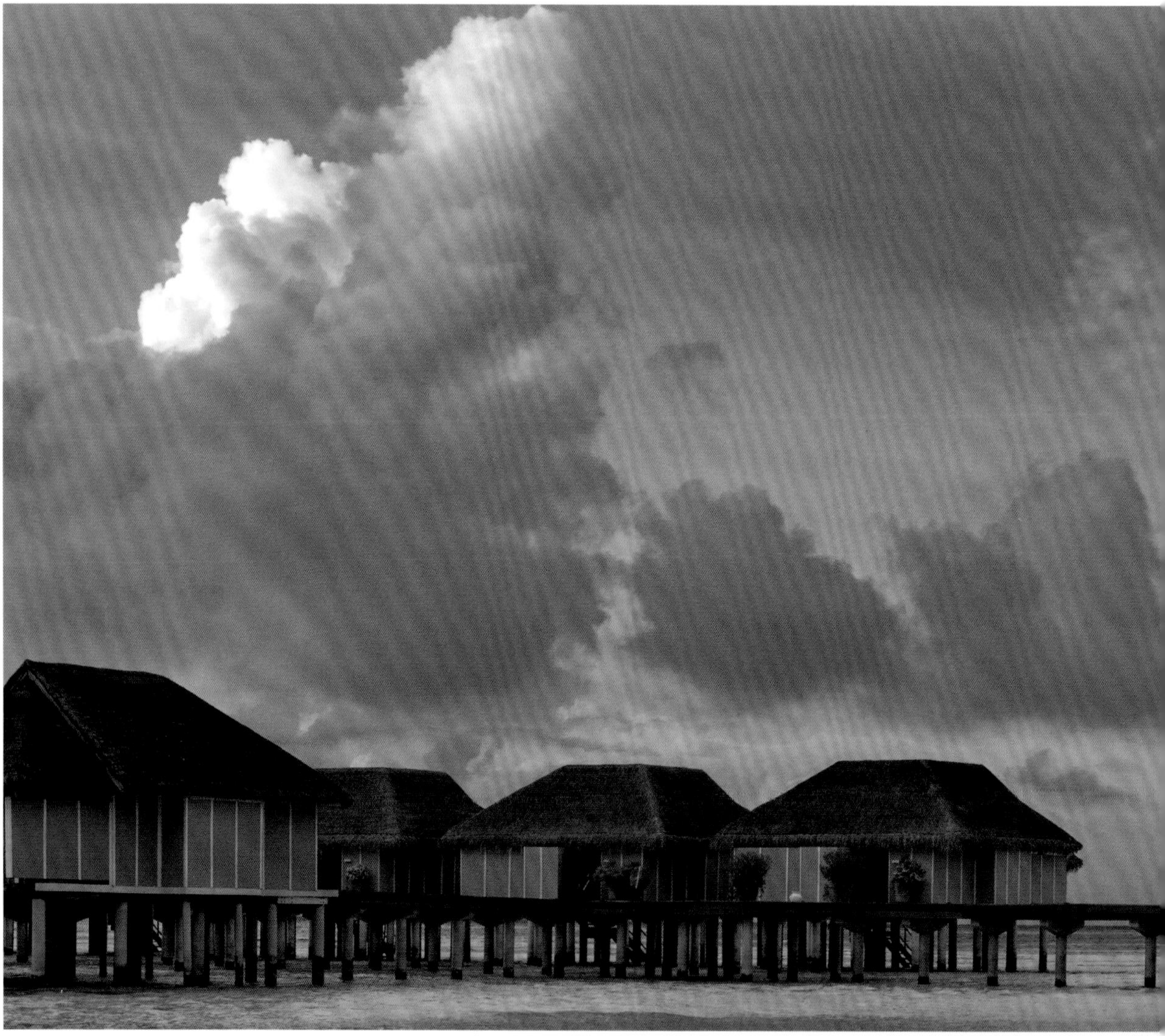

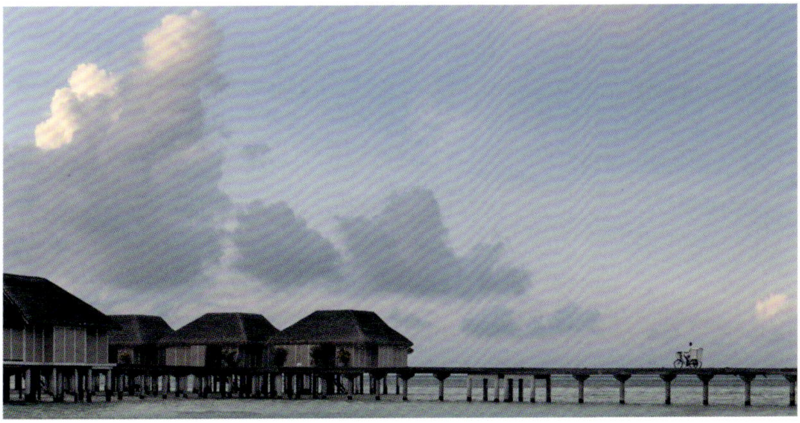

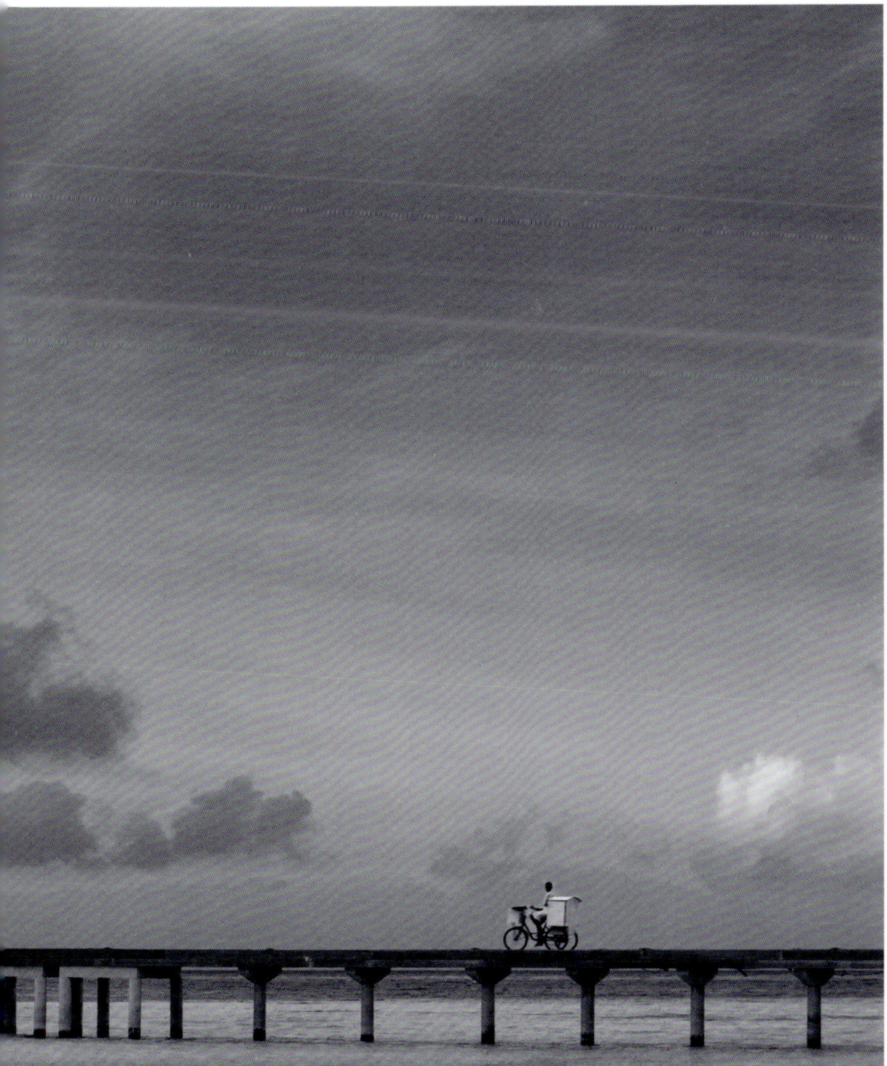

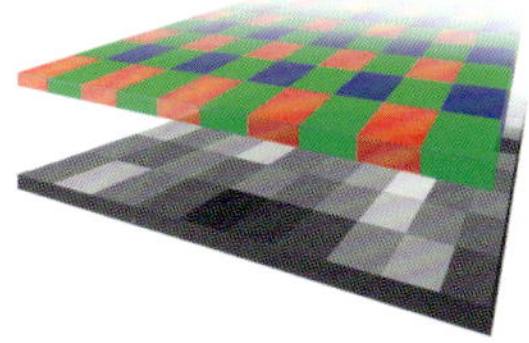

DER BAYER-FILTER

Auf Pixelebene gibt es in jedem Viererblock einen roten, einen blauen und zwei grüne Filter, weil unser Sehsystem für grüne Wellenlängen viel empfindlicher ist als für alle anderen. Da dieses System auf natürliche Weise die Erfassung von Farben von der Wahrnehmung von Tonwerten trennt, ist es ein nahezu perfektes Werkzeug für die Umwandlung von Farbbildern in Schwarzweiß. Jede Farbe in der Szene kann anhand des Verhältnisses von Rot, Grün und Blau identifiziert werden. Wenn diese Werte von einer Software wie Photoshop erfasst werden, können Sie die Verhältnisse ändern, um Farben in jeden beliebigen Grauton zu verwandeln. Im Laufe dieses Kapitels lernen Sie verschiedene Herangehensweisen für solche Anpassungen kennen, wobei der Schwerpunkt darauf liegt, warum manche Farben als hellere oder dunklere Grautöne besser aussehen. Das »Wie« ist der einfache Teil – die Algorithmen wurden ja bereits von Software-Ingenieuren bei Adobe, DxO und anderen Unternehmen optimiert. Aber um diese leistungsstarken Tools richtig nutzen zu können, müssen Sie sich Gedanken über das »Warum« machen, also über die Bildwirkung und ob sie Ihren persönlichen Vorstellungen entspricht.

ABLENKENDE FARBEN

Einer der häufigsten Gründe für eine Konvertierung in Schwarzweiß ist, dass Farben von der Wahrnehmung eines Bildes ablenken oder sie sogar stören. Das mag wie ein zwingender Grund für die Konvertierung klingen, aber ich ziehe es vor, bei jeder Aufnahme erst einmal zu klären, warum ich ein Motiv oder eine Szene überhaupt in dieser Form aufgenommen habe.

In dieser Aufnahme eines sudanesischen Schuljungen werden die wichtigsten Informationen über die Tonwerte vermittelt, während die Farben des Grases und der Erde von der Person ablenken. Die Konvertierung macht Gras und Erde gleich hell und damit zu einem homogenen Hintergrund.

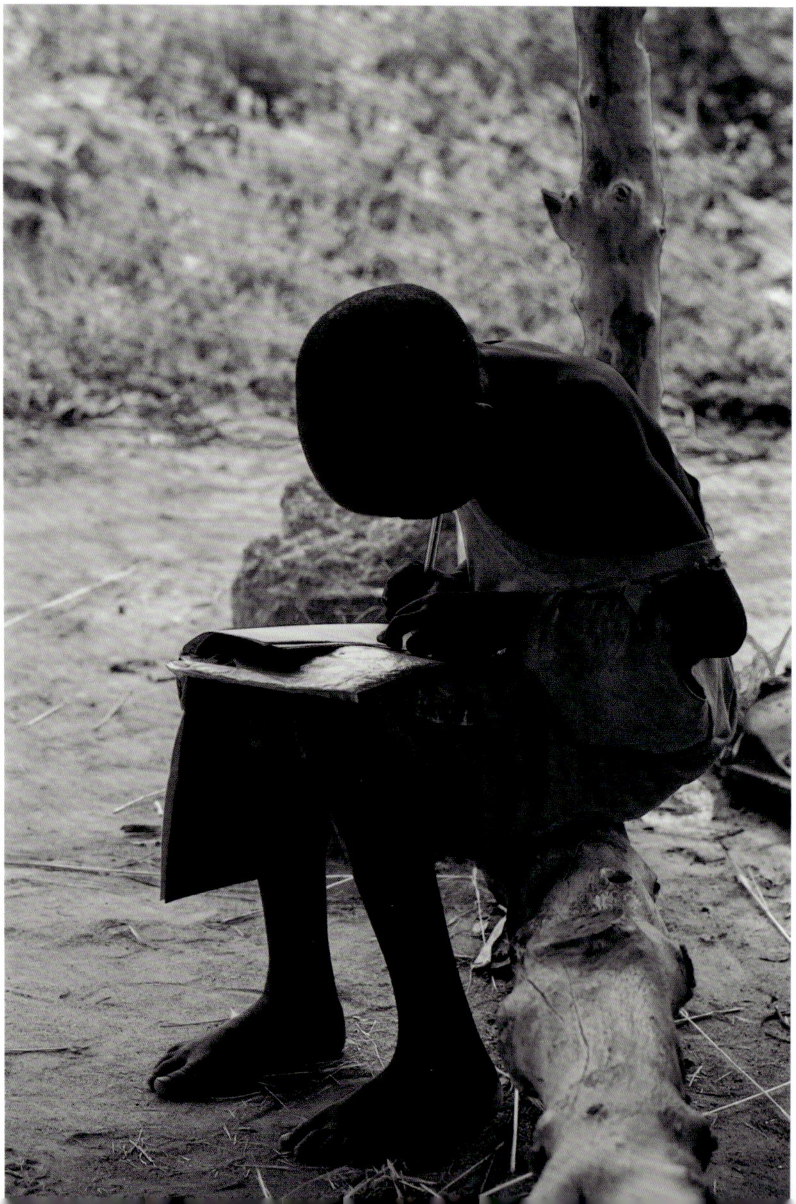

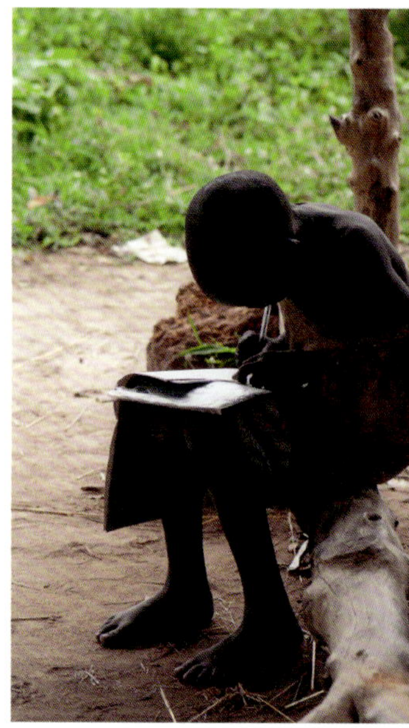

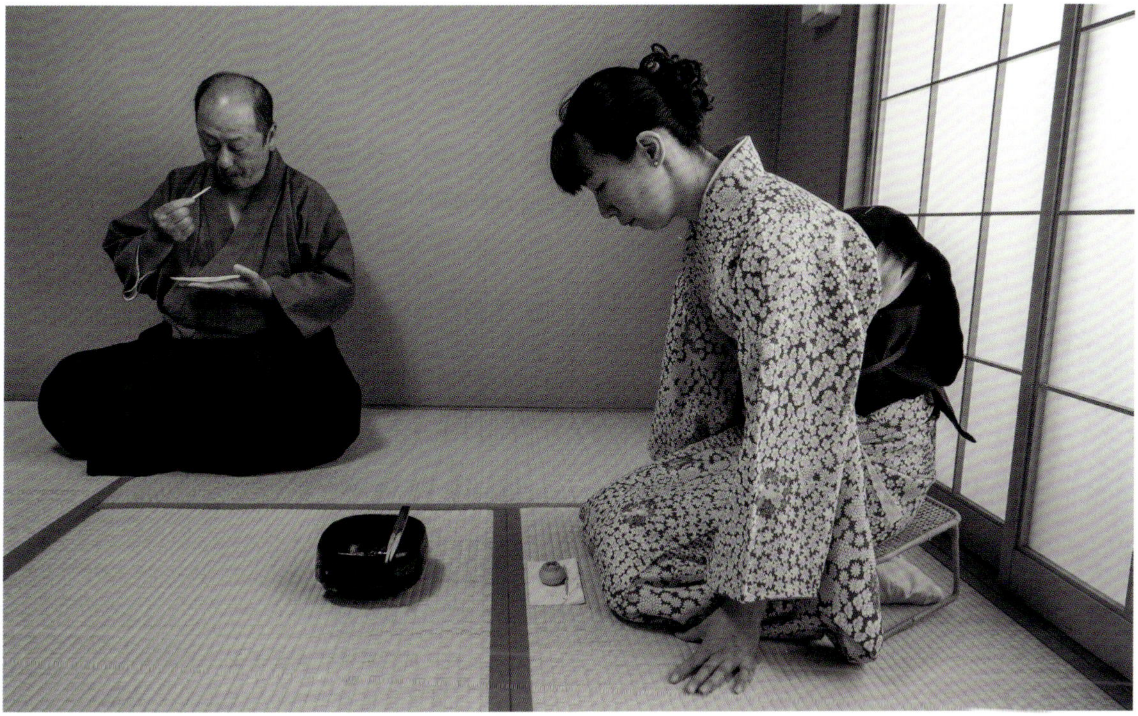

In dieser in Tokio entstandenen Aufnahme während eines Kurses für Teezeremonien sind die Farben gedämpft: strohfarbene Tatami-Matten, olivfarbene Wand, helle Holzrahmen. Der Kimono der Frau zog deshalb die Aufmerksamkeit auf sich. Ich wollte ein visuelles Gleichgewicht zwischen ihr und dem Teemeister schaffen. Durch das Entfernen der Farbe werden die Schlüsselelemente – Teemeister, Schülerin, Teeschale – klar akzentuiert und das Auge kann sich auf die Gesten und Ausdrücke konzentrieren.

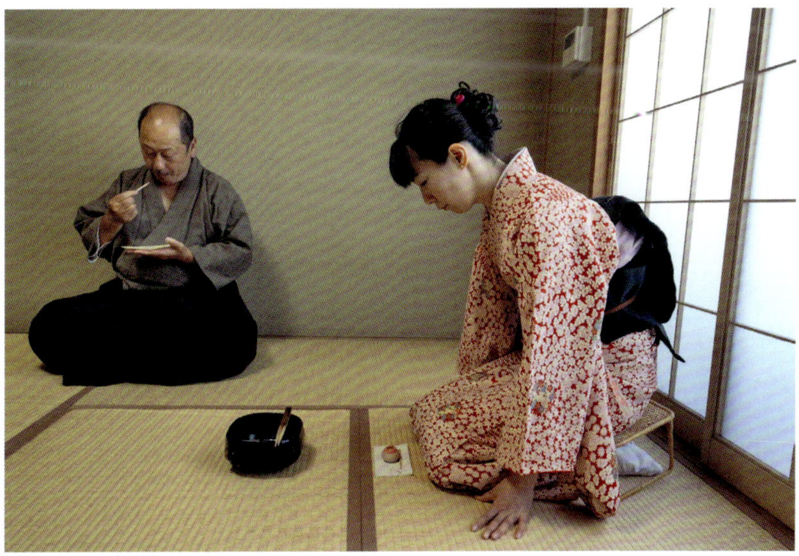

Beim Konvertieren muss ich darüber nachdenken, was ich mit dem Bild aussagen möchte – was wichtig ist und was nicht. Das Bild des sudanesischen Kindes, das vertieft in seine Schreibarbeit auf einem Baumstamm sitzt, ist ein besonders gutes Beispiel. Nach jahrzehntelangem Bürgerkrieg war der Südsudan (wie er damals hieß) völlig verarmt. Das Schulgebäude der Hauptstadt Rumbek war zerstört worden, sodass die Schüler ihren Unterricht im Freien abhielten. Es gab auch eine begleitende Aufnahme, die den ganzen Schauplatz darstellte, aber für mich war diese Nahaufnahme das entscheidende Bild. Die konzentrierte Haltung, der Ort, die ärmliche Kleidung, das Buch und der Stift sprechen für sich. Die Anonymität des Kindes aufgrund des nach unten gerichteten Gesichts macht die Aufnahme universeller. Auf jeden Fall besteht das Motiv aus all den oben genannten Elementen, die alle nichts mit Farbe zu tun haben, und doch ist mit dem hellen Grün der Vegetation und der rötlichen Erde viel Farbe zu sehen. Zusammen bilden diese Elemente einen geteilten Hintergrund, der mich ablenkt, insbesondere das Gras. Der weiße Papierfetzen links neben dem Kopf des Kindes lenkt ebenfalls ab, was meiner Unaufmerksamkeit zum Zeitpunkt der Aufnahme geschuldet ist. Ich hätte den Bildausschnitt ein wenig nach rechts verschieben können, um das Papier hinter dem Kind zu verbergen.

Das alles führte ziemlich schnell zur Entscheidung, das Bild in Schwarzweiß zu konvertieren. Wie bei allen Konvertierungen lohnt es sich, zuerst darüber nachzu-

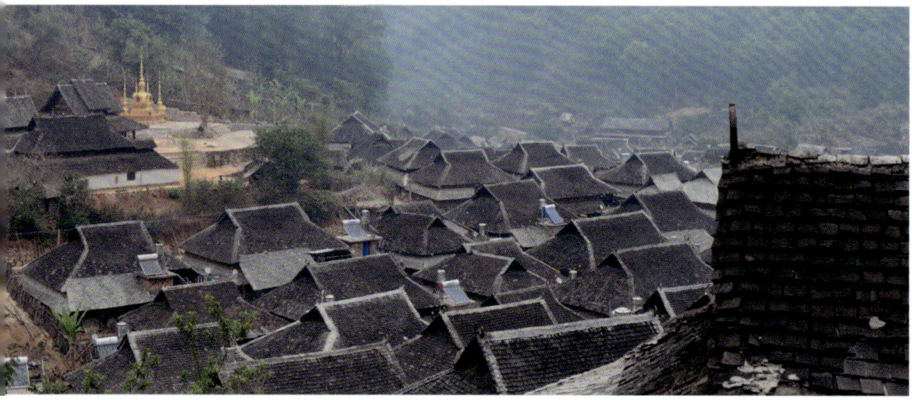

Ein traditionelles Dai-Dorf im äußersten Südwesten Chinas. Es handelt sich, wie der Tempel zeigt, um eine buddhistische Gemeinde, und die Architektur ist beeindruckend – eng gruppierte Häuser mit markanten Ziegeldächern, eingebettet in ein bewaldetes Tal. Es gab einige Farbelemente, die mir nicht gefielen, darunter die kleinen blauen und roten Sprenkel der Sonnenkollektoren, das Gelb-Orange um den Tempel herum und das Grün zwischen den Häusern. Die Schwarzweißkonvertierung ermöglichte es mir, die Dachlinien zu betonen und den Kontrast zu erhöhen, um die markanten Giebel der Dächer herauszuarbeiten. Außerdem konnte ich so die Luftperspektive optimieren, indem ich den blauen Dunst in der Distanz aufhellte.

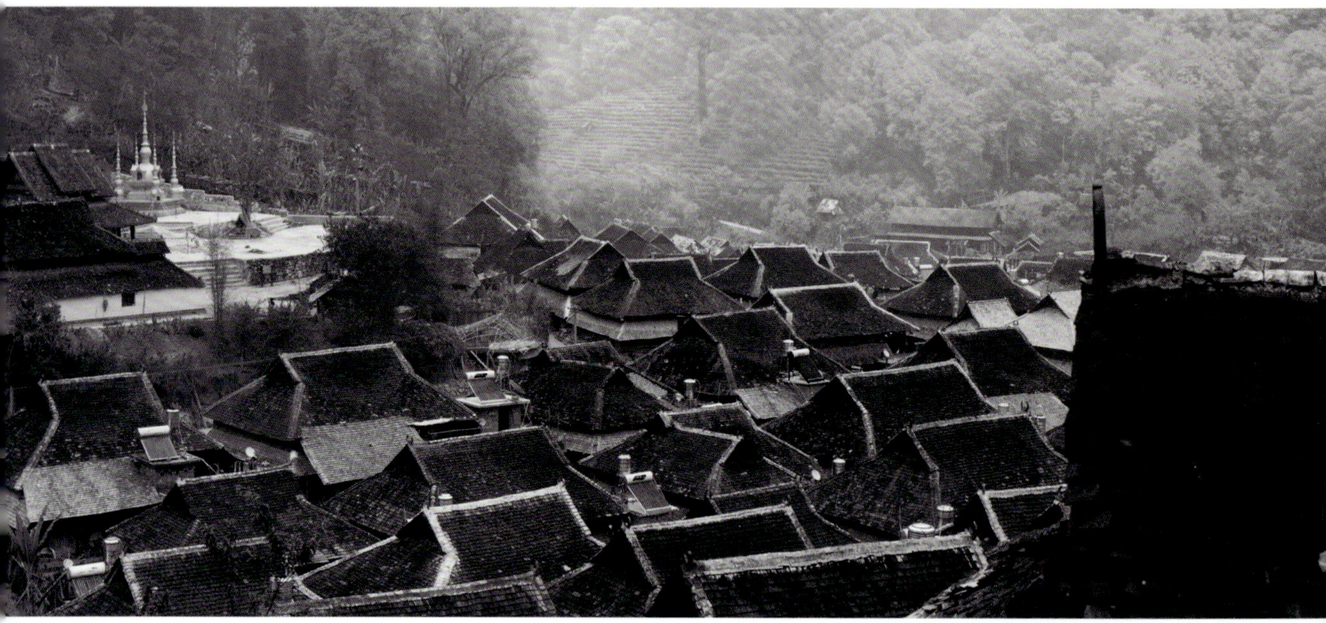

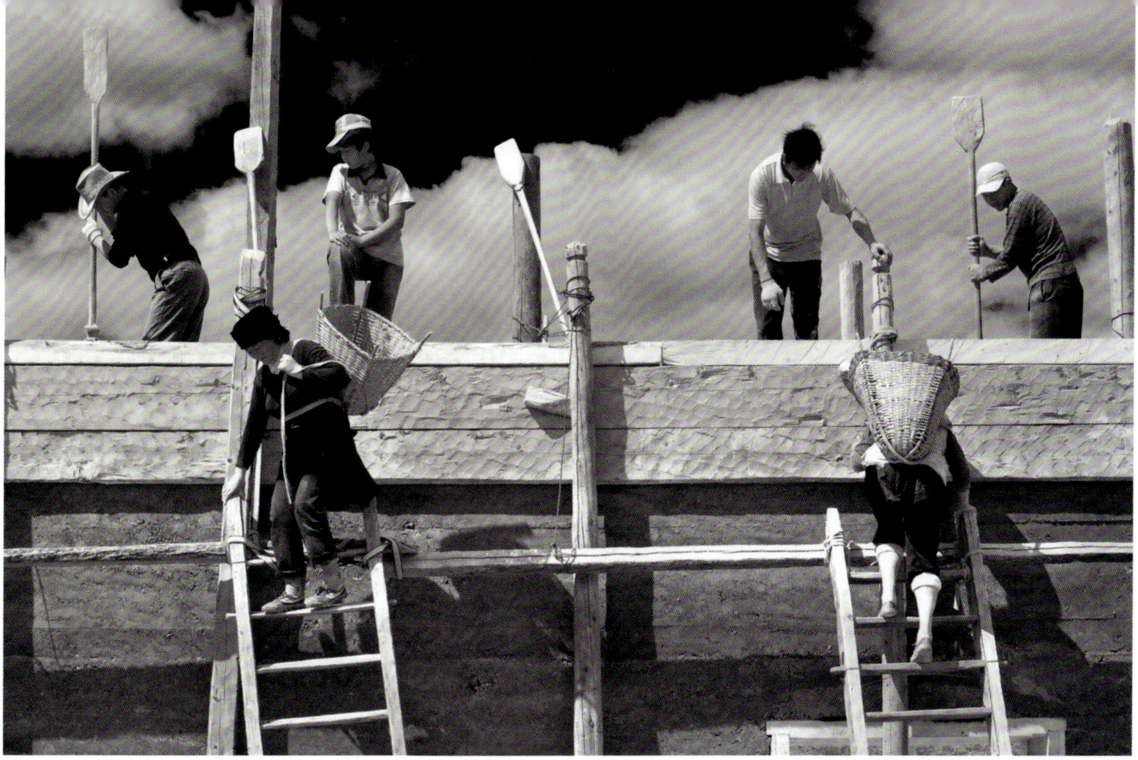

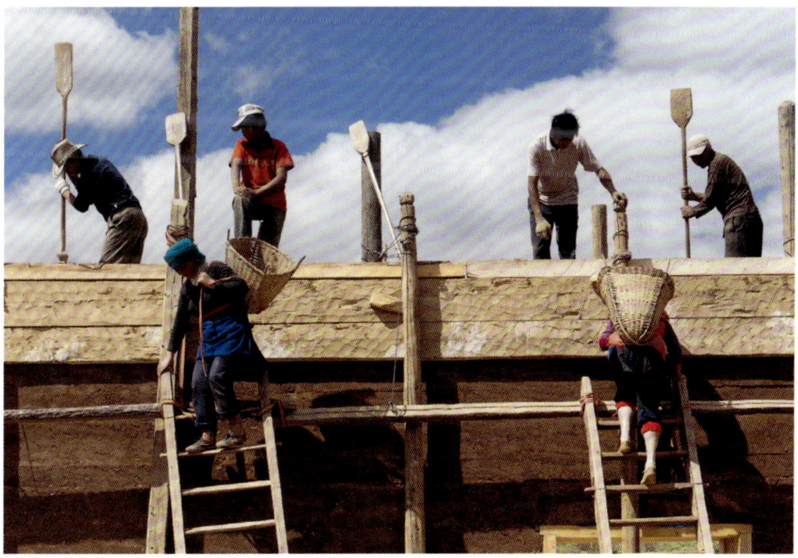

Hausbau in einem tibetischen Dorf im Südwesten Chinas. Traditionelle tibetische Häuser aus Stampflehm und Holzrahmen sind ebenso robust wie geräumig. Das erfordert viele Hände beim Bau, der sich über ein oder zwei Wochen hinzieht. Wie bei den anderen Bildern hier, gibt es eine starke erzählerische Komponente. Die fotografierten Personen und Objekte sind an sich schon interessant genug, und es ist mir wichtig, sie ohne störende Farbflecken zu zeigen. Gegen einen blauen Himmel und gelbbraune Wände ist zwar nichts einzuwenden, aber die Farben sind der Geschichte nicht zuträglich. Die Konvertierung ermöglicht darüber hinaus die Kontrolle über die relative Helligkeit von Himmel, Wolken, Holz und Erde.

denken, was Sie erreichen möchten. In diesem Fall wollte ich einen gleichmäßigeren Hintergrund haben, der so nah wie möglich an einem einzigen hellen Ton liegt. Das war durchaus möglich, indem ich die Helligkeit der Kanäle für Grün, Rot und Orange erhöhte. Ich habe auch auf das Stück Papier eingewirkt, wobei ich es unangemessen fand, es per Korrekturpinsel zu entfernen. Dagegen hielt ich es für gerechtfertigt, seine Helligkeit selektiv zu verringern. Im endgültigen Bild ist das Papier immer noch vorhanden, hat aber einen ähnlichen Farbton wie das Gras und die Erde.

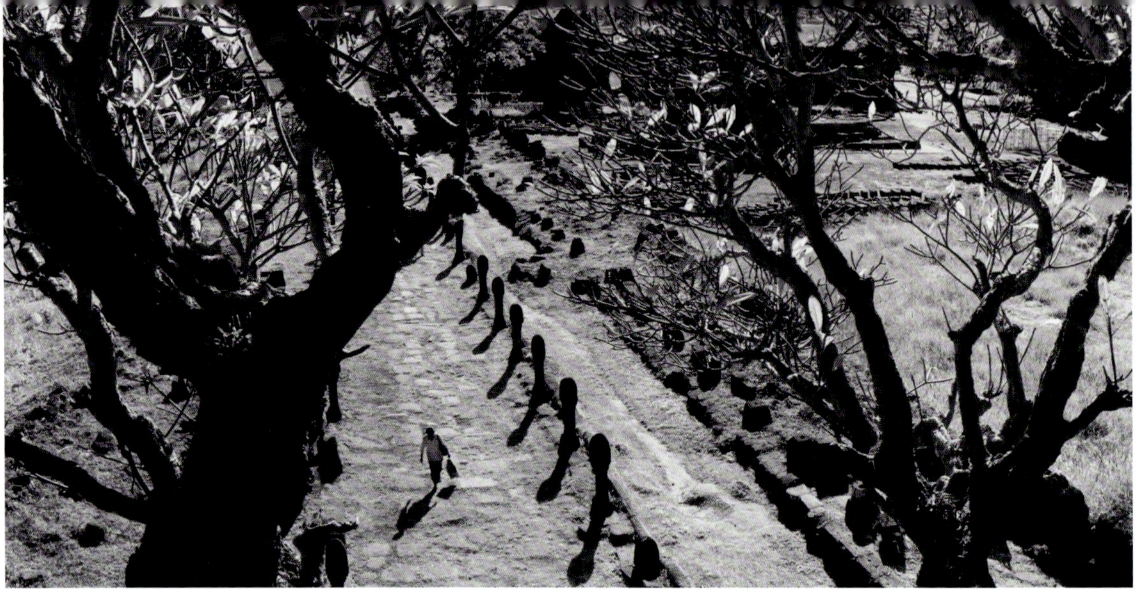

HOCHSTEHENDE SONNE

Das harte Licht der Mittagssonne wird bei Farbaufnahmen aus ästhetischen Gründen weitgehend gemieden. Diese Tradition reicht viel weiter zurück als die Geschichte der Fotografie und hat ihre Wurzeln in der Malerei.

Nicht jeder Malstil setzte sich mit Licht und Schatten auseinander, doch wenn die Ausleuchtung eine Rolle spielte, mieden die Künstler das harsche Sonnenlicht von oben mit den daraus resultierenden kurzen und harten Schatten, die mitunter die Motivkanten auf verwirrende Weise aufweichen. Von Wolken gedämpftes Licht erfreute sich dagegen großer Beliebtheit, ebenso wie reflektiertes Licht im Schatten sowie lange seitliche Schatten von einer tief stehenden Sonne zur »goldenen Stunde«. Selbst Caravaggio, der die gängigen Konventionen mit dramatischen Lichteffekten auf die Probe stellte, komponierte seine Szenen in Innenräumen mit fast schwarzen Hintergründen – und nicht draußen in der prallen Sonne.

Die Fotografie hat die Konzepte der Malerei übernommen, vor allem in den Genres Landschaft, Architektur und Porträt. Die Farbfotografie gilt grundsätzlich als realistisch und natürlich. Sie soll vor allem zeigen, wie die Dinge wirklich aussehen, und sie wird meist danach beurteilt, wie ansprechend sie das in ästhetischer Hinsicht vollbringt. Ein Szenario mit hoher Sonneneinstrahlung findet beim Publikum wenig Anklang, aus welchen Gründen auch immer. Wer im Freien fotografiert, ist natürlich dem Licht und dem Wetter ausgeliefert, und so richten die meisten von uns ihre Aufmerksamkeit auf die frühen und späten Stunden. Oft sind wir jedoch mitten am Tag unterwegs und finden Bedingungen vor, die sich hervorragend zum Sonnenbaden eignen, aber nicht zum Fotografieren in Farbe. Anstatt aufzugeben oder abzuwarten, ist das der ideale Zeitpunkt, an dem Sie über einen Wechsel zu Schwarzweiß nachdenken sollten.

Unten sehen Sie die ursprüngliche, unbearbeitete Farbdatei des großen Fotos, und ganz unten eine konventionelle Schwarzweißkonvertierung.

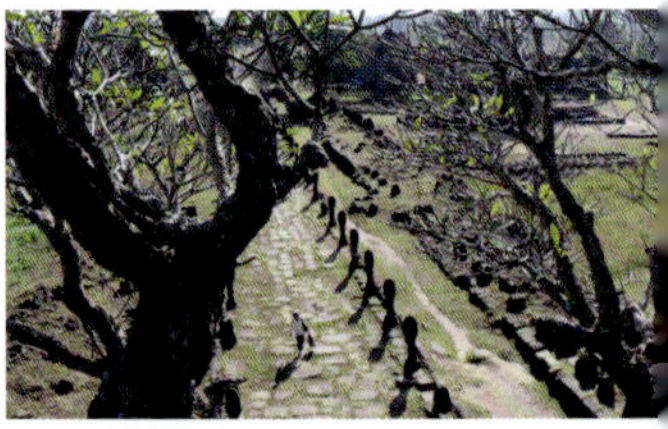

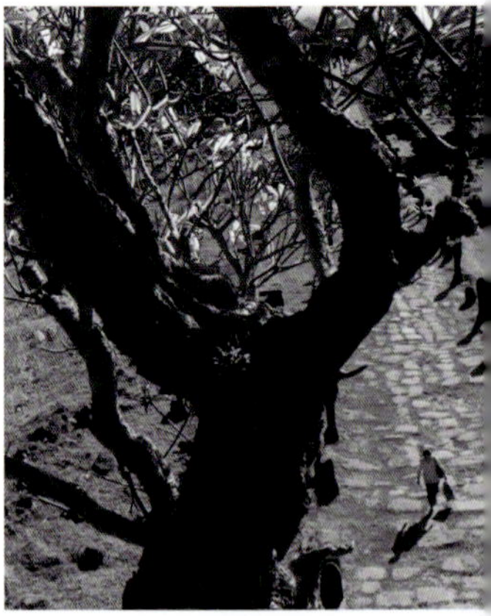

Die Ruine des Khmer-Tempels Vat Phou im Süden von Laos habe ich für hohen Kontrast in Schwarzweiß konvertiert. Ich habe eine kontrastreiche S-Kurve angewandt und zusätzlich die Grün- und Gelbtöne maximal aufgehellt.

Solange die Landschaft nicht völlig flach ist, sorgen die kurzen, harten Schatten für einen hohen Kontrast. Wenn Sie bei der Bildkomposition darauf achten und den Kontrast während der Bearbeitung weiter erhöhen, erzielen Sie eine durchaus attraktive Bildwirkung wie in den Beispielen auf diesen Seiten. Für die nebenstehende Szene mit den Bäumen in Laos zeige ich zwei verschiedene Konvertierungen, um diesen Punkt zu verdeutlichen. Die kleinere Schwarzweißversion ist mehr oder weniger eine Standardkonvertierung und funktioniert ganz gut. Doch in der endgültigen, größeren Version erhöhte ich den grafischen Kontrast, indem ich das Gras durch Hochfahren der gelben und grünen Kanäle maximal aufgehellt habe. Das Ergebnis wirkt sicherlich weniger realistisch, aber das ist bei Schwarzweiß ja gerade der springende Punkt. Interessanter Fakt am Rande: Der legendäre Western *High Noon* von 1952 mit Gary Cooper in der Hauptrolle, der zwischen 11 und 12 Uhr mittags spielt, wurde natürlich in Schwarzweiß gedreht.

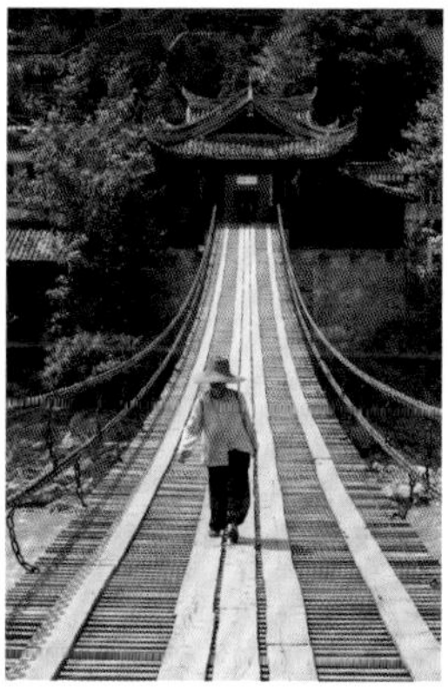

Eine Frau überquert in der Mittagssonne eine Kettenbrücke in Sichuan. In der Originaldatei sind die Farben fade, aber wenn Sie diese entfernen, entsteht ein grafisch starkes Bild. Der blaue Kanal, der auch die Bluse betrifft, wurde abgedunkelt.

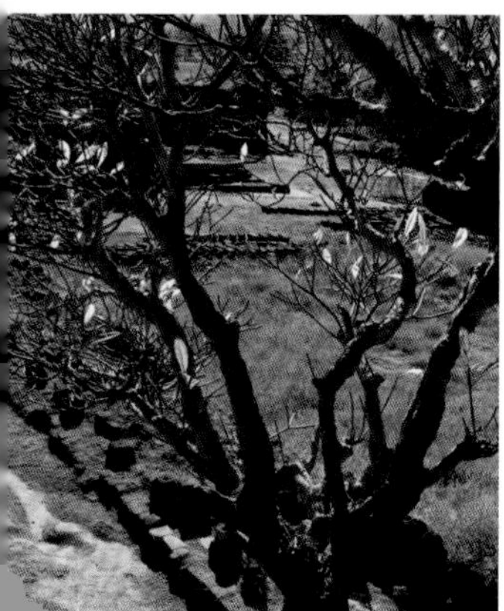

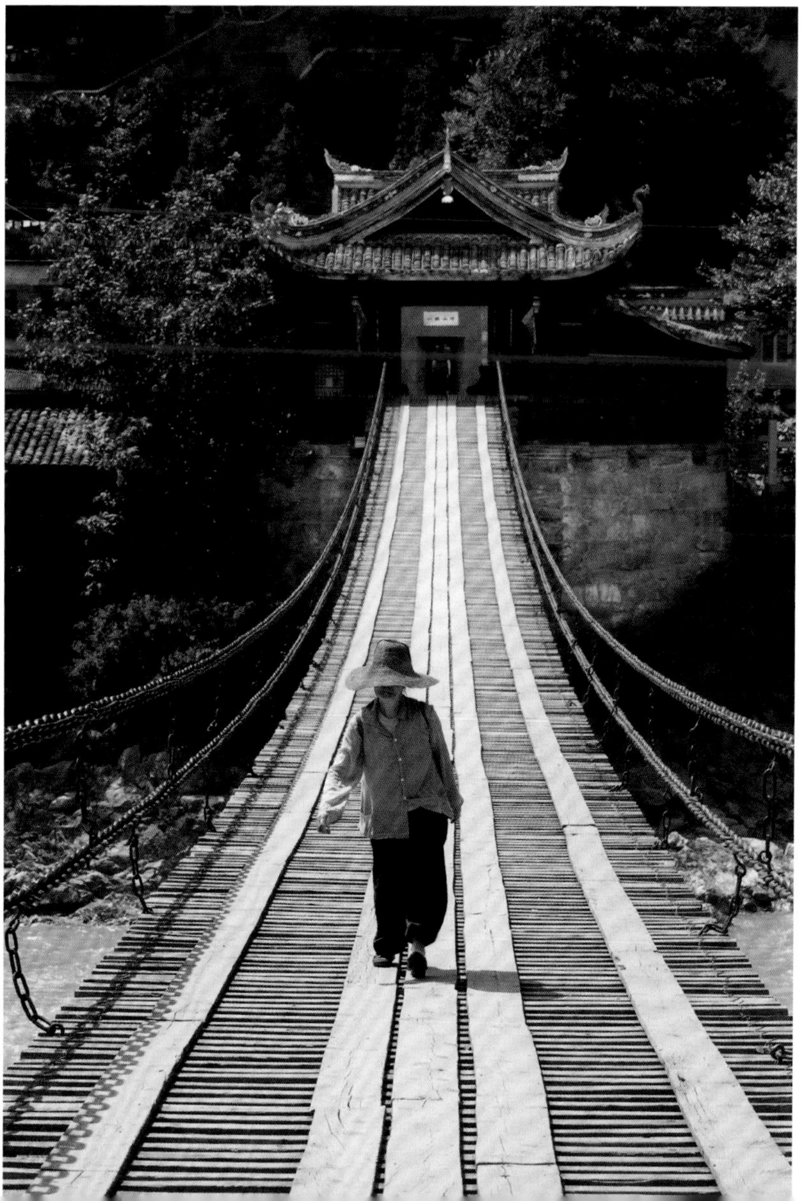

SELEKTIVE KONVERTIERUNG

Die normalen Werkzeuge für die Umwandlung von Farbe in Schwarzweiß wirken erwartungsgemäß auf das gesamte Bild. Möchten Sie jedoch einige lokale Bereiche gezielt und unabhängig von Rest des Bilds umwandeln, nutzen Sie die selektive Konvertierung.

Eine selektive Korrektur erfordert in der Regel einen Workaround. Eine einfache Möglichkeit wäre die Verwendung lokaler Anpassungen wie beispielsweise eines Radialfilters zum Aufhellen oder Abdunkeln, aber bei der eleganteren Lösung nutzen Sie die Kanalregler. Die hier gezeigte Methode verwendet Photoshop-Ebenen, um zwei unterschiedlich bearbeitete Versionen zu mischen. Mit einem Radierpinsel auf der oberen Ebene werden Bereiche der darunter liegenden Ebene freigelegt.

Tibetische Yak-Hirten beim Beladen ihrer Tiere. Der obere Hintergrund der dunkleren Version wurde ausradiert, um das hellere Flussufer der unteren Ebene freizulegen.

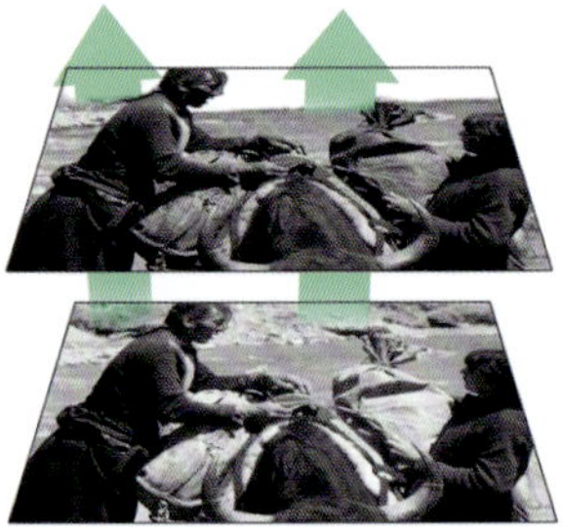

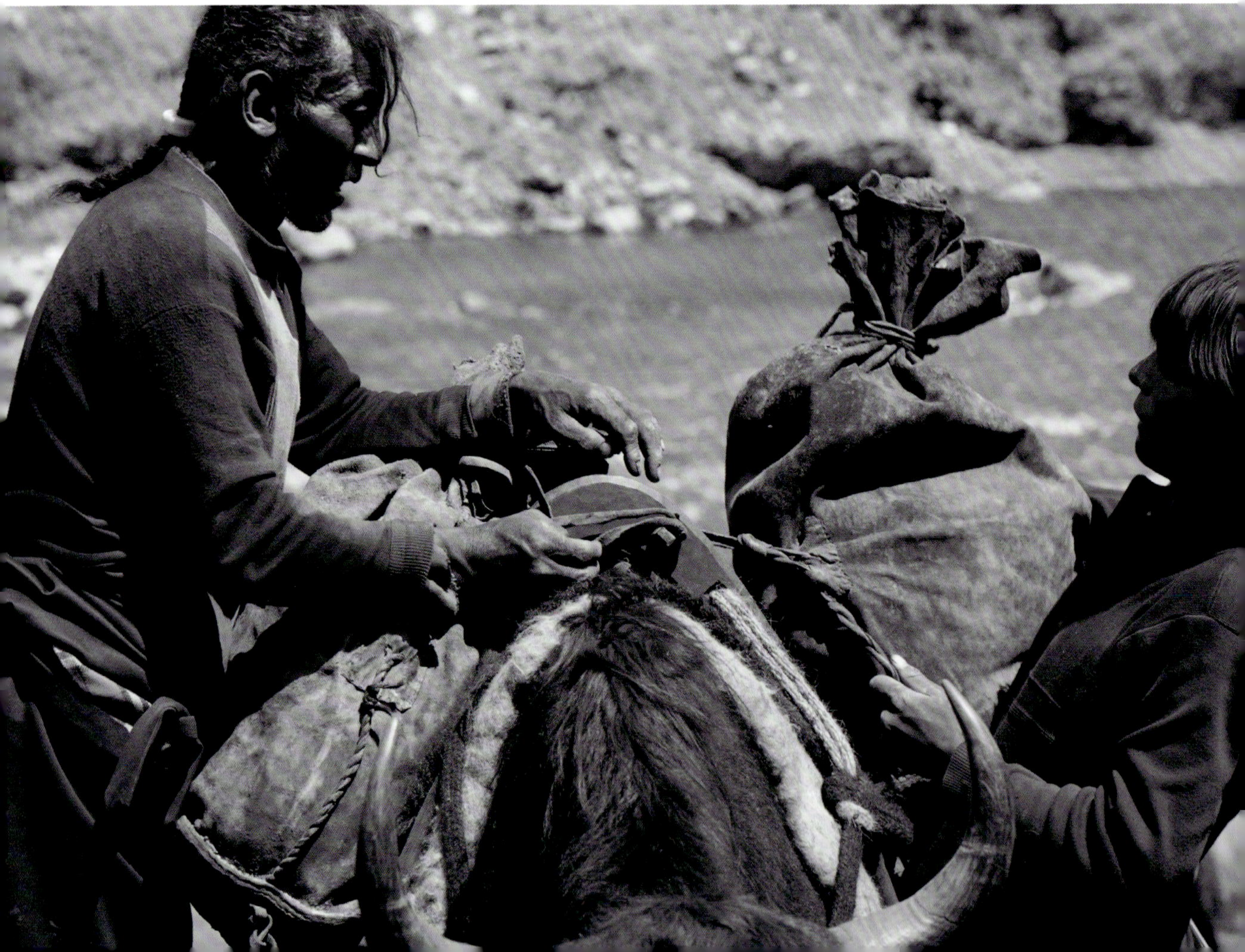

Das Hauptproblem bestand darin, den Kopf des Mannes dunkel und tonal vom Hintergrund getrennt zu halten. Das Spektrum zeigt, dass die meisten Farben zu nahe beieinander liegen, um bei der Konvertierung tonal getrennt zu werden. Die Grüntöne mussten aufgehellt werden, also wurden zwei Konvertierungen vorgenommen: eine, um die Haut dunkel zu halten, die andere für einen sehr hellen Hintergrund.

Das Beispiel habe ich im Westen Chinas aufgenommen, wo tibetische Männer eine Yak-Karawane mit Getreidesäcken beluden. Beim großen Bild handelt es sich um die endgültige Version. Wie Sie am Original sehen können, sind die Farben – vor allem im Hintergrund – sehr blass. Das war, ähnlich wie im Beispiel auf Seite 142, der Hauptgrund für die Konvertierung. Des Weiteren wollte ich aus erzählerischen Gründen die traditionellen Ledersäcke als Transportmittel hervorheben, da es um eine alte Handelsroute, die Tea Horse Road, geht. Darüber hinaus schien das wettergegerbte Gesicht des Mannes etwas mit dem Leder gemeinsam zu haben, und ich wollte, dass beide Elemente dunkler und gut strukturiert dargestellt werden. Wie Sie aus dem Spektrum über dem Farbbild ersehen können, liegen die Ledersäcke, das glänzende Ufer des Flusses und die Haut des Mannes im Farbspektrum zwischen Orange und Rot sehr nah beieinander, obwohl sie stark entsättigt sind. In gewisser Weise ist das ein Vorteil, weil die Haut und das Leder gleichzeitig abgedunkelt werden können. Aber es schafft ein lokales Problem rund um den Kopf des Mannes, denn die gelb-grüne Vegetation auf der linken Seite wird durch das Absenken der Rot- und Gelbtöne beeinträchtigt. Das gilt auch für das felsige Ufer des Flusses, das aufgehellt werden muss, um den Mann, das Yak, die Säcke und den Jungen besser zu isolieren.

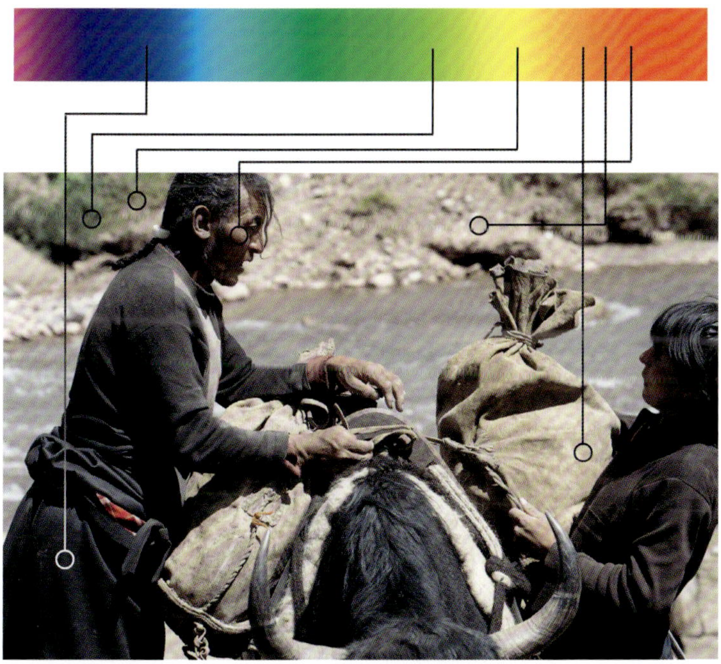

Aus diesen Gründen musste eine zweite Version mit helleren Grün- und Gelbtönen erstellt werden, was sich allerdings negativ auf den Rest des Bildes auswirkte. Die Lösung für das Problem bestand darin, die ursprüngliche Konvertierung auf einer darüber liegenden Ebene zu überlagern und dann die oberen Bereiche manuell zu löschen. Dies ist ein typisches Beispiel für eine etwas aufwendigere Konvertierung mit viel Liebe zum Detail, die viel homogener wirkt als die Standardkonvertierung.

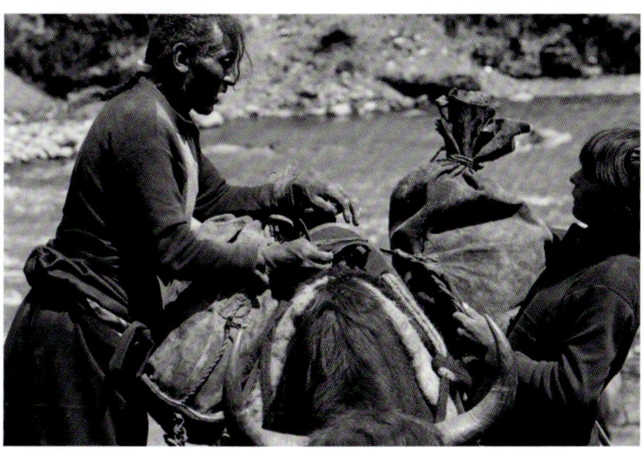

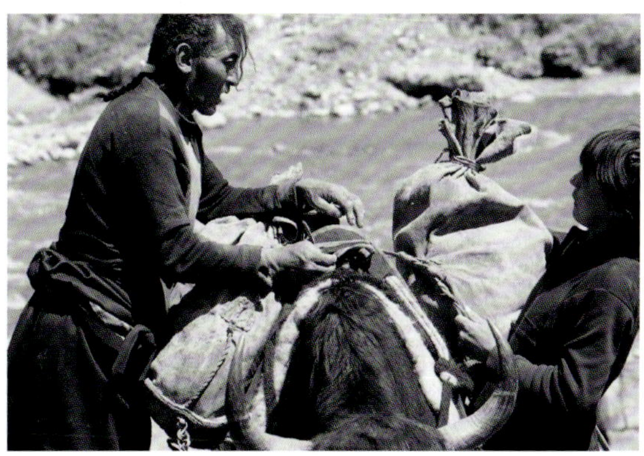

INFRAROT

Ein sehr spezieller Fall für die Konvertierung in Schwarzweiß ist Infrarot – nicht zuletzt, weil die Kamera selbst professionell angepasst werden muss. Da die Sensoren von Natur aus im Infrarotbereich (jenseits von etwa 700 nm) empfindlich sind, werden sie normalerweise mit einem Infrarotsperrfilter ausgestattet, um eine Empfindlichkeit zu erzielen, die näher an jener des menschlichen Auges liegt.

Um Infrarotaufnahmen ohne oder mit nur sehr wenig sichtbarem Licht zu machen, muss der Sperrfilter durch einen für Infrarotlicht durchlässigen Filter ersetzt werden. Es gibt verschiedene Versionen solcher IR-Filter, die gängigsten für Schwarzweiß sind 665 nm, 720 nm und 830 nm. Je höher die Basiswellenlänge ist, desto »infraroter« ist das Bild, wobei 720 nm den gängigsten Mittelwert darstellt. Da es sich um eine meist irreversible Umbaumaßnahme handelt, ist die Verwendung einer älteren Kamera empfehlenswert.

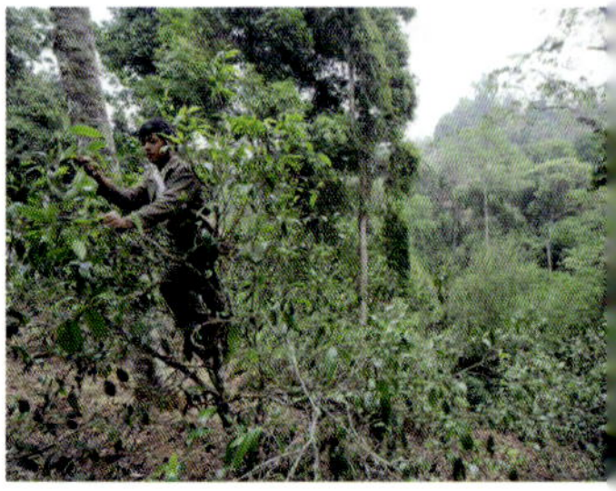

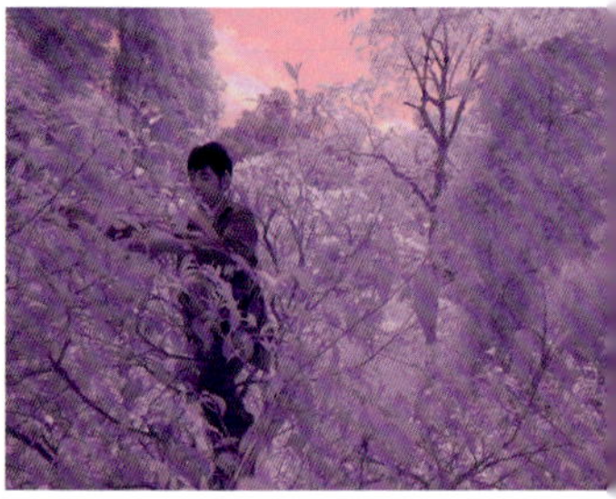

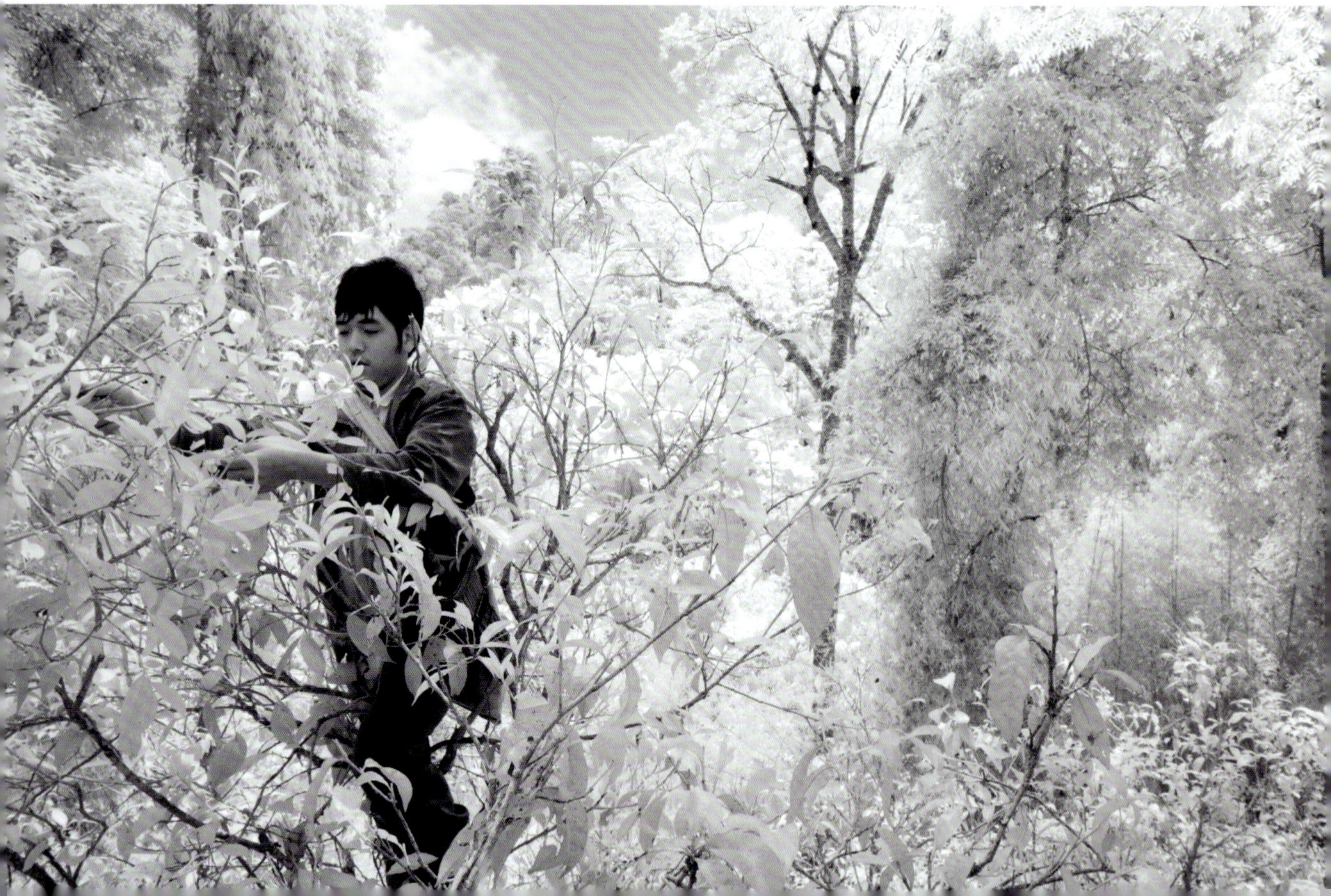

Die Verwendung von Infrarot war eine kreative Lösung für die Illustration eines redaktionellen Beitrags über Tee. Die reguläre Farbversion (links) war trist, was vor allem am bewölkten Wetter lag. Infrarot veränderte die Szene und trug zur Vermittlung der Idee bei, dass die Teewälder voll von verschiedenen Arten sind. Das Farboriginal erforderte eine sorgfältige Schwarzweißkonvertierung, um bestimmte Farbtöne aufzuhellen und andere abzudunkeln, wie beispielsweise den Himmel im Hintergrund.

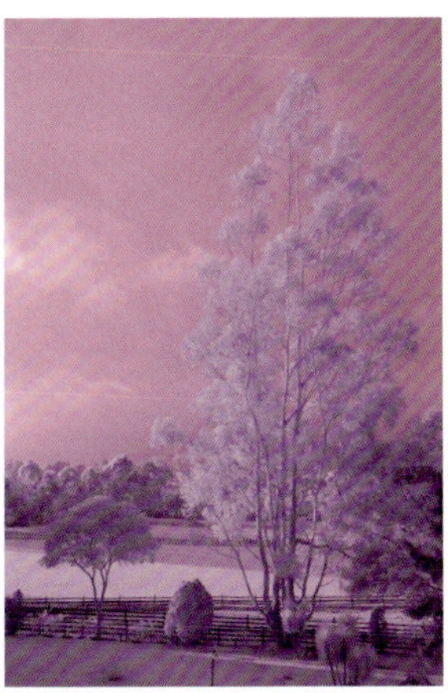

Mit der Infrarotfotografie kann der blaue Himmel bearbeitet und nahezu in Schwarz umgewandelt werden, während das Laub, hier ein Eukalyptusbaum, fast weiß werden kann – besonders dann, wenn es von der Sonne beschienen wird.

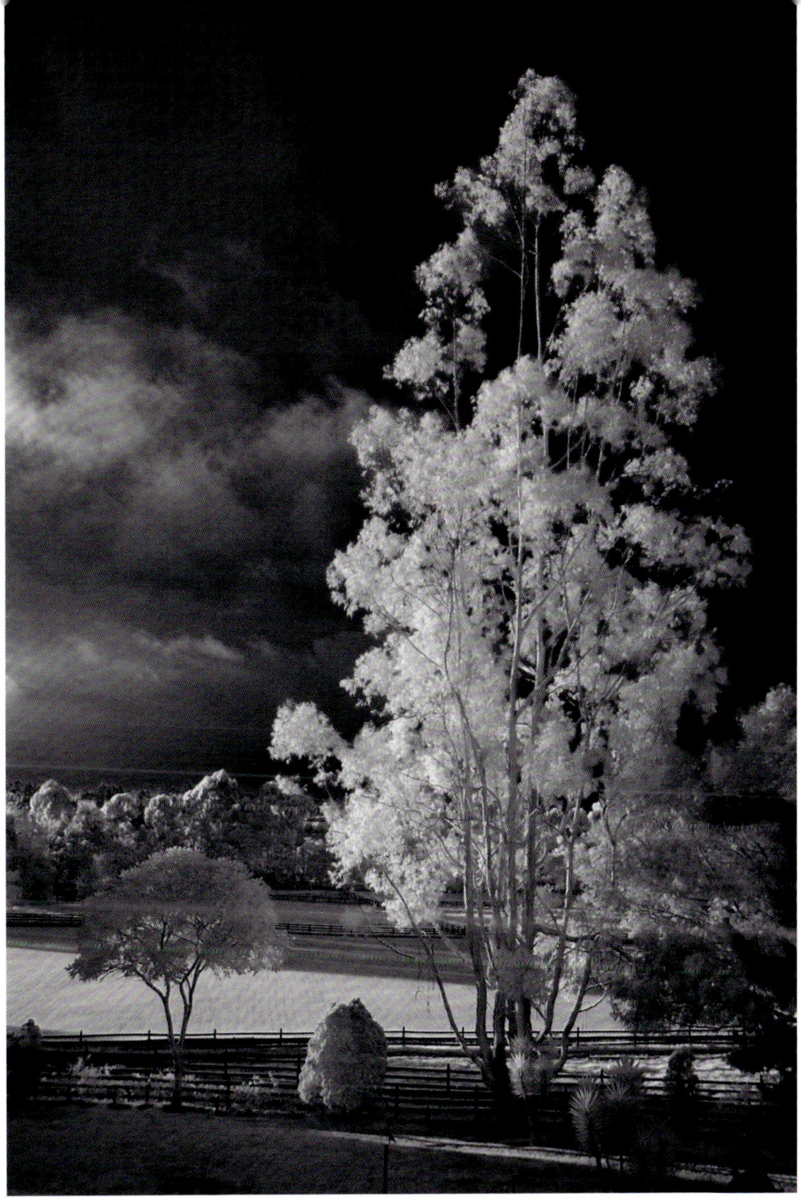

Wie bei allen anderen Arten der Konvertierung in diesem Kapitel ist das ursprüngliche Infrarotbild eine Farbaufnahme. Der 665-nm-Filter liefert ein farbenfroheres Ergebnis und wird im Allgemeinen für Falschfarben-Aufnahmen verwendet. Die hier gezeigten Bilder wurden mit einem 720-nm-Filter aufgenommen. Die wichtigsten Merkmale von Infrarotaufnahmen sind weißes Laub, ein tiefschwarzer, klarer Himmel (und dessen Reflexionen im Wasser) sowie die Beseitigung von Dunst in der Distanz. Weiße Vegetation entsteht durch das hohe Reflexionsvermögen von Chlorophyll bei Infrarot-Wellenlängen und kann spektakulär wirken, wenn Bäume und anderes Blattwerk gegen eine viel dunklere Umgebung gestellt werden. Wenn Sie mit der Aufnahme von Infrarotbildern nicht vertraut sind, kann die Belichtung aufgrund der ungewöhnlichen Helligkeitswerte knifflig sein – deshalb empfehlen sich Belichtungsreihen, um ein Clipping der Spitzlichter zu vermeiden. Der klare, schwarze Himmel und die Abwesenheit von Dunst lassen sich auf die sehr geringe

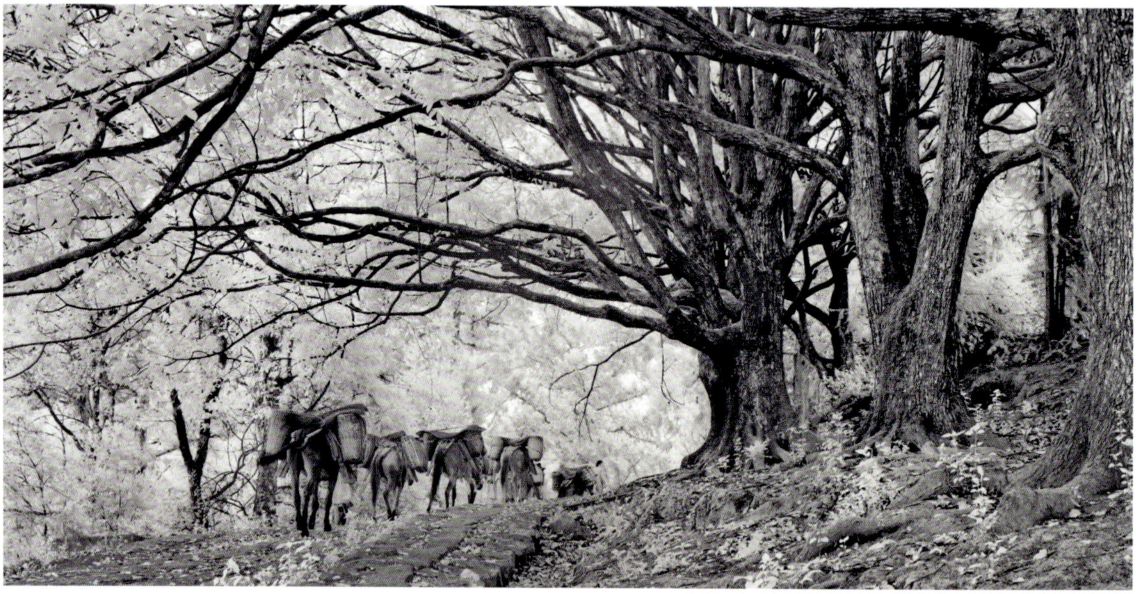

Streuung bei diesen Wellenlängen zurückführen. Ein weiterer typischer Infraroteffekt hängt mit dem Film zusammen: ein diffuses Leuchten, das helle Bereiche umgibt und als Lichthof oder Halo bezeichnet wird. Beispiele dafür finden Sie auf den Seiten 110 (35-mm-Infrarotfilm) und 118 (4×5-Zoll-Infrarotfilm). In Digitalaufnahmen tritt dieser Effekt nicht auf.

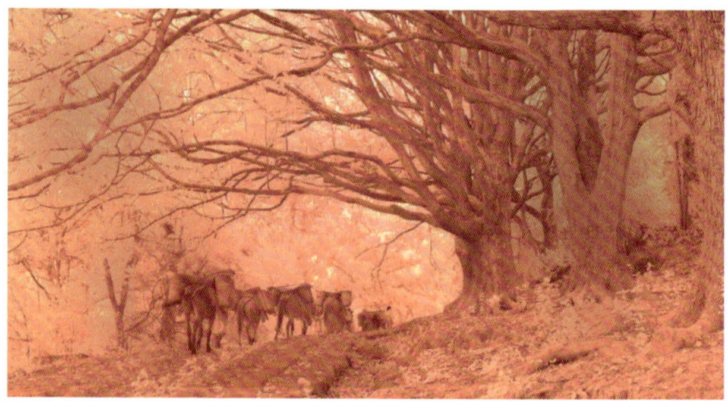

So viel zu den technischen Aspekten der Infrarotfotografie. Die Umrüstung der Kamera ist zwar nicht besonders kostspielig, aber Sie müssen eine zusätzliche, spezielle Kamera mit sich herumtragen. Außerdem ist eine gewisse Erfahrung erforderlich, da das ursprüngliche Farbbild und damit auch das konvertierte Schwarzweißbild nicht immer vorhersehbar sind. Diese Unvorhersehbarkeit macht einen Teil des Reizes aus, wenn Sie die Infrarotfotografie eher für visuelle Effekte als für wissenschaftliche Zwecke einsetzen. Das Bild auf Seite 150 hat ein wenig von beidem. Es wurde im Rahmen einer Reportage über Tee im Südwesten Chinas in einem sogenannten »bewirtschafteten Agroforst« aufgenommen. Der meiste Tee wird nicht auf diese Weise angebaut, sondern in gepflegten Plantagen, die sich in symmetrischen Reihen über die Hänge erstrecken. Diese sehen zwar hübscher aus, sind aber Monokulturen und nicht dazu geeignet, die besten Tees der Welt zu erzeugen – ganz im Gegensatz zu dem exquisiten Tee aus diesem Wald an der chinesisch-burmesischen Grenze. Einer der Gründe für die Exzellenz dieses als »Pu'er« bezeichneten Tees liegt in der Artenvielfalt begründet – die Bäume wachsen in einem hart umkämpften Lebensraum zwischen einer Vielzahl anderer Arten. Wie Sie auf dem kleinen Bild auf Seite 150 sehen können, lassen sich die Teebäume in der Farbaufnahme nur schwer von den anderen Pflanzen unterscheiden, und darüber hinaus wirkt das Bild schlicht langweilig. In Infrarot erscheint der gesamte Wald fast märchenhaft und sehr tief, weil es keinen atmosphärischen Dunst gibt.

↑ Eine Pferdekarawane, die einem originalen, mit Steinen gepflasterten Abschnitt der chinesischen Tea Horse Route durch ein Waldgebiet folgt. Der blasse Farbton der Blätter in der Ferne bildet einen kontrastreichen Hintergrund für die Karawane.

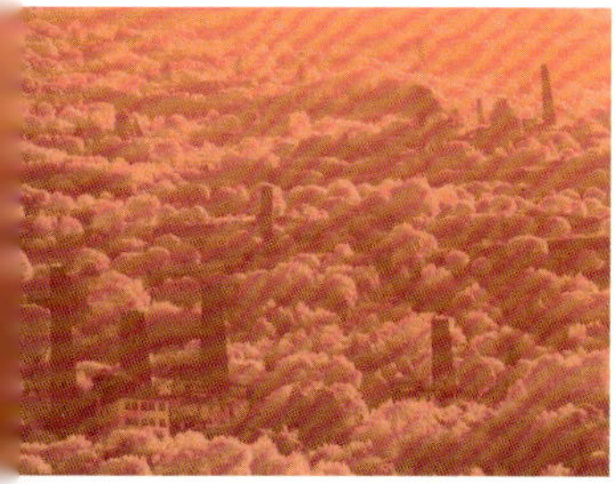

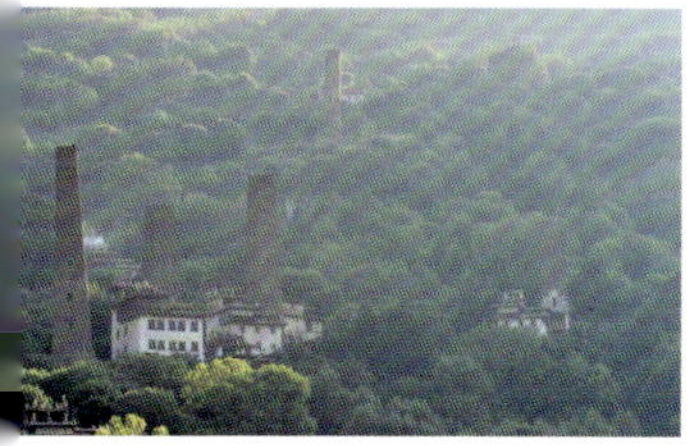

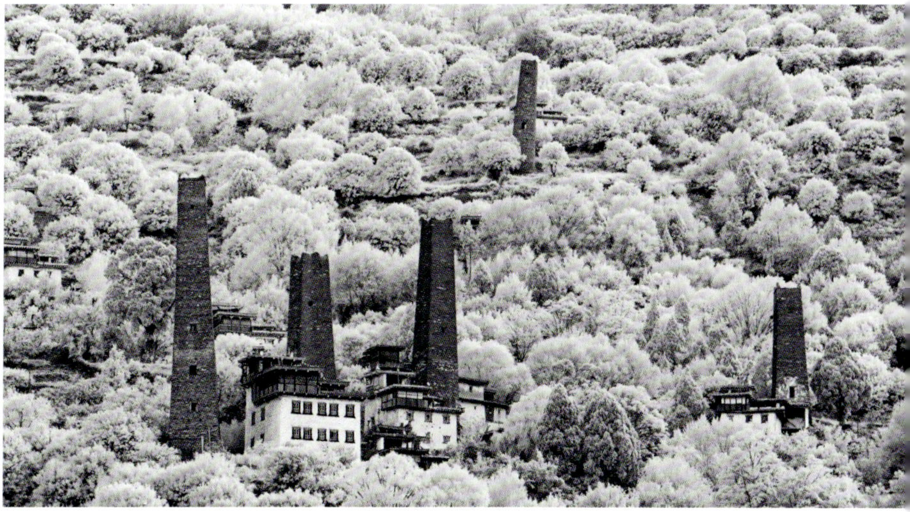

Eine Tele-Aufnahme von steinernen Wachtürmen im tibetischen Gebiet im Westen Sichuans. Von der anderen Flussseite aus, mit Blick nach Osten am Morgen, blendet die Sonne so stark, dass ein normales Foto (oben) selbst bei abgeschattetem Objektiv unbrauchbar wird. Bei Infrarotaufnahmen ist das anders. Der Kontrast zwischen der Vegetation und dem neutralen Stein kann enorm verstärkt werden.

Die vielen subtilen Weiß- und Grautöne illustrieren die Artenvielfalt viel besser als eine Auswahl von weitgehend identischen Grüntönen.

Weitere Gründe für den Wechsel von der normalen Schwarzweiß- zur Infrarotkonvertierung sind das dramatische Potenzial der Vegetation, die sich kontrastreich vom dunklen Himmel und den dunklen Schatten abhebt (der Effekt des schwarzen Himmels erstreckt sich auch auf die blauen Schatten, die sich ebenfalls vertiefen), und die allgemeine visuelle Kraft, insbesondere bei hoher Sonneneinstrahlung.

Wenn Sie bedenken, dass Schwarzweiß in der Mittagszeit, wie ab Seite 146 beschrieben, besser aussieht als Farbe, dann wirkt Schwarzweißinfrarot sogar noch stärker mit einem fast schon lunaren Charakter. Letztendlich bietet Infrarot eine besonders individuelle Möglichkeit, Motive in Szene zu setzen, und eignet sich daher hervorragend zum Experimentieren.

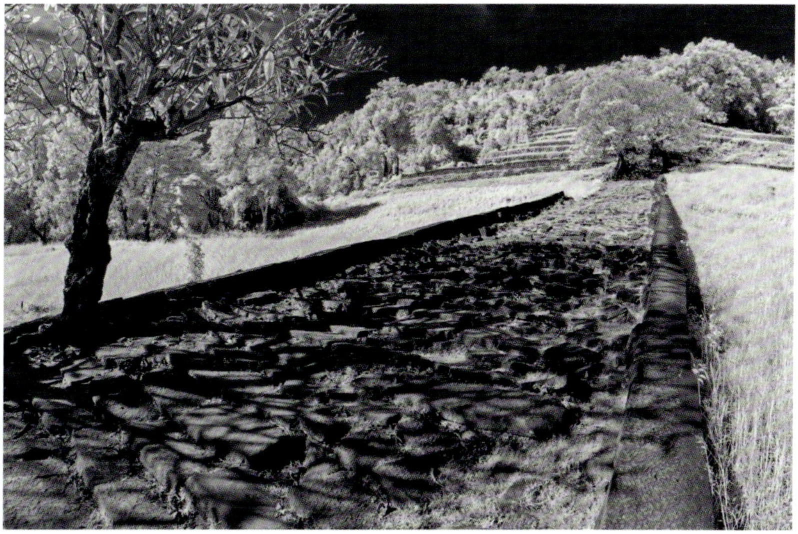

Eine alte Steinstraße in Laos, fotografiert in Infrarot, um das Pflaster so plastisch wie möglich herauszuarbeiten

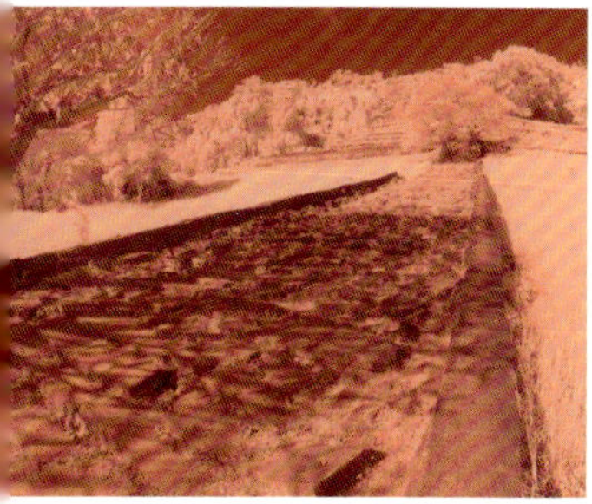

KAPITEL

7

STILE

In dieser Buchreihe reserviere ich das letzte Kapitel stets für das Thema »Stil«: für diese schwer fassbare, aber wesentliche Eigenschaft, die Arbeiten verschiedener Fotografinnen und Fotografen unverwechselbar macht. Die vorgestellten Stile erheben schon rein aus Platzgründen keinen Anspruch auf Vollständigkeit, laden aber zum Entdecken und Ausprobieren ein.

Bislang haben wir uns in dieser Reihe mit Kompositions-, Beleuchtungs- und Farbstilen befasst. Auch die Schwarzweißfotografie hat ihre eigenen Stile, die sich allerdings in vielerlei Hinsicht von allen anderen abheben. Der Kern der Schwarzweißfotografie liegt darin, dass sie sich bewusst einen Schritt von der Realität entfernt. Dieser Schritt, der Verzicht auf die Abbildung der Farben der realen Welt, lenkt die Aufmerksamkeit auf das engere visuelle Band der reinen Tonwerte. Das wiederum macht den Umgang mit diesen Tönen entscheidend – völlig losgelöst von den eigentlichen Motiven. Der handwerkliche Aspekt spielt in der Schwarzweißfotografie aufgrund der Verarbeitung, der Entwicklung und des Drucks eine ungleich größere Rolle. Daher sind die meisten stilistischen Unterschiede in der Schwarzweißfotografie auf eben diese Aspekte zurückzuführen. Das ist jedoch nicht immer der Fall, wie Sie am japanisch inspirierten, rauen, verschwommenen und unscharfen Stil sehen werden. Hier und im ebenso seit Langem etablierten »*f*/64«-Stil spielen die fotografische Vorgehensweise, die Wahl des Motivs und die

Beleuchtung eine entscheidende Rolle. Nichtsdestotrotz haben die grafischen/oberflächlichen Qualitäten des Bildes, vor allem wenn es sich um einen Druck handelt, einen großen Einfluss auf die Definition eines Schwarzweißstils.

Der »*f*/64«-Stil (dies ist meine persönliche Bezeichnung dafür, da ich bezweifle, dass die ursprünglichen Mitglieder der Gruppe *f*/64 sich selbst als stilistisch ähnlich betrachteten) kommt meiner Meinung nach einem Standardstil für Schwarzweiß am nächsten. Der Grund dafür: Ansel Adams, Edward Weston und die anderen kalifornischen Fotografen machten das handwerkliche Können beim Fotografieren, Verarbeiten und Drucken zu einem zentralen Bestandteil ihres Manifests (»die Qualitäten der Klarheit und Definition des fotografischen Bildes«). Sie fragen sich vielleicht, warum es überhaupt einen Standardstil geben sollte, und ich habe diese Idee in Bezug auf Komposition, Licht oder Farbe nicht weiter verfolgt. Das liegt daran, dass die Arbeit mit Schwarzweiß eine bewusste Entscheidung ist. Sie müssen also von Anfang an entscheiden, wie die Töne in ihrer Bandbreite aussehen sollen. Selbst wenn Sie einfach nur technisch optimale Bilder anstreben – voller Tonwertumfang, kein Clipping, ein Schwarz- und ein Weißpunkt, normaler Kontrast –, ist das immer noch ein Stil, und »*f*/64« erfüllt diese Anforderungen recht gut.

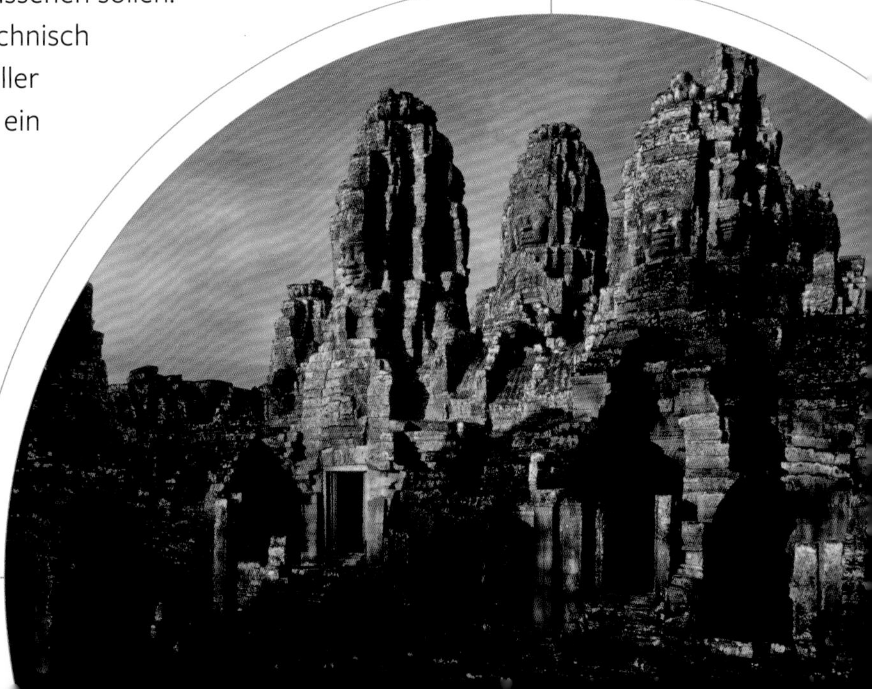

f/64

Wenn irgendetwas als Maßstab für den Stil gilt, dann ist es *f*/64. Klar, scharf, detailreich, eine breite Palette von Tönen, die wunderschön abgegrenzt sind, geordnet und anschaulich. Das sind viele Qualitäten für einen einzigen Stil, aber sie passen zusammen, weil sie sich alle um das Handwerk drehen. Dabei geht es nicht nur um das technische Handwerk der Ausrüstung und des Umgangs mit den Tönen, sondern auch um das Handwerk der Komposition, des Blickwinkels und der Auswahl eines Motivs, das zur Kameraarbeit und zu den grundsätzlichen Ideen der Fotografen und Fotografinnen passt.

Nicht jeder würde mir zustimmen, dass es überhaupt so etwas wie eine Grundvorgabe für den Stil gibt. Doch die Fotografie ist insofern einzigartig, als dass eine vollumfänglich vorhandene Szene der Ausgangspunkt ist, selbst wenn Sie überhaupt keine Entscheidung treffen. Bleiben wir bei der Betrachtung der oberflächlichen Eigenschaften eines Bildes, so legt die grundlegende Sensitometrie nahe, dass es eine »normale« Wiedergabe geben sollte, die sich aus einer durchschnittlichen Gesamthelligkeit (mit anderen Worten, das gesamte Bild ist im Durchschnitt ein Mittelton), einem vollen Tonwertumfang und einem durchschnittlichen Kontrast zusammensetzt. Das entspricht den Erwartungen des menschlichen Auges und ist genau das, was Kameras mit automatischer Einstellung liefern. In der Praxis wird das Ganze durch die computergestützte Fotografie noch verfeinert.

Ich nenne diesen Stil *f*/64, weil sich eine einflussreiche Gruppe von Fotografen an der Westküste in und um San Francisco im Jahr 1932 als »Gruppe *f*/64« bezeichnete. Zu ihnen gehörten Edward Weston, Imogen Cunningham und Ansel Adams. Sie versuchten, neue ästhetische Standards für die Fotografie zu definieren, und zwar in Opposition zum Piktorialismus, der zu dieser Zeit die amerikanische Sichtweise auf die Fotografie dominierte. Ihr Name stammt von der kleinsten Blende am Objektiv einer 8×10-Zoll-Kamera – derjenigen, die die größte Schärfentiefe ergibt –, und stand für die Klarheit und Detailtreue, die diese Fotografen anstrebten. Es gab ein Manifest, in dem die Standards der »reinen Fotografie« definiert wurden: »Reine Fotografie besitzt keine technischen, kompositorischen oder ideellen Eigenschaften, die von einer anderen Kunstform abgeleitet sind.« Und weiter: »Die Fotografie als Kunstform muss sich entlang der tatsächlichen Gegebenheiten und Grenzen des fotografischen Mediums entwickeln und immer unabhängig von ideologischen Konventionen der Kunst und Ästhetik bleiben, die an eine Zeit und Kultur erinnern, die vor der Entwicklung des Mediums selbst liegt.«

→ Diese hölzerne Kirche in der isländischen Stadt Stykkishólmur bietet eine herausfordernde Vielfalt an strukturierten Lichtern und Spitzlichtern, die mit einem klaren tiefblauen Himmel kontrastieren – ein Musterbeispiel für den f/64-Stil.

↘ Ein Falke auf dem Eisentor der Henry-VII-Kapelle in Westminster Abbey. Die fein gearbeiteten Details erforderten eine sorgfältige Trennung von Mitteltönen und Glanzlichtern gegen den satt schwarzen Hintergrund.

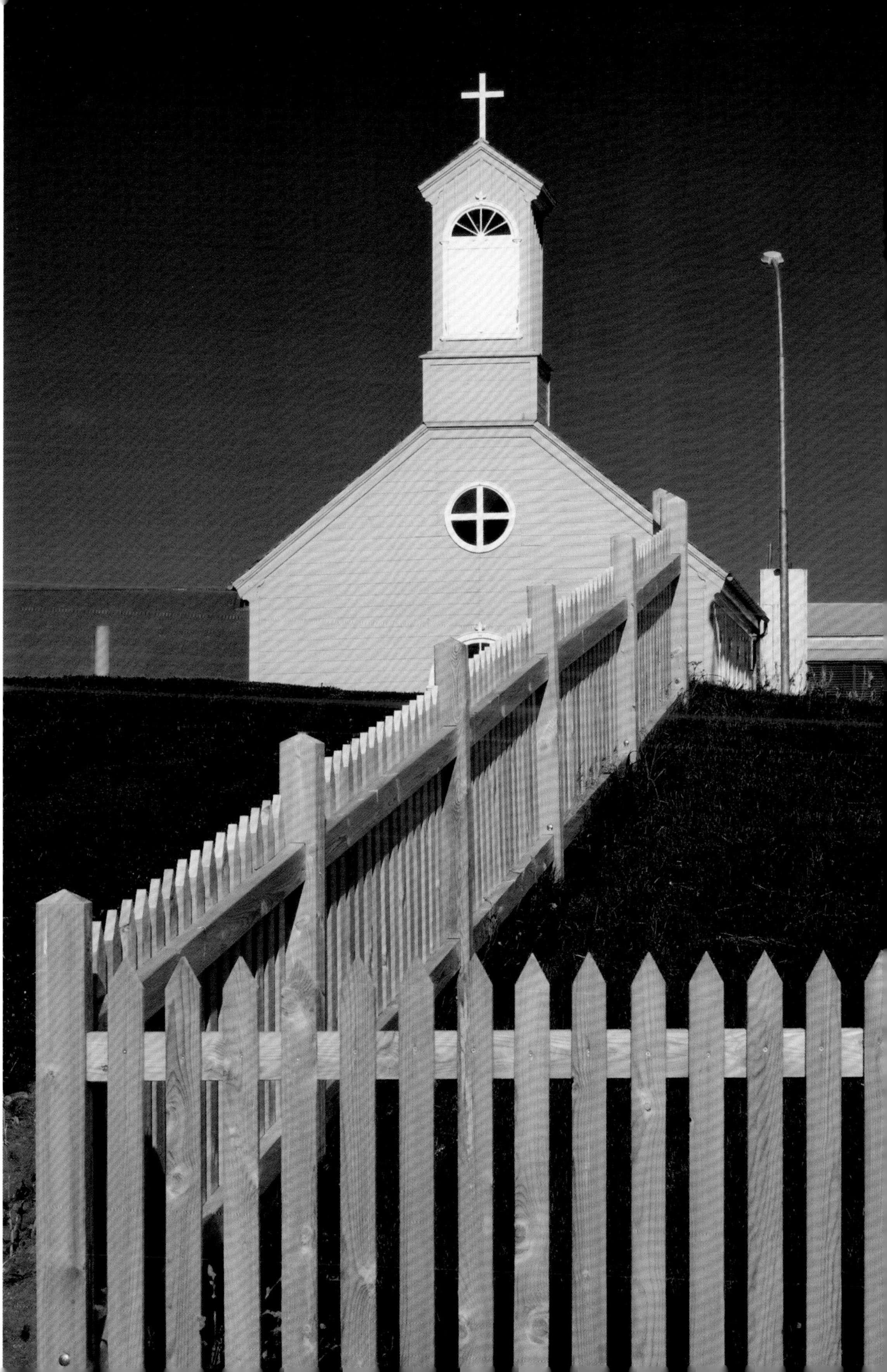

Der Kontext war entscheidend. Den Piktorialismus gab es schon seit geraumer Zeit, und in der Welt der Fotografie reifte bereits das Gefühl heran, dass er ausgedient habe. Alfred Stieglitz, ein einflussreicher Fotograf und Galerist von der Ostküste, hatte sich bereits ein Stück weit von dem weichen und hauchzarten romantischen Stil entfernt, indem er ihm einen gewissen Realismus einhauchte – reale Szenen und Themen statt Fiktion und Mythologie –, aber die Fotografen der Gruppe *f*/64 von der Westküste waren auf der Suche nach einem klaren Bruch, einer neuen Welt und natürlich auch nach Anerkennung. Es gab zudem eine ausgeprägte Rivalität zwischen San Francisco und New York, während der Gesellschaft im industriellen Osten, die nicht zum Kunstbetrieb zählte, die Westküste neue Möglichkeiten und Frische zu bieten schien. Und dann waren da noch das sonnige Wetter und das Licht, ganz zu schweigen von den Landschaften des Westens …

Seitdem ist fast ein Jahrhundert vergangen, und einiges hat sich verabschiedet, darunter 8×10-Zoll-Kameras, Film und das kalifornische Ideal von großartigen Naturlandschaften, Holzveranden und Familienbetrieben. Ich behaupte nicht, dass es sich hier um eine strikte, bis heute bindende Stilvorgabe handelt. Als nach wie

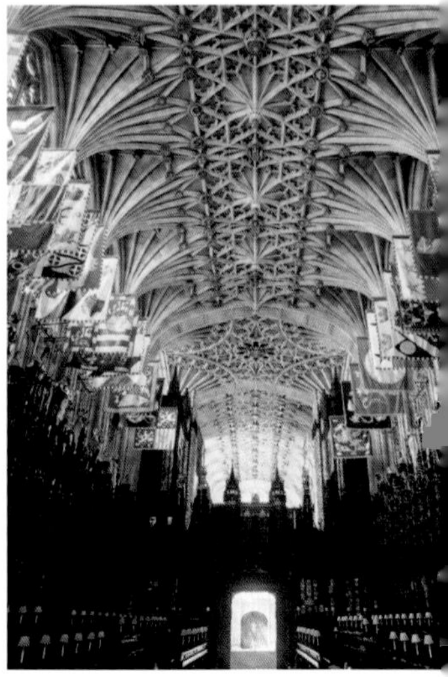

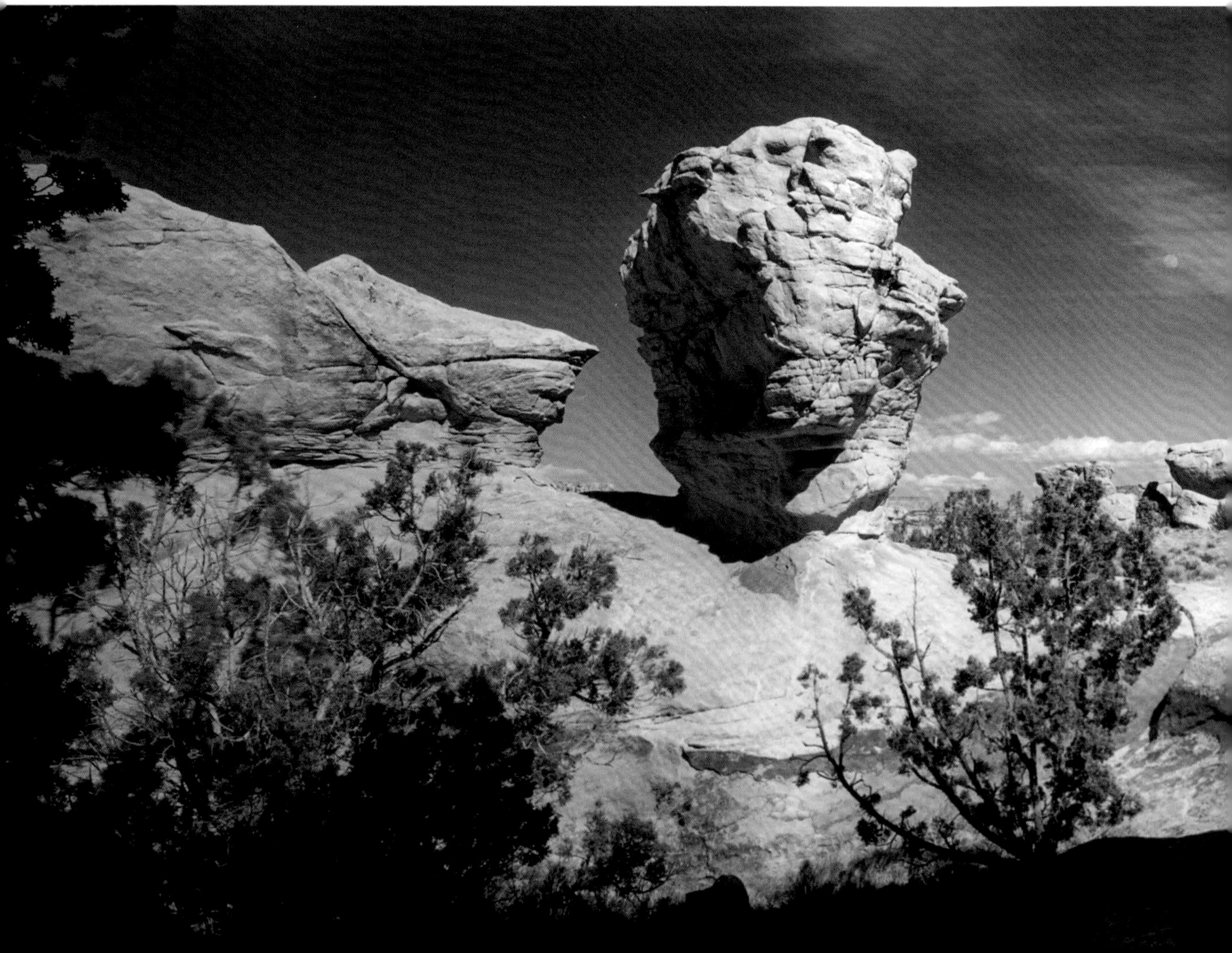

Die St. George's Chapel auf Schloss Windsor. Bei natürlichem Licht ist der beachtliche Dynamikumfang fast schon zu groß für einen feinkörnigen 4×5-Zoll-Schwarzweißfilm.

Eine weitläufige Landschaft in New Mexico mit dem auf einer Klippe gelegenen Acoma Pueblo im Hintergrund bei Vollmond, aufgenommen auf einem feinkörnigen Mittelformatnegativ. Die Tonwerte sind reichhaltig in den Schatten und fein strukturiert in den hellen Bereichen und Glanzlichtern.

vor gültig erachte ich jedoch die sorgfältig ausgearbeiteten Tonwerte, die beim Betrachten dazu einladen, in die Szene einzutauchen und sie zu erkunden. Ebenfalls noch immer erstrebenswert ist die Idee, dass eine Kamera für das eingesetzt wird, was sie am besten kann: einen offenen, klaren Blick auf Szenen und Motive mit perfekten Details und guter Ausleuchtung zu liefern. Edward Weston schrieb: »Die Kamera sollte für die Aufzeichnung des Lebens verwendet werden, um die Substanz und Quintessenz der Sache selbst wiederzugeben, egal ob es sich um polierten Stahl oder pulsierendes Fleisch handelt.«

Bei dieser Art der Fotografie geht es um Präzision in Kombination mit einem ausgeprägten Sinn für Formen und adäquate Beleuchtung. Natürlich ist dieser Stil bei Weitem nicht für alle attraktiv, und ich werde auf den folgenden Seiten auf entsprechende Alternativen eingehen, aber er ist ein Ausgangspunkt, der ein breites Publikum zufriedenstellt. Wenn es Kritik an diesem gut durchdachten Stil gibt, dann in der Regel wegen seiner fehlenden intellektuellen und sozialen Komponenten. Seine massenkompatible Gefälligkeit veranlasst die ehrgeizigeren Kuratoren und Kritiker dazu, ihn gering zu schätzen, aber das ist eine andere Geschichte.

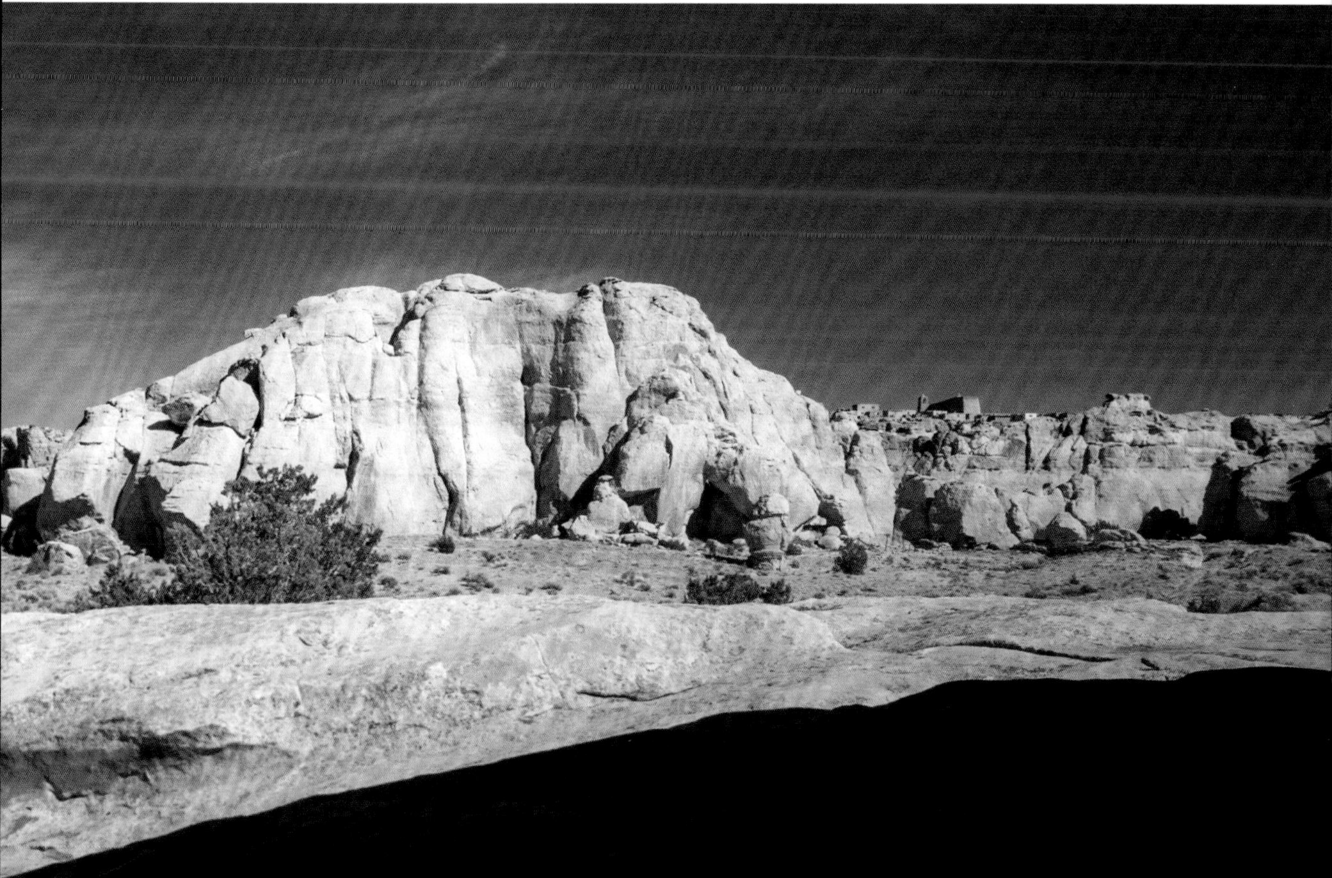

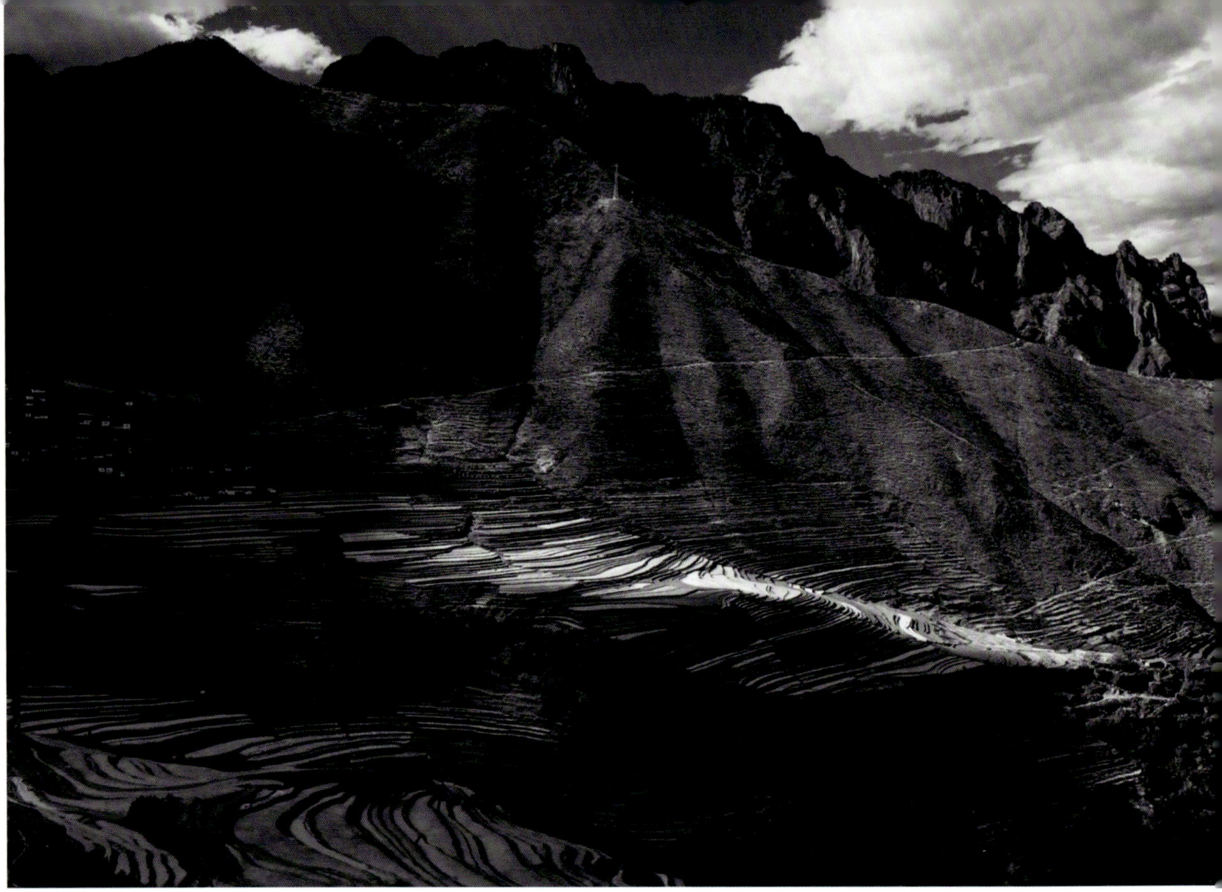

DRAMATISCH

Es gibt zwei Möglichkeiten, von der optimalen Tonwertverteilung des *f*/64-Stils abzuweichen, und beide beruhen stark auf der Steuerung des Kontrasts. Sie können den Kontrast sanft absenken oder ihn, wie hier, auf verschiedene Arten erhöhen.

Zumindest auf die Tonwerte bezogen, gehen Dramatik und Kontrast Hand in Hand, denn bei beiden geht es darum, ein Extrem gegen ein anderes zu stellen. In der Tat sind Extreme ein Merkmal aller Dramen, sowohl in emotionaler Hinsicht als auch beim Erzählen von Geschichten. Wie Sie bereits ab Seite 76 gesehen haben, gibt es verschiedene Arten von Kontrasten. Der grundlegende Mittelkontrast wirkt sich global auf das gesamte Bild aus, da etwa die mittleren zwei Drittel des Tonwertspektrums von ca. 20% bis 80% Grau betroffen sind. Die einfachste Art, dies zu visualisieren, ist die Tonwertkurve. Die Interpretation dieser Kurve ist etwas gewöhnungsbedürftig, aber liefert Ihnen eine gute Übersicht, wenn Sie sich einmal daran gewöhnt haben. Wie Sie auf den Seiten 86 bis 87 sehen, können Sie eine unendliche

→ Das Fotografieren gegen das Licht bei sich auflösenden Gewitterwolken, hier in der chinesischen Tiger Leaping Gorge in Yunnan, ist wegen des hohen Dynamikumfangs ein zuverlässiges Rezept für dramatische Bilder.

↘ Diese Szene in Yunnan ist dank des harten Sonnenlichts und der individuell einstellbaren Farben für maximalen Kontrast ein Kandidat für eine dramatische Behandlung.

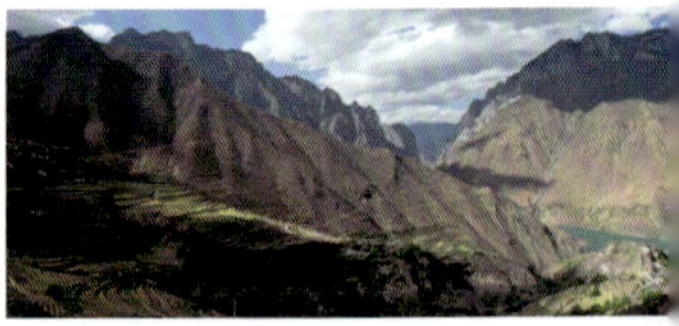

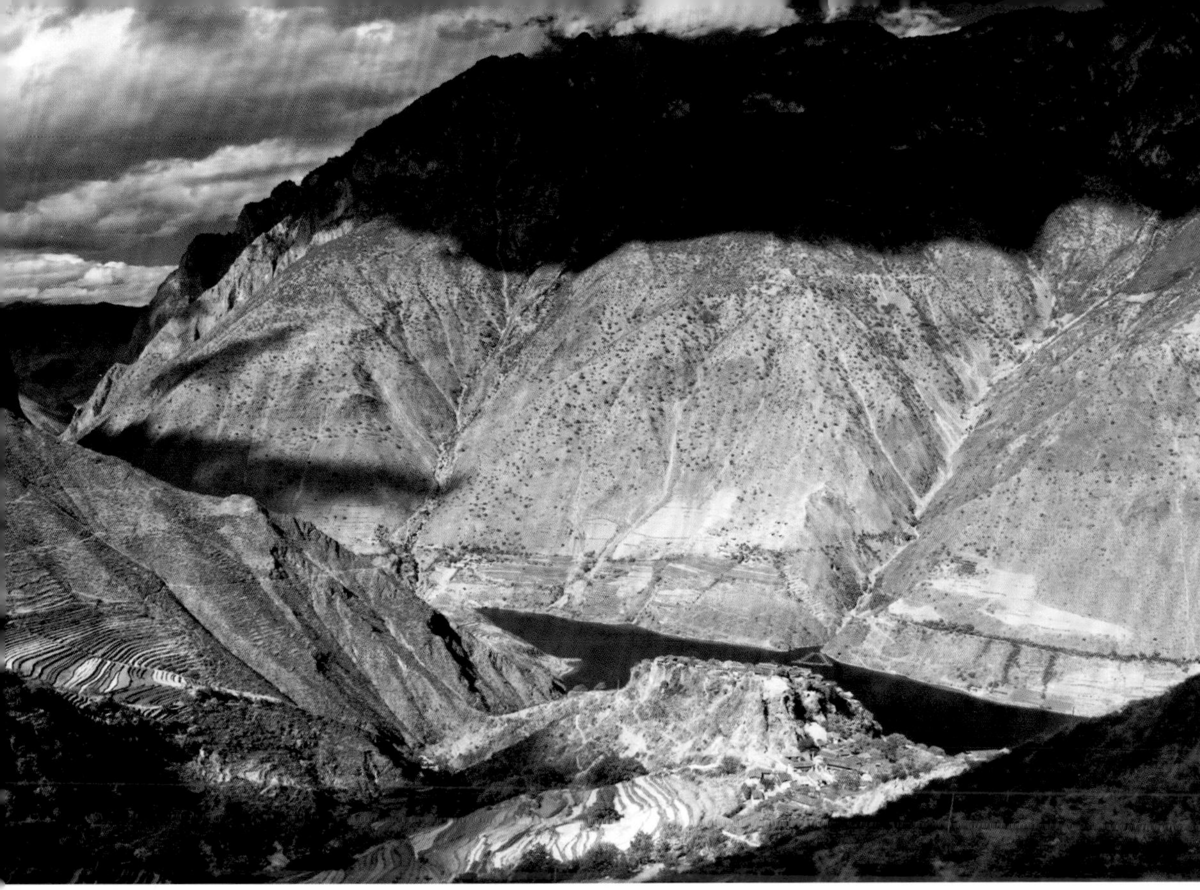

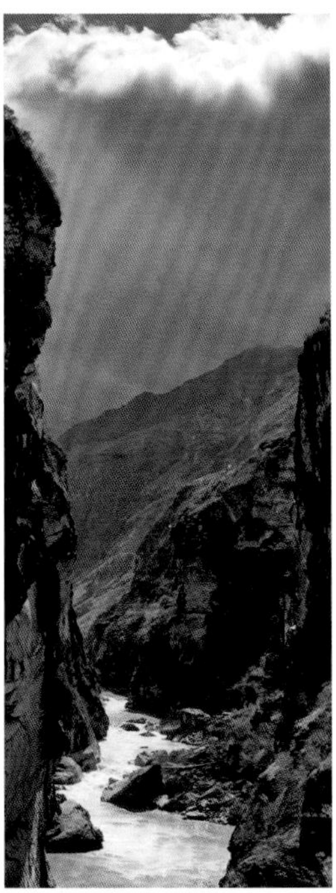

Vielfalt von Kurven erstellen. Die Steilheit der Kurve in der Mitte wirkt sich am stärksten auf den Kontrast aus, und Sie können die Kurve fürs Feintuning nahezu beliebig verlängern, verkürzen, nach links oder rechts verschieben und so weiter. All dies wirkt sich global auf das gesamte Bild aus, doch Ihnen steht es frei, den Kontrast auch lokal anzupassen.

Ebenfalls entscheidend für eine dramatische Bildwirkung ist der räumliche Kontrast (siehe Seiten 78 bis 79), bei dem Sie den Unterschied zwischen dunklen und hellen Bereichen betonen. Diese Methode kommt in der chinesischen Landschaftsaufnahme (links) von Wang Wusheng zum Einsatz, der sich auf hochdramatische Landschaften spezialisiert hat.

Tatsächlich werden dramatische Stile und deren subtilere Variationen in der Schwarzweißfotografie am häufigsten bei der Aufnahme eindrucksvoller, epischer Landschaften angewandt. In der Einleitung habe ich betont, wie wichtig die Verarbeitung und der Druck für die Definition von Stilen sind, aber auch die Wahl des Motivs spielt häufig eine entscheidende Rolle. Imposante Motive, zu denen Berglandschaften zweifellos gehören, scheinen von Natur aus eine dramatische Behandlung anzuregen.

ZURÜCKHALTEND

Wenn die Dramatik bei der Abweichung vom standardmäßigen *f*/64-Stil das eine Extrem darstellt, geht der zurückhaltende Stil mit weniger Kontrast und einem sanfteren Gesamtbild in die entgegengesetzte Richtung – was ihn nicht unbedingt beliebter macht.

Dass eine eher zurückhaltende, betont ruhige Herangehensweise weniger verbreitet ist, überrascht mich nicht – insbesondere in den sozialen Medien –, denn sie buhlt nicht marktschreierisch um Aufmerksamkeit. Somit ist der zurückhaltende Stil zwar nicht besonders gut für Instagram & Co geeignet, passt aber hervorragend zu eher beschaulichen Motiven und zu Bildern, bei denen es nicht um jeden Preis auf das Generieren von Klicks ankommt. Der Stil trägt auch etwas Traditionelles bis Altmodisches in sich, da er häufig in älteren Schwarzweißfotografien angewendet wurde.

→ Ein Baum im Nebel, Oberer Mazaruni-Fluss, Guyana. Die Version rechts stammt von einem Schwarzweißnegativ, die andere von einem Farbdia, das zur gleichen Zeit aufgenommen wurde.

↓ Genossenschaftsladen in Irwinville Farms, Georgia, fotografiert von John Vachon im Jahr 1938 im Rahmen des Projekts der Farm Security Administration

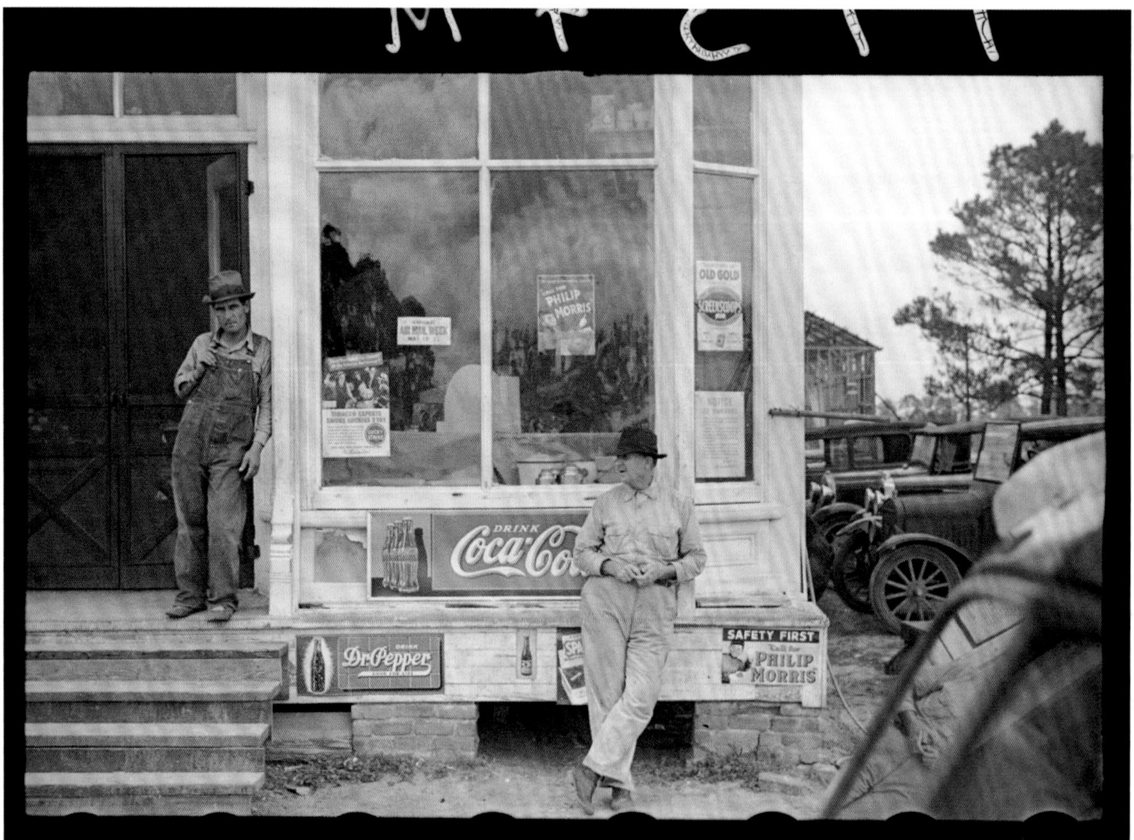

Das Dach des Eltham Palace im Südosten Londons, oben zurückhaltend mit Fokus auf die Details und unten kontrastreich für eine gefälligere Bildwirkung reproduziert.

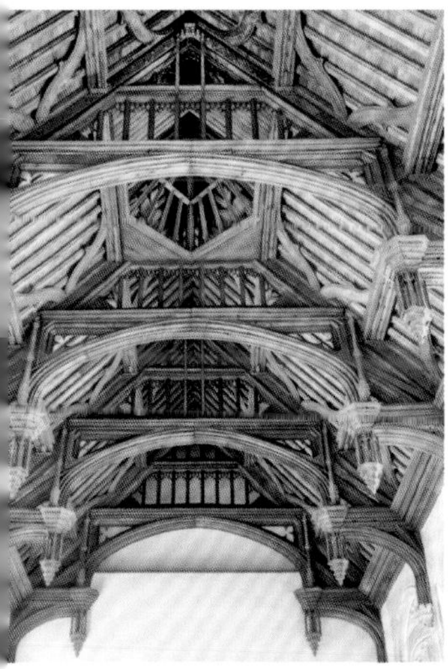

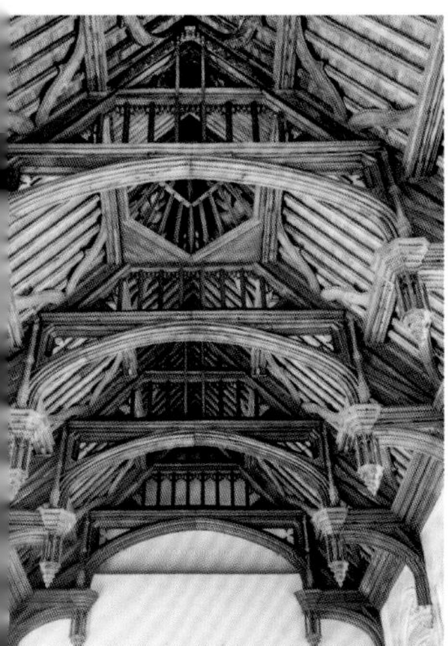

Die links abgebildete Aufnahme eines Schaufensters von John Vachon, einem von Walker Evans betreuten Fotografen der Farm Security Administration (FSA), steht exemplarisch für viele Dokumentarfotografien aus den 1930er- und 1940er-Jahren. Der Falz des 35-mm-Films demonstriert eindrucksvoll die maximal mögliche Dichte, die jedoch nicht einmal in den tiefsten Schatten der Szene (unter dem Gebäude im Vordergrund) erreicht wird. Und der Gesamtkontrast ist so niedrig gehalten, dass die Aufnahme nahezu komplett aus grauen Mittelwerten zusammengesetzt ist. Das ist alles andere als dramatisch, sondern vielmehr ein Weg, alle möglichen Details zu zeigen und ein Maximum an Informationen zu präsentieren. Das passt zum Thema und auch zum Zweck des von Roy Stryker geleiteten FSA-Projekts, das eine vollständige Aufzeichnung des ländlichen Amerikas zu einer Zeit liefern sollte, in der die Depression und ihre Folgen das Land schwer trafen.

Das mittelalterliche Hammerbalken-Dach des Eltham Palace habe ich selbst auf 4×5-Zoll-Negativ aufgenommen, und hier habe ich es auf zwei von mehreren möglichen Arten reproduziert. Die moderne Verarbeitung und der Druckgeschmack bevorzugen einen guten Kontrast und damit eine gewisse visuelle Durchschlagskraft (links unten), aber für mich passt das nicht zu diesem Motiv. Die in exquisiter Weise zusammengesetzten Balken und Pfosten werden meiner Meinung nach durch eine zurückhaltendere, weniger kontrastreiche Behandlung (links oben) besser gewürdigt. Auch der einzelne Baum am Rande des Regenwaldes im Morgennebel (großes Bild oben) könnte mit hohem oder niedrigem Kontrast bearbeitet werden, und ich habe mich bewusst für Letzteres entschieden. Als Referenz zum Originalmotiv dient die kleine Version auf Farbfilm (*Ektachrome*). Weder das Negativ noch das Diapositiv lassen sich leicht scannen und bearbeiten, aber Seite an Seite verdeutlichen sie einmal mehr den grundlegenden Unterschied zwischen Farb- und Schwarzweißaufnahmen. Das Farbdia schafft eine direkte Verbindung zur Authentizität der Szene, während das Schwarzweißnegativ eine größere Gestaltungsfreiheit bietet.

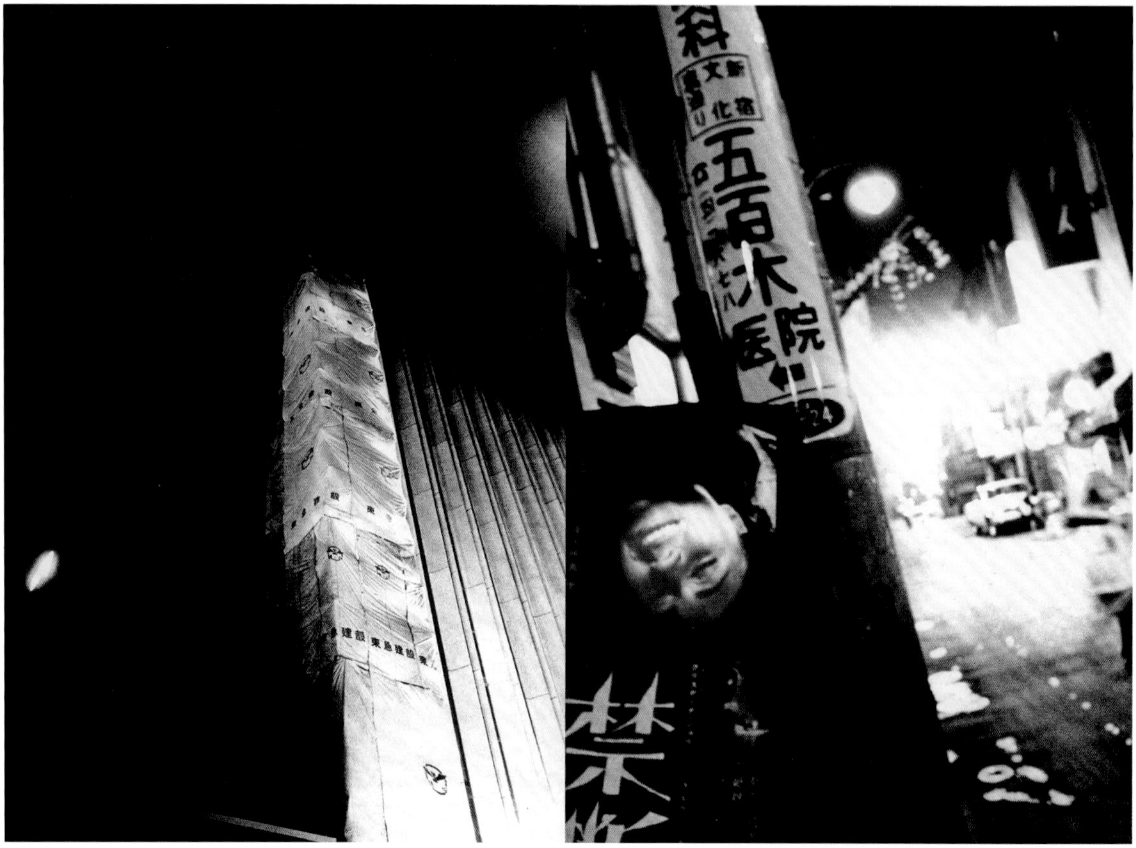

RAU UND PROVOKATIV

Unbetiteltes Werk aus dem 1970 veröffentlichten Fotobuch *For a Language to Come* von Takuma Nakahira. Er war einer der Begründer der Provoke-Bewegung in Japan und schrieb: »Wird mein Blick nicht von dieser Landschaft auf mich zurückgeworfen, sodass ich derjenige bin, der betrachtet wird?«

Das krasse Gegenteil des akribischen, sorgfältig abgestuften Stils der Gruppe *f*/64 nimmt bewusst alle typischen Bildfehler in Kauf. Dieser raue bis provokative Stil ist nicht nur technisch nachlässig, sondern macht aus der Unbekümmertheit eine Tugend, um sowohl das Motiv als auch die Erfahrung des Fotografierens in chaotischen Situationen stärker zur Geltung kommen zu lassen.

Im Jahr 1968, auf dem Höhepunkt der weltweiten Studentenrevolte, brachte eine kleine Gruppe von Fotografen und Poeten in Tokio eine Zeitschrift namens »Provoke« (zu Deutsch »Provozieren«) heraus, die zwar nur drei Ausgaben lang erschien, aber einen enormen Einfluss auf die japanische und in der Folge auch westliche Fotografie hatte. Die Initiatoren bezeichneten den Stil als »körnig, verwackelt, unscharf« (jap. »are-bure-boke«). Das ist vielen Fotografierenden fremd, doch

Paolo Pellegrin fotografierte eine Reportage über den Tsunami 2004 in Indonesien und verfolgte dabei den gleichen Ansatz wie William Klein und die Fotografen von Provoke. Das Bild vermittelt das Chaos und die Ungewissheit dieses katastrophalen Ereignisses.

in den richtigen Händen kann es sehr wirkungsvoll sein und führt naturgemäß zu kontrovers diskutierten Ergebnissen. In der Film-Ära bedeutete dies, dass man einen Schwarzweißfilm mit hoher Geschwindigkeit verwendete, und ihn um ein oder zwei Blendenstufen pushte, um die Körnigkeit zu erhöhen. Hinzu kamen eine langsame Verschlusszeit und das mitunter absichtliche Verwackeln der Kamera während der Belichtung. Bei der Reproduktion war man ebenso nachlässig und entschied sich für einen enorm hohen Kontrast. Im digitalen Zeitalter ist eine solch zerstörerische Herangehensweise ungleich schwerer, aber nicht unmöglich.

Die unmittelbare Frage für jeden, der sich mit dem Handwerk der Fotografie beschäftigt, lautet: »Warum?« Die Initiatoren, darunter Daidō Moriyama, Takuma Nakahira und Yutaka Takahashi, hatten in ihrem Manifest eine Antwort parat: »Heute, wo Worte ihre materielle Basis – mit anderen Worten, ihre Realität – verloren haben und in Schall und Rauch aufgehen zu scheinen, kann das Auge eines Fotografen Fragmente der Realität einfangen, die in der aktuellen Ausprägung der Sprache nicht ausgedrückt werden können.«

Der Stil wurde natürlich auf die Straßenfotografie angewandt, insbesondere bei Nacht, und sollte das Gefühl von Unmittelbarkeit, Grobheit und Dringlichkeit bei einer hektischen Bewegung durch die Seitenstraßen einer Metropole vermitteln. Dieser Stil eignet sich ebenso gut für chaotisch wirkende Reportagen. Ein Magnum-Fotograf, der diesen Stil zumindest bei einigen schwierigen Reportagen eingesetzt hat, ist Paolo Pellegrin, der über die Flüchtlingskrise während des Zweiten Sudankriegs und über den Tsunami 2004 in Indonesien berichtete.

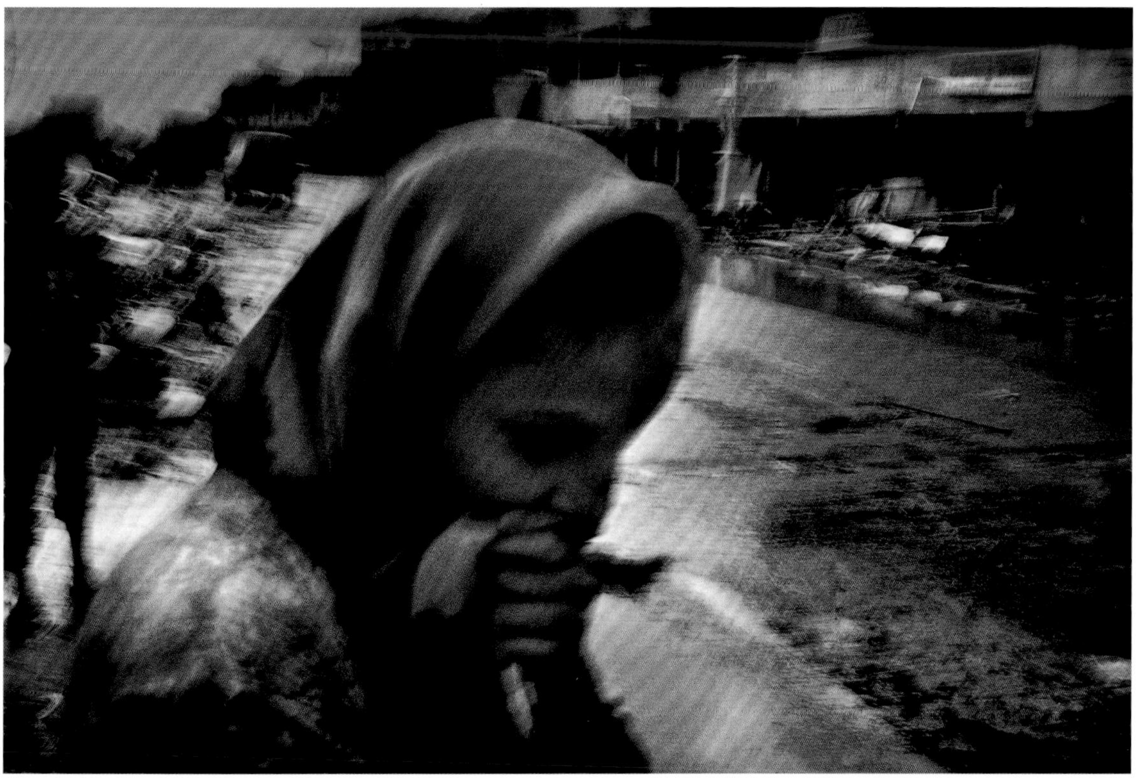

LOW REGISTER

Stile, die die dunklere Hälfte des Tonwertspektrums bevorzugen, haben verschiedene Bezeichnungen, darunter Low Register, Low-Key und Noir. Sie sind selten so einfach gestrickt, dass man sie durch Verringern der Belichtung oder der Helligkeit bei der Bearbeitung erzielen kann.

Sie hängen ebenso sehr vom Motiv, von der Beleuchtung und vom Bildausschnitt ab. Und wie wir es von jedem Stil erwarten sollten, der seiner Bezeichnung gerecht wird, handelt es sich nicht nur um einen einzelnen Bearbeitungseffekt, sondern um ein Paket aus verschiedenen Maßnahmen. Da Begriffe wie »Low-Key« und »Noir« bestimmte ästhetische Erwartungen und Emotionen wecken, fasse ich sie hier unter der neutraleren Bezeichnung »Low Register« zusammen.

Eines der Probleme mit dem Begriff »Low-Key« ist, dass er für verschiedene Menschen unterschiedliche Bedeutungen hat, obwohl sie sich im Allgemeinen über die Idee eines starken Kontrasts zwischen einem großen, sehr dunklen Bereich und kleineren, helleren Elementen einig sind. Dies ist in der Tat eines der wichtigsten Merkmale von Low-Key-Aufnahmen: Große, dunkle Bereiche, die quasi als visueller Verstärker für kleinere, hellere Teile mit unvermeidlich hohem Kontrast dienen. Alternativ ergibt sich bei klassischen Low-Register-Aufnahmen ein insgesamt gedämpft wirkendes Erscheinungsbild, wenn auf offensichtliche Kontraste verzichtet und lediglich die Tonwertskala sichtbar nach unten verschoben wird. Der erstgenannte Stil ist beim Publikum aufgrund seiner hohen Kontraste weitaus beliebter.

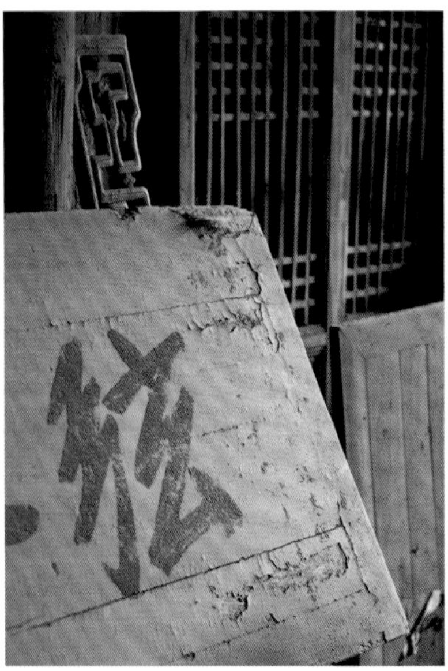

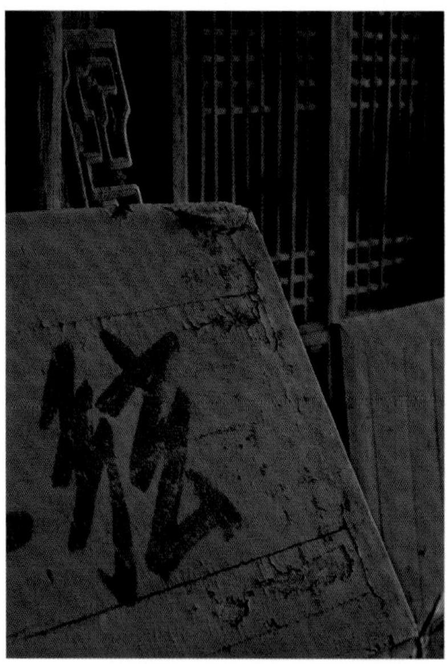

Der Bayon in Angkor, Kambodscha, in Low Register. Obwohl es ein paar kleine helle, sonnenbeschienene Stellen gibt, liegt der größte Teil des Bildes weit unter 50% Helligkeit.

Ein verstaubtes Detail in einem alten chinesischen Haus, links im normalen Bereich, und rechts in meiner bevorzugten Version mit allen Tönen unter 25% Helligkeit.

Ein vom Fotografen Max Li aufgenommenes Porträt meiner Wenigkeit und das dazugehörige Histogramm (unten). Die Lichter liegen unter 60% Helligkeit.

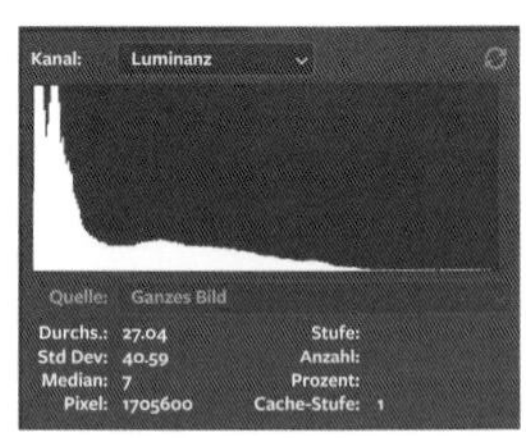

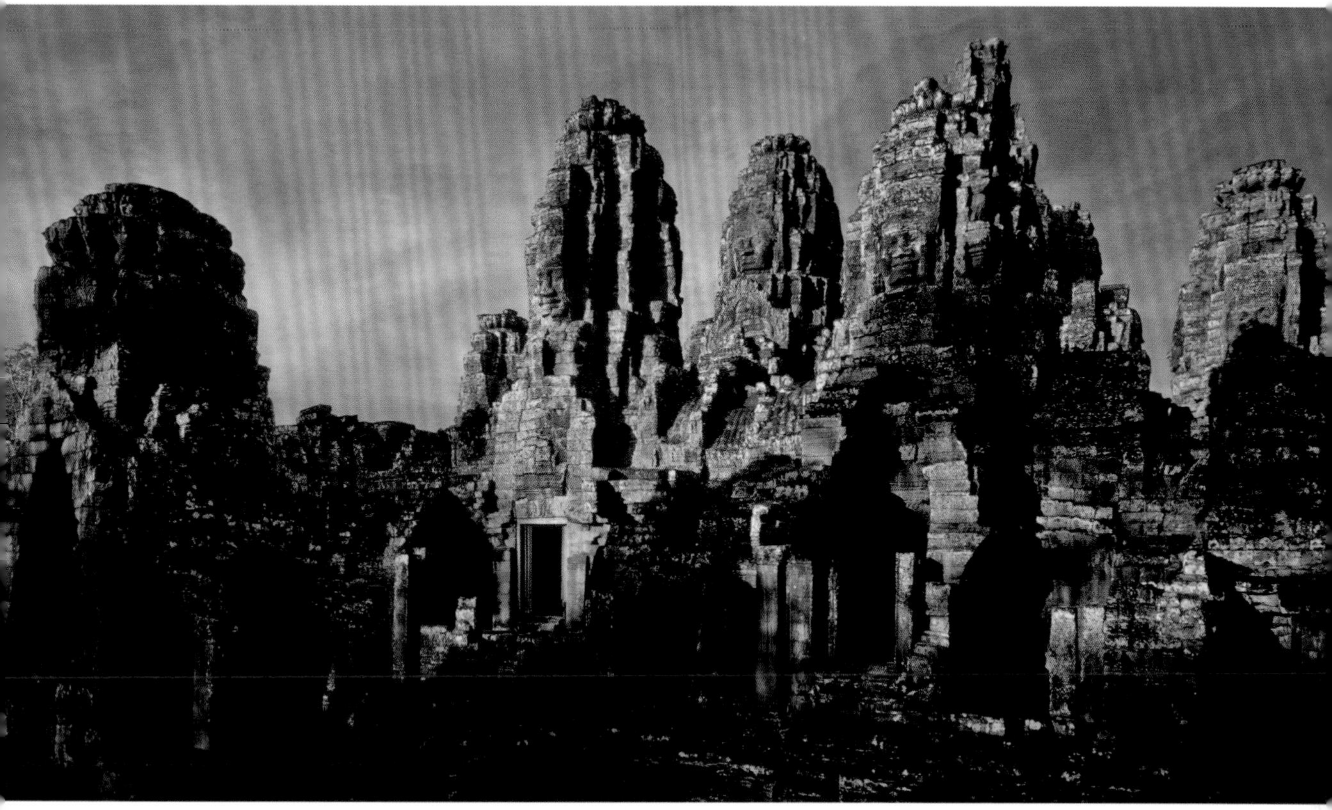

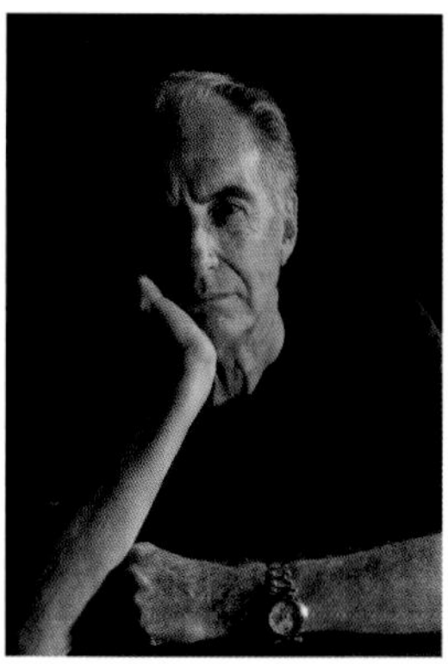

Zudem sorgt eine intensive Kantenbeleuchtung für hohe Zustimmungswerte. Das hier gezeigte Porträt liegt auf halbem Weg zwischen Kanten- und Seitenlicht und ist aufgrund der fehlenden Schattenfüllung typisch für diesen Stil.

Hinter all dem steht das Verlangen nach Stimmung und Atmosphäre in einem Bild. Low-Key-Porträts sind fast eine Kategorie für sich, da sie Ernsthaftigkeit fördern und stets einen Teil der Persönlichkeit des Porträtierten zurückzuhalten scheinen – das komplette Gegenteil von leicht und luftig. Landschaften und andere raumgreifende Szenen wirken in Low Register düster oder sogar mysteriös. Das war der Grund dafür, dass ich den Komplex der mit Gesichtern versehenen Felstürme im Herzen von Angkor auf diese Weise fotografiert habe: Das späte Sonnenlicht warf große Schattenflächen, die ich auf Film gebannt und in der Verarbeitung vertieft habe. Die Aufnahme von staubbedeckten Details in einem chinesischen Haus auf der linken Seite wurde dagegen zwar dunkel, aber auch kontrastarm bearbeitet. Statt dramatisch zu wirken, scheint das Motiv in einer zurückhaltenden, fast nachdenklichen Stimmung zu versinken. Die übliche Versuchung besteht darin, zumindest die Schwarz- und Weißpunkte optimal zu setzen, aber das Ergebnis wäre dem linken, sehr konventionell wirkenden Bild sehr nahe gekommen. Stattdessen halten die von mir gewählte Belichtung und Verarbeitung das gesamte Bild im unteren Drittel der Tonwertskala. Dadurch wird die ganze Aufmerksamkeit auf die nuancierte Variation der Grautöne gelenkt.

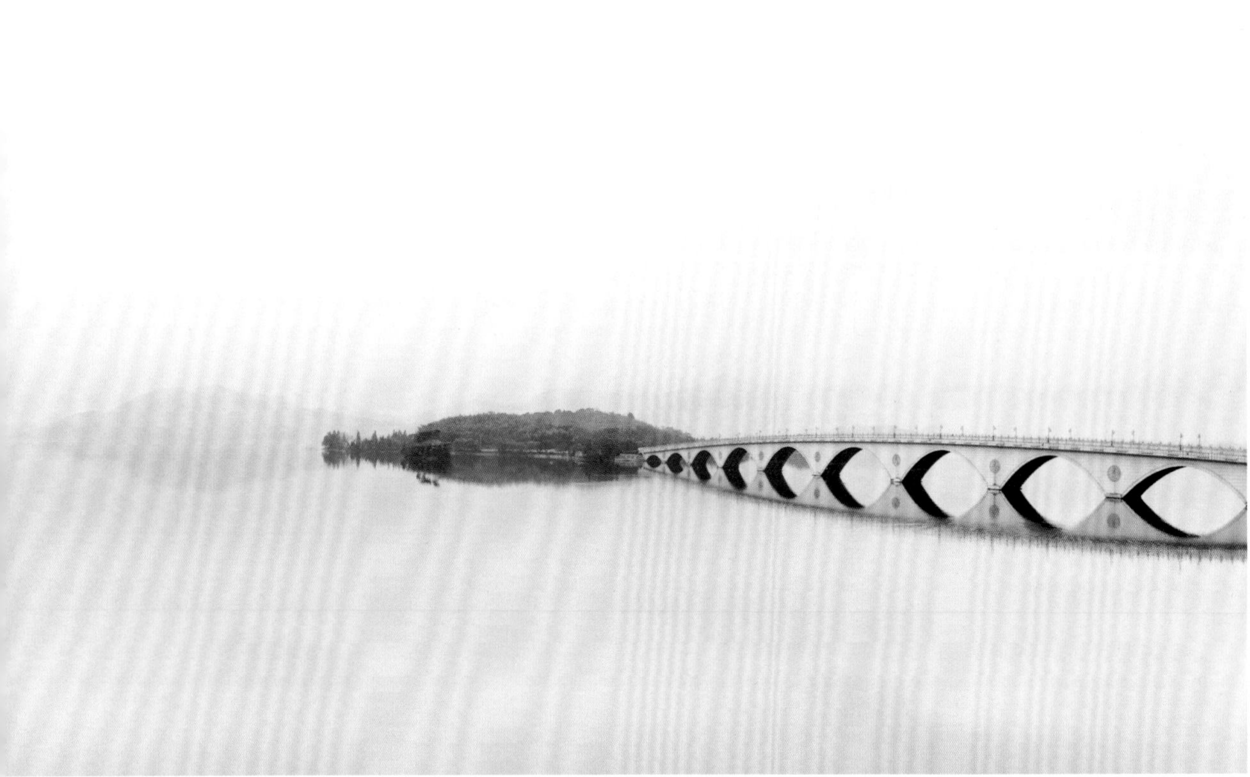

HIGH REGISTER

Beim Wechsel von der unteren zur oberen Hälfte der Tonwertskala dreht sich die Stimmung um 180 Grad. Bei beiden Varianten spielen Ausdruck und Atmosphäre eine weitaus größere Rolle als die Techniken, mit denen sie erreicht werden.

Während Low-Register-Aufnahmen tief im Schatten liegen, mit all den Implikationen von Verborgenheit, Verschlossenheit und einem Hauch von Rätselhaftigkeit, sind die hellen Töne in High-Register-Bildern luftig, offen und setzen das Licht bewusst in Szene. Obwohl beides letztlich eine Frage des persönlichen Geschmacks ist, hängt dieser Stil insgesamt stärker vom Motiv und seiner Beleuchtung ab als von technischen Aspekten. Im Allgemeinen ist es einfacher, eine Szene eher dunkel zu belichten und zu bearbeiten, als sie aufzuhellen. Ein Grund dafür ist, dass es unterm Strich mehr Aufnahmesituationen mit viel Licht gibt als solche, die mit geringem Aufwand in die Schatten verlagert werden können. Dabei findet keineswegs eine klare Trennung zwischen Tageslichtszenen auf der einen sowie Innenraum- und Nachtszenen auf der anderen Seite statt. Allerdings ist Sonnenlicht für die Aufnahme im High-Register-Stil fast immer hilfreich.

Die ideale Kombination ist helles Licht, das auf eine helle Oberfläche trifft, und das Bild oben ist ein gutes Beispiel dafür: lichtdurchfluteter Nebel über einem See.

Eine Straßenecke in New Orleans, aufgenommen 1935 von Walker Evans auf 8×10-Zoll-Film. Abgesehen von den Schildern und dem Schatten unter der Markise des Ladens ist die gesamte Szene vom Bürgersteig bis zum Himmel sehr hell.

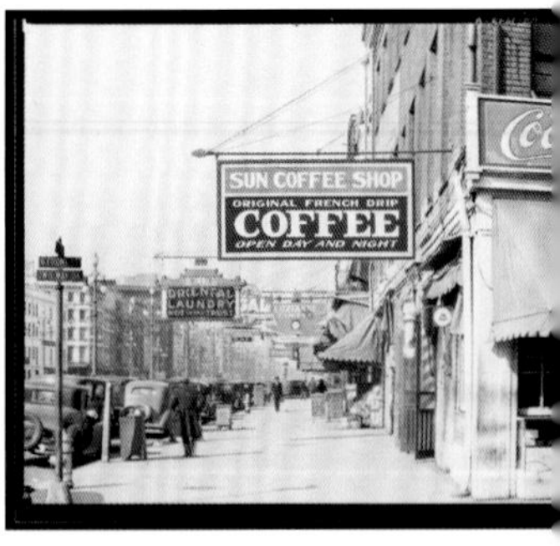

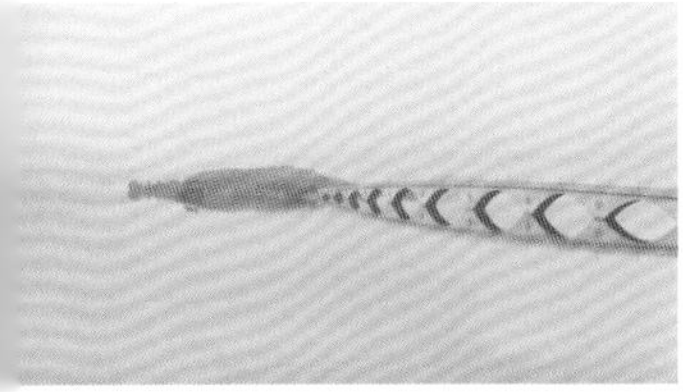

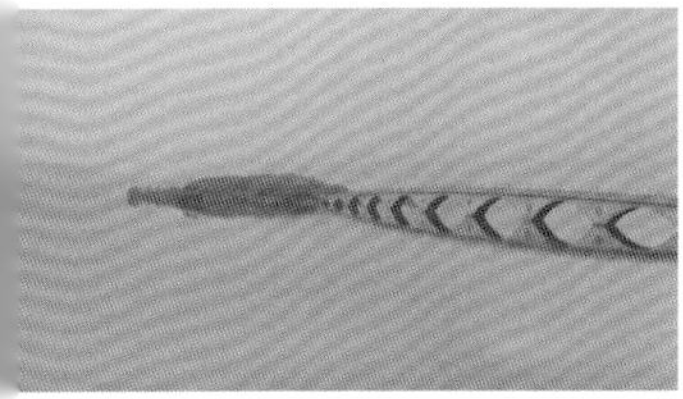

Ein See in China an einem nebligen Tag, bearbeitet auf drei Arten: High Register (gegenüber), mäßig hell (ganz oben) sowie Wasser und Himmel auf 50% Helligkeit eingestellt (oben)

Viktorianische Kinderschubkarren in Osborne House, Isle of Wight, links im Original und rechts in High Register

Dieses Bild verfügt über einen recht begrenzten Tonwertumfang, aber es wäre durchaus möglich, eine düstere Stimmung zu erzeugen. Dazu müssten Sie lediglich mit 50% Helligkeit auf die mittleren Tonwerte belichten, wie in der unteren der beiden kleineren Versionen des Bildes veranschaulicht wird. Tatsächlich gibt es bei einer nebligen Szene wie dieser keinen verbindlichen Standard. Wenn Sie zur Zeit der Aufnahme vor Ort wären, könnten Sie die Szene in jedem beliebigen Grad zwischen Grau und Weiß wahrnehmen. Es gibt keinen offensichtlichen Anhaltspunkt für einen gültigen Mittelton. Die Brücke könnte weitgehend farblos sein (war sie in der Tat), und die Insel liegt im dichten Nebel, was bei der Bewertung auch nicht weiterhilft. Die andere wichtige Entscheidung ist, wie tief der Schwarzpunkt für die Szene gesetzt werden soll. In der oberen kleinen Version des Aufmacherbildes wurde der Schwarzpunkt knapp unter die Unterseite des am nächsten liegenden Brückenbogens gesetzt, was die Stimmung des Bildes grundlegend beeinflusst. Es ist näher an dem, was viele Leute als High Key bezeichnen würden, bei dem der Kontrast hoch ist, aber der größte Teil des Bildes aus hellen Farben und Glanzlichtern besteht. Tatsächlich sind über 90% des Bildes im oberen Tonwertspektrum angesiedelt.

Ähnlich verhält es sich mit dem Bild von New Orleans in den 1930er-Jahren von Walker Evans links unten, das besonders hell und hochauflösend wirkt. Die dunklen Fensterscheiben im Vordergrund sind jedoch fast schwarz, und der High-Register-Stil wird durch den Anteil der hellen Flächen bestimmt, der bei mehr als 75% liegt. Vom Bild mit den Schubkarren unten gibt es zwei bearbeitete Versionen eines normal belichteten Negativs. Die Version unten links ist die Originalaufnahme mit einer durchschnittlichen Helligkeit, während rechts die Helligkeit einfach um etwa 15% nach oben verschoben wurde.

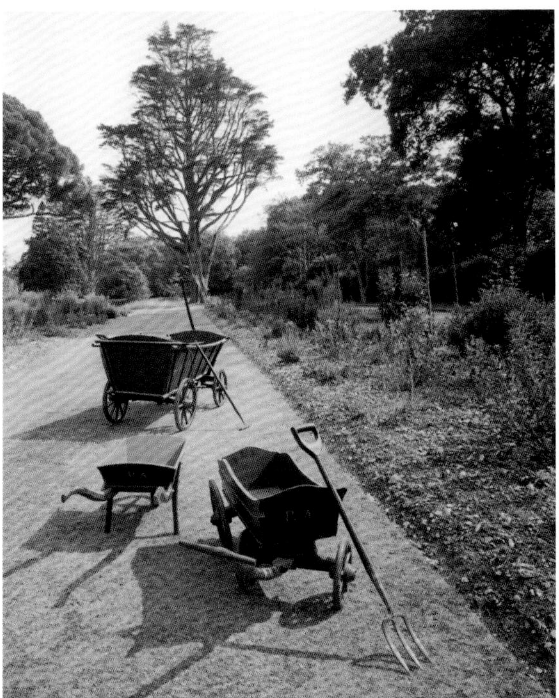

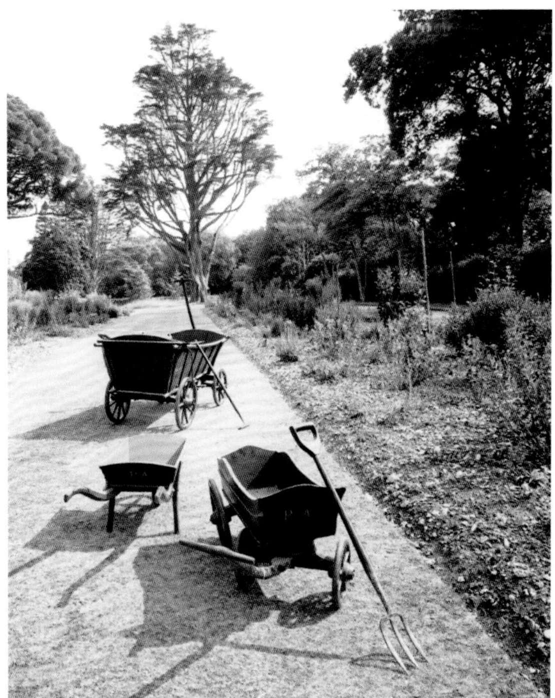

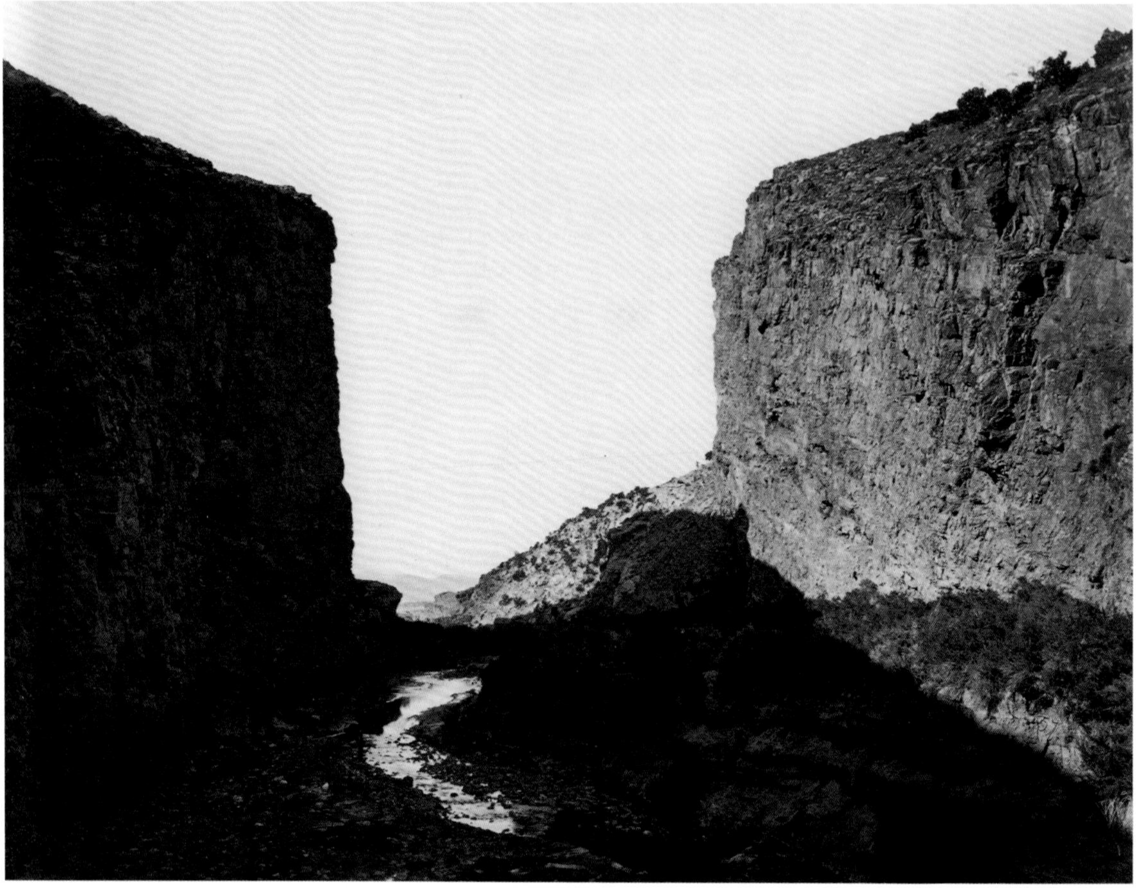

ORTHO

Sowohl der Schwarzweißfilm als auch die standardmäßige Schwarzweißkonvertierung verwandeln die meisten Farbszenen in das, was wir als »natürliche« Graustufenversion kennen. Das war jedoch im ersten Jahrhundert der Fotografie nicht der Fall, bis die panchromatischen Filme erfunden wurden. Davor waren die Emulsionen unempfindlich gegenüber Rottönen.

Im 19. Jahrhundert ergaben sich daraus zwei Probleme: Erstens wurde bei korrekter Belichtung der ganzen Szene der blaue Himmel weiß, und zweitens wurden nahezu alle Hauttöne dunkler. Das lag an den bis in die 1870er-Jahre üblichen Emulsionen auf Glas, deren reines Silberhalogenid nur für Blau empfindlich war. Dann wurden

↑ Vermillion Creek Canyon, Colorado, fotografiert von Timothy O'Sullivan im Jahr 1872 mit dem Nassplatten-Kollodiumverfahren auf einer vor Ort vorbereiteten Glasplatte. Die Emulsionen jener Zeit waren empfindlich für blaues und unempfindlich für rotes Licht, sodass der blaue Himmel weiß und die braunen Felsen dunkel abgebildet wurden, was O'Sullivan zu seinem Vorteil nutzte.

Das Ramesseum in Luxor. Der Farbkontrast zwischen dem warmen Stein und dem blauen Himmel ähnelt dem des Vermillion Creek Canyon auf der gegenüberliegenden Seite. Digital fotografiert, kann der orthochromatische Look nachgeahmt werden, indem das Blau bei der Schwarzweißkonvertierung maximal aufgehellt und das Orange abgedunkelt wird.

orthochromatische Emulsionen erfunden, die durch Zugabe von Farbstoffen die Empfindlichkeit sowohl auf Grün als auch auf Blau ausdehnten. Erst zu Beginn des 20. Jahrhunderts ermöglichten neue Farbstoffe eine panchromatische Emulsion, die die Empfindlichkeit auf Rottöne ausdehnte und damit quasi auf die gesamte Bandbreite des sichtbaren Lichts. Mit ihr waren die Probleme in der Landschafts- und Porträtfotografie gelöst, und kaum jemand blickte zurück – bis jetzt. Erst nach rund 20 Jahren der digitalen Fotografie haben einige Personen die Vorzüge des längst überholten orthochromatischen Films wiederentdeckt. Die Frage nach dem Warum lässt sich leicht erklären: In einer Welt der universellen Farbfotografie löst Schwarzweiß den Bezug zur Realität zunehmend auf. Und alles, was den Tonwertumfang noch weiter verändert, ist es wert, unter die Lupe genommen zu werden.

Es gibt zwei Wege zum Ortho-Stil: Film und Digital. Film ist natürlich der authentischere der beiden Wege, und es ist durchaus überraschend, dass sowohl der älteste überlebende Filmhersteller Ilford als auch Rollei neue orthochromatische Filme auf den Markt gebracht haben. Der digitale Weg ist die Konvertierung, bei der die Kanäle so angepasst werden, dass Blau (oder Cyan) angehoben und Rot abgesenkt wird. Die digitale Konvertierung wurde für das Bild des Ramesseums in Luxor, Ägypten, verwendet. Die Entscheidung für den Ortho-Stil fiel zum einen aufgrund des historischen Themas und der Tradition der Ägyptologie des 19. Jahrhunderts. Zum anderen erzeugt die Eliminierung des blauen Himmels und die Vertiefung des Orange des Sandsteins ein stark strukturiertes, grafisch wirkendes Bild.

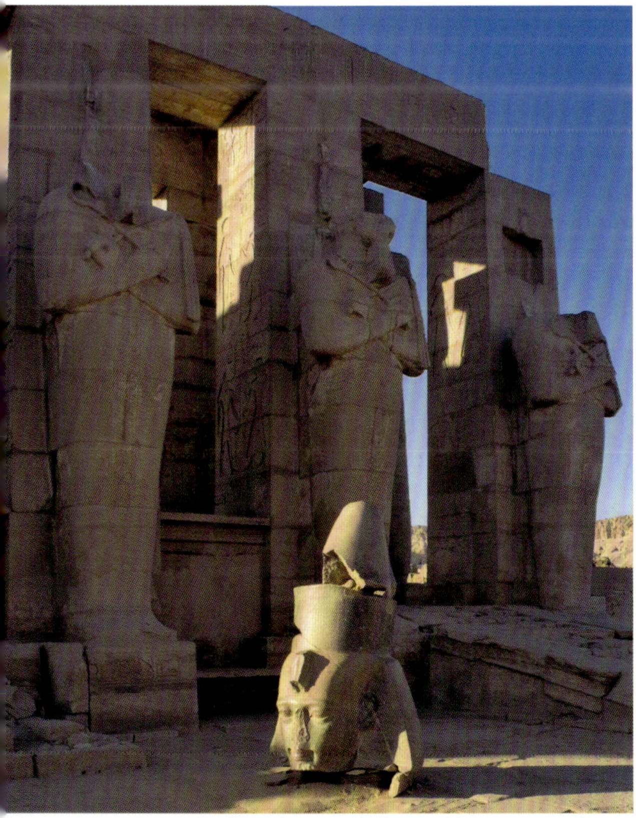

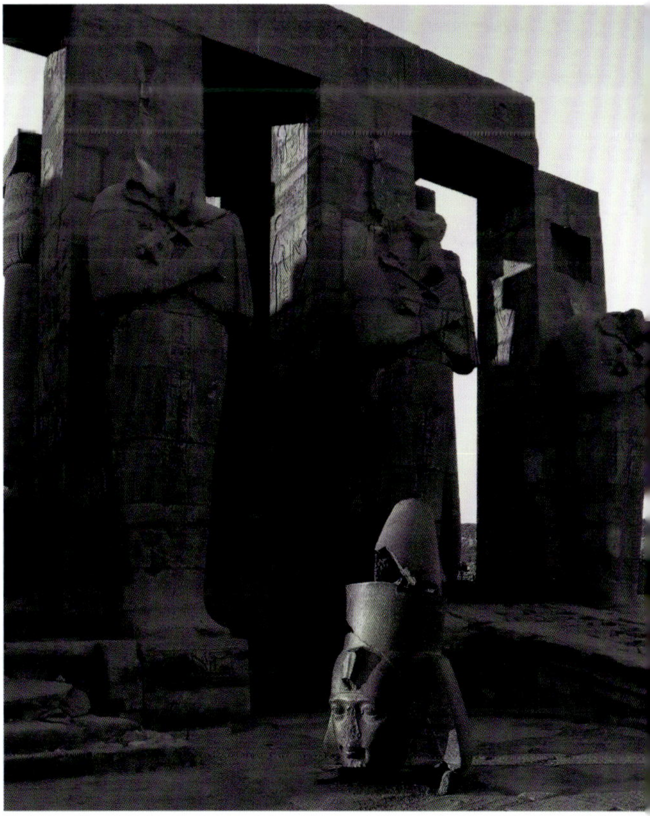

Lassen Sie mich näher beschreiben, wie ich dieses Bild von einer Brücke im Osten Chinas fotografiert und bearbeitet habe. Die Aufnahme entstand in einer ländlichen, bewaldeten Gegend in der Nähe von Wenzhou in der Provinz Zhejiang, die für ihre vielen gut erhaltenen, überdachten Brücken bekannt ist. Für die hier abgebildete Wenxingqiao-Brücke hatte ich lange nach dem einzigen brauchbaren Aussichtspunkt gesucht. Das Wetter war eher trüb, die Beleuchtung flach und die Felder lagen größtenteils brach. Aus dieser Ausgangslage musste ich das Beste machen.

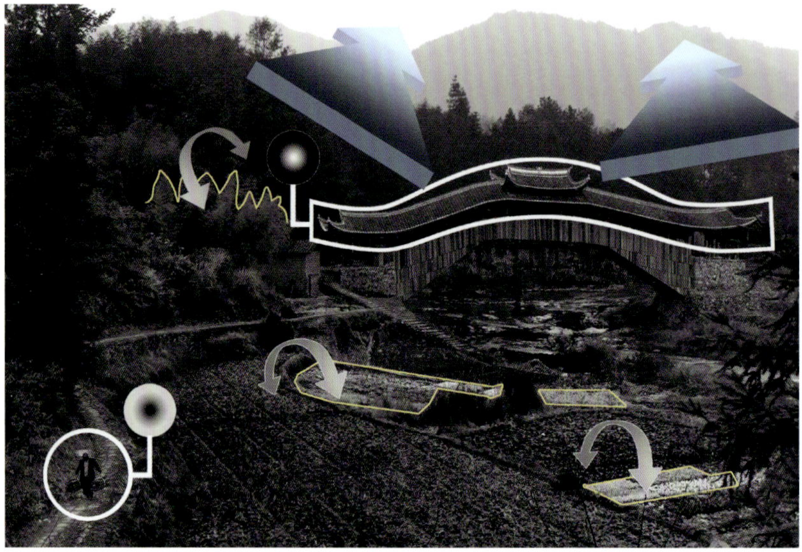

Die Farbaufnahme (rechts oben) bot wenig Interessantes, mit einem ablenkenden hellbraunen Feld im Vordergrund. Also musste es Schwarzweiß sein. Dabei kam mir der Gedanke, dass es interessant sein könnte, die Aufnahme im Stil des 19. Jahrhunderts zu machen, da sich die Szenerie seit dem Bau der Brücke nicht verändert hatte. Mit anderen Worten: im Ortho-Stil. Das würde der Ansicht zumindest Tiefe verleihen, mit blassen Hügeln im Hintergrund, wie die Abbildung oben zeigt. Das Bild sollte folgende Merkmale enthalten und entsprechend herausarbeiten: den Bauern mit seiner Packtasche, der sich deutlich dunkel von hell abhebt (ich hatte lange auf ihn gewartet), das brachliegende Feld dunkel und die kleinen Grünpflanzen hell, das Dach der Brücke, das sich durch entsprechenden Hell-Dunkel-Kontrast so deutlich wie möglich abhebt, sowie eine gewisse tonale Trennung in der Vegetation am Hang – im Idealfall steht der Bambus hell vor einem dunklen Hintergrund. Mit der einfachen Ortho-Formel eines Blaufilters allein wäre das alles nicht zu schaffen gewesen, wie Sie an der blau markierten Version rechts sehen können.

Die Lösung bestand darin, die Art von Ebenen-Konvertierung zu verwenden, die ich auf den Seiten 148 bis 149 beschrieben habe, mit drei unterschiedlich konvertierten Versionen in Ebenen, die dann für die endgültige Version unten rechts selektiv ausradiert wurden. Die Filterung der benötigten Varianten erfolgte während der Konvertierung durch Anheben oder Absenken der entsprechenden Farbkanäle. Das Anheben von Blau und die Reduzierung von Rot gab mir den blassen Himmel und die sanft wirkenden Hügel. Die Verringerung von Orange durch einen violetten Filter half mir dabei, das braune Feld und die Bäume abzudunkeln. Im gelb-grünen Bereich hellte ich den Bambus links von der Brücke und die grünen Kleingärten auf und isolierte den Bauern vom Weg und den Feldern. Darüber hinaus musste ich auch die lokalen Kontraste erhöhen. All dies war komplizierter, als ich es mir gewünscht hätte, aber manchmal ist eine solch umfassende Bearbeitung notwendig, wenn man eine klare Vorstellung vom gewünschten Ergebnis realisieren möchte.

↑ Das obige Diagramm zeigt meine Ziele bei der tonalen Trennung von Bereichen durch selektives Aufhellen oder Abdunkeln.

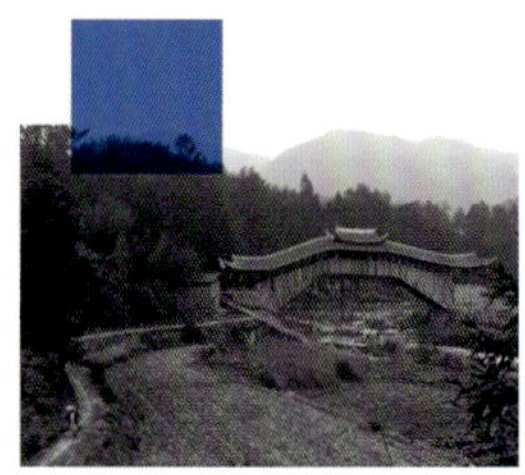

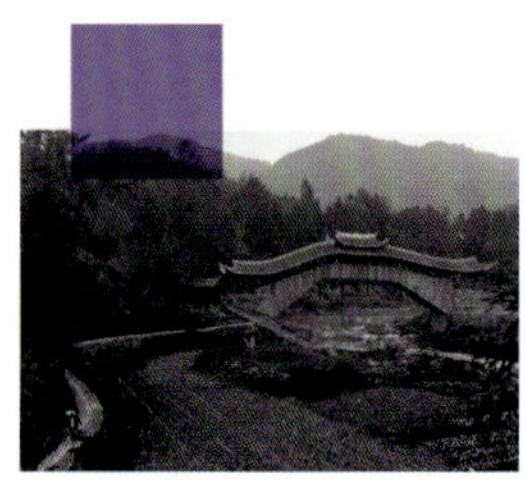

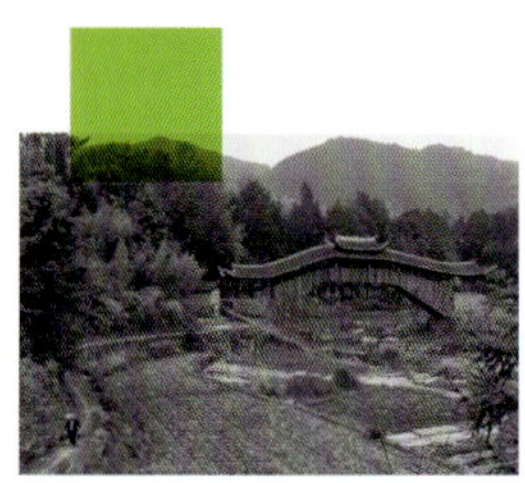

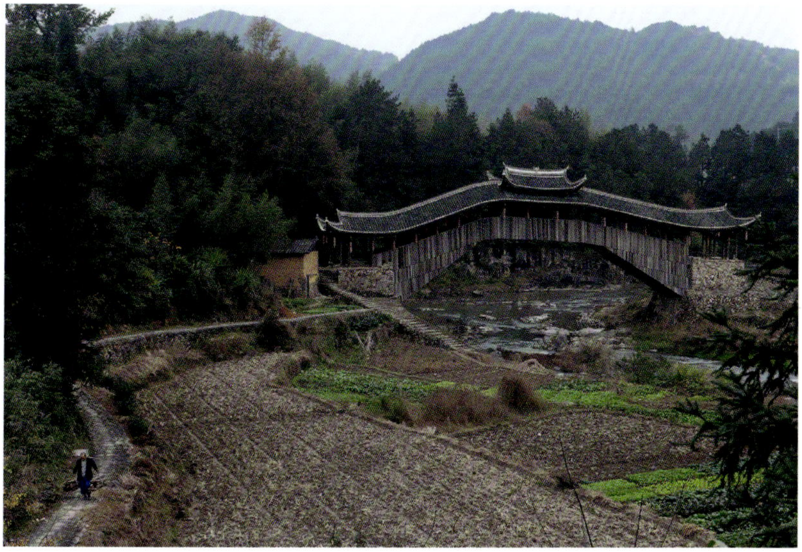

Die ursprüngliche unbearbeitete Farbdatei (oben) und die endgültige Schwarzweißversion (unten). Die drei Konvertierungen erfolgten unter Verwendung von Blau-, Violett- und Hellgrün-Filtern (links unten).

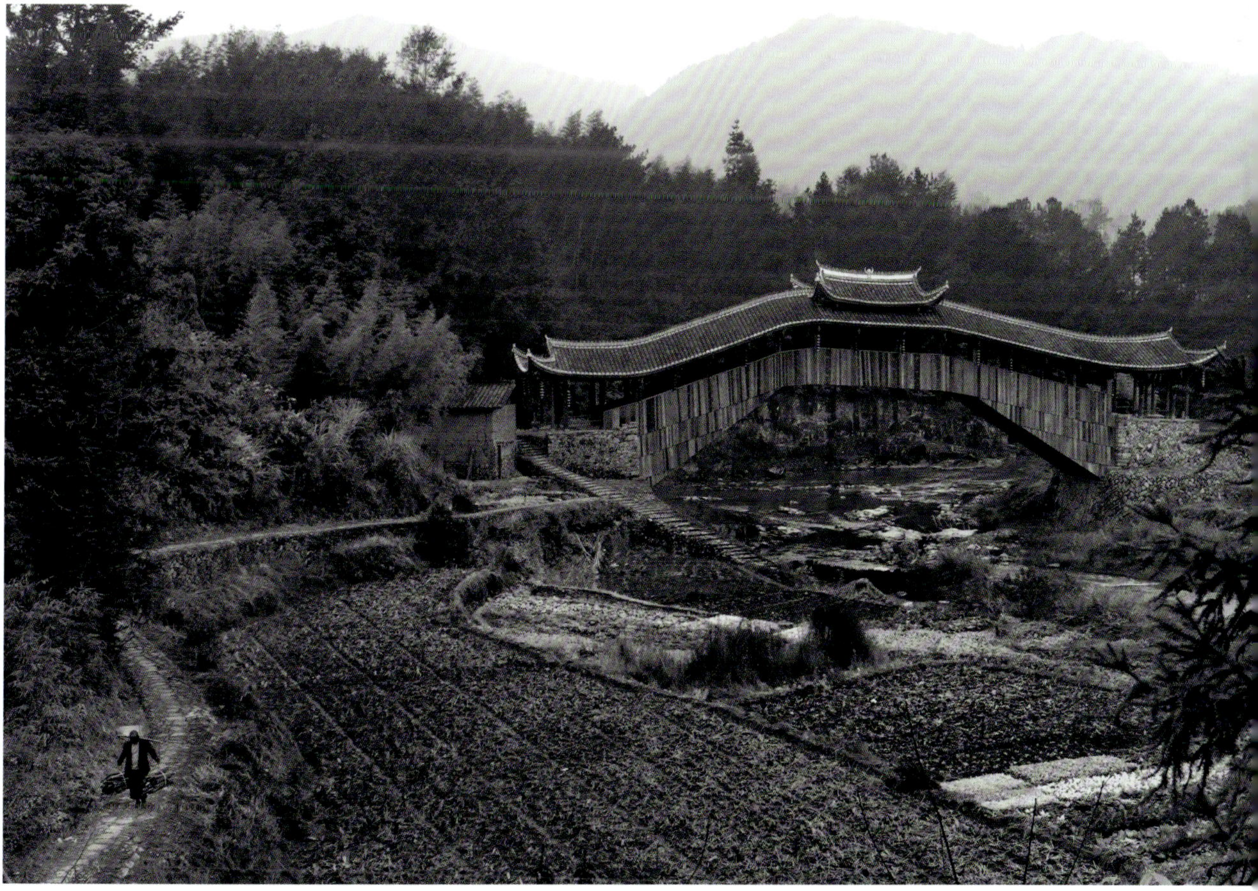

INDEX

BILDNACHWEISE

US-Kongressbibliothek Farm Security Administration – Office of War Information Photograph Collection 24, 66, 86, 109 links, 162, 168, Prints and Photographs Division 69 rechts, 102, 119, 170

Magnum Photos © Hiroji Kubota 93, © Paolo Pellegrin 165, © W. Eugene Smith 41

Shutterstock Larry Burrows/The LIFE Picture Collection 35, W. Eugene Smith/The LIFE Picture Collection 37

Yossi Milo Gallery © Gen Nakahira 164

Mein besonderer Dank gilt Constanza Isaza Martínez von Lux Darkroom auf www.luxdarkroom.co.uk